Ulrich Völklein
Die Weizsäckers
Macht und Moral –
Porträt einer deutschen Familie

Ulrich Völklein

Die Weizsäckers

Macht und Moral –
Porträt einer
deutschen Familie

Droemer

Besuchen Sie uns im Internet:
www.droemer.de

Die Folie des Schutzumschlags sowie die Einschweißfolie sind
PE-Folien und biologisch abbaubar.
Dieses Buch wurde auf chlor- und säurefreiem Papier gedruckt.

Copyright © 2004 Droemer Verlag
Ein Unternehmen der Droemerschen Verlagsanstalt
Th. Knaur Nachf. GmbH & Co. KG, München
Alle Rechte vorbehalten. Das Werk darf – auch teilweise – nur mit
Genehmigung des Verlags wiedergegeben werden.
Umschlaggestaltung: ZERO Werbeagentur, München
Umschlagabbildungen: dpa
Redaktion: Anke Schild
Satz: Ventura Publisher im Verlag
Druck und Bindung: Ebner & Spiegel, Ulm
Printed in Germany
ISBN 3-426-27319-5

2 4 5 3 1

Inhalt

Vorwort 7
Die Herkunft 21

Teil I
Ernst von Weizsäcker

Prolog 43
Seekadett des Kaisers 55
Karriere im Ersten Weltkrieg 78
Diplomat der Republik 112
Hitlers Staatssekretär 139
Kein Mann des Widerstandes 165
Verurteilt in Nürnberg 197

Teil II
Carl Friedrich von Weizsäcker

Prolog 211
Der Kernphysiker 219
Keine Atombombe für Hitler 242
Von der Physik zur Philosophie 260
Der Mahner aus Starnberg 284

Teil III
Richard von Weizsäcker

Prolog 307
Der Nachkömmling 323

Offizier im Zweiten Weltkrieg 339
Verteidiger des Vaters 358
Entscheidung für die Politik 369
Der Präsident der Einheit 388

Anhang

Anmerkungen 409
Register 440
Bildnachweis 448

Vorwort

»Im Grunde wäre ich am allerzufriedensten gewesen, wenn man mich nach 1946 überhaupt nicht mehr gefragt hätte, was wir früher getan haben, sondern nur, was wir künftig tun wollen. Warum soll ich unablässig über die Vergangenheit reden? Ich habe gesagt, was ich zu sagen habe. Es kann sein, dass ich irgendwo bewusst gelogen habe, es kann sein, dass ich verdrängt und unbewusst gelogen habe. [...] Geschichte ist etwas, das vielleicht im Grunde erst geschrieben werden kann, wenn alles so lange vorbei ist, dass niemand mehr lebt, der ein aktuelles Interesse daran hat, wie es gewesen sein *sollte*.«[1]

Carl Friedrich von Weizsäcker

Die nationalsozialistische »Machtergreifung« im Januar 1933 liegt länger als ein Menschenalter zurück, und auch die Blockkonfrontation der Nachkriegszeit zwischen der Nordatlantischen Allianz (NATO) und den Staaten des Warschauer Paktes, die nach 1989 binnen kürzester Zeit durch innere Schwäche und wegen des Freiheitswillens ihrer Menschen in sich zusammenbrachen, ist heute schon Geschichte. Sensationelle Enthüllungen, makrohistorische Aufdeckungen zur Epoche des Nationalsozialismus, zur Nachkriegszeit und zur deutschen Teilung sind nicht mehr zu erwarten: Das Feld ist vermessen, selbst Verborgenes und lange vergeblich Beforschtes sind mittlerweile zutage gebracht worden – da ist kaum etwas neu oder umzuschreiben. Woran es dagegen nach wie vor mangelt, das sind diese Zeitenwenden übergreifende, nicht glorifizierende, nicht anklägerische, aber gleichwohl kritische Biographien prominenter Zeitzeugen, die Auskunft geben über deren Verstrickungen, Prägungen und Erfahrungen aus den bewegtesten und schuldbeladensten Epochen der jüngeren deutschen Vergangenheit.

Keine andere deutsche Familie bietet sich für ein solches Projekt an wie die der Weizsäckers. Seit mehr als zweihundert Jahren übernehmen ihre Mitglieder herausragende Ämter und öffentliche Verantwortung. Christian Ludwig Friedrich Weizsäcker (1785–1831) war evangelischer Stiftsprediger im hohenlohischen Regierungsstädtchen Öhringen. Sein Sohn Carl Heinrich von Weizsäcker (1822–1899) wurde zum Professor für Kirchen- und Dogmengeschichte an der Universität Tübingen berufen, war zweimal deren Rektor und stieg schließlich als Kanzler zum Vertreter auch staatlicher Hoheit an der württembergischen Landeshochschule und zum Mitglied der Abgeordnetenkammer des Landtages auf. Den persönlichen Adel verlieh ihm König Wilhelm I. von Württemberg 1861. In der folgenden Generation erreichte Karl Hugo von Weizsäcker (1853–1926) das Amt des württembergischen Ministerpräsidenten und wurde für seine Verdienste mit dem erblichen Adel ausgezeichnet. Dessen zweiter Sohn Ernst Heinrich von Weizsäcker (1882–1951) begann seine berufliche Laufbahn als kaiserlicher Marineoffizier, trat während der Weimarer Zeit dem Auswärtigen Dienst bei, wurde von Adolf Hitler zum Staatssekretär ernannt und 1949 vom Nürnberger Tribunal schuldig gesprochen, 1939 an der militärischen Besetzung der bereits im Vorjahr zerschlagenen Tschechoslowakei beteiligt gewesen zu sein und im Zweiten Weltkrieg die Deportation europäischer Juden in die Vernichtungslager gebilligt zu haben.

Sein ältester, 1912 geborener Sohn Carl Friedrich von Weizsäcker nahm als Kernphysiker an dem ausschließlich militärischen Zwecken dienenden Atomforschungsprogramm des Reichskriegs- und Rüstungsministeriums während des Zweiten Weltkrieges teil, entwickelte sich in den fünfziger Jahren dann zum entschiedenen Gegner der militärischen Nutzung der Kernenergie, erhielt 1957 einen Ruf auf den Lehrstuhl für Philosophie an der Universität Hamburg und legte als Direktor des Max-Planck-Instituts für die Erforschung der Lebensbedingungen der wissenschaftlich-technischen Welt in Starnberg ab 1970 wegweisende Studien zu sicherheitspolitischen, ökologischen und anthropologischen Fragestellungen unserer Zeit vor. Sein acht Jahre jüngerer Bruder Richard hingegen zog den Weg in die Politik vor und wurde 1984 als Kandidat von CDU/CSU auch mit den Stimmen der Sozialdemokraten und der Liberalen zum Bundespräsidenten gewählt. Nach der Vereinigung von Bundesrepublik und DDR im Oktober 1990 war er bis 1994 das erste gesamtdeutsche Staatsoberhaupt.

An keiner anderen deutschen Familie ist eine solche Generationen und Zeitenwechsel überdauernde Verdichtung von Pflichtgefühl, Familienbewusstsein, Leistungswillen, intellektuellem Glanz und zugleich der Bereitschaft, dem eigenen Land an hervorgehobener Stelle zu dienen, ähnlich eindrucksvoll zu beobachten wie bei den Weizsäckers. Ihre Biographien sind indessen auch die Geschichte von Menschen, die jeweils verschieden in ihrer Zeit doch einem gemeinsamen Ziel folgten, nämlich sich selbst im Ganzen zu erkennen. Damit verliert diese Geschichte einer Familie und ihrer Mitglieder ihre Zufälligkeit, nichts anderes als eine von vielen zu sein. Sie gewinnt trotz ihrer Brüche und Widersprüche etwas sehr Besonderes, sie wird beispielhaft zur Saga des besseren Teils des deutschen Bürgertums im 20. Jahrhundert.

Dieses Buch beschränkt sich daher nicht auf die Zeit des Nationalsozialismus, sondern beschreibt die Lebensläufe Ernst von Weizsäckers und seiner beiden Söhne Carl Friedrich und Richard in ihrer Entwicklung auf die NS-Herrschaft hin, in ihrer Auseinandersetzung mit ihr und schließlich in ihren daraus abgeleiteten Konsequenzen. Es geht mir dabei um die Würdigung von drei sehr unterschiedlichen Persönlichkeiten, die zwar einer Familie angehören, aber auf ähnliche Herausforderungen doch sehr verschieden reagiert haben.

Ernst von Weizsäcker

Kind aus schwäbischem Bildungsbürgertum; Marineoffizier mit wenig erfolgreicher Verwendung im Admiralstab während des Ersten Weltkrieges; danach Beamter im höheren diplomatischen Dienst der Weimarer Republik (jedoch ohne die dafür eigentlich erforderliche Laufbahnprüfung) mit revisionistischen, großdeutschen Ambitionen; eher bescheidene Karriere bis 1933; Eintritt in NSDAP und SS erst 1938 (Parteimitgliedschaft der Ehefrau dagegen bereits 1933); lose Kontakte zur Widerstandsbewegung um Generaloberst Ludwig Beck (Generalstabschef zwischen 1935 und 1938), zum Leiter der Abwehr im Oberkommando der Wehrmacht seit 1938, Admiral Wilhelm Canaris, und zu Adam von Trott zu Solz, der seit 1939 als Jurist im Auswärtigen Amt beschäftigt war und maßgeblich die Verbindungen der Hitler-Gegner mit ausländischen Ansprechpartnern organisierte; auf ausdrücklichen Wunsch Adolf Hitlers von 1938 bis 1943 Staatssekretär des Reichsaußenministeriums und von 1943 bis 1945 Botschafter beim Vatikan.

Vor dem Ausbruch des Zweiten Weltkriegs bemühte sich Weizsäcker um dessen Verhinderung, danach widerstand er der Deportation europäischer Juden in die Vernichtungslager nicht, rettete aber gleichwohl nach eigenen Angaben eine Vielzahl von ihnen. Im Nürnberger »Wilhelmstraßen«-Prozess wurde er 1949 wegen »Verschwörung gegen den Frieden« und wegen »Verbrechen gegen die Menschlichkeit« zunächst zu sieben, im Berufungsverfahren zu fünf Jahren Haft verurteilt und 1950 aus dem Kriegsverbrechergefängnis Landsberg/Lech entlassen.

Carl Friedrich von Weizsäcker

Kernphysiker, herausragender Schüler von Niels Bohr und Werner Heisenberg, beteiligt an der Entwicklung einer deutschen Atombombe während des Zweiten Weltkriegs, Professor an der nationalsozialistischen Parade-»Reichsuniversität« Straßburg. Nach dem Krieg kurzzeitig interniert in England, dann Professor für Physik in Göttingen. 1957 betrieb Weizsäcker die »Erklärung der Göttinger Achtzehn« als Protest gegen eine atomare Bewaffnung der Bundeswehr. Seitdem arbeitete er nicht mehr primär als Physiker, sondern als häufig Anstoß erregender Philosoph in Hamburg und Starnberg zu Fragen der Verantwortung des Wissenschaftlers für die friedliche Entwicklung einer zukunftsfähigen Gesellschaft. Er wurde zu einem anregenden Anstifter mancher intellektuellen und nicht selten auch höchst politischen Debatte der Bonner Republik.

Richard von Weizsäcker

Als Schüler und Student einer wohlhabenden Familie Auslandsaufenthalte in den dreißiger Jahren in Bern, Kopenhagen, Oslo, Oxford und Grenoble; im Zweiten Weltkrieg wegen persönlicher Tapferkeit mehrfach ausgezeichnet, Vertrauter und enger Freund vieler Widerstandskämpfer und bis zu seiner Fahnenflucht in den letzten Tagen Offizier der Wehrmacht; danach Jurastudium in Göttingen, Rechtsanwalt, Bankier, Unternehmensvorstand, Präsident des Evangelischen Kirchentages, Bundestagsabgeordneter der CDU, von 1981 bis 1984 Regierender Bürgermeister in Berlin, Bundespräsident von 1984 bis 1994. Weizsäcker verteidigte seinen Vater im »Wilhelmstraßen«-Prozess Ende der vierziger Jahre. Ein Mitwissen um die Produktion, den Verkauf und den Einsatz hochgiftiger Dioxine als Entlaubungsmittel im Vietnamkrieg während seiner Zeit im Vorstand des Chemie- und Pharmakonzerns Boehringer Ingelheim Mitte der sechziger Jahre bestritt er. Als deutschlandpolitischer Sprecher der Union sorgte er mit der Stimmenthaltung seiner Fraktion gegen den heftigen Widerstand von Vertriebenen-Organisationen und etlicher konservativer Politiker für die Annahme der Ostverträge Anfang der siebziger Jahre. In Berlin erreichte er als Regierender Bürgermeister eine nachhaltige Entspannung im Konflikt zwischen der Protestszene und dem Staat mit seinem Gewaltmonopol. Als Bundespräsident begleitete er nach dem Mauerfall im November 1989 den Vereinigungsprozess von Bundesrepublik und Deutscher Demokratischer Republik auf eine Weise, die inneren Ausgleich anzielte und den Nachbarländern die Sorge vor einer übermächtigen Zentralmacht in Mitteleuropa nahm. Am nachdrücklichsten öffentlich in Erscheinung trat er mit einer aufsehenerregenden Rede im Bundestag zum vierzigsten Jahrestag des Kriegsendes 1985.

Es waren Merksätze, die vor allem unter den direkt Angesprochenen der Erlebnisgeneration heftigen Widerspruch auslösten. Dieser Jahrestag, sagte Richard von Weizsäcker, sei auch für ihn ganz persönlich ein Tag bitterer Erinnerung. Erinnern aber heiße, »eines Geschehens so ehrlich und rein zu gedenken, dass es zu einem Teil des eigenen Innern« werde. Diese Mühe stelle große Anforderungen an die Wahrhaftigkeit jedes Einzelnen. Denn, so der Bundespräsident, »jeder Deutsche konnte miterleben, was jüdische Mitbürger erleiden mussten, von kalter Gleichgültigkeit über versteckte Intoleranz bis zu offenem Hass«. Wer seine Augen und Ohren nicht verschloss, »dem konnte nicht entgehen, dass Deportationszüge rollten«. Zwar mochte die Vorstellungskraft der Menschen für Art und Ausmaß der ins Werk gesetzten Vernichtung der europäischen Juden nicht ausreichen, doch bleibe als Mindestmaß an Schuld selbst bei jenen, die an der Planung und Ausführung dieses in der Menschheitsgeschichte beispiellosen Verbrechens nicht beteiligt waren, »der Versuch allzu vieler, nicht zur Kenntnis zu nehmen, was geschah«. Wer aber in dieser Weise die Augen vor der Vergangenheit verschließe, werde blind für die Gegenwart. Das Kriegsende sei als Akt der Befreiung zu begreifen, nicht als Tag der Niederlage und Unterwerfung.

In zwei Millionen Exemplaren verteilte das Bundespresseamt die Rede weltweit. Ihr Mitschnitt auf einer Schallplatte wurde 60 000 Mal verkauft. Ebenso viele, meist zustimmende Briefe und Telegramme gingen in den folgenden Wochen im Bundespräsidialamt ein. Doch wo Weizsäcker sich – freilich unausgesprochen –, in das Urteil mit einbezog, den »unmenschlichen Zielen einer verbrecherischen Führung gedient« zu haben, wo er also Schonung oder Respekt vor seinem Amt nicht in Anspruch nahm, sondern sich unverändert in der politischen wie moralischen Haftung für diesen Teil der deutschen Geschichte sah und Aufrichtigkeit von den Angehörigen seiner Generation forderte, weil »es ohne Erinnerung Versöhnung gar nicht geben kann«, blieb Protest nicht aus. Der Vorsitzende der CDU/CSU-Fraktion im Bundestag, Alfred Dregger, wie Weizsäcker Jurist und wie dieser am Ende des Zweiten Weltkriegs Hauptmann der Reserve, wies die Zurechtweisung des Bundespräsidenten brüsk zurück, da er jedenfalls weder an Kriegsverbrechen noch sonstigen Gräueltaten teilgenommen oder von diesen gewusst habe. Und während die israelische Zeitung *Maariv* kommentierte, »vielleicht haben Sie Ihrem Volk mehr geholfen, als Sie jetzt ermessen können«, weil »Sie den Deutschen geholfen« haben, »die Lüge hinter sich zu lassen«, wollten andere genauer wissen, wovor denn der Bundespräsident während der Nazi-Zeit die Augen verschlossen hatte und in welchen militärischen Verwendungen er eingesetzt gewesen war.

Da kam einiges zusammen. Im Oktober 1938 trat er, wie sein älterer Bruder Heinrich schon zuvor, dem Potsdamer Infanterieregiment 9 bei, das wegen der vielen Adligen in seinen Reihen den Spottnamen »Graf Neun« trug. Bereits am 2. September 1939, dem zweiten Kriegstag, wurde dieser Bruder nicht weit von ihm entfernt tödlich verwundet. Während des Westfeldzuges besuchte Weizsäcker einen Lehrgang für Reserveoffiziersanwärter. Den Einmarsch in die Sowjetunion im Sommer 1941 machte er, unterbrochen von einem vierwöchigen Genesungsaufenthalt in einem Berliner Lazarett, vom ersten Tag an mit. Er erfuhr, was es hieß, als Generaloberst Erich Hoepner am 2. Mai 1941 befahl: »Jede Kampfhandlung muss in Anlage und Durchführung von dem eisernen Willen zur erbarmungslosen, völligen Vernichtung des Feindes geleitet sein.« Und er wusste, was sich hinter der Meldung Nr. 90 des Sicherheitsdienstes vom 21. September 1941 über die Massenhinrichtung von Juden verbarg: »Bei den Wehrmachtsstellen besteht ein allgemeiner Ruf nach der Sicherheitspolizei. Man bedient sich gern unserer Hilfe, unserer Erfahrungen und Anregungen. Bei einzelnen größeren von uns durchgeführten Aktionen sind sogar ohne weiteres Truppeneinheiten unserer Führung unterstellt worden. Unsere Wünsche sind bisher jedes Mal erfüllt worden.«

Der Nachschubführer der 23. Infanteriedivision, dem das Potsdamer Regiment angehörte, notierte damals in seinem Tagebuch: »Die Division ist, wie nicht anders anzunehmen war, in vorderster Linie an einer kriegsentscheidenden Stelle eingesetzt worden, so dass wir recht interessante Tage vor uns haben. [...] Wir sind auf dem Gefechtsstand, ein Schuss aus einer Champagnerflasche, und wir stoßen darauf an, dass es auch diesmal wieder so gut gehen möge.« Richard von Weizsäckers verehrter Freund Fritz-Dietlof Graf von der Schulenburg, der am 10. August 1944 wegen seiner Teilnahme am Hitler-Attentat vom 20. Juli hingerichtet werden sollte, schrieb in seinem 1942 veröffentlichten Reclam-Bändchen *Ein Leutnant von der Infanterie* noch berauscht vom Erfolg des militärischen Vormarsches: »Unsere Gedanken kreisten darum, wie viel deutscher Geist und deutsche Menschen in diesem Raume zu schaffen vermöchten, dass dieses Land nach der schöpferischen Kraft, der ordnenden Hand und dem rechtlichen Sinn der Deutschen geradezu verlange.« Und Johannes Doehring, Truppenpfarrer der Division, erinnerte sich: »Auf der feinen Waage des Gewissens erfuhren einige unter uns, dass der Mensch in so entscheidenden Stunden des Lebens wie denen, in die wir damals gingen, wählen muss [...] zwischen Schuld und Schuld.«

Richard von Weizsäcker war kein Widerstandskämpfer und hat dies auch nie für sich in Anspruch genommen. Er war mit vielen von ihnen eng befreundet (u. a. mit Axel von dem Bussche) und hat nicht zuletzt durch seinen Vater erfahren, mit welchem Ziel und mit welchen Mitteln dieser Vernichtungskrieg nicht nur im Osten geführt wurde. Am Ende fehlten Weizsäcker die

Gelegenheit und wohl auch die Kraft, unter Einsatz des eigenen Lebens dagegen vorzuziehen. Als er nach einer leichten Verwundung Ende März 1945 einen kurzen Genesungsurlaub bei seiner Großmutter und seiner Schwester am Bodensee verbringen konnte, kehrte er nicht mehr zu seiner Einheit zurück.

In Lindau traf die Familie glücklich wieder zusammen. Am Jahresende kam der ältere Bruder Carl Friedrich von Weizsäcker aus englischer Internierung. Acht Monate lang war er mit deutschen Physikern im Landhaus Farm Hall bei Cambridge eingesperrt gewesen und vom britischen Geheimdienst verhört und belauscht worden. Nichts blieb den Vernehmern verborgen, die im Rahmen der »Operation Epsilon« auf die Wissenschaftler angesetzt waren. Schließlich wollten die Briten herausbekommen, weshalb die Deutschen, die in der Atomphysik nach der Entdeckung der Kernspaltung Ende der dreißiger Jahre weltweit führend gewesen waren, im Rennen um die Atombombe letztlich von den Amerikanern geschlagen worden sind.

Nach Auswertung dieser im Februar 1992 freigegebenen Abhörprotokolle und aufgrund neuerer Untersuchungen vor allem in den Vereinigten Staaten lässt sich jetzt erkennen: Hätten sich die Wissenschaftler um Otto Hahn – allen voran Werner Heisenberg und Carl Friedrich von Weizsäcker – nicht im Winter 1941 entschlossen, die Waffenentwicklung aufzugeben, hätte Hitler um die Jahreswende 1944/45 womöglich über eine Atombombe verfügen können.

Im Dezember 1938 entdeckten Otto Hahn und Fritz Strassmann am Kaiser-Wilhelm-Institut für Chemie in Berlin die physikalische Möglichkeit der Spaltung des Atomkerns und der damit verbundenen Freisetzung von Energie. Unmittelbar nach Kriegsbeginn 1939 rief das Heereswaffenamt eine Runde der bekanntesten Atomwissenschaftler zum »Uranverein« zusammen und beschlagnahmte das gleichfalls in Berlin gelegene Kaiser-Wilhelm-Institut für Physik als zentrale Koordinierungsstelle für die militärische Erforschung der Kernenergie. Bereits im Sommer 1940 gelang einer Forschergruppe um den Leipziger Professor

Werner Heisenberg das entscheidende Experiment: Ein Dreivierteljahr vor den amerikanischen Wissenschaftlern konnten sie nachweisen, dass eine mit Uranoxid und schwerem Wasser gefüllte Aluminiumkugel mehr Neutronen freisetzt, als in ihrem Inneren abgeschossen werden. Gleichzeitig erkannte der Heisenberg-Mitarbeiter Carl Friedrich von Weizsäcker, dass ein solcher Reaktor als Abfallprodukt Transurane (Plutonium) »erbrütet«, die ebenso explosiv sind wie das nur mit gewaltigem Energieaufwand in Zyklotronen anzureichernde reine Uran-Isotop U 235. Die Herstellung einer Atomwaffe war damit prinzipiell, wenngleich mit erheblichem technischen Aufwand möglich.

Carl Friedrich von Weizsäcker, der dem Heereswaffenamt im Sommer 1940 seine Entdeckung mitteilte, wollte auch Hitler davon verständigen. Über seine Beweggründe sagte er später: »Es war bei mir eine naive politische Hoffnung. Ich war damals sehr jung und hatte das Gefühl, der Hitler sei auf seine Weise ein genialer Mann. Ich hegte den Traum, ihn mit dem exklusiven Grundlagenwissen von der Kernspaltung als Faustpfand davon überzeugen zu können, Friedenspolitik zu betreiben.« Weder Weizsäcker noch Heisenberg drangen bis zu Hitler vor. Stattdessen besuchten sie im September 1941, wenige Monate nach dem deutschen Überfall auf die Sowjetunion und noch ganz unter dem Eindruck des schnellen Vormarsches der Wehrmacht, den Nestor der Atomphysik, den Dänen Niels Bohr, in Kopenhagen.

Dort wollte Werner Heisenberg, wie er nach dem Krieg erklärte, feststellen, ob es möglich wäre, eine Internationale der Verweigerung unter allen Kernphysikern zu organisieren, deren einziges Ziel es sein sollte, die Herstellung von Atomwaffen weltweit zu verhindern. »Als ich im Herbst 1941 Niels Bohr in Kopenhagen sprach«, so Heisenberg in einem Brief an einen holländischen Mathematiker aus dem Jahr 1948, »habe ich an ihn die Frage gerichtet, ob ein Physiker das moralische Recht habe, an Atomproblemen im Krieg zu arbeiten. Bohr fragte zurück, ob ich glaube, dass eine kriegerische Verwendung der Atomenergie möglich sei, und ich antwortete, ja, das wüsste ich. Ich habe dann meine Frage wiederholt, und Bohr antwortete zu meiner Verwunderung, dass der Kriegseinsatz der Physiker in allen Ländern unvermeidlich und daher wohl berechtigt sei. Bohr hat es offenbar für unmöglich gehalten, dass hier die Physiker aller Völker sich sozusagen gegen ihre Regierungen verbinden.«

Wenige Wochen später war zumindest auf deutscher Seite von Sieg keine Rede mehr. Die Vereinigten Staaten waren in den Krieg eingetreten und die deutschen Truppen vor Moskau in die Verteidigung gezwungen worden. Den Hellsichtigeren wurde klar, dass für Deutschland der Krieg über kurz oder lang mit einer Niederlage enden musste. Werner Heisenberg und Carl Friedrich von Weizsäcker bestanden nicht mehr auf einem Gespräch mit Hitler. Weizsäcker zog sich im Frühjahr 1942 auf eine Professur an der »Reichsuniversität« in Straßburg zurück; und auch Heisenberg unternahm nun alles, um sich dem Zugriff der Wehrmacht zu entziehen.

Nach dem Krieg wurde Carl Friedrich von Weizsäcker für seine Mitarbeit am deutschen Atomwaffen-Programm nicht zur Verantwortung gezogen. Er wurde zum entschiedenen Gegner jeglicher nuklearen Rüstung in den beiden deutschen Staaten und gehörte zu den achtzehn Professoren, die 1957 mit ihrer »Göttinger Erklärung« gegen die atomare Bewaffnung der Bundeswehr protestierten. Von 1957 bis 1970 übernahm er einen Lehrstuhl für Philosophie in Hamburg und beschloss seine akademische Karriere als Direktor des Max-Planck-Instituts zur Erforschung der Lebensbedingungen der wissenschaftlich-technischen Welt in Starnberg.

Als Letzter der Familie stieß Ernst von Weizsäcker im Sommer 1946 zu seinen Söhnen. Von 1938 bis 1943 war er Staatssekretär des Auswärtigen Amts gewesen und anschließend Botschafter im Vatikan. 1948/49 zählte er im so genannten »Wilhelmstraßen«-Prozess der amerikanischen Militärregierung in Nürnberg zu den Hauptangeklagten unter den deutschen Diplomaten. Unterstützt von seinem Sohn Richard, der inzwischen ein Jurastudium in Göttingen aufgenommen hatte, musste er sich gegen den

Vorwurf verteidigen, »Verbrechen gegen den Frieden« und »Verbrechen gegen die Menschlichkeit« verübt zu haben. Von den Siegermächten aufgefundene und beschlagnahmte Dokumente des Außenministeriums bewiesen außerdem seine Verstrickung in die »Endlösung der Judenfrage« zweifelsfrei.

Am 20. März 1942 gab er dem AA-Referatsleiter Franz Rademacher Formulierungshilfe, als dieser dem SS-Obersturmbannführer Adolf Eichmann mitteilte, dass »seitens des Auswärtigen Amtes gegen die Abschiebung von insgesamt 6000 polizeilich näher charakterisierten Juden französischer Staatsangehörigkeit bzw. staatenloser Juden nach dem Konzentrationslager Auschwitz (Oberschlesien) kein Einspruch erhoben« werde. Und am 24. September 1942 nahm er laut einer Aktennotiz zur Kenntnis, dass der Außenminister »nach einem kurzen Vortrag über die im Gange befindliche Judenevakuierung aus der Slowakei, Kroatien, Rumänien und den besetzten Gebieten« angeordnet habe, »dass wir nunmehr an die bulgarische, die ungarische und die dänische Regierung mit dem Ziel, die Judenevakuierung aus diesen Ländern in Gang zu setzen, herantreten sollen«.

Zwei der drei amerikanischen Richter in Nürnberg hatten keinerlei Zweifel, dass Ernst von Weizsäcker das tatsächliche Ziel dieser »Judenevakuierungen« – nämlich die Vernichtung aller europäischen Juden – bekannt war, nachdem er auch über die von den SS-Einsatzgruppen im Osten begangenen Massenmorde an den Juden aus unterschiedlichen Quellen unterrichtet worden war. Der dritte Richter hielt diesen Tatvorwurf für nicht bewiesen. Zwar bestritt Weizsäcker während der Verhandlung dieses Wissen um den Holocaust, doch bekannte er wenige Tage nach dem Urteil in einem Brief an seine Frau vom 20. April 1949: »Ich habe mir eine Funktion zugetraut, die im entscheidenden Augenblick über meine Kräfte ging. [...] Mit mehr Herz und vielleicht mit mehr Fanatismus hätte ich es auf eine persönliche Katastrophe ankommen lassen, ja sie im richtigen Moment bewusst hervorrufen müssen. [...] Mein Verhalten ab Herbst 1939 ist unrühmlich. Ich scheue darum die Fortsetzung einer Märtyrerrolle, die meinem Gewissen nicht entspricht.«

So, wie diese groben Striche skizzieren, läse sich eine Familienbiographie der Weizsäckers allein nach Auswertung amtlicher Quellen. Von Interesse für Zeitgenossen, aber mehr noch für Nachgeborene ist es nun, den Unterschied, vielleicht sogar den Widerspruch zwischen dieser – archivgestützten – Fremdwahrnehmung und dem Selbstbild der drei Weizsäckers herauszuarbeiten, um auch aus ihrer eigenen Sicht die Schattenbereiche und die Erfolgsmomente ihrer in mancherlei Hinsicht beispielhaften Lebensläufe auszuleuchten, für die Erfahrungen während der NS-Zeit prägende Bedeutung hatten. Damit ist dieses Buch keine Demontage, sondern der Prozess einer seriösen Annäherung an Lebenswelten, Lebensvorstellungen und Lebenskrisen im deutschen Bürgertum des 20. Jahrhunderts.

Es ist nicht meine Absicht, eine Familiengeschichte der Weizsäckers jenseits der von ihnen nachweislich verantworteten Wirklichkeit zu schreiben. Andererseits geht es mir auch nicht um eine apologetische Legendenerzählung über Deutschlands heilige Familie. Weder will ich alle ihre Mitglieder über einen Kamm scheren, noch wüsste ich, welcher Kamm dies sein könnte oder sollte. Meine Absicht ist vielmehr, eine Studie über das Dilemma von Macht und Moral und die äußerst beschränkten Möglichkeiten des Einzelnen in den geschichtlichen Wechselfällen des vergangenen Jahrhunderts vorzulegen – und dies am Beispiel dreier außergewöhnlicher Männer, die einer Familie angehören und in unterschiedlichen Epochen des 20. Jahrhunderts heranwuchsen, aber gleichermaßen in der Zeit des Nationalsozialismus und des Zweiten Weltkrieges außerordentliche Herausforderungen zu bestehen versuchten und, soweit es Carl Friedrich und Richard von Weizsäcker betrifft, bis in die Gegenwart hinein den politischen Diskurs hierzulande wesentlich mitbestimmt haben.

Es geht um drei Leben, die mir in ihren Konstanten und in ihren Brechungen ganz besonders erhellend für die Krise des Individuums im Zeitalter der totalitären Ideologien zu sein scheinen.

Das klingt groß, aber es ist bescheiden gemeint. Es geht um einen Beitrag zur Verständlichmachung, zur Verstehbarkeit von Geschichte. Im Großen kaum Begreifbares wird so nachvollziehbar, wenn es aus dem Blickwinkel individuellen Erlebens und Gestaltens ausgeleuchtet wird.

Die Herkunft

Natürlich sind Menschen mehr und anderes als die Summe der Persönlichkeiten ihrer Vorfahren und der Bedingungen ihrer Umwelt, in der sie sich entwickeln. Doch ohne Belang sind beide Faktoren nicht. Sie haben, zumal dann, wenn sich der Einzelne ihrer bewusst wird, Beträchtliches an Prägekraft. Manches, von dem gesagt wird, es sei angeboren oder es wiederhole sich von Generation zu Generation auf erstaunliche Weise, ist in Wahrheit nichts als die Folge solcher Einflüsse. Dies gilt für die Weizsäckers wie für jede andere Familie, die sich ihrer Vergangenheit vergewissert und dieses Wissen weitergibt.

Die Familie Weizsäcker stammt aus dem reizvollen Städtchen Öhringen im Hohenloher Land, an dem viel Aufgeregtheit der Moderne beinahe spurenlos vorübergegangen ist. Das Bedeutendste, was – neben Kulturgeschichtlichem – über diese kleine Residenz der Fürsten von Hohenlohe anzumerken ist, mag der Hinweis sein, dass in der Krypta der gotischen Stiftskirche jene Adelheid begraben liegt, die als Mutter Kaiser Konrads II. (990 bis 1039) das salische Herrschaftshaus begründete, ihrem Sohn allerdings so fern gestanden zu haben scheint, dass dieser als eigene Grablege den von ihm errichteten Speyerer Dom vorzog.

Ein aus der Pfalz zugewanderter Niclaus Wadsacker hatte sich nach dem Ende des Dreißigjährigen Krieges wenige Kilometer östlich von Öhringen auf der »Ziegelmühle« niedergelassen. Der Müller hatte Erfolg und hinterließ nach seinem Tod 1673 den Kindern ausreichend finanzielle Mittel, so dass sein jüngerer Sohn Johann Heinrich 1680 die zwar zerstörte, aber mit allen Rechten versehene, unweit gelegene »Eckartsweiler Mühle« erwerben konnte. Dessen zweiter Sohn Wolfgang Friedrich wiederum heiratete 1717 in zweiter Ehe Maria Katharina Schlösser, deren Vater als Hofschuhmacher der Grafen von Hohenlohe schon einiges an gesellschaftlichem Ansehen genoss. Zwei Kinder kamen zur Welt. Und während das ältere die Mühle erbte, schaffte der jüngere Bruder Gottlieb Jacob den Sprung aus dem Handwerk heraus in den Hofdienst. Im Alter von zweiunddreißig Jahren wurde er 1768 Mundkoch bei dem wegen seiner prächtigen Hofhaltung von Standesgenossen bewunderten, von den Untertanen wegen der hohen Abgabenlast aber gefürchteten Fürsten von Hohenlohe-Öhringen. Ebenfalls aus zweiter Ehe wuchs sein 1785 geborener Sohn Christian Ludwig Friedrich heran, der als erster Weizsäcker eine akademische Ausbildung genoss und damit die ansehnliche Geschichte einer Familie des deutschen Bildungsbürgertums begründete, die im Verlauf von zwei Jahrhunderten weit über das Land hinaus anerkannte Hochschullehrer und Staatsdiener hervorbrachte.[1]

Christian Ludwig Friedrich Weizsäcker schloss nach dem Tod seines Vaters das heimische Gymnasium als Jahrgangsbester ab und schrieb sich, ausgestattet mit einem Stipendium seines Landesherrn, 1803 an der Universität Göttingen als Student der evangelischen Theologie ein. Zwei Jahre später indes endete die Regentschaft der Fürsten von Hohenlohe. Der Grund: Napoleon hatte den Kurfürsten Friedrich von Württemberg für seine Bündnistreue mit der Königswürde belohnt und zugleich für linksrheinische Gebietsverluste mit dem Territorium derer von Hohenlohe entschädigt. Immerhin reichte deren Herrschaftsgewalt noch aus, den jungen Weizsäcker nach seinem Examen 1807 mit der Kaplanstelle als dritter Geistlicher in Ingelfingen am Kocher zu betrauen.

Bereits vor seinem Amtsantritt 1808 rückte Weizsäcker nach dem Tod des dortigen Diakons in die zweite Pfarrstelle auf. Fünf Jahre später übernahm er die Stelle des Diakons in Öhringen und heiratete 1816 Sophie Rössle, die Tochter eines fürstlich-hohenlohischen Hofrats, die zudem über ihre adlige Mutter Verbindungen zu einflussreichen württembergischen Familien öffnete. 1829 wurde Weizsäcker zum Stiftsprediger von Sankt Peter und Paul berufen – ein Amt, dessen Inhaber auch die geistliche Betreuung der fürstlichen Familie zu übernehmen hatte. Freilich starb Christian Ludwig Friedrich Weizsäcker bereits 1831, so dass er diese Stellung nicht recht hat ausbauen können.

Nach dem Stammhalter Hugo (1820–1834) kam Carl Heinrich Weizsäcker am 11. Dezember 1822 in Öhringen zur Welt. Schon als Kind litt er an rheumatischen Knochenerkrankungen, die seine regelmäßige Teilnahme am Schulunterricht erschwerten, aber seinen Ehrgeiz nicht minderten. Ihren Nachwuchs zog die evangelische Landeskirche in vier theologischen Seminaren heran, die in Blaubeuren und Maulbronn, in Schöntal und Urach kostenfrei Unterricht und Verpflegung, Wohnraum und ärztliche Versorgung boten. Aufgenommen wurde, wer in zwei aufeinander folgenden Jahren das in Stuttgart zentral abzulegende »Landexamen« bestand.

In dessen erstem Teil – anspruchsvolle schriftliche Prüfungen in Latein und Griechisch, in Religion und Rechnen – erreichte Carl Heinrich Weizsäcker 1835 den drittbesten Platz. Doch dann zwang ihn ein neuerlicher Krankheitsschub zu einer Unterbrechung von drei Jahren, bevor er 1839 auch den zweiten Prüfungsteil absolvierte. Auf Bitten der Mutter willigte der württembergische König ein, den Sohn nachträglich in den für ihn ursprünglich vorgesehenen Kurs im Seminar Schöntal aufzunehmen. Den Lehrstoff – die Lektüre klassischer Schriften und biblischer Überlieferungen im Urtext, christliche Dogmatik, deutsche Literatur, Naturkunde und Mathematik – hatte sich Weizsäcker außerschulisch so weit angeeignet, dass er das Niedere Seminar mit seinem Jahrgang abschließen konnte und 1840 sowohl das Reifezeugnis ausgehändigt erhielt als auch das Auswahlexamen für das Höhere Seminar in Tübingen bestand.

Zum Wintersemester immatrikulierte sich Carl Heinrich Weizsäcker an der evangelisch-theologischen Fakultät der 1477 gegründeten Landesuniversität. Er wohnte im Tübinger Stift, einem nach der Reformation aufgelösten Augustinerkloster. Die

Lebensbedingungen der dort untergebrachten 150 Stipendiaten waren vergleichsweise großzügig. Im Gegenzug hatten die Studenten erhebliche Leistungsansprüche zu erfüllen. Der Besuch von Vorlesungen und Lehrveranstaltungen an der mit 740 Studenten ausgesprochen übersichtlichen Hochschule in einer Kleinstadt von gerade mal 9000 Einwohnern war durch Testat nachzuweisen. Zusätzliche wissenschaftliche Übungen und Repetitorien im Stift hoben das Niveau weiter an, schließlich sollten die Absolventen führende Stellen im Kirchen- und Schuldienst übernehmen können. Weizsäcker erfüllte diese Erwartungen durchaus. Bis zu seinem Examen 1845 belegte er gemeinsam mit dem späteren Orientalisten August Dillmann regelmäßig den ersten Platz unter den Seminaristen.

Drei Professoren beeindruckten Carl Heinrich Weizsäcker besonders auf je eigene Weise: wegen seiner tiefen Frömmigkeit der Bibelexeget Christian Friedrich Schmid, für den die Heilige Schrift der unmittelbare und unbedingte Ausdruck göttlicher Offenbarung war; der Kirchenhistoriker Ferdinand Christian Baur, der an Bibeltexte mit dem Handwerkszeug der Geschichtsforschung heranging, um dem Glauben wissenschaftliche Stütze zu geben, imponierte durch seinen Freimut; und schließlich regte der 1837 als einer von sieben Göttinger Professoren nach Protesten gegen den autokratischen Herrschaftsanspruch durch König Ernst August von Hannover aus dem Landesdienst entlassene Orientalist Heinrich Ewald die Studenten an, weil er als Universitätsrektor in Tübingen 1841 ohne Furcht vor dem König zu einer geeinten deutschen Nation aufrief, die »nicht bloß auf die Grenzen beschränkt ist, die jetzt den einzelnen Staat und den einzelnen Volksstamm umschließen«. Ermutigt durch diesen Hochschullehrer, schloss sich Weizsäcker dem »Roigel« an, einer Studentenverbindung mit gesamtdeutschem Einigungswillen, die anstelle der verbotenen Burschenschaften den Wahlspruch »Ehre, Freiheit, Vaterland« beibehielt und die Farben Schwarz-Rot-Gold des lützowschen Korps aus den Befreiungskriegen gegen Napoleon weitertrug.

Ostern 1845 bestand Carl Heinrich Weizsäcker sein Abschlussexamen in Tübingen mit der Gesamtnote »recht gut«, und auch die Einzelnoten bestätigten gleichermaßen Fleiß wie Begabung. Seine geistigen Fähigkeiten insgesamt wurden mit »sehr gut« bewertet. Im Fach Philologie erhielt er die Beurteilung »gut«, in Philosophie »sehr gut«, im Fach Theologie hieß es: »mit zunehmender Studiendauer immer erfolgreicher, in den Predigten gute Dispositionen«. Schon nach wenigen Wochen schickte ihn das Stuttgarter Konsistorium als Vikar nach Urach und ein halbes Jahr später als Krankheitsvertretung für einen Professor an das Niedere Seminar Blaubeuren. In Urach verlobte sich Weizsäcker 1845 mit Sophie Auguste Christiane Dahm, einer Pfarrerstochter aus Esslingen. Im nächsten Jahr wurde er wunschgemäß nach Esslingen versetzt, unterrichtete dort am Lehrerseminar und unterstützte den Stadtpfarrer. Einen ihm angebotenen, kostenfreien Studienaufenthalt in Berlin nutzte er jedoch nur für ein Vierteljahr. Dann kehrte er nach Württemberg zurück, erwarb an der philosophischen Fakultät der Universität Tübingen seinen Doktortitel und bat im Sommer 1847 König Wilhelm I., künftig als Privatdozent »wissenschaftliche[r] theologische[r] Tätigkeit« nachgehen zu dürfen.

Allerdings kam der erst fünfundzwanzigjährige Dozent bei seinen Studenten im Revolutionsjahr 1847/48 nicht sonderlich gut an. Er bestand darauf, seine Vorlesung über das Verhältnis von Philosophie und Theologie ungeachtet der aktuellen politischen Zerwürfnisse fortzusetzen, während den Studenten der Sinn offenkundig nach anderem stand. Lediglich sechs von ihnen, darunter Carl Heinrich Weizsäckers jüngerer Bruder Julius, hielten bei ihm aus. Als sich im Frühjahr 1848 die Möglichkeit bot, als Pfarrer in das Dorf Billingshausen im Hohenlohischen zurückzukehren, ergriff er daher diese Chance. Zumal er nun über ein geregeltes Einkommen verfügte und seine Braut im Sommer heiraten konnte.

Die Pfarrstelle ließ ihm genügend Zeit, nebenbei seinen wissenschaftlichen Neigungen nachzugehen. Er schloss sich, schiedlichfriedlich-schwäbisch, den »Vermittlungstheologen« an, die einen Ausgleich zwischen den in Württemberg weit verbreiteten evangelikalen Sekten, den wortgläubigen Pietisten und den Lutheranern suchten, die sich Erlösung ohne eigenes Zutun allein aus der Gnade Gottes erhofften. Diese Haltung empfahl ihn König Wilhelm I. von Württemberg, als 1851 die Stelle des Hofkaplans neu zu besetzen war. Der König berief Carl Heinrich Weizsäcker, und zehn Jahre lang predigte er Sonntag für Sonntag vor einer einflussreichen Gemeinde, die Neuerungen in jeglicher Form ablehnend gegenüberstand. Gleichwohl muss seine Art zu predigen bei den Kirchgängern angekommen sein. Denn 1856 stellte ihn der Minister des Kirchen- und Schulwesens als Hilfskraft in seine Behörde ein, und drei Jahre darauf beförderte ihn das Konsistorium in Stuttgart zum außerordentlichen Mitglied und Oberkonsistorialrat. Damit war er auf seinem Weg nach oben bereits ein erhebliches Stück vorangekommen, weiter vermutlich, als er sich in seinen Jugendjahren jemals vorgestellt hatte.

Carl Heinrich Weizsäcker war, nach dem Urteil des Familienbiographen Martin Wein, »im Grunde seines Wesens liberal und konservativ zugleich«: Er »trat für die vorurteilslose Erforschung der historischen Fundamente des Christentums ein, mit dem Ziel, den alten Glauben durch neue wissenschaftliche Erkenntnisse zu stärken. Sein Gottvertrauen und die Bindung an die Kirche gewährten ihm jedoch nur begrenzten Zugang zu rein spekulativem Denken. Er setzte sich für die persönliche Freiheit und die Einigung Deutschlands unerschrocken ein, von der republikanischen Staatsform hielt er freilich nichts, und das Erstarken neuer Kräfte wie der Arbeiterbewegung verfolgte er mit ›Sorge und Bestürzung, fast wie einen bevorstehenden Untergang‹.«[2]

Insofern empfahl sich Weizsäcker der Obrigkeit durchaus. Andererseits war er ein unabhängiger Geist, der sowohl dem »Kultminister« Gustav von Rümelin wie den konservativen Konsistorialmitgliedern widersprach, wenn ihm deren Kurs allzu machtversessen und menschenfern erschien. Als nach dem Tod von Ferdinand Christian Baur 1860 ein Tübinger Theologie-Lehrstuhl zu besetzen war, bewarb sich Weizsäcker trotz der betrüblichen Erfahrungen, die er als Dozent zwölf Jahre zuvor gemacht hatte. Das Ministerium unterstützte ihn nach Kräften, doch die Fakultät lehnte ihn zunächst ab, weil sie das Ordinariat an einen Schüler Baurs vergeben wollte. Die Entscheidung freilich lag beim König. Und nachdem verschiedene andere Kandidaten abgesagt hatten, berief ihn Wilhelm I. zum Wintersemester 1861/62 auf die Professur für Kirchen- und Dogmengeschichte. Fünfundsiebzig Semester lang blieb Weizsäcker der Tübinger Universität verbunden, veröffentlichte zwei wesentliche Bücher, nämlich seine *Untersuchungen über die evangelische Geschichte, ihre Quellen und den Gang ihrer Entwicklung* 1864 und, als Opus magnum, *Das apostolische Zeitalter der christlichen Kirche* 1886. Dazwischen gab er 1875 *Das Neue Testament* in einer zeitgemäßen Übersetzung heraus, die bis in die dreißiger Jahre des 20. Jahrhunderts immer wieder neu aufgelegt wurde.

Weizsäcker war gewiss kein bahnbrechender Theologe, aber er war ein anerkannter und redlicher Wissenschaftler. »Manche konnten sich schwer in die diplomatische Art finden, mit der er alles anfasste«, zitiert Martin Wein seinen Schüler Alfred Hegler.[3] Doch es war keine Scheu, die eigene Meinung überhaupt in den akademischen Diskurs einzuführen, sondern eher die Zurückhaltung des Wissenschaftlers, der um die Grenzen seiner Erkenntnisfähigkeit weiß und deshalb solche Kommentare nur sparsam einsetzte. Hegler: »Seine eigene Auffassung trat in der Gruppierung des Ganzen, in der überlegten Auswahl des Charakteristischen, in den immer neu formulierten Überblicken, in den wenigen, aber umso inhaltsreicheren Bemerkungen hervor, die er der Darstellung häufig am Schluss noch anfügte, manchmal in so leichtem Ton, dass der Neuling sie für nebensächlich halten konnte.«

Zugleich mit der Professur verlieh König Wilhelm I. Carl Heinrich Weizsäcker als Anerkennung für seine langjährigen Dienste als Hofkaplan das Ehrenkreuz des Württembergischen Kronenordens, mit dem die Erhebung in den persönlichen, also nicht erblichen Adelsstand verbunden war. Der weitere Lebensweg Weizsäckers ließ darüber hinaus an Ehrungen und Anerkennung nichts vermissen, was einem verdienstvollen Mann in einem der deutschen Teilstaaten des 19. Jahrhunderts zuteil werden konnte: zusätzliche Orden, die wiederholte Anhebung seiner Bezüge, schließlich die Wahl zum Rektor der Universität Tübingen in den Jahren 1867 und 1877. Außerdem übernahm er das Amt des ersten Stiftsinspektors im Höheren Seminar, das er selbst besucht hatte, und wurde 1890 zum Kanzler der Universität bestellt, was heißt, dass er die staatliche Aufsicht über die Hochschule übertragen bekam. Mit diesem Amt verbunden war ein ständiger Sitz in der Abgeordnetenkammer. Damit gehörte Weizsäcker zu den dreiundzwanzig »Privilegierten«, die der Regierung im Landtag gegenüber den siebzig gewählten Mandatsträgern eine verlässliche Stütze sein sollten. Gleichwohl fühlte er sich bei allem diplomatischen Geschick auch in politischen Dingen dann, wenn es um den Kern seiner Überzeugungen ging, allein seinem Gewissen verpflichtet. Zwei Felder insbesondere waren es, auf denen er nicht mit sich streiten ließ: Die nationale Einheit aller Deutschen stand für ihn an erster Stelle und, ausweislich seiner Reden, die Freiheit und Unabhängigkeit der Forschung gewiss an zweiter.

Politisch näherte sich Carl Heinrich Weizsäcker nach dem Ende des preußisch-österreichischen Krieges 1866, in dem Württemberg an der Seite Österreichs gekämpft hatte, der Deutschen Partei an, die mit nationalliberalem Gedankengut für eine kleindeutsche Einigung unter Preußens Führung stritt. Diese Haltung war in Schwaben, das in einem so zugeschnittenen Reich das ungebremste Übergewicht der zuweilen militanten, großagrarisch ausgerichteten und gesellschaftlich reaktionären Ostelbier fürchtete, zunächst nicht populär. Veränderungen brachte da erst der preußisch-französische Krieg 1870, dem sich alle deutschen Teilstaaten anschlossen. Zwar erklärte sich Württemberg als letztes der Partikularfürstentümer zum Eintritt in das im November 1870 ausgerufene deutsche Kaiserreich bereit, verfocht aber in den Jahrzehnten danach um so entschiedener die gemeinsamen Interessen.

Weizsäcker verlor das Odium des Außenseiters und gehörte nun zu den angesehensten Landespolitikern: unverändert konservativ, jedoch insofern liberal, als sich Macht für ihn nicht aus bloßer Anmaßung oder Überlieferung rechtfertigte, sondern aus im staatlichen Gesamtinteresse verantworteter Leistung. Damit wurde Weizsäcker wahrlich nicht zum Republikaner, aber immerhin zum Anhänger einer durch Verfassungsrechte gebändigten Monarchie, die nicht allein im Erbadel, sondern in einem gebildeten Bürgertum, dem sämtliche Staatsämter zu öffnen wären, ihren Rückhalt finden sollte.

In seiner persönlichen Lebensführung blieb Carl Heinrich Weizsäcker bescheiden. Als er am 13. August 1899 im Alter von sechsundsiebzig Jahren starb, vermachte er seiner Familie trotz beträchtlicher Einbußen während der Wirtschaftskrise 1873 ein Vermögen von mehr als 300 000 Goldmark – nach heutigem Geldwert über drei Millionen Euro. Für seine Nachkommen setzte der Sohn eines Pfarrers aus dem Hohenlohischen Maßstäbe, denen nicht leicht zu genügen war.

Eines der Kinder, Karl Hugo nämlich, der am 25. Februar 1853 zwischen seinen beiden Schwestern Sophie Auguste (1850 bis 1931) und Marie Auguste (1857–1939) in Stuttgart zur Welt kam, nahm sich offenbar vor, den Vater noch zu übertrumpfen. Er beendete das Gymnasium in Tübingen, wo sein Vater zwischenzeitlich als Kirchenhistoriker an der theologischen Fakultät gelehrt hatte, mit siebzehn Jahren in der kürzestmöglichen Zeit. Nach dem Abitur ging er, um seine Französischkenntnisse zu verbessern und um sich an der Universität in einem Studium generale ein wenig zu orientieren, nach Genf. Dort überraschte ihn im Juli 1870 die Nachricht vom Ausbruch des preußisch-französischen Krieges. Da sich diesem aus dynastischen Ansprüchen und regionalen Vormachtinteressen nur bedingt begründeten Konflikt nach und nach alle deutschen Teilstaaten auf der Seite Preußens anschlossen und damit erkennbar wurde, dass der Streit in

Wahrheit um eine absehbare deutsche Einigung unter preußischer Führung ging beziehungsweise um die französische Sorge vor einer solchen Großmacht an der eigenen Ostgrenze, mochte Weizsäcker nicht in der Schweiz abseits stehen. Er fuhr nach Hause und meldete sich, wegen seines jungen Alters begleitet von seinem Vater, im Stuttgarter Kriegsministerium als Freiwilliger.

Nach kurzer Grundausbildung wurde Karl Hugo Weizsäcker im September 1870 als Offiziersanwärter wunschgemäß dem elitären 1. Königlich-Württembergischen Grenadierregiment Königin Olga zugeteilt und zeichnete sich in den folgenden Kämpfen durch hohe Tapferkeit aus. Am 30. November versuchten französische Truppen aus dem belagerten Paris auszubrechen und stießen dabei im Südosten bei Champigny auf die Württemberger. In einer verlustreichen Abwehrschlacht wurde Weizsäcker an der linken Schulter verwundet. Der Kriegsversehrte kehrte in die Heimat zurück und erhielt das damals seltener als in den folgenden Kriegen verliehene Eiserne Kreuz II. Klasse zugesprochen. Da er bei seiner Einheit aufgrund der langfristigen Besetzung der Stellen allenfalls die Chance hatte, zum Rottenführer und Unteroffizier aufzurücken, wechselte der ehrgeizige Soldat zum 2. Infanterieregiment nach Ulm, wo er sofort zum Fähnrich befördert wurde.

Ebenfalls im November hatten sich Bayern und Württemberg, Baden und Hessen dem Norddeutschen Bund unter Preußens Führung angeschlossen. Durch Reichstagsbeschluss führte dieser Staatenbund seit Dezember den Namen Deutsches Reich. Im Januar 1871 wurde König Wilhelm I. von Preußen im Schloss von Versailles zum Deutschen Kaiser ausgerufen und damit die eigentliche Reichsgründung vollzogen. Weizsäcker, der nach seiner Genesung nicht mehr zu Kampfeinsätzen herangezogen wurde, blieb nach dem im Februar ebenfalls in Versailles vereinbarten Vorfrieden noch einige Monate als Besatzungssoldat in Frankreich. So wie sein Vater und die meisten Deutschen von dieser blutig erkämpften Einigung begeistert waren, schloss sich auch der Sohn der nationalliberalen Deutschen Partei an, die wie keine andere für Deutschlands Größe und seinen wachsenden Einfluss in der Welt warb.

Dennoch stand nach dem Friedensschluss zunächst ganz naheliegend eine Entscheidung über die berufliche Zukunft an. Da der untersetzte, schon in frühen Jahren etwas zur Korpulenz neigende Karl Hugo Weizsäcker für die aktive Offizierslaufbahn kaum infrage kam, ihn die Theologie ungleich weniger als seinen Vater interessierte, dagegen aber dessen politische Arbeit reizte, entschloss er sich für das Jurastudium und eine spätere Tätigkeit im Staatsdienst. Sein Studium absolvierte er in sieben Semestern, dann ging er für je ein Semester nach Leipzig und Berlin, um bei den berühmten Historikern Theodor Mommsen und August Treitschke Vorlesungen hören zu können. Beide Staatsexamen schloss er mit der herausragenden Note 2 a ab und erwarb 1879 in Tübingen den Doktortitel der Rechtswissenschaften mit einer Arbeit über »Das römische Schiedsrichteramt unter Vergleichung mit dem officium judicis«. Im selben Jahr heiratete er Viktorie Wilhelmine Sophie Pauline von Meibom, die Tochter eines früheren Juraprofessors in Tübingen, der wenig später an das Reichsgericht nach Leipzig berufen wurde. Unmittelbar nach Ablauf der schicklichen neun Monate kam ihr erster Sohn Carl Victor (1880–1914) zur Welt. Zwei Jahre später folgte Ernst Heinrich (1882–1951), danach Viktor (1886–1957) und schließlich Paula (1893–1933).

Der berufliche Aufstieg Karl Hugo Weizsäckers entsprach den Erwartungen der Familie, aber eben auch seinem Können und seinem Einsatz. Im Herbst 1879 wurde er zum Amtsrichter in Stuttgart ernannt, vier Jahre später kam die Einstellung als Ministerialsekretär im Justizministerium. 1887 erfolgte die Beförderung zum Landgerichtsrat und 1892 zum Ministerialrat. Als er wiederum fünf Jahre danach den Titel Ministerialdirektor erhielt, war er mit gerade vierundvierzig Jahren zum Vertreter des Justizministers geworden. Verbunden mit diesem Amt war die Zuerkennung des persönlichen Adelstitels, so dass der Vater zwei Jahre vor seinem Tod noch erfuhr, dass es auch sein Sohn nach den Maßstäben der damaligen Zeit »geschafft« hatte. Er war oben angekommen, gleichsam im Zentrum der Macht, war ein »von Weizsäcker« geworden, anerkannt von seinem Vorgesetzten und dem Monarchen, geschätzt von seinen Mitarbeitern, geachtet von seinen Untergebenen und geliebt von seiner Familie. Er war zu eigenem Nutzen einem allseits respektierten Vorbild gefolgt und hatte den väterlichen Ratschlag beherzigt, dass geschmeidige Anpassung an gottgegebene Verhältnisse gesellschaftlichen Aufstieg wahrscheinlicher macht als umstürzlerisches Gedankengut und revolutionäres Verhalten.

Karl Hugo von Weizsäcker war sich seiner selbst und seiner Bedeutung wohl bewusst. »In der Familie«, erinnert sich Sohn Ernst, »herrschte die väterliche Potestas unbestritten.« Dennoch habe auch er sich dem »heiter-überlegenen Verstand« des Vaters widerspruchslos gebeugt.[4] Gerne goss der Vater »seinen Spott über Zeitungsschreiber, Politiker, Kollegen, Diplomaten und viele andere Zeitgenossen« aus.[5] Im Urlaub habe man ein Familienspiel besonders geschätzt: Einzelne Bekannte wurden von jedem mit Noten zwischen 1 und der damals besten Zensur 8 bewertet, anschließend gab es eine Diskussion der unterschiedlichen Beurteilungen. »Selten kam ein Fremder über 6«, berichtete Ernst von Weizsäcker noch als Erwachsener mit erkennbarem Stolz.[6]

Andererseits fügte sich Karl Hugo von Weizsäcker in die politischen Strukturen seiner Zeit ganz vorbehaltlos ein. Unbedingte Loyalität zum Herrscherhaus war ihm eine Selbstverständlichkeit. Und sie wurde durch Beförderungen und mannigfache Auszeichnungen belohnt. Insofern entwickelte sich ein System wechselseitiger Stabilisierung überkommener Verhältnisse – mit einer nicht unwichtigen Ausnahme: Während das württembergische Königshaus gar nicht so selten eigenstaatlichen oder dynastischen Interessen den Vorzug gab, blickte Weizsäcker über die Landesgrenzen hinaus und erkannte sehr schnell die Entwicklungsmöglichkeiten, die das großräumigere Kaiserreich nicht zuletzt der Industrie und dem Gewerbe Württembergs öffnete. Dagegen sah Weizsäcker in einer breiteren Beteiligung der

Bevölkerung an den politischen Dingen oder gar in einer parlamentarischen Kontrolle der Regierungstätigkeit durch den Landtag keinerlei Vorteil. Ihm schien eine allein dem Monarchen verantwortliche und damit, wie er meinte, dem Landeswohl und nicht parteipolitischen Interessen verpflichtete Exekutive ratsamer als eine vom Parlament abhängige Landesregierung. Der Demokratie »mit ihrem Grundsatz der Massenherrschaft« konnte Weizsäcker nach dem Zeugnis seines Freundes Gottlob Egelhaaf wenig abgewinnen.[7] Dem preußischen Gesandten Karl Gustav von Below-Rantzau erklärte er 1909: »Für meinen Geschmack wird in Württemberg nachgerade genügend liberal regiert, für eine Verstärkung der freiheitlichen Dosis wäre ich schwerlich zu haben.«[8] Angesichts so hoher Übereinstimmung in grundlegenden Fragen erstaunt es nicht, dass Weizsäcker an seinem achtundvierzigsten Geburtstag vom König zum »Kultminister« ernannt wurde und damit für die Anleitung und Überwachung von Schulen und Hochschulen des Landes zuständig war. Bereits vor dem Dienstantritt verließ Weizsäcker die Deutsche Partei, weil seiner Auffassung nach die Parteimitgliedschaft mit einem Regierungsamt unvereinbar war.

Bedingt durch das höhere Alter und den schwachen Gesundheitszustand dreier Regierungschefs bis in das Jahr 1906 hinein, konnte Karl Hugo von Weizsäcker in seinem Ministerium recht unabhängig arbeiten. Er modernisierte in dieser Zeit die Lehrpläne der Gymnasien, führte das System der dualen Berufsausbildung ein und unterstützte besonders nachhaltig die Technische Hochschule in Stuttgart sowie die Landwirtschaftliche Akademie in Hohenheim, denen beiden das Promotionsrecht zugesprochen wurde. Die unbeschränkte Öffnung der Landesuniversität Tübingen für Studentinnen und die Gleichstellung der höheren Mädchenschulen mit den Oberschulen für Jungen allerdings war nach dem Urteil des Familienbiographen Wein eher »dem gelinden Druck aus der Umgebung der Königin Charlotte« zuzuschreiben als der eigenen Einsicht des Bildungsministers.

Nach dem Tod Wilhelm August von Breitlings 1906 wurde

Karl Hugo von Weizsäcker zum Ministerpräsidenten ernannt. Auch die Opposition war mit dieser Berufung einverstanden. Der Sozialdemokrat Wilhelm Keil erinnert sich an Weizsäcker mit Sympathie: »Weizsäcker war eine feingeistige, diplomatisch veranlagte Natur. Wer ihn so am Regierungstisch des Landtags oder bei feierlichen Anlässen beobachtete, musste ihn für eine überaus würdevolle, unnahbare Persönlichkeit halten. Das war er nun wirklich nicht. Er wusste die Würde stets zu wahren, war aber kein Spielverderber, sondern aufgeschlossen für jedermann und auch empfänglich für ein treffendes Scherzwort.«[9] Beispielhaft blieb Keil ein Ausflug der Landtagsabgeordneten mit der Eisenbahn im Gedächtnis, der alle zwei Jahre nach den Etatberatungen stattfand. Die Sozialdemokraten hätten wie die übrigen Fraktionen in ihrem Abteil beieinander gesessen, als der Ministerpräsident sich zu ihnen gesellte: »Die Debatte wurde abgebrochen und ersetzt durch herzhafte Witze und Anekdötchen, und sofort herrschte die richtige Heimkehrstimmung. Sie war von Dauer und übertrug sich auf das Stuttgarter Bierlokal, wo dem echten Pilsener alle Ehre erwiesen wurde, bis in der Mitternachtsstunde der Ministerpräsident sich von den Sozialdemokraten verabschiedete.«[10]

Karl Hugo von Weizsäcker war kein überheblicher Mann, niemand, der seine Wurzeln im schwäbischen Protestantismus und im bildungsbeflissenen akademischen Bürgertum vergessen hätte. Politischer Konservatismus ging bei ihm aufs Vorzüglichste einher mit liberaler Gesinnung und breitem kulturellen Interesse. Weizsäckers behäbige Gutmütigkeit ließ ihn mit jedem in wohlwollenden Kontakt treten, der nicht die Grundlagen des Staates in seiner überkommenen Form infrage stellte. Wer seine Sache insofern angemessen und in gebührender Form vortrug, konnte seiner Aufmerksamkeit sicher sein. Im Jahr des Aufstieges zum Ministerpräsidenten widmete der schwäbische Kunsthistoriker Eduard Paulus dem »Kultminister« ein Gedicht und beschrieb darin nicht nur ein wenig boshaft das Rezept von dessen Aufstieg, sondern dessen Lebensmaxime an sich: »Stille sein und niemand reizen,/ Lächelnd sprach's der Herr vom Kult./ Jedem Äckerle blüht sein Weizen,/ Aber nur Geduld – Geduld.«[11]

Disziplin und Fleiß, Pflichtgefühl und Obrigkeitssinn, Landesstolz und Nationalbewusstsein, Gottesglaube und Bescheidenheit, die indes solides intellektuelles Selbstvertrauen nicht ausschloss – das waren die Tugenden, die Weizsäcker bei anderen einforderte, die er aber auch an sich selbst schätzte. Zu dieser nach etlichen Bewährungsproben aus beruflichen wie politischen Erfolgen gewachsenen Selbstgewissheit trat bei Weizsäcker freilich auch eine gute Portion Stolz auf die Familie hinzu, auf deren Leistungen in der Vergangenheit und auf die eigene geistige Beweglichkeit, die unter württembergischen Landespolitikern der damaligen Zeit ihresgleichen nicht hatte. Die Ernennung zum Regierungschef kommentierte die *Stuttgarter Zeitung* denn auch mit dem Satz: »der richtige Mann an der richtigen Stelle«[12].

Der Lebenszuschnitt der Weizsäckers wurde durch diese Beförderung nicht wesentlich verändert. Zwar bezog Karl Hugo von Weizsäcker ein Jahresgehalt von 29 900 Mark, was dem Zwanzigfachen eines Arbeiterlohnes entsprach und damit erheblich höher ausfiel als entsprechende Politikereinkommen heute, doch er lebte gleichwohl ausgesprochen genügsam: Die Familie wohnte mietfrei in einer Dienstwohnung im zweiten Stock des Staatsministeriums in der Stuttgarter Gymnasiumstraße 2 und verbrachte ihre Sommerferien meist in zwei kleinen Kavaliershäuschen, die Weizsäcker ganz in der Nähe am Stadtrand auf der Solitude gemietet hatte. Weizsäcker liebte gutes Essen und den heimischen Wein, mehr an Luxus brauchte und gönnte er sich nicht.

Angesehen in der württembergischen Heimat und als vernünftiger, bodenständiger Politiker auch in Berlin geschätzt, so hätte das Leben des Karl Hugo von Weizsäcker in ruhigen Bahnen verlaufen können, wenn sich die außenpolitische Lage, auf die er trotz seiner Zugehörigkeit zum Bundesrat – der Länderkammer des Parlaments – keinen Einfluss hatte, nicht von Jahr zu Jahr verschärft hätte. Die imperialen Ansprüche der wirtschaftlich expansiven neuen Großmacht in Europa, die mit ihrer militärischen Stärke dem 1871 besiegten Frankreich jede Aussicht auf eine Revanche aus eigener Kraft nahm, deren Flottenpolitik aber auch Großbritannien verprellte und wegen ihrer uneingeschränkten Bündnistreue zu Österreich-Ungarn das Zarenreich in eine Koalition mit Frankreich und Großbritannien trieb – diese hegemonialen Attitüden des Kaiserreichs hoben das politische Gleichgewicht des alten Europas aus den Angeln, ohne eine andere Friedensordnung an die Stelle des bewährten Kräfteausgleichs der kontinentalen Tripel-Allianz aus Deutschland, Russland und Österreich-Ungarn gegenüber den Kolonialmächten England und Frankreich sowie der neuen Großmacht USA zu setzen.

Karl Hugo von Weizsäcker mahnte zur Besonnenheit. Als einem von wenigen monarchistischen Politikern in Deutschland war ihm schon vor dem Kriegsausbruch 1914 klar, dass das Kaiserreich durch einen Krieg nichts gewinnen konnte: »Dies war meine Ansicht, der ich auch in Berlin Ausdruck gab.«[13] Die Ermunterung des preußischen Generalstabs an die Adresse der Wiener Regierung, nach dem tödlichen Anschlag auf Erzherzog Franz Ferdinand in Sarajewo am 28. Juni 1914 gegen Serbien loszuschlagen, mochte mit der Spekulation verbunden gewesen sein, dass sich Russland aus seinen Bündnisverpflichtungen auf dem Balkan zurückziehen würde. Man hätte aber in Rechnung stellen müssen, dass im Falle russischer Bündnistreue eine Kettenreaktion in Gang gesetzt wurde, die zum eigenen Kriegseintritt und zu dem Frankreichs führen musste. Weizsäcker sah diese Gefahr und war deshalb seit längerem für eine Verständigung mit Großbritannien eingetreten – was allerdings den Verzicht auf koloniale Expansion und die herausfordernde Flottenpolitik Wilhelms II. zur Voraussetzung gehabt hätte und wegen der Präpotenz des hemmungsarmen Schwadroneurs auf dem Kaiserthron von vornherein ziemlich aussichtslos war. Weizsäckers Ziel war »die Vermeidung des drohenden Weltkriegs«[14]. Damit scheiterte er und musste der kommenden Entwicklung weithin macht- und einflusslos zusehen.

Bereits am 4. September 1914 fiel der älteste Sohn Carl Victor, der vierunddreißig Jahre alte Legationsrat im Auswärtigen Amt, als Oberleutnant der Reserve in den Vogesen. Dieser Schicksalsschlag bestärkte Karl Hugo von Weizsäcker in seiner Einschätzung, dass der soeben ausgebrochene Krieg für Deutschland ein schlimmes Ende nehmen werde. Nachdem die Ernährungslage und die Rohstoffversorgung von Jahr zu Jahr schlechter wurden, fürchtete er eine Revolution als Folge innerer Unruhen. Er sah wegen der wachsenden Überschuldung des Reichs durch die Kriegskosten im Falle einer Niederlage eine dramatische Geldentwertung und die Vernichtung der privaten Sparvermögen voraus.

Die phantastischen Kriegszieldebatten, die in einzelnen deutschen Herrscherhäusern in dynastischer Traumtänzerei, von der Industrie aber mit Blick auf die Erweiterung der Märkte oder von alldeutschen Einflussgruppen aus irrationaler Großmannssucht geführt wurden, schreckten Weizsäcker ab. Im Dezember 1916 warnte er Kaiser Wilhelm II., Deutschland dürfe doch »keinen Koalitionskrieg der deutschen Bundesfürsten zum Zwecke von Landverteilung« führen, sondern es gehe inzwischen »um einen Krieg zur Verteidigung seiner Existenz«[15]. Vor allem die Kriegserklärung Italiens gegenüber Österreich-Ungarn im Mai 1915 und gegenüber Deutschland im August 1916 sowie der drohende Kriegseintritt der Vereinigten Staaten infolge des Anfang Februar 1917 von deutscher Seite begonnenen uneingeschränkten U-Bootkrieges gegen feindliche und neutrale Schiffe bestärkten Weizsäcker in seinen düsteren Prognosen. Im Januar 1916 warnte er im Bundesrat vor den Konsequenzen einer solchen auch völkerrechtlich bedenklichen Strategie. Doch tat er dies vergeblich, die USA traten im April 1917 in den Krieg gegen Deutschland ein und verstärkten die gegnerische Allianz sehr viel schneller und nachhaltiger, als dies von der deutschen militärischen Führung vorausberechnet worden war.

Wie Karl Hugo von Weizsäcker befürchtete auch Württembergs König Wilhelm II. einen für Deutschland ungünstigen

Kriegsausgang, je länger der Friedensschluss auf sich warten ließ. Das Ungleichgewicht der Kräfte und Ressourcen lag offen zutage, allein der sich 1916 abzeichnende Sieg der verbündeten Mittelmächte über das Zarenreich versprach noch eine letzte Chance. In dieser kurzen Zwischenphase neuer Zuversicht beging Württemberg im Oktober 1916 das fünfundzwanzigjährige Krönungsjubiläum seines recht volkstümlichen Königs. Selbst die sozialdemokratische *Schwäbische Tagwacht* jubelte: »Nehmen wir alles in allem, so will es uns scheinen, dass unter den gegebenen Verhältnissen gar nichts geändert würde, wenn morgen in Württemberg an Stelle der Monarchie die Republik treten würde. Kein zweiter Anwärter würde, wenn alle Bürger und Bürgerinnen des Staates zu entscheiden hätten, mehr Aussicht haben, an die Spitze des Staates gestellt zu werden, als der jetzige König.«[16] Als Dank »für die langjährigen und ausgezeichneten Dienste« verlieh Wilhelm II. im Oktober 1916 Karl Hugo von Weizsäcker den erblichen Adel, er erhob ihn als sparsamer Landesvater »in den Freiherrnstand des Königreichs Württemberg sportelfrei« – was heißt: ohne zusätzliche Bezüge.[17]

Dennoch bleibt festzuhalten, dass die wachsenden Verluste an den Fronten, die zunehmende Not und der Hunger der heimischen Bevölkerung, ja selbst die drohende Niederlage Karl Hugo von Weizsäcker in seinen ordnungspolitischen Überzeugungen nicht irremachten. Kaiser Wilhelm II. versprach in seiner Osterbotschaft 1917 vage eine Stärkung des Parlaments gegenüber der bisher allein dem Kaiser verantwortlichen Reichsregierung. Der Sozialdemokrat Wilhelm Keil forderte für Württemberg eine Wahlrechtsreform, die Einführung des Stimmrechts für Frauen, die Abschaffung der Ersten Kammer, vor allem aber eine Verpflichtung der Landesregierung, den politischen Vorgaben des Parlaments künftig folgen zu müssen. Weizsäcker lehnte das alles ab: »Wir stehen hier als Vertrauensmänner der Krone«, entgegnete er, »und [...] wir würden dieses Vertrauens unwürdig sein, würden wir nicht, sollte es je notwendig werden, dieses Recht mit aller Entschiedenheit verteidigen.«[18] Weizsäcker, der sich bereits

1895 im Gespräch mit einem französischen Politiker, nachdem dieser sich als Anarchist zu erkennen gegeben hatte, rühmte, er sei ein Reaktionär reinsten Wassers[19], war dies wohl nicht wirklich. Doch er war ein loyaler Diener seines Königs, stand zur Verfassung, die dessen autokratische Rechte nur unwesentlich einschränkte, und war im Alter von fünfundsechzig Jahren nicht mehr imstande, sich den Forderungen der neuen Zeit anzupassen.

Als am 6. November 1918 Sozialdemokraten und Volkspartei, Zentrum und Liberale im Stuttgarter Landtag den Rücktritt des Kabinetts und die Einführung des parlamentarischen Systems forderten, resignierte Weizsäcker und ersuchte den König in einem Schreiben um die Entlassung der Regierung: »Unter diesen Umständen glauben wir im Interesse einer tunlichsten Sicherung der politischen Weiterentwicklung die Pflicht zu haben, die von Eurer Königlichen Majestät uns allergnädigst anvertrauten Ämter in die Hände Eurer Königlichen Majestät mit dem Ausdruck des tiefsten untertänigsten Dankes zurückzulegen und um unsere Entlassung aus dem Königlichen Dienst zu bitten.«[20] Zwei Tage darauf antwortete der König zustimmend, dass in so schwierigen Zeiten »jedes Opfer, das geeignet wäre, in den schweren Kämpfen der Gegenwart dem Vaterlande die innere Ruhe baldmöglichst wiederzugeben, gebracht werden muss«[21], und verfügte die Entlassung der Landesregierung. In einem Begleitschreiben dankte der Monarch seinem langjährigen Ministerpräsidenten, versicherte ihn seiner Anerkennung und versprach, dass ihm »als äußeres Zeichen hierfür [...] demnächst mein Ölbild zugehen« werde.[22]

Am 9. November 1918 riefen auch in Stuttgart Angehörige des kurz zuvor gegründeten Arbeiter- und Soldatenrates, der Sozialdemokratie und der 1917 von ihr abgefallenen Unabhängigen Sozialdemokraten (USPD) die Republik aus. Der König trat zurück, doch Karl Hugo von Weizsäcker blieb zunächst unangefochten in seiner Dienstwohnung. Erst einige Tage später bot er seinem Amtsnachfolger Wilhelm Blos (SPD) Wohnung und

Möbel an und zog mit seiner Familie zu seiner Schwester Marie nach Tübingen. Bereits 1919 kehrte er nach Stuttgart zurück und verbrachte die Sommer weiterhin in dem Kavaliershäuschen auf der Solitude.

Natürlich billigte Karl Hugo von Weizsäcker den politischen Umsturz nicht, zumal er selbstrechtfertigend davon überzeugt blieb, dass »in den innerstaatlichen Verhältnissen […] auch nicht die Spur eines Anlasses zu einer die bisherige Staatsverfassung umstürzenden Revolution« gelegen habe.[23] Gerade deshalb hielt er an seiner unbedingten Staatsidee fest und wirkte auf den befreundeten Universitätsdozenten Gottlob Egelhaaf ein, seine Stellung nicht aufzugeben: »Wenn die Beamten ihre Posten verlassen, stürzt alles zusammen – und was dann?«[24] Allerdings normalisierten sich die Verhältnisse zumindest in Württemberg schnell. Der neue Mann, so ging ein Bonmot, heiße Wilhelm Blos, »während sein Vorgänger bloß Wilhelm hieß«[25].

Karl Hugo von Weizsäcker hielt sich in den kommenden Jahren aus der Politik heraus. Er lebte zurückgezogen und arbeitete gelegentlich an seinen Memoiren, die freilich nie fertiggestellt wurden. Nach einem Schlaganfall starb er am 2. Februar 1926, wenige Tage vor seinem dreiundsiebzigsten Geburtstag. Seine Frau Paula zog in den dreißiger Jahren auf ein Grundstück oberhalb von Lindau am Bodensee, das die Familie nach dem Verkauf ihres Tübinger Hauses erworben hatte, und lebte dort bis zu ihrem Tod am 5. Februar 1947.

Teil I
Ernst von Weizsäcker

Prolog

»Gegen die Abschiebung nach dem
Konzentrationslager Auschwitz kein Einspruch«

Am 10. März 1942 fand sich im Posteingang der Abteilung D III des Auswärtigen Amtes in Berlin ein »Schnellbrief« von Adolf Eichmann. Der SS-Obersturmbannführer, seit dem Herbst 1939 Leiter des »Judenreferats« im Reichssicherheitshauptamt, informierte den Legationsrat Dr. Franz Rademacher darüber, dass 1000 Juden, die am 12. Dezember des Vorjahres in Paris nach Anschlägen auf deutsche Soldaten als »Sühnemaßnahme« festgenommen und in ein Lager bei Compiègne eingewiesen worden waren, am 23. März mit einem Sonderzug in das Konzentrationslager Auschwitz abtransportiert werden sollten. Dazu freilich brauche es vorab eine Mitteilung des Auswärtigen Amtes, »dass dort keine Bedenken gegen die Durchführung der Aktion bestehen«[1].

Referatsleiter Rademacher sah sich zu einer schnellen Antwort außerstande. Er beriet diese Anfrage mit seinem Vorgesetzten, dem Unterstaatssekretär Martin Luther. Luther, NSDAP-Mitglied schon während der »Kampfzeit« vor der nationalsozialistischen »Machtergreifung« 1933, leitete seit 1938 das Partei-Referat im Auswärtigen Amt und übernahm ein Jahr später die Deutschland-Abteilung, die für den Dienstverkehr zwischen dem Auswärtigen Amt und den Amtsstellen der NSDAP zuständig war, die außenpolitischen Angelegenheiten des Reichsführers-SS und des Reichssicherheitshauptamtes zu betreuen hatte und nach dem Geschäftsverteilungsplan in einem eigenständigen Referat die »Judenfrage, Rassenpolitik« bearbeitete sowie die deutschen Auslandsvertretungen über wichtige innenpolitische Vorgänge informierte.[2] Luther wies seinen Mitarbeiter an, zunächst den Pariser Botschafter Wilhelm Abegg um eine Meinungsäußerung zu bitten. Dieser erhielt daher am 11. März 1942 per Fernschreiben und als »geheime Reichssache« eine von Staatssekretär Ernst von Weizsäcker freigegebene Abschrift der Mitteilung des Reichssicherheitshauptamts und wurde »um beeilte Stellungnahme« gebeten.[3]

Zwei Tage später folgte ein weiteres, ebenfalls von Weizsäcker abgezeichnetes Fernschreiben. In dem war zu lesen, dass zusätzlich zu dem für den 23. März vorgesehenen Zwangstransport von 1000 Juden aus Compiègne in Kürze weitere 5000 »staatspolizeilich in Erscheinung getretene Juden« aus Frankreich nach Auschwitz abgeschoben werden sollten. Auch für diesen Transport habe der Chef der Sicherheitspolizei und des SD das Auswärtige Amt um Zustimmung gebeten. »Erbitte auch hierzu Stellungnahme«, forderte der Unterstaatssekretär den Botschafter auf.[4]

Spätestens am 17. März 1942 scheint die Antwort aus Paris vorgelegen zu haben. Denn an diesem Tag entwarf Franz Rademacher einen Schnellbrief an die Eichmann-Abteilung IV B 4 des Reichssicherheitshauptamtes in der Berliner Kurfürstenstraße 116: »Seitens des Auswärtigen Amts bestehen keine Bedenken gegen die geplante Abschiebung von insgesamt 6000 Juden französischer Staatsangehörigkeit bzw. staatenloser Juden nach dem Konzentrationslager Auschwitz (Oberschlesien). Seitens der Deutschen Botschaft Paris sind ebenfalls Bedenken nicht geäußert worden.«[5]

Unterstaatssekretär Martin Luther, Chef der Deutschland-Abteilung, setzte am 18. März 1942 seine Paraphe auf diese Antwort. Unterstaatssekretär Ernst Woermann, Direktor der Politischen Abteilung des Auswärtigen Amtes, zeichnete den Entwurf am 19. März ab und Ernst von Weizsäcker am darauf folgenden Tag.

Allerdings war er mit dem ihm vorgelegten Entwurf weder stilistisch noch inhaltlich einverstanden. Er korrigierte den Text insofern, als er das Ministerium aus der ursprünglich zumindest angedeuteten Rolle einer die Deportation billigenden Regierungsinstanz in die einer sie lediglich hinnehmenden Dienststelle zurückstufte: »Seitens des Auswärtigen Amts wird gegen die Abschiebung von insgesamt 6000 polizeilich näher charakterisierten Juden [...] nach dem Konzentrationslager Auschwitz (Oberschlesien) kein Einspruch erhoben.«[6] Es wurde also nicht länger dokumentiert, dass gegen den Zwangstransport »keine Bedenken« bestanden, sondern – abgeschwächt – gegen ihn lediglich »kein Einspruch erhoben« wurde.

Aber mit dieser ersten Deportation waren das Rachebedürfnis und der Vernichtungswille der SS noch lange nicht befriedigt. Am 28. Juni 1942 unterrichtete Unterstaatssekretär Martin Luther die deutsche Botschaft in Paris, dass ab Mitte Juli in täglichen Sonderzügen zu je 1000 Personen zunächst etwa 40 000 Juden aus dem besetzten Frankreich, 40 000 Juden aus den Niederlanden und 10 000 belgische Juden »zum Arbeitseinsatz in das Lager Auschwitz« befördert werden sollten. »Der zu erfassende Personenkreis«, erläuterte Luther und bat um »baldige Stellungnahme«, erstreckte sich »zunächst auf arbeitsfähige Juden, soweit sie nicht in Mischehe leben und nicht die Staatsangehörigkeit des Britischen Empire, der USA, von Mexico, der mittel- und südamerikanischen Feindstaaten sowie der neutralen und verbündeten Staaten besitzen«[7].

Botschafter Wilhelm Abegg scheint keine ernsthaften Bedenken gegen diese Massentransporte in ein Konzentrationslager vorgetragen zu haben. Denn Legationsrat Kurt Otto Klingenfuß formulierte noch am selben Tag die offizielle Antwort des Auswärtigen Amtes an den Judenschlächter Adolf Eichmann: »Gegen die geplante Verschickung der angegebenen Anzahl von Juden aus dem besetzten französischen Gebiet, aus den Niederlanden und aus Belgien zum Arbeitseinsatz in das Lager Auschwitz bestehen grundsätzlich keine Bedenken.«[8] Wegen der gleichwohl zu befürchtenden »psychologischen Rückwirkungen« schlug Klingenfuß aber vor, »zunächst die staatenlosen Juden zu verschicken, um dadurch schon in weitgehendem Maße das Kontingent der in die Westgebiete zugewanderten fremdländischen Juden zu erfassen, das in den Niederlanden allein gegen 25 000 Juden beträgt«.

Klingenfuß glaubte offenbar, dass die Bevölkerung der eroberten Länder in Westeuropa die Deportation ausländischer Juden eher hinzunehmen bereit war als die ihrer vertrauten Nachbarn. »Aus dem gleichen Grund«, fuhr Klingenfuß in seinem Brief fort, »beabsichtigt die Militärverwaltung in Brüssel, zunächst nur polnische, tschechische, russische und sonstige Juden auszuwählen, während sie Bedenken trägt, die Verschickung auf die belgischen Juden auszudehnen.«

Eine so weitgehende Rücksichtnahme durch die Militärs billigte Kurt Otto Klingenfuß indessen nicht. Er regte vielmehr ausdrücklich an, »Juden ungarischer und rumänischer Staatsangehörigkeit in die Verschickung« einzubeziehen, sofern »in jedem Falle für eine gesonderte Sicherstellung der Vermögenswerte« Sorge getragen werde. Wenn das Auswärtige Amt schon gegen die Deportation zur Zwangsarbeit in den Rüstungsfabriken des Konzentrationslagers Auschwitz keine Bedenken erhob, sollten die mehreren Zehntausend Juden vorher doch wenigstens ordnungsgemäß ausgeplündert werden.

Die Unterstaatssekretäre Martin Luther und Ernst Woermann waren, wie ihre Namenskürzel ausweisen, mit diesem Briefentwurf ebenso einverstanden wie mit dem aus dem Monat März, der 6000 französische Juden dem Abtransport nach Auschwitz auslieferte. Nur Ernst von Weizsäcker mochte auch in diesem Fall die aktive Beteiligung des Auswärtigen Amts an der Judendeportation nicht allzu sehr hervorheben. Er strich den Passus, dem zufolge das Auswärtige Amt keine Bedenken gegen die Abschiebung belgischer Juden anmeldete, ließ aber den Hinweis stehen, ungarische und rumänische Staatsangehörige könnten gewissermaßen ersatzweise für westeuropäische Juden bedenkenlos deportiert werden.[9]

»Wenn das Auswärtige Amt nein gesagt hat, konnte die Sicherheitspolizei im Ausland nichts machen. Jede Zentralinstanz hat ihre Zuständigkeit haarscharf und sehr hart verteidigt«, beschrieb sich Adolf Eichmann während seines Prozesses in Jerusalem 1960 als bloßen Befehlsempfänger beim Judenmord.[10] Diese Aussage schwächt den Einfluss der SS auf den Holocaust zweifellos zu Unrecht ab. Unbestreitbar bleibt jedoch, dass die leitenden Beamten des Auswärtigen Amtes zumindest im Frühjahr und Sommer 1942 der Verschickung Zehntausender Juden in das Konzentrationslager Auschwitz nicht widersprochen haben.

Kritisch zu hinterfragen ist, wieweit die zu ihrer Verteidigung nach dem Kriegsende vorgetragene Aussage Glauben verdient, sie hätten von den Massenmorden in den Gaskammern dort nichts gewusst und seien davon ausgegangen, die Juden würden als Arbeiter in der Rüstungsindustrie und Landwirtschaft eingesetzt. Schließlich müssen ihnen allein angesichts der schieren Zahl von 96 000 innerhalb weniger Wochen in ein einziges Konzentrationslager deportierten Juden doch wohl Zweifel über deren tatsächliches Schicksal gekommen sein. Arbeitsplätze in solcher Größenordnung kann es selbst in einem angeblichen Arbeitslager kaum gegeben haben.

Zumindest bei Ernst von Weizsäcker finden sich zu diesem Zeitpunkt keine solchen Zweifel in seinen persönlichen Briefen und privaten Aufzeichnungen. Dennoch sind sie von resignativen Zügen nicht frei. Kurz vor seinem sechzigsten Geburtstag am 25. Mai 1942 schrieb er seiner Frau: »Man steuert in meinem Alter nicht mehr frei und nach Entdeckerart auf dem Ozean umher. Ich suche in Gedanken schon nach dem Hafen. Um das Schiff dort gut hinzubringen, muss noch viel geschehen. Hierzu musst Du mir Mut machen.«[11]

Eine Überlegung bedrückte ihn in diesem Brief besonders: »Ich bin es auch der Familie schuldig, vor allem den Kindern und Enkeln, dass sie sich nicht zu genieren brauchen, wenn da und dort mein Name in Verbindung mit Ereignissen vorkommt, die sie kritischer ansehen werden, als unsere Zeit es tut.« Ist dies eine Anspielung auf seine Verwicklung in die soeben beschlossene Deportation der französischen Juden in das Vernichtungslager Auschwitz?

Ernst von Weizsäcker führte diesen Gedanken nicht weiter aus, konnte dies wohl auch nicht, ohne sich selbst zu gefährden. Schließlich hätte dieser Brief auf dem Postweg verloren gehen können oder wäre sonst der Geheimen Staatspolizei (Gestapo) in einem Hochverratsverfahren gegen einen vermeintlichen Staatsfeind ein willkommenes Beweisstück gewesen. Dieser Gefahr galt es durch eine Sprache der Tarnung und vorsichtige Zurückhaltung zu begegnen.

Deutlicher ließ sich Weizsäcker über das entsetzliche Los der Juden und die Verwicklung des Auswärtigen Amtes in deren Ausrottung erst in seinen 1950 veröffentlichten Lebenserinnerungen aus: »Was die Jahre des Krieges an tiefstem menschlichen Leid und Unrecht mit sich gebracht haben, fand seinen unvorstellbaren Höhepunkt im Schicksal der Juden.«[12] Ihr einziger Rückhalt, meinte Weizsäcker, sei das »Weltgewissen« gewesen. Doch dieses habe nicht in Adolf Hitlers Brust geschlagen, und so nahm das Verhängnis beinahe schicksalhaft seinen Lauf.

Nicht im virulenten Antisemitismus beim Militär und in der Beamtenschaft, nicht in der Judenfeindlichkeit der Kirchen und nicht in den propagandistisch aufgeheizten Verarmungsängsten des nach Erstem Weltkrieg und Inflation ausgeplünderten Mittelstandes und Kleinbürgertums sah Weizsäcker Vorboten und Voraussetzungen des Holocaust, sondern allein im »tiefen Judenhass« Hitlers, den dieser aus Wien nach Deutschland mitgebracht habe: »Bald suchte er alle Bezirke des Lebens damit zu infizieren.«[13]

Der Auswärtige Dienst jedoch, verteidigte sich Ernst von Weizsäcker, sei nur »am Rande mit der Judenfrage befasst«

gewesen, nämlich insoweit, als fremde Länder davon betroffen waren. »Diese Mächte gegen den Diskriminierungs- und Deportationswillen Hitlers und seiner Helfershelfer auszuspielen«, rühmte sich Weizsäcker, »war die Funktion, die unserem Amt verblieb.«[14] Dass es im Archiv des Auswärtigen Amtes keine Dokumente gibt, die solchen Widerstand auf diplomatischen Wegen belegen, hielt Weizsäcker von seiner eher matten nachträglichen Rechtfertigung nicht ab. Schließlich konnte unter den Bedingungen totalitärer Herrschaft in der Tat vieles nicht zu Papier gebracht werden, was widerständiges Verhalten im Nachhinein glaubwürdig gemacht hätte.

Zweifellos zutreffend beschrieb Weizsäcker das Dilemma, in dem sich jedermann wiederfand, der den Juden während der NS-Zeit helfen wollte: »Im Grundsätzlichen der Judenfrage hatten wir kein Mitspracherecht, im Außenminister hatten wir keinen Fürsprecher und bei der Polizei, dem so genannten Sicherheitsdienst, keinen Mittelsmann, der einem allgemein menschlichen Einfluss zugänglich gewesen wäre.« Mit den »einfachen Argumenten des Mitgefühls und auf direktem Weg« sei nichts auszurichten gewesen. Selbst weltweit angesehene und völkerrechtlich geschützte Einrichtungen wie das Rote Kreuz oder die römische Kurie scheuten, so Weizsäcker, davor zurück, »an Hitler generell zu appellieren oder die Sympathie der Welt offen für die Juden aufzurufen«. Der von solcher Haltung anscheinend enttäuschte, sie aber gleichwohl billigende Chefdiplomat: »Sie verzichteten auf solche Proteste gerade um ihrer guten Absicht willen. Sie mussten befürchten, den Opfern nicht zu nützen, ihnen vielmehr noch Schaden zuzufügen.«[15]

Wie hätten sich angesichts solcher Lagebeurteilung stille Obstruktion oder offener Widerstand begründen lassen, ganz abgesehen davon, dass jeder, der sich dazu verpflichtet fühlte, sehr schnell auffliegen musste und umgehend durch linientreuere Gefolgschaft ersetzt worden wäre?

Ernst von Weizsäcker nahm in seinen *Erinnerungen* in Anspruch, den vorsichtigeren, doch darum letztlich erfolgreicheren

Weg gewählt zu haben: »Weil frontal nichts zu machen war, musste von Fall zu Fall und auf Umwegen das Menschenmögliche geschehen.«[16]

Was aber war unter solchen Bedingungen der Diktatur einer Partei und des totalitären Herrschaftsanspruches ihres Führers dem Menschen Ernst von Weizsäcker möglich? »An Stelle fruchtloser Demonstrationen musste man Mittel des diplomatischen Kleinkriegs anwenden, um abzuhelfen, zu verzögern, zu verhindern.«[17] Konkrete Beispiele dafür gab Weizsäcker freilich auch Jahre nach dem Kriegsende und dem Zusammenbruch des NS-Regimes nicht an: »Ohne dass es an die große Glocke kam, ließ sich gemeinsam mit dem Weltrat der Kirchen und mit dem Internationalen Roten Kreuz dem Unrecht oft begegnen.«[18] Wie geschah dies genau? »Meine alten Freunde im Genfer Generalkonsulat – Kraul, v. Kessel und v. Nostitz – haben zäh für Menschenwürde und für Recht gestritten, vieles erstrebt und auch erreicht.«[19]

Weshalb blieb Ernst von Weizsäcker in dieser so entscheidenden Frage seiner Verwicklung und Verstrickung in den Massenmord an den europäischen Juden selbst in seinen Jahre nach dem Zusammenbruch des NS-Regimes verfassten autobiographischen Aufzeichnungen so merkwürdig unbestimmt? War es die Bescheidenheit desjenigen, der viel gewollt, aber nur wenig erreicht hatte und sich deshalb dessen nicht rühmen mochte? Oder verhielt es sich ganz im Gegenteil so, dass einer, der nachträglich unter der eigenen Schwachheit litt, wenigstens durch seine Andeutungen einen Raum selbstidealisierten Verhaltens schaffen wollte, in dem er tapfer war und standgehalten hatte?

Ohne Verweis auf eine dokumentarische Quelle oder auf einen Zeugen stellte Ernst von Weizsäcker fest, er habe »im Herbst 1941, als ich durch den Admiral Canaris von Massenmorden an Juden und anderen Bewohnern Russlands hinter der Front der kämpfenden Truppe hörte, Ribbentrop in seinem Hauptquartier zu einem allgemeinen Vorstoß gegen solche Greuel aufgerufen«[20].

Welche Wirkung dieser gefährliche Einspruch hatte, der immerhin mit seiner sofortigen Entlassung hätte beantwortet werden können, blieb Weizsäcker verborgen. Es kümmerte ihn offenkundig auch nicht weiter, denn: »Im Ganzen ging das Judenproblem für mich in dem größeren allgemeinen Problem auf: wie kommen wir am schnellsten zu einem Frieden ohne Hitler?«[21] Anders nämlich, so die zutreffende Einschätzung Weizsäckers, sei dem Judentum so wenig zu helfen gewesen wie den Kirchen, den letzten Restposten an Rechtsstaatlichkeit, an menschlicher Freiheit und Gesittung im »Dritten Reich«.

»Man musste gegen den Bazillus vorgehen, nicht gegen das Krankheitssymptom«, fasst Ernst von Weizsäcker seine Haltung grundsätzlichen Widerstands während des Zweiten Weltkriegs in seinen Lebenserinnerungen zusammen.[22] Es galt für ihn offenbar, den Krankheitserreger zu vertilgen und nicht das Fieber zu bekämpfen. War das Erste nicht möglich, machte das Zweite nach seiner Auffassung wenig Sinn.

Einer weiteren Auseinandersetzung mit dem unbedingten Hitler-Gefolgsmann Joachim von Ribbentrop ging er darum allerdings nicht in jedem Fall aus dem Weg. Über einen solchen Disput mit dem Außenminister und dessen Verlauf berichtet er in einem Brief vom 14. Juni 1942 seiner Frau: »Am besten nähme man also Urlaub. [...] Die Chancen darauf mögen noch gewachsen sein, seitdem ich vorgestern mit Herrn de Trop eine Aussprache nebst wiederholter Aufforderung meinerseits hatte, er möge sich nicht genieren, sich einen Anderen zu suchen, wenn er das für zweckmäßig halte. Es dauert bei mir bekanntlich lange, bis ich so weit gehe, es war aber nötig.«[23]

Gab es also doch einen veritablen Streit zwischen dem Staatssekretär und seinem Minister über die Haltung des Auswärtigen Amtes zu der von Adolf Hitler nicht nur gebilligten, sondern kurz nach dem Kriegsausbruch im September 1939 ausdrücklich eingeforderten Politik einer »Endlösung der Judenfrage« in Europa? Nein, es ging bei dieser Auseinandersetzung nicht um Judenverfolgung und Völkermord, sondern nur um eine weniger wichtige Meinungsverschiedenheit »über eine organisatorische Frage«, wie Ernst von Weizsäcker in einer ergänzenden Notiz vom 15. Juni 1942 festhielt.[24]

Verschiedene deutsche Auslandsmissionen hatten zum Missfallen militärischer Dienststellen ihnen geeignet erscheinende Wehrmachtsangehörige ohne vorherige Zustimmung des Auswärtigen Amtes zu Hilfsdiensten herangezogen. Diese mangelhafte Personalaufsicht des Staatssekretärs ärgerte den Außenminister. Weizsäcker schrieb: »Da Herr v. R. sich mir gegenüber sehr erregte, anscheinend in der Auffassung, dass ich die Dinge zu pomadig nähme, musste ich ihm sagen, ich könne mit ihm nicht diskutieren, wenn er sich so aufrege. Als H. v. R. meine Verantwortung und ungenügende Aufsicht in den Vordergrund schob, bat ich ihn – zweimal –, es mir ganz offen zu sagen, wenn er glaube, dass ich den mir obliegenden Verantwortungen nicht entspreche. Ich wäre ihm hierfür nur dankbar. Ich packte dabei meine Papiere zusammen.«

Doch Joachim von Ribbentrop war an einer Trennung nicht gelegen. »Eine Antwort auf diese meine Aufforderung«, notierte Weizsäcker, »blieb aus. Im Gegensatz zu der fassungslosen Form des H. v. R. blieb ich vollkommen ruhig. Das Gespräch nahm dann auch seinerseits eine ruhige Wendung.« Der regelmäßig aufbrausende Ribbentrop beruhigte sich, und auch Weizsäcker wollte die Lage nicht eskalieren lassen: »Eigentlich tut er mir Leid. In diesem Jahr ist es das erste Mal, dass ich meinen Posten zur Verfügung gestellt habe.«

Immerhin: Das Verhältnis zwischen diesen beiden Spitzendiplomaten des NS-Regimes war keineswegs konfliktfrei. Die Auseinandersetzungen müssen bereits in den Jahren davor zu etlichen Rücktrittsangeboten Ernst von Weizsäckers geführt haben. Am 20. Juli 1942, also in den Wochen, als der Auswärtige Dienst um eine Stellungnahme zur geplanten Deportation von 90 000 westeuropäischen Juden nach Auschwitz gebeten worden war, formulierte Weizsäcker während eines Aufenthalts im »Turisthotel Kopenhagen« in privaten Aufzeichnungen grund-

sätzlichere Bedenken, die sich aus seinem christlich-deterministischen Menschenbild ableiten lassen: »Man sei weder ›Optimist‹ noch ›Pessimist‹. Man tue, was man für richtig hält, und vertraue im Übrigen der Fügung.«[25]
Groß sei der Spielraum für eigenes Handeln und eigene Verantwortung ohnehin nicht, dämpfte Ernst von Weizsäcker dennoch aufkommende Selbstzweifel. Auf jedem Weg, den man für richtig halte und beschreite, fänden sich manche Hindernisse. Diese gelte es wohl zu beseitigen oder zu umgehen. Doch hüte man sich dabei vor jeder Personalisierung, »hasse nicht [die] Träger« eines Übels, »man hasse aber das Böse« selbst. Freilich genüge »der Kampf gegen das Böse allein nicht«. Zur Negation, zum Widerstand müsse die Konstruktion hinzutreten: »Man muss positive Pläne haben.« Die pure Ablehnung politischer Wirklichkeit führe nicht weiter, »Grundstücke wollen gedüngt, Bäume veredelt werden«. Weizsäcker: »Wir leben in einer allgemeinen moralischen Krise. Sie zu überwinden ist wohl der Sinn dieses Krieges, dazu beizutragen unsere Aufgabe.«

Gleichwohl meinte Ernst von Weizsäcker für den Augenblick des Sommers 1942: »Abschlussreif ist der Krieg noch nicht. Der geistige Durchbruch ist noch nicht da.« Die Europäer, d. h. insbesondere England und Deutschland hätten sich trotz zweieinhalbjähriger Kriegserfahrung und beträchtlicher Verluste zuerst wieder zusammenzufinden, war die wenig realistische Hoffnung Weizsäckers, das »slawo-germanische Verhältnis« beruhige sich dann schon von selbst. Militärisch allerdings müsse bis dahin »noch viel geschehen«[26].

Diese Lagebeurteilung war in hohem Grade illusionär. Weder berücksichtigte sie den grundlegenden Konflikt, der im Zweiten Weltkrieg zwischen der Anti-Hitler-Koalition und dem nationalsozialistischen Deutschland ausgefochten wurde, noch den besonderen Charakter dieses Krieges, der auf deutscher Seite jedenfalls von Beginn des Russlandfeldzuges 1941 an als Vernichtungskrieg geführt wurde. Da war kein Raum für diplomatisches Geplänkel, für einen eventuellen Wechsel von Allianzen. Da konnten keine Bündnisse aufgebrochen und neu geschmiedet werden.

Engländer wie Russen konnten sich im Sommer 1942 nicht länger darüber im Unklaren sein, dass dieser Krieg entweder mit einem gemeinsamen Sieg oder aber mit einer schrecklichen Niederlage und bedingungslosen Unterwerfung zu Ende gehen würde. Ein Drittes gab es nicht – auch nicht für Ernst von Weizsäcker.

Seekadett des Kaisers

»Dem Reich zu dienen wurde mir nicht schwer«

Am 25. Mai 1882 hatte Viktorie Wilhelmine Sophie Pauline Weizsäcker, geborene von Meibom, in der Stuttgarter Uhlandstraße 8 ihren zweiten Sohn Ernst Heinrich zur Welt gebracht. Das erste Kind, Carl Victor (1880–1914, Legationsrat und Oberleutnant d. R.), war zwei Jahre älter; das dritte Kind, Viktor (1886–1957, Neurologe), kam vier Jahre nach dem zweiten und Paula (1893–1933, Landwirtin) wiederum sieben Jahre später. Der Vater Karl Hugo Weizsäcker war drei Jahre zuvor mit neunundzwanzig Jahren zum Amtsrichter ernannt worden und wurde 1883 zum Sekretär im Justizministerium befördert. Dass ihn seine Karriere bis in das Amt des württembergischen Ministerpräsidenten emportragen würde, war zu diesem Zeitpunkt noch nicht abzusehen. Allerdings ließen sein Fleiß, seine Begabung und seine unbedingte Loyalität gegenüber den Vorgesetzten und dem Königshaus unschwer vermuten, dass sich seine berufliche Laufbahn noch erfolgreich fortsetzen würde.

Die Lebensführung der Weizsäckers fiel nicht aus dem Rahmen einer höheren Beamtenfamilie der damaligen Zeit, war keineswegs aufwendig, aber von durchaus wohlhabend-behäbigem Zuschnitt. Die Wohnung lag in der zweiten Etage eines neu erbauten, dreistöckigen Hauses im repräsentativen Stil der Neorenaissance. Neben Küche und Mädchenkammer bot sie Raum für ein Schlaf- und ein Kinderzimmer, Herrenzimmer, Salon und Esszimmer. Urlaubsreisen waren nicht üblich, während der Ferien besuchten die Kinder ihre Großeltern in Tübingen. Teure Anschaffungen beschränkten sich auf die Ausstattung der Wohnung mit den erforderlichen Möbeln. Der gelegentliche Besuch von Konzerten oder von Aufführungen im Staatstheater und in der Oper waren der einzige Luxus, den sich die jungen Eheleute gönnten. In Restaurants gepflegt essen zu gehen wäre ihnen ebenso unangemessen erschienen wie jede andere Geldausgabe, die sich nicht aus den alltäglichen Bedürfnissen oder wohlerwogener Zukunftsplanung rechtfertigte. Man ging nicht aus, sondern befreundete Familien luden sich gegenseitig ein. Nicht über die eigenen Verhältnisse zu leben, niemals mehr zu scheinen als zu sein waren selbstverständliche Maximen.[1] »Die Einkünfte eines jüngeren Beamten der württembergischen Justizverwaltung können Anfang der achtziger Jahre nicht groß gewesen sein; doch mangelte es an nichts Wichtigem«, erinnerte sich Ernst von Weizsäcker später an seine Kindheit.[2]

Mit der Vergrößerung der Familie und der Berufung in höhere Ämter gingen weitere Umzüge einher: 1884 in die Alexanderstraße 20, sechs Jahre danach in die Werastraße 19 und 1907 in die Dienstwohnung des Ministerpräsidenten in der Gymnasiumstraße 2.[3] Im Haus in der Alexanderstraße fand Ernst Weizsäcker einen gleichaltrigen Freund, Kuno Probst, der allerdings schon 1915 als Soldat in Russland fiel.[4] Und in dieser Wohnung erkrankte er auch selbst so schwer an Diphtherie, dass ihn der Arzt aufgab und nur die beharrliche Pflege der Mutter rettete: »Sie nötigte mich zu fortgesetztem Gurgeln. Ich erinnere mich deutlich ihres steten Wachens an meinem Bett, und sie behielt Recht.«[5]

Zwei Jahre lang besuchte Ernst Weizsäcker die Elementarschule und wechselte anschließend auf das humanistische Eberhard-Ludwigs-Gymnasium über, »das ehrwürdigste im Land«[6]. Der Unterrichtsschwerpunkt lag auf den klassischen Fächern Deutsch, Geschichte, Philosophie und Religion. Latein und Griechisch wurden gelehrt, auch ein wenig Mathematik. Als dem Schüler in der Quarta – der dritten Oberschulklasse – die Lösung einiger schwieriger mathematischer Aufgaben gelang, hielt man ihn fortan für naturwissenschaftlich begabt: »Ich verlegte mich auf Algebra, Geometrie, Naturwissenschaften und moderne Sprachen.«[7] In die Anfangsgründe des Englischen und Französischen führte ihn dagegen privater Unterricht ein, weil Englisch am Gymnasium damals nur kurz als dritte Fremdsprache und Französisch überhaupt nicht unterrichtet wurde. Auch der Kunst- und Musikunterricht scheint den Ansprüchen vor allem der musisch begabten Mutter nicht genügt zu haben, denn auch in diesen Fächern ließ sie den Jungen in seiner Freizeit unterweisen. Ein Maler brachte ihm das Aquarellieren, ein Klavierlehrer die ersten Etüden am Piano bei.[8] Das Abitur bestand Weizsäcker im Februar 1900 mit befriedigendem Ergebnis.[9]

Während die zarte Mutter nach den Beschreibungen ihrer Kinder so unauffällig wie zielbewusst den familiären Alltag führte, gab der Vater »mit heiterem Egoismus und überlegenem Verstand« die Erziehungsziele vor.[10] »In der Familie herrschte die väterliche Potestas unbestritten«, erinnerte sich Ernst von Weizsäcker. Er habe sich jedoch gern dem Vater gebeugt, der nicht nur »das Tischgespräch [...] mit seinen Bemerkungen über alle Welt« würzte, sondern bei dieser Gelegenheit auch sämtliche Familienangelegenheiten besprach.[11]

Der Zweitgeborene war ein guter Schüler, allerdings nicht ganz so herausragend wie sein älterer Bruder Carl oder wie sein Mitschüler Scholl, die beide jeweils Klassenbester waren.[12] Dieser an sich unbedeutende Rückstand begründete seine Bewunderung gegenüber dem Bruder und eifersüchtige Rivalität mit dem Klassenkameraden. Auf die Frage des Großvaters Meibom, ob er einen Schulfreund habe, antwortete Ernst in trauriger Aufrichtigkeit: »Ja, den Scholl, aber ich mag ihn net.«[13] Galt Bruder Carl also auch innerhalb der Familie als unbestrittener Primus, zeichnete den Jüngeren anscheinend ein zäher Wille aus, es dem bewunderten Vorbild gleichzutun, der Mutter zu gefallen und den hohen Ansprüchen des Vaters zu genügen. Als die Berufswahl für die beiden Brüder anstand, entschied sich Carl für ein rechtswissenschaftliches Studium. Ernst dagegen fühlte in sich eine »Neigung zum Militär«, hatte »Lust zum Reisen in ferne Länder«: »Das alles schien mir zur Marine gut zu passen.«[14]

Die von Kaiser Wilhelm II. maßgeblich geförderte – »Unsere Zukunft liegt auf dem Wasser!« – und von Großadmiral Alfred von Tirpitz aufgebaute und inspirierte Flotte war im Übrigen die einzige dem Reich unmittelbar zugeordnete Waffengattung, alle anderen unterstanden zumindest nominell ihren jeweiligen Landesherrn und waren, was den Offiziersnachwuchs für die Eliteregimenter anging, noch bevorzugt den Adelsfamilien vorbehalten. Junge Menschen aus bürgerlichen Elternhäusern, die sich von dem kolonialen Expansionismus und dem imperialen Machtstreben des Kaiserreichs begeistern ließen, zog es daher zu der Marine. Der soeben begonnene Schlachtflottenbau schuf nicht nur eine Vielzahl von Stellen, die besetzt werden mussten und daher glänzende Aufstiegschancen eröffneten, sondern versprach zumal auch dem Binnenländer Bewährungsproben der besonderen Art und öffentliche Anerkennung, wenn es denn einmal zu einem Kräftemessen auf den Weltmeeren fern der Heimat kommen sollte. Von insgesamt knapp 1700 Marineoffizieren am Ende des Ersten Weltkrieges waren immerhin achtzig aktive Admirale.[15] Zählt man die Zahl der mittlerweile in den Ruhestand versetzten Admirale hinzu, ergibt sich, dass in dieser noch jungen Waffengattung nahezu jeder zehnte Seeoffizier in den höchsten Rang aufsteigen konnte.

Freilich führte das vom »Flottenverein« mit seinen 900 000 einflussreichen Mitgliedern aus Wirtschaft, Industrie, Wissenschaft und Militär propagierte Flottenbauprogramm Deutschland in eine unheilvolle Konfrontation mit Großbritannien, der stärksten Seemacht weltweit. Bereits das Flottengesetz von 1898 stellte die Mittel für den Bau von neunzehn Linienschiffen, zwölf großen und dreißig kleinen Kreuzern bereit. Und das zwei Jahre später verabschiedete Flottengesetz legte noch einmal beträchtlich zu. Es sah die Einrichtung von vier Marinegeschwadern mit je acht Linienschiffen, acht großen und vierundzwanzig kleinen Kreuzern vor, zusätzlich eine Auslandsflotte mit drei großen und vierundzwanzig kleinen Kreuzern, eine Reserveflotte von vier Linienschiffen, drei großen und vier kleinen Kreuzern sowie zwei Flaggschiffe.[16] Diese massive Aufrüstung zur See innerhalb weniger Jahre musste Großbritannien zumindest als potentielle Bedrohung seiner jahrhundertelangen Vormachtstellung auf den Weltmeeren empfinden. Dass sich aus solcher Einschätzung neue strategische Allianzen Englands mit Blick auf die Vereinigten Staaten, auf Frankreich und Russland entwickeln konnten, lag auf der Hand – und erstaunte eigentlich niemanden außer dem deutschen Kaiser, der in maßloser Selbstüberschätzung bis zum Kriegsausbruch 1914 glaubte, zur gleichen Zeit sowohl dem englischen König wie dem russischen Zaren aussichtsreiche Bündnisangebote machen zu können.

»Dem Reich zu dienen statt in Württemberg zu bleiben wurde mir nicht schwer«, beschrieb Ernst Weizsäcker in höherem Alter seine Vorliebe für die Marine, »als protestantische Schwaben und von unserer hessischen Mutter abstammend, fühlten wir uns zur größeren Einheit hingezogen.«[17] Kurzzeitig hatte er wegen seiner naturwissenschaftlichen Neigungen erwogen, nach einem Ingenieurstudium in den Kolonien zu arbeiten, nachdem ihm der Vater von einer Laufbahn im staatlichen Forstdienst abgeraten hatte.[18] Dessen Vorschlag jedoch, sich wie schon er selbst 1870 zum 1. Königlich-Württembergischen Grenadierregiment Königin Olga zu melden – denn »über Deutschlands Schicksal entscheide letzten Endes der Infanterist« –, erschien dem Sohn wenig attraktiv.[19] Sehr viel verführerischer war da für ihn eine Karriere an Bord eines Kriegsschiffes, zu der ihm eine Empfehlung seines Nennonkels Hermann von Bilfinger, der als Generaladjutant des württembergischen Königs in Berliner Militärkreisen Ansehen genoss, die Voraussetzung schaffte. Am 1. April 1900 wurde Ernst Weizsäcker als Seekadett angenommen.[20] 415 Schulabgänger hatten sich um einen Platz an der Deckoffiziersschule in der Kieler Muhliusstraße beworben, lediglich 203 von ihnen erhielten eine Zusage.[21]

Der Vater traf, aus Berlin kommend, Ende März mit seinem Sohn in Hamburg zusammen und führte ihn persönlich bei seinen künftigen Vorgesetzten ein.[22] Zuvor hatte Karl Hugo von Weizsäcker durch seine Unterzeichnung des »Verpflichtungsscheins« die Übernahme eines Zuschusses in Höhe von 4800 Mark für die zweiundvierzig Monate dauernde Ausbildung zugesagt – kein geringer Betrag, wenn man bedenkt, dass diese Summe, auf den Monat berechnet, dem laufenden Einkommen eines Facharbeiters entsprach.[23] Für weitere Erleichterung sorgte die Kasseler Tante Fritze-Louise von Meibom, die ihrem Patenkind 5000 Mark mit auf den Weg gab, weil »ein junger Offizier immer mal in dumme Lagen kommen« kann.[24] Doch Ernst Weizsäcker rührte diese Summe nicht an und legte sie bis zur Gründung eines eigenen Hausstandes elf Jahre später zur Seite.[25] Die finanzielle Förderung durch die Eltern scheint ihm allerdings trotz deren Wohlstand unangenehm gewesen zu sein. In einem Brief an seine Mutter dankte er peinlich berührt für die Überweisung von 600 Mark als Kleiderbeihilfe für die infanteristische Grundausbildung: »Die Summe drückt auf mir wie ein Stein. Es ist mir zu peinlich. N'en parlons plus.«[26]

»An einem der ersten Apriltage 1900 fuhr ich ab nach Kiel«, schrieb Ernst von Weizsäcker in seinen *Erinnerungen*, »dort sah ich das Meer zum ersten Mal.«[27] Die Begeisterung schwang noch im Alter nach: »Die Flotte war im Entstehen. Sie war der sinnfälligste Ausdruck der Reichseinheit und ein Schmelztiegel aller deutschen Stämme. Wir Offiziers-Anwärter wuchsen bald zusammen zu einer einheitlichen ›Crew‹. Bessere Kameradschaft als dort habe ich nirgends mehr gefunden.«[28] Doch die ersten Monate waren hart, obgleich Weizsäcker die Eltern in Briefen zu beruhigen suchte. »Die Ausbildung geht schnell vor sich ohne Überanstrengung«, schrieb er am ersten Tag.[29] »Wir werden zwar täglich schärfer von ihnen [den Offizieren] angefasst, doch bewährt sich überall das every sailor is a gentleman«, ergänzte er vierzehn Tage später.[30] Vier Wochen dauerte die Grundausbildung an Land: Marschieren, Schießen, Nachtalarm, Geländeübung, körperliches Belastungstraining bis zum Zusammenbruch der Rekruten. Nach drei Wochen ging es zum ersten Mal aufs Wasser – zum Pullen in ein Ruderboot. Eine Woche später wurden die Kadetten auf die drei Segelschulschiffe der Reichsmarine verteilt. Weizsäcker kam auf die 3300 Bruttoregistertonnen große »Charlotte«. Am 24. Mai 1900 erfolgte die Vorstellung der Kadetten beim Kommandanten. Ernst Weizsäcker berichtete seiner Mutter über diesen Tag, wobei er die Begegnung mit dem Vorgesetzten nicht erwähnte, sondern vielmehr die Härte des Dienstes andeutete, dem er bis zu diesem Zeitpunkt ausgesetzt war: »Vorher war das große Ereignis, dass wir über den Kreuztopp gehen durften. Macht bis jetzt noch riesigen Spaß und keine Anstrengung, von schwindlig werden keine Rede. [...] Im Ganzen wird die Höhe, über die gewöhnlich geentert wird, wohl nicht über 30 m sein. [...] Von dem regelmäßigen Morgenentern kann man frei werden, wenn man die Sache in 1 Minute 10 Sekunden schafft. Bis jetzt leisten wir es im besten Fall in 1 Minute 30–35 Sekunden. Ich gehöre dabei nicht zu den Schlechten.«[31]

Das Hinauf- und Hinabklettern über die Wanten in eine Höhe von dreißig Metern in siebzig Sekunden war eine Übung, die selbst sehr viel sportlicheren Männern als Ernst Weizsäcker schwer fallen musste. Insofern hat er seiner Mutter wohl eine geschönte Darstellung der täglichen Herausforderungen geliefert. Unter dem bescheidenen geistigen Niveau seiner in jener Hinsicht vielleicht tauglicheren Kameraden scheint er indessen nicht über die Maßen gelitten zu haben: »Unter den Herren Seekadetten [sind] auch einige Schafsköpfe und solche, die mir unangenehm sind. Letztere sind manchmal die, die ich um ihr Mundwerk beneide und teilweise auch um ihre Begabung für den praktischen Dienst. [...] Mehr zu überlegen als zu sehen ist überhaupt eine Krankheit, die den meisten Abiturienten anhaftet.«[32] Andererseits waren die für die praktische Ausbildung verantwortlichen Unteroffiziere offenbar erträglich: »Die Maate sind nebenbei ziemlich gebildete Leute, kaum mit den Landunteroffizieren zu vergleichen. Unser Bootsmaat ist z. B. ausgebildet an der Maschine, an alten und neuen Geschützen, im Signalisieren und in Navigation. Außerdem spricht er leidlich englisch und weiß einige französische Brocken.«[33]

Der Dienst erfüllte Weizsäcker mit einer Befriedigung, die er »vorher auf der Schule nicht gekannt hatte«[34]. Die Offiziere an Bord empfand er als »nett«, insbesondere die »Seekadettenoffiziere opfern alle freie Zeit für uns«[35]. Kartenspiele und Trinkgelage in der Freizeit waren verpönt: »Getrunken wird sehr wenig. In der Messe bekommt man nichts gegen Geld, alles gegen Schecks, Wein nur sonntags. [...] Es besteht die Bestimmung, dass die Summe der Schecks im Monat 15 M nicht übersteigen darf, incl. Stiefelwichse, Tinte usw.«[36]

Zu leiden hatte Ernst Weizsäcker allenfalls unter seinem schwäbischen Zungenschlag. »Hoffentlich lernt Ulla ein vernünftiges Deutsch«, schrieb er seiner Mutter über die Schwester Paula, »ich habe jetzt glücklich 18 Jahre lang so viel schwäbisch gesprochen, dass ich den Akzent schwer loswerde.«[37] Wie beliebt Weizsäcker unter seinen Mitkadetten war, ist schwer zu beurteilen. Er war zweifellos sehr fleißig und aufmerksam, allerdings scheint er gelegentlich als »Streber« gegolten zu haben: »Eine ›lange Leitung‹ ist das, was man am wenigsten hier brauchen kann. [...] Und je weiter wir kommen, desto mehr Interesse und Liebe bringen wir (zum großen Teil) auf. Selbstverständlich gibt es auch welche, die auf die ›Streber‹ erbost sind. [...] Auch Böters[38] und Weizsäcker treten unter den Strebern manchmal auf, schadet aber nichts, mich rührt es wenigstens nicht.«[39]

Nach Abschluss seiner Grundausbildung bestand Ernst Weizsäcker Anfang Oktober 1900 sein Kadettenexamen mit sehr guten Noten.[40] »Allmählich«, schrieb er seiner Mutter voll Stolz, »kommen wir den Offizieren näher, so dass man oft in Gefahr ist, die nötigen Grenzen zu überschreiten. Mir ist auch schon mehr als ein ›Ja‹ statt ›Jawohl‹ entfahren. Das will weiter nichts sagen, aber man muss korrekt bleiben.«[41] Korrekt bleiben, den Abstand wahren, gesellschaftliche Schranken beachten – das alles waren für den selbstbewussten jungen Weizsäcker keine lästigen Sekundärtugenden, sondern in Kindheit und Jugendzeit vermittelte Selbstverständlichkeiten. Als Seekadett, hob Weizsäcker in seinen *Erinnerungen* eine weitere Lehre aus diesen Jahren hervor, habe er die militärische Maxime »Handeln Sie! Falsch handeln ist immer noch besser als gar nichts tun« kennen gelernt, die nichts mehr gemein hatte mit der Schulweisheit des Stuttgarter humanistischen Gymnasiums, »in dubio abstine«, im Zweifelsfall also kluge Zurückhaltung zu üben: »Was Dynamik und Fanatismus ausrichten können, habe ich erst später erkannt. Ich trennte mich nur schwer vom Glauben an die Herrschaft der Vernunft.«[42]

»Das Leben«, erinnerte sich Ernst von Weizsäcker im Alter, »floss in meiner Jugend fast zu glatt dahin.«[43] Für Sorgen gab es wenig Anlass. Soweit sich der Junge der »väterlichen Potestas« fügte und den Anregungen der Mutter nachkam, ging das Leben seinen geordneten Gang. Widerspruch zu wagen oder gar einen eigenen Lebensentwurf gegen die Erwartungen der Eltern zu stellen wäre nicht nur ein Affront gegen die zeittypischen Üblichkeiten konservativ-bürgerlicher Erziehung gewesen. Es bestand dafür nach Auffassung der Weizsäcker-Kinder auch keine Notwendigkeit. Der Vater war zweifellos fordernd in seinen Ansprüchen, aber er war fürsorglich und humorvoll, wenn er nicht infrage gestellt wurde. Und die einfühlsame Mutter erschien Ernst von Weizsäcker als sanft und zart, als eine, die die Menschen »fast unbemerkt […] auf die gute Bahn lenkte«[44].

Was das Elternhaus im Verhältnis zu den Kindern vorgelebt hatte, führte das Militär auf gewiss andere Weise, doch im Ziel übereinstimmend fort. Wenn dort, berichtete Ernst von Weizsäcker in seinen Memoiren durchaus zustimmend, einer »nur die Anforderungen erfüllte, so kam das Weitere von selbst«. Es habe als unzulässig gegolten, sich um Kommandos oder Posten selbst zu bewerben. Vielmehr vertraute man, sich unterordnend, auf die

Eingebungen der Vorgesetzten und hütete sich, in das eigene Schicksal einzugreifen: »Diese Enthaltsamkeit hat sich bei mir bewährt.«[45]

Es fehlte dem jungen Matrosen sicherlich nicht an Initiative und Phantasie, doch er begriff sehr schnell, dass es auf beides beim Militär zunächst sehr viel weniger ankommt als auf klaren Befehl und sofortigen Gehorsam. Daran gewöhnte er sich an Bord seines Schulschiffes eher und leichter als an den kühlen und nicht selten anmaßenden Umgangston der Preußen gegenüber dem Süddeutschen: »Für militärische Rüffel war ich nicht empfänglich, besonders nicht für hochdeutsche. [...] Als ich [...] in einer schönen Mittelmeer-Nacht irgendeinen Stern nicht benennen konnte, fuhr mich der Navigationsoffizier schneidend an: ›Jehn Se an den Mond, Herr!‹ Was sollte mir diese Aufforderung? Ich war doch nicht Jules Verne.«[46]

Ebenso wenig zugänglich sei er allerdings für Lobsprüche gewesen, fügte Ernst Weizsäcker seiner Klage hinzu und räumte ein, dass Lob für andere auch ihm im späteren Leben schwer gefallen sei: »Man warf mir [...] vor, ich sei auch meinerseits mit Lob gegen Untergebene zu sparsam gewesen. Mein Schuldenkonto wegen unterlassenen Lobs wird, wie ich fürchte, durch Aktiva an unterdrückter Kritik nicht ausgeglichen.« Doch dies, mutmaßte Weizsäcker, könne »eine schwäbische Eigentümlichkeit« sein.[47]

Einer der Höhepunkte der Kadettenzeit mag das Kutterrennen gewesen sein, an dem Ernst Weizsäcker am 28. Juni 1900 in Kiel teilnahm. In Anwesenheit des Kaisers errang das Ruderboot der »Charlotte« den ersten Platz. Wilhelm II. überreichte der Mannschaft auf seiner Yacht »Hohenzollern« den Pokal. Es war die erste Begegnung Weizsäckers mit dem Monarchen. Besonders beeindruckt scheint er jedoch davon nicht gewesen zu sein. Jedenfalls verriet sein Bericht über dieses Ereignis in einem Brief an seine Mutter keine tiefe innere Bewegung: »Der Kaiser schritt die Reihen ab, ließ sich von jedem Namen und Heimat nennen, dann gab er dem Schlagriemen den Becher und fragte: ›Na, was kommt heute Abend da rein?‹ – ›Champagner, Eure Majestät‹ – ›Das will ich hoffen. Aber dass Ihr Euch nicht besauft‹, sagte er zu uns mit einem Blick, der mich etwas an das Theater erinnerte. Die Augen sind überhaupt auffallend an ihm, sonst ist er alt, mehr als ich dachte.«[48]

Nach einer mehrmonatigen Segelreise durch Nordsee, Biskaya und Mittelmeer wurde Ernst Weizsäcker Mitte April 1901 zum Fähnrich befördert und zur achtzehnmonatigen Offiziersausbildung auf die Marineschule nach Kiel kommandiert. Das Fähnrichsexamen hatte er als Bester seiner Crew mit »vorzüglich« bestanden. Er übernahm sofort die Funktionen des »Stuben-, Schlafsaal-, Inspektions- bzw. Hörsaal-Ältesten«[49]. Der Mutter beschrieb Weizsäcker die zweifellos aufregenden Umstände dieses Tages: »Freitag früh wurden wir aus dem Unterricht heraus alarmiert. Der Kaiser war im Garten der Marineschule. Wir traten an, und der Kaiser beförderte uns auf dem Platz zu Fähnrichen, sagte ein paar Worte zu uns und gratulierte uns. Er hat damit die Herzen von vielen erworben. Die Art und Weise, wie er es machte, ist ungewöhnlich und eigentlich nur bei alten Offizieren gebräuchlich.«[50]

Wilhelm II. favorisierte ganz eindeutig die Marine unter allen Waffengattungen, hielt sich sehr viel häufiger zu Besuchen in den Häfen und an Bord der Kriegsschiffe als bei den Heerestruppen auf und bemühte sich gerade gegenüber dem Marinenachwuchs um einen formlosen Umgangston, der manchen burschikos, anderen forsch vorkam, aber offenbar alle sehr beeindruckt hat. Weizsäcker hingegen schien verstanden zu haben, dass in diesen kaiserlichen Reden nicht selten leeres Stroh gedroschen wurde. Über eine Ansprache des Kaisers aus Anlass der Einweihung eines Denkmals des Großen Kurfürsten in Kiel Mitte April 1901 berichtete Weizsäcker seiner Mutter ziemlich respektlos: »Der Kaiser sah gut aus, sprach lang und glatt, aber ohne einen besonderen Gedanken aufzutischen. Sonderbar ist, wie oft das Wort Gott, Schickung etc. vorkommt in seinen Reden.«[51] Als Wilhelm II. Anfang 1902 der Besatzung eines Linienschiffs »200 Exemplare des Neuen Testaments von Großpapa geschenkt hat«,

65

meldete Weizsäcker dies seinen Eltern allerdings mit familiärer Genugtuung.[52] Ansonsten hat er von der Bigotterie des letzten regierenden Hohenzollern nicht viel gehalten.

Stärker imponierte ihm, dass sich der dritte Sohn des Kaisers, Prinz Adalbert von Preußen, seit dem Frühjahr 1901 einer Marineausbildung ohne erkennbare Privilegien unterziehen musste: »Prinz Adalbert wird nicht mit Handschuhen angefasst, erzählt mir einer auf der Stube. Er zurrt säuberlich morgens um 6 seine Hängematte und verstaut sie.«[53] Gleichwohl blieb eine nicht überschreitbare gesellschaftliche Distanz zum Kaisersohn. Freundschaften zwischen den Kadetten entwickelten sich nach Maßgabe ihres sozialen Hintergrundes aus der gemeinsamen Zeit auf einem bestimmten Schiff heraus oder aus der landsmannschaftlichen Herkunft: »Der Krieg zwischen den einzelnen Stämmen hier in der Marineschule ist sehr groß, namentlich, was die landschaftliche Schönheit der Heimat der Einzelnen betrifft. Anders gruppieren sich die Parteien, wenn man auf das Schiff zu sprechen kommt, auf dem man war. Sehr angenehm ist dagegen, dass man von Adel oder Nichtadel der Einzelnen nichts merkt. Trotha[54] kann es gar nicht leiden, wenn man einen ›von Saldern‹ statt ›Saldern‹ hieß.«[55]

Der Fächerkanon auf der Marineschule überforderte Ernst Weizsäcker nicht, war aber breit angelegt: Schiffskunde, Seetaktik, Landtaktik, Navigation, Naturlehre, Mathematik, Englisch, Französisch, Minenwerfen, Bootsdienst, Turnen, Fechten, Reiten, praktischer Werftunterricht – und Tanzen.[56] Gelegentlich überfiel Weizsäcker ein »moralischer Kater«, wenn er »einmal wieder gemerkt« hatte, »wie wenig Französisch und Englisch ich kann und wie viel für mich gut wäre zu wissen. Außerdem ist meine Literaturkenntnis null, das ist mir schmerzlich.«[57] Besonders die Sonntage an der Schule verführten die Kadetten zum Müßiggang: »Man kommt zu nichts. Meistens ist irgendein Fähnrich auf der Stube zu Besuch, man spricht, raucht eine Zigarette nach der andern, treibt allen möglichen Unfug und hat keine Ruhe. Meistens hat man dann abends das Gefühl, nichts getan zu haben.«[58]

Dennoch bestand Ernst Weizsäcker das Examen an der Marineschule im Frühjahr und Sommer 1902 ohne Schwierigkeiten.[59] Anschließend folgte das erste Bordkommando auf dem großen Kreuzer »Hertha« des Ostasien-Geschwaders unter Kapitän zur See Friedrich von Ingenohl, später Vizeadmiral und Chef der Hochseeflotte. Stellvertretender Kommandant dieses Geschwaders war Henning von Holtzendorff, während des Ersten Weltkrieges Großadmiral und letzter Chef des kaiserlichen Admiralstabes. Mit dem Postdampfer »Kiautschau« legte Weizsäcker im August 1902 in Genua ab und erreichte nach drei Monaten Wusung Rhede, den Hafen von Shanghai, in dem die »Hertha« angelegt hatte.

Zwischen Dezember 1903 und November 1905 war der kurz zuvor zum Leutnant beförderte Ernst Weizsäcker auf diesem Schiff der unmittelbare Dienstvorgesetzte von Prinz Adalbert von Preußen.[60] Das erste Zusammentreffen zwischen dem Hohenzollern und den Offizieren an Bord scheint eher kühl ausgefallen zu sein: »Nach der Musterung wurden die Offiziere dem Prinzen vorgestellt. Kurze, aber energische Verbeugung auf der einen Seite, auf der andern leichter Gruß, gleichgültig wie viele (Ärmel-)Streifen gegenüber; zugleich erfuhr ich, dass Pr. A. in meine Division und in meinen Zug kommt, d. h. ich bin sein direkter Vorgesetzter. Aber bei der Begrüßung schon schien es mir, dass daraus nicht so viel gerade wird.«[61]

Offenbar spürte »Hertha«-Kommandant von Ingenohl die aufkommende Spannung und sorgte bereits nach wenigen Tagen für eindeutige Verhältnisse: »Noch am Dienstag versammelte der Kommandant die Offiziere und sagte einiges zur Klärung der Stellung des Pr. A., nämlich, dass er an Bord vollkommen als Fähnrich zu behandeln sei, dass mich das besonders angeht, schrieb ich schon. [...] Der Div.Off. Oblt. v. Rheinbaben war bisher schon mil. Begleiter und legte mir scharfe Behandlung des Pr. ans Herz, da er willig sei, etwas zu lernen, und später einmal mir dankbar sein würde.«[62]

Kleinere Zusammenstöße blieben da nicht aus. Ernst Weizsäcker berichtete, dass er »auf der Brücke dem Pr. einmal sagen musste, er soll sich nicht mit dem Navigationsfähnrich unterhalten, zweimal musste ich ihn auf die Brücke kommen lassen – was nebenbei eine kleine Bergebesteigung ist –, um ihm zu sagen, er solle pünktlich auf die Wache ziehen und nicht zu früh wegtreten usw.«[63] Im Übrigen aber sei er »ein vergnügter Mensch und doch noch ein ziemliches Füllen, solange nicht besondere Situationen ihn zwingen, ein Prinzengesicht zu machen«[64].

Auf Anraten des Vaters sprach Ernst Weizsäcker in seinen weiteren Briefen nicht mehr vom Prinzen Adalbert, sondern belegte ihn mit dem Decknamen »Berger«[65] – um danach noch ungenierter vom Leder zu ziehen: »Es gab heute Morgen viel zu schlucken. Das meiste ging auf das Konto des Berger, der von mir, weil ich beschäftigt war, den Auftrag bekam, die Flaggenparade zu kommandieren, und mit Genialität 2 Minuten vor dem Flaggschiff anfing. Wer das kennt, weiß, dass so ein Unfug eine Blamage für das Schiff ist, mit der sich Kommandanten, erste Offiziere, Wachoffiziere und noch viel mehr Menschen wochenlang anöden.«[66] Er habe das »natürlich« auf seinen Hut bekommen, beschwerte sich Weizsäcker in einem Brief an seine Mutter, »und sollte dann noch ein freundliches Gesicht zu Berger machen«. Und das sei nur ein beliebiges Beispiel gewesen, denn »so geht es andauernd«. Erleichtert werde ihm solche ungerechtfertigte Zurechtweisung aus gesellschaftlicher Rücksichtnahme auf den Kaisersohn allein »durch die natürliche Liebenswürdigkeit Bergers«[67].

Auf ein besonders enges oder gar vertrautes Verhältnis zum Preußen-Prinzen legte Ernst Weizsäcker anscheinend keinen Wert. Seiner Mutter schrieb er, dass er sich in dieser Hinsicht »gar nicht vordränge« und nicht die Absicht habe, sich »einen Platz im Herzen S. K. H. [Seiner Kaiserlichen Hoheit] zu erobern«. Dennoch fragte er an, »ob der Papa mir nicht noch einige Direktiven über mein Verhalten geben« könne, zumal »in einem Jahr bereits der Pr. dienstlich über mir steht und seine Meinung über mich später von Einfluss sein kann nach beiden Seiten«.

Liebedienerei indes sei ihm fremd, denn »Hofmann zu sein wird mir wohl nie gelingen«[68].

Den Decknamen »Berger« für Prinz Adalbert von Preußen verwendete Ernst Weizsäcker in seiner Korrespondenz bis zum Ende des Ersten Weltkrieges. Meinte er den Kaiser, sprach er von »Berger Sr.«, galt eine Bemerkung einem seiner Söhne, hieß es »Berger Jr.« In seinen unveröffentlichten *Erinnerungen 1945* begründet Weizsäcker dieses Tarnmanöver: »Das war ein erster bescheidener Anfang der Abwehr neugieriger Mit-Leser, eine Abwehr, wie sie sich im Laufe der Zeit in unserer Familienkorrespondenz immer mehr ausbildete. Die Zensur im ersten Krieg 1914–18, namentlich aber die Zensur seit 1933 verlangte eine so verschleierte Sprache, dass hoffentlich kein späterer Leser den Inhalt der Familien-Briefe wörtlich nimmt.«[69] Diese Einschränkung galt freilich nur für Namensnennungen, nicht aber für die Briefinhalte selbst, auf deren Genauigkeit Weizsäcker immer größten Wert legte. Schließlich hätte es auch keinen Sinn gemacht, Angehörige derart fehlerhaft zu unterrichten, dass sie sich über den eigentlichen Sinn des Gemeinten nicht im Klaren sein konnten.

Am 6. Februar 1904 begann der russisch-japanische Krieg. Doch die Offiziere des Ostasien-Geschwaders waren infolge der technischen Unzulänglichkeit der damaligen Nachrichtenübermittlung darüber nicht sofort informiert. Erst zwei Tage später erfuhren sie, dass die diplomatischen Beziehungen zwischen Russland und Japan abgebrochen worden waren und mit der Kriegserklärung für den 12. Februar gerechnet werde.[70] Der Kreuzer »Hertha« wurde mit Munition versorgt und nahm in Shanghai Kohlen auf, »um auf jeden Fall verfügbar« zu sein.[71] Was im Kriegsfall über den aktiven Schutz der deutschen Kolonialinteressen in China hinaus sein Auftrag sein könnte, erschloss sich Ernst Weizsäcker nicht. Die Schuld am Kriegsausbruch wies er der »maßlosen Eitelkeit der Japaner« zu, mit denen man kein Mitleid zu haben brauche.[72]

Nüchtern schätzte Ernst Weizsäcker nach den Beobachtungen während eines Flottenbesuches 1903 im russischen Hafen Wladiwostok die Kampfkraft der russischen Schiffe, vor allem aber ihrer Offiziere gering ein: »Die Russen müssen doch enorm geschlafen haben vor [dem japanischen Angriff auf] Port Arthur, oder waren sie wieder alle im Tingeltangel, wie der Artillerieoffizier damals […] im Sommer, der um 6 Uhr früh zum mehrtägigen Manöver in See gehen sollte und mit uns herumgekneipt hatte und morgens um 5 erklärte, es passe ihm nicht, er gehe nicht an Bord, bis ein Oberleutnant von uns ihn in ein Boot packte und auf seinem Schiff ablud.«[73]

Mit Bedauern immerhin gedachten neben Ernst Weizsäcker etliche der deutschen Offiziere, die mit Prinz Adalbert von Preußen dienstlich zu tun hatten, der Opfer, die auch dieser Krieg fordern würde: »Berger sagte neulich zu mir, der Krieg sei doch etwas Schreckliches, es werden wieder Tausende von Familien in Trauer und ins Elend gestürzt. Ob er diese Ansicht von seinem Vater hat?«[74]

Das Klima an Bord der »Hertha« unter ihrem Kommandanten Ingenohl scheint bemerkenswert aufgeschlossen und wenig konservativ gewesen zu sein. Seiner Mutter berichtete Ernst Weizsäcker, dass der in der Flotte sonst übliche gesellschaftliche Abstand zwischen den See- und den Maschinenoffizieren auf seinem Schiff nicht in dem Maße gewahrt wurde: »Außerdem haben wir Leutnants in der Messe ein verhältnismäßig sehr gutes Einvernehmen mit den Ingenieuren erzielt, die uns ja im Alter weit über sind, im Rang aber gleichstehen, eher hinter uns. […] Gesellschaftlicher Verkehr zwischen ihnen und Seeoffizieren besteht noch nicht – ein großer Missstand, aber wir vergeben uns gerade hier im Ausland nichts, wenn wir den Unterschied, der besteht, nicht machen.«[75] Auch die Bedenken des Vaters, sein »liberaler Ruf« als württembergischer Landespolitiker könnte der militärischen Karriere des Sohnes schaden, wies dieser zurück. Solche Sorge, antwortete Weizsäcker, habe er »mehr für einen Witz gehalten, namentlich bei unseren Verhältnissen an Bord«[76].

Forsche Reden des Kaisers, in denen er deutsche Weltgeltung einforderte, wurden im Ostasien-Geschwader zu jener Zeit als das genommen, was sie waren: machtpolitisches Imponiergehabe einer wirtschaftlich rasant wachsenden, aber in ihren imperialen Ansprüchen schlicht zu spät gekommenen Nation. Die Folgen solcher außenpolitischen Manöver für die Marine schätzte Ernst Weizsäcker hinsichtlich der eigenen Laufbahn uneingeschränkt positiv ein, obwohl er erkannte, dass das letzte Ziel der deutschen Marinerüstung eine Auseinandersetzung mit der weit überlegenen englischen Flotte sein werde: »Wie man [...] über die Spannung zwischen uns und England denkt, kann ich der Mama sagen, nämlich, dass *wir* den Krieg noch erleben. [...] Jedenfalls hat der Kriegsausbildungsbetrieb, wie er in der heimischen Flotte immer und immer mehr noch gesteigert wird, seine einzige Spitze gegen England.«[77] Wo aber Pulverdampf zu politischen Zwecken beeindruckend genug erzeugt werden sollte, musste es Schiffe geben, die Geschütze trugen, und Offiziere, die Feuerbefehle erteilten. »Die heimische Marine vergrößert sich immer mehr«, deutete Weizsäcker der Mutter seine vorteilhaften Zukunftsaussichten an. Kummer bereitete ihm dagegen, dass die Flotte eines Tages leichtfertig und von Männern eingesetzt werden könnte, die sich über die Tragweite ihrer Entscheidungen nicht hinreichend Rechenschaft abgelegt hatten.

Mit Blick auf den Kaiser und dessen Sohn monierte Weizsäcker während einer Südamerikareise im November 1904 mit erstaunlicher Offenheit: »Sein Urteil ist in allen Dingen vorschnell und verträgt keinen Widerspruch. Dafür ist die Marine zu gut und zu wertvoll, dass sie eventuell einmal von solchen Menschen dirigiert wird.«[78] Aufgrund »orthodoxer Erziehung« verlören in der kaiserlichen Familie Worte wie »Frieden« und »kein Blutvergießen« jeden Wert, verkämen zu lautstarker Deklamation, gäben Stoff ab »zu dickem ›Guano‹ [Vogelmist], um einen Vergleich aus der Gegend zu nehmen, wo wir sind«.[79]

Bei einer Unterbrechung der Heimreise aus Ostasien in Korfu erfuhr Ernst Weizsäcker Ende März 1905 von seiner Beförderung zum Oberleutnant. Die damit verbundene Anhebung seines Gehalts um monatlich fünfundsechzig Mark stellte ihn so, dass er künftig keine finanzielle Unterstützung der Eltern mehr brauchte: »Dieses Plus ist der erste greifbare Vorteil meines Platzes in der Crew.«[80] Nach seiner Rückkehr kam Weizsäcker in verschiedene Landkommandos. Seine erste Aufgabe war es Anfang 1906 beim Stationskommando der Nordseeflotte in Wilhelmshaven, die vorhandenen, aber nicht aufeinander abgestimmten Anweisungen über die Verteidigung der Flussmündungen in der Deutschen Bucht in einer gemeinsamen Dienstvorschrift zusammenzufassen.[81] Anschließend wurde Weizsäcker in das Torpedoversuchskommando (T.V.K.) nach Kiel versetzt. Dieser Einsatz reizte ihn anfangs allerdings nur begrenzt: »Eines weiß ich von meinem neuen Kommando schon jetzt, dass ich mich davor hüten muss, zu sehr Schlosser zu werden u. mich zeitlebens bei der Torpedowerkstatt einfangen zu lassen. Das gibt es auf keinen Fall. Der Seeoffizier kommt mir doch noch vor dem Techniker.«

Erst nach einigen Monaten erkannte er, dass ihm bei der technischen und taktischen Weiterentwicklung dieser neuen Waffe Wirkungsmöglichkeiten eröffnet waren, die er als subalterner Seeoffizier an Bord eines großen Kriegsschiffes nicht gehabt hätte. Mit Stolz registrierte er, dass er mit seinem Vorgesetzten »recht offen alles besprechen« könne und dieser dann »das eine oder andere auch beim Inspekteur des Torpedowesens zur Sprache« bringe, »was ich ihm vorschlage«.[82]

Ungeduldig reagierte Ernst Weizsäcker, wenn er sich mit seinen Vorstellungen nicht durchsetzen konnte. So beklagte er sich im Mai 1907 gegenüber seinem Freund Hans von Mohl, dass die wichtigsten Fragen, die in seine Zuständigkeit fielen, bereits entschieden seien, »und zwar natürlich anders, als ich wollte«. Tröstend sei allein, dass »in andern Marinen auch Dummheiten gemacht« würden. Dennoch habe er kein Bedürfnis, »noch viel länger in der Behörde zu bleiben, wo mir nur zur Hälfte glückte, was ich wollte«[83]. Andererseits ließ Weizsäcker den Freund zwei Monate später wissen, dass es »bei dem – entre nous – ungenügenden Können des Torpedoreferenten […] ziemlich einfach gewesen« sei, dem übergeordneten »Präses dienstlich näher zu kommen«[84].

Insgesamt bilanzierte er im Juli 1908, dass ihm das Torpedoversuchskommando durch die intensive Tätigkeit »ans Herz gewachsen sei«. Freilich mache man sich, wenn man einer solchen technischen Behörde zugeordnet werde, leicht »eine zu hohe Meinung von dem Verstand, mit dem in unserer Marineverwaltung regiert« werde. Weizsäcker litt ganz offenkundig nicht unter mangelndem Selbstwertgefühl. »Hochmut, Frivolität und Schwachheit«, schrieb er seiner Mutter, seien Eigenschaften, die ihm bei »so vielen meiner Kameraden aus preußischen Beamtenfamilien auffallen«. Dies seien auch die Wesensmerkmale, die »es unsereinem am meisten erschweren, warm zu werden unter den Leuten«. Das »Fehlen oder das geringere Maß von diesen Eigenschaften« sei »neben der besseren Schulbildung der Schlüssel zu den Erfolgen«, welche »die meisten Württemberger in der Marine« hätten, »sofern sie durch ihr Äußeres und ihre Manieren nicht anstoßen«. Vier Jahre habe er gebraucht, bis er mit diesen Norddeutschen umzugehen lernte.[85]

Vor seinem Abschied vom Torpedoversuchskommando erlebte Ernst Weizsäcker als besondere Herausforderung im Sommer 1908 noch einen Aufklärungseinsatz als Spion in England. Das T.V.K. war vor allem an der Konstruktion englischer Torpedofangnetze, an den dort verwendeten Funksprechanlagen sowie an den Befehlsapparaten in den möglicherweise einmal feindlichen Kriegsschiffen insgesamt interessiert. Also nützte Weizsäcker eine vierzehntägige Vergnügungsreise nach England, um sich im Auftrag der Admiralität in den Häfen von Dover, Portland und Weymouth gründlich umzusehen: »Mit einem Pfingstausflügler-Dampfer besuchte ich ganz legitim unter vielen Engländern ein Linienschiff von oben bis unten.« Beinahe hätte Weizsäcker in seinem Forschungseifer das Abfahrtssignal des Dampfers überhört. Seine »Besuchsergebnisse« schickte er mit der Post an seine Privatanschrift in Deutschland: »So harmlos war damals das ›Spionieren‹ und so wenig dachte man an Briefzensur.«[86]

Danach besuchte er kurz Paris und ließ in einem Brief an Hans von Mohl seinen dem deutschen Zeitgeist geschuldeten, aber gleichwohl erstaunlich ausgeprägten antifranzösischen Ressentiments freien Lauf: »Paris, das mir gegen London den Eindruck einer schmierigen Kleinstadt machte, habe ich nicht genügend gesehen. Dorthin muss ich einmal länger. Bei der oberflächlichen Besichtigung meinte ich, in einer Sammelstätte früherer Kultur, früherer Leistungen und alten Reichtums zu sein, an welchen die jetzige Bevölkerung zehrt, ohne sich des Erbes würdig zu erweisen.« Die Bewohner der Hauptstadt erschienen ihm als »elendes Pack«, sie seien »unverschämt und kindisch, dreckig und faul«. Weizsäcker belegte keines dieser Urteile durch Beobachtungen oder Erlebnisse. Er teilte sie so selbstverständlich mit, als brauchten sie keine weitere Erläuterung und Begründung und verstünden sich gewissermaßen von selbst. Ebenso klischeehaft wirken andererseits seine schmeichelhaften Bemerkungen über die Pariserinnen: »Man trägt jetzt riesengroße Hüte mit sehr großen Federn, Flügeln und ganzen Vögeln drauf: ausgezeichnete Sachen nach meinem Geschmack, überhaupt die Damen dort ziehen sich an zum Küssen.«[87]

Doch solche Vorurteile gegenüber dem Fremden verstellten Ernst Weizsäcker nicht den ironischen Blick auf die eigenen Landsleute und auf sich selbst. »Morgen Abend«, kündigte er Mitte August 1908 seiner Mutter an, werde er »mit dem Württembergischen Landesverband des Flottenvereins zu Abend essen, auch in nationaler Begeisterung« selbstverständlich. Jeden Morgen stehe er »um halb sieben auf, alles für die Größe und Macht des Reiches«. Man lebe »doch großen Zielen«.[88]

Ab November 1908 war er als Wachoffizier auf das Flaggschiff des I. Ostsee-Geschwaders, das Linienschiff »Hannover« unter Admiral von Holtzendorff, kommandiert. Seine Aufgabe war die Ausbildung von Rekruten.[89] Das Schiff sei schön und neu, berichtete Weizsäcker seinem Freund Mohl, die Messe nett und der Kommandant »bis dato noch liebenswürdig«. Die Arbeit sei hart, aber befriedigend: »Alles für den Kaiser.« Dieser freilich werde von den Offizieren wegen seines unentschlossenen Kurses in den Marokko- und Balkankrisen und wegen seiner zögerlichen Haltung in der Marinerüstungspolitik gegenüber England heftig kritisiert. »Ich gestehe«, schrieb Weizsäcker an Hans von Mohl, »in der Messe und wo man in Offizierskreisen herumhört, wird mir zu unflätig über S. Majestät geschimpft.« Wenigstens in größerer Versammlung sollten die Offiziere »das Maul halten und nicht auch noch den Leuten unter der Back die Illusion nehmen, die sie eventuell noch haben«[90]. Welche Illusion der Untergebenen Weizsäcker damit ansprechen wollte, verriet er nicht. Vermutlich meinte er aber die damals im deutschen Bürgertum weit verbreitete Selbsttäuschung, der Kaiser führe das Reich tatsächlich mit Autorität und klarer Zielvorstellung glänzenden Zeiten entgegen. Weizsäcker selbst war in dieser Hinsicht sehr viel skeptischer. »Ich möchte nur wissen«, drückte er gegenüber seinem Freund Hans von Mohl seine Befürchtungen aus, »ob dem Kaiser nicht einmal furchtbar klar wird, dass er schlecht beraten ist, und ob nicht seine Regierung ebenso elend schließt, wie sie, von seinem Standpunkt aus, glänzend begonnen hat.«[91]

Im Mai 1909 bot Admiral Hugo von Pohl, zu Kriegsbeginn Chef des Admiralstabes, dann Kommandant der Hochseeflotte, Ernst Weizsäcker an, im Herbst sein Flaggleutnant zu werden, sofern ihm das Kommando über das I. Geschwader übertragen werde. Weizsäcker reagierte begeistert: »Die Stellung an sich wäre eine arbeitsreichere als die im Kreuzergeschwader. Sie wäre vom rein militärischen Standpunkt aus lehrreicher, und das Gefühl habe ich jetzt doch immer mehr, dass mein Gebiet nicht die Technik, nicht das Torpedo-Versuchs-Kommando und nicht die Schreibstube ist, sondern die Flotte und die Taktik, jedenfalls die Frontpraxis.«[92] Dies sei »die schönste Laufbahn in der Marine«, wenn sie nur durch gelegentliche, karrierefördernde Landkommandos in Berlin unterbrochen werde. Tatsächlich folgte Weizsäcker dann aber nicht dem Ruf Pohls, sondern begleitete nach seiner Beförderung zum Kapitänleutnant in der gleichen Funktion Holtzendorff, der das Kommando über das erst 1906 in Dienst gestellte Flottenflaggschiff »Deutschland« erhalten hatte.[93]

Der Führungsstab eines Flottenverbandes bestand neben dem Flottenchef aus sechs Seeoffizieren: einem Chef des Stabes, drei Admiralstabsoffizieren und zwei Flaggleutnants. Während der zweite Flaggleutnant für die funktelegraphische Nachrichtenverbindung zwischen den Schiffen verantwortlich war, wurde der erste Flaggleutnant zur persönlichen Entlastung des Flottenchefs herangezogen.[94] Es war also eine unbedingte Vertrauensstellung und, im Erfolgsfall, eine Empfehlung für jede weitere und höhere Verwendung. Ernst Weizsäcker sah diesem Einsatz dementsprechend mit leichter Nervosität entgegen: »Was das persönliche Verhältnis zu Holtzendorff betrifft, so muss sich das erst entwickeln.« Gleichwohl traute er sich die Aufgaben eines Ordonnanzoffiziers des Flottenchefs durchaus zu: »In einer Beziehung wird es nicht schwer sein, er ist ein reicher und sehr gastfreier Mann, so dass man also nicht bei Arrangements für ihn in steter Sorge um den Pfennig sein muss.« Außerdem habe der Admiral »eine sehr liebenswürdige, nette Frau«, auf deren Unterstützung Weizsäcker hoffte.[95] Über die dienstlichen Fähigkeiten Holtzendorffs hingegen war sich Weizsäcker trotz der Beobachtungen in Ostasien und aus der gemeinsamen Zeit im I. Ostsee-Geschwader nicht ganz im Klaren: »Ich kenne ihn darin noch nicht genügend. Jedenfalls hat er Blick, gesunden Menschenverstand und Schneid; ob er überlegener Führer ist, weiß ich noch nicht. Es wäre dringend zu wünschen, denn er ist immerhin der Mann, der im Ernstfall – mehr als der Führer einer Armee an Land, weil unabhängiger –, was wir an Seestreitkräften haben, führen soll.«[96]

Mit dieser Beförderung Ernst Weizsäckers war zweierlei verbunden. Dienstlich kam er nun in enge Verbindung mit sämtlichen Führungsebenen und Befehlshabern der Marine, was bei entsprechend überzeugendem Auftreten seiner Laufbahn nur nützen konnte. Und was seine persönlichen Verhältnisse anging, war er finanziell jetzt so abgesichert, dass an eine Hochzeit zu denken war.

Seit Kindertagen kannten sich Ernst Weizsäcker und die 1889 geborene Marianne, Tochter des württembergischen Militärbevollmächtigten in Berlin, Generalmajor Friedrich von Graevenitz. Beide Väter hatten Kavaliershäuschen auf der Stuttgarter Solitude angemietet, in denen sie mit ihren Familien die Ferien verbrachten. Dort spielten und musizierten die jungen Leute zusammen, wurden einander vertraut. Während eines Urlaubs begegneten sich die beiden 1910 erneut und beschlossen ohne längeres Zögern ihre Verlobung. »Ich darf nicht sagen, wie schnell ich meiner Sache sicher war«, beschrieb Weizsäcker in seinen *Erinnerungen* diesen für die damalige Zeit ungewöhnlich raschen und selbstbestimmten Entscheidungsprozess, »denn keineswegs ist dieser Vorgang auf jeden Fall anwendbar.«[97]

Sehr viel üblicher wäre in der Tat eine von den Eltern angebahnte und auch abgesprochene Eheschließung gewesen. Immerhin stand für die Reputation der ursprünglich aus dem märkischen Uradel stammenden Familie von Graevenitz und für den 1897 mit dem persönlichen Adel ausgezeichneten und 1906 zum Ministerpräsidenten ernannten Karl Hugo von Weizsäcker einiges auf dem Spiel. Doch »unstandesgemäß« war die Verbindung der beiden keineswegs, so dass die Marineleitung die erforderliche Heiratserlaubnis ohne weiteres erteilte und die Hochzeit am 25. September 1911 in Berlin-Charlottenburg stattfinden konnte. »Nun schienen meine beiden Lebenspole und mein Glück, Beruf und Ehe, festzustehen«, resümierte Ernst Weizsäcker. »Mehr begehren konnte ich nicht.«[98] Selbstzufrieden, wie er zumindest in dieser Phase seines Lebens sehr häufig war, stellte Weizsäcker über seine ebenso gebildete wie attraktive Ehefrau fest, dass jedermann »die Frau bekommt, die er verdient«[99].

Das Glück der beiden war jedenfalls so groß, dass mit dem Sohn Carl Friedrich pünktlich nach neun Monaten, am 28. Juni 1912, in Kiel der Stammhalter der jungen Familie zur Welt kam. Am 7. April 1916 folgte die Tochter Adelheid Marianne, am 2. August 1917 der zweite Sohn Heinrich Viktor und am 15. April 1920 als jüngster Sohn Richard Karl.

Karriere im Ersten Weltkrieg

»Das Friedensgesäusel wird auch hier immer stärker«

Großadmiral Alfred von Tirpitz strebte mit dem gewaltigen Ausbauprogramm der kaiserlichen Marine im Verhältnis zu der bei weitem schlagkräftigsten Seemacht des britischen Commonwealth den Status einer »Risikoflotte« an. Deutschland sollte zur See so stark werden, dass ein Angriff für Großbritannien ein unkalkulierbares Risiko darstellen würde. Umgekehrt wurden das technische Niveau, der Ausbildungsstandard und das Selbstbewusstsein der englischen Flotte zum bewunderten Vorbild der deutschen Marine. Die Militärausgaben in Friedenszeiten verteilten sich zwischen Heer und Marine im Verhältnis von zwei zu eins, was für die Kontinentalmacht Deutschland zur fatalen Folge hatte, dass die Landstreitkräfte militärtechnische Neuerungen wie Kraftfahrzeuge und Panzer erst zu spät entwickeln und nur in geringer Zahl einsetzen konnten, während riesige Schlachtschiffe in den Häfen festlagen, weil sie mit den vorhandenen Mitteln zwar gebaut werden konnten, aber ihre Entsendung nach Übersee viel zu teuer gekommen wäre. Dennoch: Mit den Briten gleichzuziehen, ihnen in einzelnen Bereichen womöglich gar überlegen zu sein, das wurde zum Fixpunkt der Ambitionen des deutschen Seeoffizierskorps.[1]

Was andererseits aber fehlte, war eine klare Vorstellung darüber, mit welchem operativen Ziel die Kämpfe geführt werden sollten, wenn es denn einmal zu einem Krieg zwischen den beiden

Ländern kommen sollte. Zwei Strategien standen sich gegenüber: die des eher defensiv eingestellten Flottenchefs Henning von Holtzendorff, der mit dem Gros der Flotte von Kiel aus durch Kattegat und Skagerrak in die Nordsee hinein vorstoßen, die gegnerischen Schiffe in die eigenen Gewässer locken und dort angreifen wollte. Die Nähe zu den deutschen Basen sollte den Nachteil der kleineren Zahl einsatzfähiger Großkampfschiffe ausgleichen.

Die Flottenleitung in Berlin dagegen bevorzugte weiträumigere Angriffe in Richtung England, ausgehend von den Nordseehäfen der Deutschen Bucht, während die Ostsee mangels potenter Gegner weitgehend sich selbst überlassen bleiben konnte. Eine solche Konzentration der Kräfte auf die Nordsee sollte zumindest zeitweise die numerische Überlegenheit sichern und eine Blockade aufsprengen, die man sich sowohl im Ärmelkanal als auch zwischen England und dem südlichen Norwegen vorstellte.

Was freilich zu geschehen hätte, wenn die Blockadelinien außerhalb der Reichweite der deutschen Marine gezogen würden oder aber die britische Marine sich auf eine Seeschlacht in deutscher Küstennähe nicht einlassen wollte, wusste im kaiserlichen Admiralstab keiner zu sagen. »Dieses strategischen Grundirrtums waren wir uns nicht rechtzeitig bewusst geworden«, räumte Ernst Weizsäcker in seinen *Erinnerungen* nüchtern ein. »Hätten wir den Irrtum schon früher erkannt, so wäre der deutsch-englische Wettlauf im Großschiffbau vielleicht vermieden worden, politische Spannungen wie 1911 [zweite Marokko-Krise] hätten sich abmildern lassen, Verständigungsversuche wie der von [Richard Burton] Haldane 1912 [mit dem Angebot des Kriegsministers, die britische und die deutsche Flotte im Verhältnis von 3 : 2 festzuschreiben und auf den Bau neuer Schlachtschiffe zu verzichten] hätten glücken können.«[2]

Doch »hätte« und »wäre« sind keine politischen Kategorien und waren dies schon gar nicht in der deutschen Politik der Vorkriegszeit. Nur ein einziges Mal, erinnerte sich Ernst Weizsäcker wohl eher wenig zuverlässig, habe er in diesen Jahren von jungen Offizieren die Meinung gehört, »wir hätten unseren Beruf verfehlt, wenn wir unsere Schiffe nie ins Gefecht führen würden«[3]. Von einem deutsch-englischen Krieg wurde Weizsäcker zufolge niemals leichtfertig gesprochen, und herbeigewünscht habe ihn keiner: »Also, Einsatzbereitschaft, wenn Not am Mann wäre, ja; Freude am Krieg oder militaristische Händelsucht, nein; die hat man uns später angedichtet.«[4] Dieses Urteil stammte freilich aus späteren Jahren, als die Niederlage im November 1918 nachträgliche Zurückhaltung während der Vorkriegszeit ratsam erscheinen ließ, um in der leidigen Kriegsschuldfrage zu einem günstigeren Urteil als die Kriegsgegner zu gelangen.

Während seiner Zeit an Bord des Flottenflaggschiffs »Deutschland« zwischen 1909 und 1912 ist Ernst Weizsäcker dem Kaiser bei seinen häufigen Besuchen öfter begegnet. Weizsäcker war »für Zeremoniell, Unterbringung und Verpflegung des Kaisers und seiner Herren verantwortlich und nahm an den Mahlzeiten teil«[5]. Der von dem jungen Offizier zunächst bewunderte Wilhelm II. bestimmte die Unterhaltung weitgehend allein: »Bei seinem lebendigen Geist und seinem guten Gedächtnis weckte fast jedes Thema in ihm Assoziationen. [...] Sehr selten kam er mit einem abfälligen Urteil über Menschen heraus, das hätte verletzen können.«[6] Doch angenehm zu plaudern vermochte der Monarch nur in kleinem Kreis. »Am ungemütlichsten war es«, berichtete Weizsäcker im März 1910 seinem Vater mit milder Ironie, »wenn fremde Gäste eingeladen waren, [...] weil der Allerhöchste Herr dann seine, nach außen wohl am meisten bekannte, Herrscherpositur einnahm. Das Gespräch bewegt sich dann in lauten Geschichten mit minderwertigen Pointen, Äußerungen über Bauwerke und Kunst, wo niemand widerspricht, die Gesten werden weit ausholend, das Auge blitzt mutig, das Lachen wird unnatürlich.«[7]

In solchen Begegnungen hat Weizsäcker »die Vorstellung gehabt oder bestätigt gefunden, dass im richtigen Moment angebracht jede vernünftige (vielleicht auch unvernünftige) Ansicht bei S. M. Eingang findet. Ich glaube, er ist nicht schwer zu leiten, wenn man ihn nur oft genug sieht und den Augenblick wählen kann.«[8] Leider jedoch, bemängelte Weizsäcker, sei es noch keinem gelungen, den Kaiser vom Wert diskreter Äußerungen und stärkerer Zurückhaltung im öffentlichen Auftritt zu überzeugen. Bedauernd stellte er fest: »Seine übergroße Offenheit ist wohl der Hauptgrund, warum mit ihm schwer [diplomatische] Geschäfte zu machen sind.«[9]

Eigentlich hätte es Ernst Weizsäcker vorgezogen, nach seinem Kommando als erster Flaggleutnant auf der »Deutschland« 1912 die Marineakademie in Kiel besuchen zu können, um dort die Admiralstabsausbildung zu absolvieren, ohne die eine weitere Beförderung in Führungspositionen nicht möglich war. Doch dann bot ihm im Februar 1912 Admiral Georg Alexander von Müller an, im Herbst in das Marinekabinett einzutreten – die unmittelbare Verbindungsstelle in Berlin zwischen dem Kaiser und der Marineleitung. Diesem Kabinett gehörte neben dem Admiral und Weizsäcker nur noch ein weiterer Offizier an: Kapitän zur See Adolf von Trotha, der 1916 als Vizeadmiral Chef des Stabes der Hochseeflotte wurde und nach dem Kriegsende 1919/20 Chef der Admiralität. Diese Berufung – »ein zwei- bis dreijähriges Kommando, das ich weder ausschlagen wollte noch konnte«[10] – hätte für den gerade Dreißigjährigen der Einstieg in eine glänzende Karriere werden können.

Zwar hatte er dort als Jüngster zunächst »die weniger erfreulichen Geschäfte« zu übernehmen, unter anderem wurde ihm die Zuständigkeit für »Orden und Ehrengerichte« übertragen, doch immerhin, vermerkte er erfreut, sei es so eingerichtet, dass er auch alles andere von Wichtigkeit zu lesen bekomme.[11] Und das teilte er umgehend in zahlreichen Briefen seinem Vater mit. Grundsätze der Amtsverschwiegenheit oder der Vertraulichkeit von dienstlich bekannt gewordenen Vorgängen scheinen ihn dabei nicht beschwert zu haben. Ganz im Gegenteil, er wurde in Marineangelegenheiten und in Fragen des Hoftratsches zum bevorzugten Horchposten des württembergischen Ministerpräsidenten in Berlin. »Am unterhaltendsten«, schrieb er dem Vater

81

kurz nach seinem Dienstantritt, »sind natürlich die mit Randbemerkungen [des Kaisers] versehenen Briefe und Zeitungsausschnitte, die in nicht geringer Zahl hier einlaufen.«[12]

Im stolzen Bewusstsein, an der Quelle exklusiver Nachrichten zu sitzen, unterschied Ernst Weizsäcker nicht zwischen Wichtigem und Belanglosem. Er brachte alles auf den Weg. So etwa gab er mit einer unzutreffenden persönlichen Einschätzung im Oktober 1912 eine höchst geheime, wenn auch fehlerhafte Lagebeurteilung der deutschen Botschaft in Paris nach Stuttgart weiter: »Unser Geschäftsträger in Paris berichtet, dass nach Äußerung des franz. Min. Präs. der franz. Flottenkonzentration im Mittelmeer keine neuen Vereinbarungen mit England zugrunde liegen – was ich übrigens auch annehmen möchte –, dazu S. M. ›Gelogen wie ein Gallier lügt‹.«[13]

Nach einem »Sonntags-Büro-Besuch« informierte er den Vater »noch schnell« über seine »Ausbeute« – auch diesmal jenseits der Grenze gebotener Verschwiegenheit: »Es war da ein Brief des Herrn v. Jenisch [deutscher Diplomat], aus dem hervorging, dass wir im Balkan keine Calmierungsschritte mitmachen, dagegen bei Lokalisierung des etwa ausbrechenden Krieges uns beteiligen wollen.«[14]

Für mitteilenswert hielt Ernst Weizsäcker »eine Beilage zu dem Brief: Dank und Absage des Gesandten von Eisendecker an S. M. für die gnädige Absicht, ihn zum Botschafter in London zu machen«. In der nämlich stand zu lesen, dass der griechischen Königin Sophie, einer Schwester Kaiser Wilhelms II., versprochen worden war, »dass man sie im Falle des Krieges [auf dem Balkan] mit einem deutschen Kriegsschiff in Sicherheit bringen werde auf Verlangen«[15].

Und keine zwei Monate nach seiner Versetzung berichtete er seinem Vater, was er über einen Besuch von Erzherzog Franz Ferdinand, dem österreichischen Thronfolger, in Berlin hinsichtlich der Konflikte im Südosten Europas erfahren hatte: »Ich hörte [...], dass man den Krieg Österreichs mit Serbien für unvermeidlich hält. [...] Der Kaiser, unserer, dem die Lage sehr ungemütlich sei, hoffe immer noch, dass wir nicht hineingezogen werden, d. h. wohl, dass sich die Russen zu schwach fühlen mitzumachen. Andererseits glaube man von einer geheimen Abmachung zwischen Russland und England zu wissen, die Russland den Rücken stärke.«[16]

Ein Verweis auf eine immerhin denkbare Ermahnung Karl Hugo von Weizsäckers an seinen Sohn, dienstlich erlangtes Wissen nicht zu privaten Zwecken zu missbrauchen, findet sich in den überlieferten Briefen Ernst Weizsäckers übrigens nicht. Dagegen auch während des gesamten Jahres 1913 Belangloses neben Bedenklichem. Ende Januar vertraute er dem Vater an: »Ich habe mir vier dicke Aktenstücke ins Haus kommen lassen über Organisation der Marine, aus denen die ganze Gewalttätigkeit, aber auch Überlegenheit von Tirpitz über die ganze übrige Marine seit Beginn seiner Staatssekretärszeit zu lesen ist.«[17]

Pfingsten schrieb er: »Vater Gr. [Graevenitz] kam eben aus Potsdam von einer Einladung, bei der der Kaiser ihm gegenüber auf den Kriegsminister und seine schwache Haltung im Reichstag geschimpft habe. Er (S. M.) tue doch, was er wolle, gleichgültig, ob der Reichstag bewillige oder nicht. Anscheinend will er also die gestrichenen Reiterregimenter aus der Schatulle bezahlen!«[18]

Mitte Juni teilte er mit, dass sein Offizierskamerad im Marinekabinett, Adolf von Trotha, aus Anlass des fünfundzwanzigjährigen Thronjubiläums Wilhelms II. zum »Flügeladjutanten honoris causa« ernannt worden sei: »Dagegen kann man nichts sagen. Man muss sich fast wundern, dass er bei seinen nahen Beziehungen zu dem hiesigen Hof so vernünftig geblieben ist.« Denn sein eigener Eindruck »von der Hofgesellschaft hier und von der Art, wie das Berliner Offizierskorps in ihr einen undurchdringlichen Ring bildet, wird im Lauf der Zeit immer ungünstiger«. Die Mitglieder dieses vom jungen Weizsäcker wenig geschätzten »Trusts« seien eigentlich »nur einzeln und außerhalb Berlins genießbar«.[19]

Und im Dezember verriet er, dass der Kronprinz Wilhelm von seinem Vater »wegen Frauenzimmern« über Nacht von Danzig nach Berlin befohlen worden sei: »Ein Augenzeuge der Indienreise erzählte gestern Abend so unmögliche Sachen von Wilhelm jun., dass man sich über keine Disziplinlosigkeit mehr wundern kann.«[20]

Von zweifellos höherem Interesse war für den württembergischen Regierungschef, was sein Sohn im zeitlichen Umfeld des Kriegsausbruchs 1914 zu berichten hatte. Am 28. Juli – einen Monat nach dem Attentat auf den österreichischen Kronprinzen Franz Ferdinand durch serbische Geheimbündler in Sarajewo – informierte Ernst Weizsäcker den Vater über eine am Vortag stattgefundene Besprechung des Reichskanzlers Theobald von Bethmann Hollweg mit dem Kaiser sowie führenden Vertretern des Auswärtigen Amtes, des Generalstabs und der Marineleitung: »England wolle neutral bleiben, damit sei ziemlich sicher zu rechnen. (Das scheint mir das Wichtigste.) Frankreich habe keine besondere Lust mitzutun. Unsere Politik sei darauf gerichtet, Russland in die Rolle des Provozierenden zu drängen. Wir seien aber nicht bemüht, Österreich von weiterem Vorgehen zurückzuhalten. Im Ganzen sei die Ausbreitung des Konflikts noch nicht wahrscheinlich. Österreich sei erst am 12. VIII. militärisch bereit. Bis dahin könne sich manches noch ändern. Nach außen müssten wir den Eindruck kriegerischer Stimmung vermeiden.«[21] Wie sich schon wenig später herausstellte, lagen dieser Beurteilung fatale Fehleinschätzungen zugrunde.

Am 30. Juli teilte Ernst Weizsäcker dem Vater in einem der Wichtigkeit halber per Einschreiben versandten Brief mit, dass man in Berlin noch auf eine Eingrenzung der Krise hoffe, obwohl sich Wien seit drei Tagen darüber ausschweige, »welche Ziele Österreich [in dieser Auseinandersetzung mit Serbien und Russland] verfolge«. Die russische Mobilmachung halte man in Berlin »zunächst noch für Bluff«. Aus London sei allerdings eine Depesche des deutschen Marineattachés über eine »*private* Äußerung« des britischen Premierministers Sir Edward Grey eingetroffen, »wonach England [...] im Konfliktsfall *nicht* neutral bleiben könne. Das scheint mir eine wesentliche Verschärfung.«[22]

Als Konsequenz aus dieser sich bedrohlich zuspitzenden Lage empfahl Ernst Weizsäcker jedoch nicht etwa Initiativen, die zu einer Entspannung im letzten Augenblick noch hätten beitragen können, sondern den entschlossenen, präventiven Angriff. »Mein Gefühl ist: wenn die Situation sich offenbar nicht mehr halten lässt, dann für eine gute Parole sorgen und sobald wie möglich losschlagen.«[23]

Am nächsten Tag hatte Ernst Weizsäcker für seinen Vater »keine Nachrichten aus einwandfreier Quelle« außer folgender: »Der Kaiser ist nicht weich trotz des Gewinsels der Damen im Neuen Palais. Gegen Ihre Maj. [Kaiserin Auguste Viktoria aus dem mit der russischen Zarenfamilie verwandten Haus Schleswig-Holstein-Sonderburg-Augustenburg] hat er ziemlich energische Maßregeln getroffen. Er würde, wenn der Kanzler ihn nicht bremsen würde, sofort die Genehmigung zur Mobilmachung geben.«[24] Einen Tag später, am 1. August 1914, erklärte das Deutsche Reich Russland den Krieg.

Dennoch liegt auf der Hand, dass im Sommer 1914 keiner der fünf europäischen Großmächte an einem globalen Krieg gelegen sein konnte. England und Österreich-Ungarn waren saturiert: England, weil es auf dem Kontinent keine eigenen territorialen Interessen hatte und sein riesiges Kolonialreich ohnehin kaum zusammenhalten konnte; die k. u. k. Doppelmonarchie, weil sie als Zwangsgemeinschaft auseinander strebender Völkerschaften zwischen der Ukraine und dem Balkan von vornherein überanstrengt und eigentlich nicht kriegsfähig war.

Ähnliches galt für das Zarenreich, das erst wenige Jahre zuvor unter einem ungleich begrenzteren Konflikt mit Japan beinahe zusammengebrochen wäre und danach seine erste revolutionäre Erhebung nur mit Mühe überlebt hatte. Einen neuerlichen Krieg, das schwante sogar dem selbstherrlich-autokratisch regierenden Nikolaus II., würde das Haus Romanow kaum durchstehen.

Frankreichs Ansprüche an Deutschland beschränkten sich auf die Rückgabe der nach dem deutsch-französischen Krieg 1871 annektierten »Reichslande« Elsass und Lothringen; ansonsten lagen seine Interessen eher in einer vertraglichen Absicherung seiner Kolonien in Afrika und Asien gegenüber britischen und japanischen Begehrlichkeiten. Und auch das Deutsche Reich hatte in den zurückliegenden dreiundvierzig Friedensjahren eine so gewaltige wirtschaftliche, technische und wissenschaftliche Entwicklung erfahren, dass jeder Krieg ungleich mehr Risiken als Chancen bereithielt.

Trotzdem erklärte Österreich-Ungarn, getrieben von einzelnen Politikern und Militärs in Berlin und von keinem gebremst, Serbien am 28. Juli 1914 den Krieg. Die Kriegserklärung erfolgte, obwohl Belgrad das österreichische Ultimatum zur nicht geringen Überraschung seiner Verfasser im Wesentlichen erfüllt hatte. Damit begann zwar noch kein Weltkrieg, aber allen weitsichtigeren Beobachtern war klar, dass es bei einem Regionalkonflikt auf dem Balkan nicht bleiben konnte. Da gab es Bündnisverpflichtungen und Absprachen zwischen Österreich-Ungarn und Deutschland auf der einen Seite sowie zwischen Russland und Serbien, aber auch zwischen Russland, Frankreich und England auf der anderen. Vor allem aber gab es in Berlin und Wien eine hochexplosive Stimmung, vermeintlich letzte Gelegenheiten, die es zu nutzen gelte, politische Wahnvorstellungen und gesellschaftliche Spannungen, die sich gegenseitig bedingten, steigerten und zur Entladung drängten.

Durch die »kleindeutsche« Reichsgründung 1871 hatte sich nicht nur das Machtvakuum in der Mitte Europas plötzlich gefüllt, es war auch das nach der Niederlage Napoleons Anfang des 19. Jahrhunderts sorgsam austarierte Gleichgewicht zwischen den Großmächten des Kontinents heillos durcheinandergeraten. Innerhalb eines Vierteljahrhunderts wurde das zuvor überwiegend agrarisch ausgerichtete Deutsche Reich zur stärksten Wirtschafts- und Militärmacht der Welt, ja zum hegemonialen Kraftzentrum schlechthin – freilich mit vordemokratischen gesellschaftlichen Strukturen und einem anachronistischen politischen System. Dass sich gegen diese präpotente neue Vormacht Allianzen zusammenfinden mussten, lag auf der Hand, zumal sich

Deutschland um die Jahrhundertwende auch noch entschlossen hatte, eine weiträumige Kolonialpolitik im Fernen Osten sowie in Afrika zu betreiben, und darüber hinaus Anstalten machte, das Osmanische Reich, den »kranken Mann am Bosporus«, zu beerben und damit die englischen wie die französischen Interessen im Nahen und Mittleren Osten zu gefährden.

Die neuen Bündnisse erstaunten niemanden – außer den Deutschen. Die jammerten um einen gerechten »Platz an der Sonne«, klagten unberechtigterweise, von den Märkten und den Rohstoffquellen der Welt ausgeschlossen zu sein, und hielten für »Einkreisung«, was sie selbst durch eigene Bockigkeit und Ignoranz auf den Weg gebracht hatten: die »Tripel-Allianz« zwischen England, Frankreich und Russland, die eine Antwort war auf die Gründung des deutsch-österreichisch-italienischen »Dreibundes« und auf den Verzicht der von Bismarck geprägten Rückversicherungspolitik, sei es mit England oder mit Russland, durch den außenpolitisch unerfahrenen jungen Kaiser Wilhelm II. Nicht zuletzt das gigantische deutsche Flottenbauprogramm, das die englische Seeherrschaft brechen sollte, zwang Großbritannien geradezu in den Kreis der künftigen Kriegsgegner Deutschlands hinein.

Als das Kaiserreich am 1. August 1914 Russland und am 3. August Frankreich den Krieg erklärte (der Kriegszustand mit Großbritannien trat einen Tag später, nach dem deutschen Überfall auf das neutrale Belgien, ein), war der Bevölkerung weisgemacht worden, es handele sich dabei um eine aus Bündnistreue erzwungene Flucht nach vorne, im Grunde um einen Verteidigungskrieg. Die Menschen auf den Straßen und an den Stammtischen jubelten; sicher nicht alle, aber doch die meisten.

In Wahrheit hatte sich die deutsche Politik den Militärs und deren chauvinistischen Claqueuren längst ausgeliefert. Spätestens seit der Entwicklung des »Schlieffen-Plans« durch den deutschen Generalstab im Jahr 1905 – der für den Kriegsfall einen schnellen Vormarsch im Westen unter bewusster Verletzung der belgischen und, so waren die Annahmen bis 1912, auch der holländischen Neutralität vorsah, während im Osten schwache Kräfte den voraussichtlich länger andauernden russischen Aufmarsch stören sollten – war klar, dass die deutsche Generalität auf die Möglichkeit zu einem Präventivkrieg wartete. Denn natürlich mussten die Erfolgsaussichten umso besser sein, je frühzeitiger die eigenen Kräfte offensiv vorgehen konnten.

Im Sommer 1914 schien die Gelegenheit dazu günstiger und drängender als je zuvor: Das russische Heer war nach den Verlusten aus dem russisch-japanischen Krieg und nach den Revolutionswirren noch nicht wieder auf volle Stärke gebracht; aus den Wahlen in Frankreich waren die Sozialisten als Sieger hervorgegangen, was zu erheblichen inneren Spannungen führte und das politische System des Landes weitgehend lahmlegte; Großbritannien war durch einen drohenden Bürgerkrieg in Irland gebunden. Auf der anderen Seite nahmen die Auseinandersetzungen zwischen den Staatsvölkern in Österreich-Ungarn an Heftigkeit derart zu, dass der Bestand der Doppelmonarchie – des letzten Verbündeten Deutschlands – in ernsthafte Gefahr geriet.

Da kam der tödliche Anschlag von Sarajewo Ende Juni 1914 gerade recht. Drei Wochen vorher hatte der deutsche Generalstabschef Helmuth von Moltke die baldige Herbeiführung eines Präventivkrieges gefordert. Als Kaiser Wilhelm II. dann am 30. Juni den ersten offiziellen Bericht über das Attentat vorgelegt bekam, gab er sogleich die ihm von den Militärs eingeflüsterte Parole aus: »Jetzt oder nie!«

Der Krieg war da. Deutschland jedenfalls hat ihn als europäischen Krieg gewünscht. Die drei verbündeten Mächte Russland, Frankreich und England hätten ihn nur um den Preis einer demütigenden Unterwerfung unter deutsch-österreichische Forderungen vermeiden können. Die Aggressoren im Sommer 1914 waren die beiden Mittelmächte, die zuschlugen, weil sie glaubten, sich verteidigen zu müssen und dies mit gleich guten Chancen später nicht mehr zu können. Dass es ihnen dabei nicht allein um eine Sicherung ihrer Territorien und Einflusszonen ging, sondern inzwischen auch »völkische« Ideen Eingang in ihre Politik gefunden hatten, beweist das offizielle »Weißbuch« der deutschen Regierung zum Kriegsausbruch, vorgelegt am 4. August 1914: »Wenn es den Serben mit Russlands und Frankreichs Hilfe noch länger gestattet geblieben wäre, den Bestand der Nachbarmonarchie zu gefährden, so würde dies den allmählichen Zusammenbruch Österreichs und eine Unterwerfung des gesamten Slawentums unter russischem Zepter zur Folge haben, wodurch die Stellung der germanischen Rasse in Mitteleuropa unhaltbar würde.«

Dies also war das vorrangige Kriegsziel, das zugleich das Ziel wilhelminischer Politik von Anfang an gewesen ist: der »germanischen Rasse« unter deutscher Führung den ihr angeblich zustehenden Platz in der Welt zu erstreiten. Was das aber bedeuten würde, hatte der Sozialist Friedrich Engels bereits 1887 erstaunlich hellsichtig vorausgesagt: »Endlich ist kein anderer Krieg für Preußen-Deutschland mehr möglich als ein Weltkrieg, und zwar ein Weltkrieg von ungeahnter Ausdehnung. Acht bis zehn Millionen Soldaten werden sich untereinander abwürgen und dabei ganz Europa kahl fressen, wie noch nie ein Heuschreckenschwarm. Die Verwüstungen des Dreißigjährigen Krieges, zusammengedrängt in drei bis vier Jahren [... werden die Folge sein und ein] Zusammenbruch der alten Staaten und ihrer Staatsweisheit derart, dass die Kronen zu Dutzenden über das Straßenpflaster rollen und niemand sich findet, der sie aufhebt.« Doch wer hörte im Kaiserreich schon auf einen Sozialisten, einen »vaterlandslosen Gesellen«?[25]

Drei Tage nach dem Kriegsausbruch beschrieb Ernst Weizsäcker seinem Vater die eigenen Empfindungen, die sich kaum von denen seiner Kameraden unterschieden haben mögen, obwohl sie weniger von Siegeszuversicht als von einem unbestimmten Abschiedsschmerz getragen waren: »Es ist eine schöne Zeit moralischer Regeneration Deutschlands, wie es auch ende. [...] Man ist eben einfach Soldat und weiß, was man zu tun hat. Die Stimmung ist gut im Gedanken daran, dass man in den Engländern einen ebenbürtigen Gegner haben wird. Es muss stolz sein, so wie Ihr drei Söhne ins Feld zu schicken. Was an Gefühlen innerer Dankbarkeit gegen Euch mich bewegt, könnt Ihr Euch denken.«[26] Die »liebe Mama«, die sich sofort bei Kriegsbeginn zur Betreuung von Verwundeten verpflichtet hatte, versuchte Ernst Weizsäcker über das Kommende hinwegzutrösten: »Ich hörte schon von Marianne, wie Du, nur um Andere bemüht, kein Wort über Deine eigenen Empfindungen verlierst. Ihr Frauen seid ohne Frage die eigentlichen Heldinnen. Hegst Du im Inneren Besorgnisse, so stelle die um mich getrost zurück. Wir schämen uns ja selbst am meisten, dass wir noch nicht vorgegangen sind und voraussichtlich noch lange abwartende Strategie treiben. Ich wünsche nur, dass man sich mit Ehren später im Inland als Seeoffizier sehen lassen kann.«[27]

Über die Ursachen dieses vom Zaun gebrochenen Ersten Weltkrieges, in dem das alte Europa unterging, und über seine politischen Konsequenzen war sich Ernst Weizsäcker im Klaren. In seinen *Erinnerungen* stellte er kategorisch aus seiner Innenansicht heraus fest: »Am 31. Juli 1914 war es mit dem kaiserlichen Berlin zu Ende. Niemand kann die so genannte wilhelminische Ära von dem Vorwurf befreien, das bismarcksche Erbe vertan zu haben. Mangel an Augenmaß und eine auf Prestige bedachte Außenpolitik haben dazu beigetragen.«[28] Eine gewisse Mitschuld freilich teilte er der unentschiedenen britischen Haltung zu. Erst wenige Tage vor dem Kriegsausbruch sei deren Absicht erkennbar geworden, in den Konflikt militärisch einzugreifen. Weizsäcker: »Dass Sir Edward Grey dem Frieden gedient hätte, wenn er frühzeitig mit offenen Karten gespielt hätte (er hatte sich 1912 [gegenüber Frankreich] insgeheim gebunden), ist ohne Zweifel. Er tat das Gegenteil.«[29]

Diesem Vorwurf indes ist eine gute Portion Scheinheiligkeit nicht abzusprechen, denn schließlich lag es allein in deutscher bzw. österreichischer Verantwortung, dass es überhaupt zum Krieg kam. Dieses englische Beispiel krisenfördernder Geheimhaltung, ergänzte Ernst Weizsäcker, habe er als Staatssekretär des Auswärtigen Amtes in einer ähnlichen Lage, nämlich im Sommer 1939, mit dem britischen Botschafter in Berlin, Sir Neville Henderson, angesprochen – allerdings mit dem Zusatz, öffentliche Drohungen gegen Adolf Hitler wären ebenfalls verfehlt. Auf diplomatischem Wege hingegen könne man gar nicht deutlich genug werden. Henderson habe diesen Hinweis verstanden und entsprechend nach London berichtet. An Deutlichkeit habe es die britische Regierung in den Sommerwochen 1939 denn auch anders als 1914 nicht fehlen lassen. Dass der Frieden trotzdem nicht bewahrt werden konnte, habe dann jedenfalls nicht an England gelegen.

Während der letzten Juliwochen 1914 war Ernst Weizsäcker im Marinekabinett der einzige Offizier und damit auch für die Stellenbesetzungen im Mobilmachungsfall zuständig, nachdem Kapitän zur See von Trotha das Kommando über das Linienschiff »Kaiser« im III. Geschwader der Hochseeflotte unter Admiral von Ingenohl übernommen hatte, den Weizsäcker von seiner Ostasienreise her kannte. Da er sich von der Nähe zu beiden und von einem Kommando in diesem – durch seine Schiffsnamen als »Hausgeschwader« der kaiserlichen Familie ausgewiesenen – Flottenverband hilfreiche Unterstützung für seine weitere Laufbahn versprach, reservierte er für sich vorsorglich »den neu zu schaffenden Posten des Admiralstabsoffiziers beim 2. Admiral [Konteradmiral Karl Schaumann] des III. Linienschiffsgeschwaders« an Bord des Linienschiffs »König«.[30] Tatsächlich erhielt er diese Stelle, was heißt, dass es Weizsäcker gelang, ohne den eigentlich vorgeschriebenen Besuch der Marineakademie in den erlauchten Kreis der Admiralstabsoffiziere aufgenommen zu werden, wenn auch im Rang eines Kapitänleutnants, also ohne Beförderung zum Korvettenkapitän.

Vor seiner Abreise nach Wilhelmshaven Anfang August 1914 nahm er in Berlin Abschied von seinem Bruder Carl, der dort in der Konsularabteilung des Auswärtigen Amtes arbeitete. »So skeptisch er als Legationsrat vom Sinn des Krieges sprach«, erinnerte sich Ernst Weizsäcker später, »so tapfer hat er als Leutnant der Reserve im väterlichen Regiment gekämpft. Fünf Wochen nach unserem Gespräch waren meine Eltern in den Vogesen, in St. Dié, um ihren Ältesten zur Ruhe auf dem Prag-Friedhof in Stuttgart zu geleiten.«[31] Er war am 6. September 1914 bei den ersten Angriffen der Infanterie gefallen. »Wo liegt das Glück des Menschen«, fragte sich Weizsäcker am Todestag des Bruders. »Carl hat sein lebenswertes Leben für eine große Sache heldenhaft beschlossen. Darum darf man doch still weinen um ihn.«[32] Zwei weitere Briefe an die Eltern in den nächsten Tagen lassen erkennen, wie tief der Tod des Bruders Ernst Weizsäcker aufgewühlt hat. »Um mich seid ohne Sorge«, schrieb er am 8. September, »gönnt mir die Erfüllung meiner Soldatenpflicht, zu kämpfen, und meines Wunsches nach Sühne.«[33] Und, noch heftiger, am 9. September: »Bei mir kommt jetzt der Hass hinzu. Das Volk, das unserem Vater [im deutsch-französischen Krieg 1870/71] eine Wunde beibrachte und das uns den Bruder nahm, soll, so Gott will, Deutschland nie mehr gefährlich werden. Ich hoffe, wir werden für künftige Generationen uns Ruhe verschaffen.«[34] Dieser Ausbruch drückte sicherlich einen in Kindheit und Jugend vermittelten antifranzösischen Affekt aus – im Unterschied zu der Bewunderung oder doch dem Respekt, den Ernst Weizsäcker zeitlebens den Briten entgegenbrachte. Dennoch begründete sich der antifranzösische Impuls lediglich kurzzeitig aus der Trauer über den Tod des Bruders und bestimmte nicht lebenslang die Haltung Weizsäckers zu den Franzosen.

Da die Hochseeflotte zum Verdruss Ernst Weizsäckers nicht eingesetzt wurde, erging sich der vorwärts drängende Offizier vor allem in den Briefen an seinen Vater in Klagen über die seiner Auffassung nach zu lasche Führung. »Man kann nichts dazu beitragen, dass wir aktiver werden«, schrieb er Mitte September 1914, »im Hauptquartier scheint man noch nicht zu wollen.«[35] Sein vom Admiralstab nicht geteilter strategischer Ansatz lautete: »Ich bleibe dabei, dass wir die englischen großen Schiffe auf uns ziehen u. so gründlich wie möglich u. so bald wie möglich anpacken müssen.«[36] Dabei scheint Weizsäcker seine Einsichten und die Bedeutung seiner Person für die Seekriegsführung nicht

wenig überschätzt zu haben. Denn im selben Brief berichtete er seinem Vater, dass er bereits einige Versuche unternommen habe, seine Überzeugung auch höheren Orts an den Mann zu bringen: »Ob mit Erfolg, warte ich erst noch einmal 8 Tage ab. Wenn nicht mit Erfolg, werde ich mich nicht genieren, neue Wege zu benützen.«
Doch in Berlin wollte man die »Risikoflotte« nicht aufs Spiel setzen. Eine Unterhaltung mit dem ebenfalls zum III. Geschwader kommandierten Prinzen Adalbert von Preußen, über deren Inhalt Ernst Weizsäcker seinen Vater Mitte Oktober 1914 unterrichtete, bestätigte eine Vermutung des württembergischen Ministerpräsidenten und des Schwiegervaters von Graevenitz, dass die Marineleitung »unter den augenblicklichen Verhältnissen [...] eben nichts mit der Flotte unternehmen *will*«. Prinz Adalbert habe mitgeteilt, »aus ›politischen Gründen‹ sei es für die Flotte zu früh«. Offenbar hoffte der Kaiser noch auf einen schnellen Frieden mit England, falls Frankreich durch weiträumige Sicheloperationen über das neutrale Belgien hinweg in Richtung Kanalküste und Hauptstadt zur Kapitulation gezwungen werden könnte. Für diesen Fall sollte eine auf beiden Seiten verlustreiche Seeschlacht keine unnötigen psychologischen Widerstände schaffen. Nachdem auch Weizsäckers Vorstoß nicht verfing, dann doch wenigstens begrenzte Operationen durchzuführen – »Ich halte z. B. die [britische] Absperrungslinie Shetland-Norwegen für ein Angriffsobjekt für unsere schnellen Panzerkreuzer«[37] –, versank die Marine in den Winterschlaf: »Wenn nicht gelegentlich von einem gesunkenen Engländer die Zeitung berichten könnte, würde man sich genieren müssen zu sehen, wie viel Seeoffiziere in den Bierwirtschaften sitzen. Ich glaube, man würde uns bald das Bier verweigern, wenn nicht wieder etwas passiert.«[38]

Die Zeit der erzwungenen Ruhe nutzte Ernst Weizsäcker, um über die Sinnhaftigkeit der Marinepolitik in der Vorkriegszeit nachzudenken, da »man vorläufig überhaupt nichts zur See riskieren« wolle. Der Seekrieg werde inzwischen in Berlin »wie eine Schachpartie mit Vorgabe« angesehen, »wo der Vorgebende immer nur verlieren kann, wenn er Figur gegen Figur abtauscht«. Weizsäcker weiter: »Auf Deutsch: Man hat Angst, die berühmte Risiko-Flotte jetzt zu riskieren. Liegt es so, so bricht die ganze Flottenpolitik an innerer Unwahrhaftigkeit zusammen.« Habe man bei dem gegebenen, zumindest in der Nordsee einigermaßen ausgeglichenen Stärkeverhältnis zwischen den beiden Marinen »nicht den Mut und die Überzeugung, die Flotte mit Vorteil einzusetzen, dann wäre es allerdings besser gewesen, wir hätten sie nicht gebaut, sondern uns auf die billigen Kleinkriegmittel [damit meinte Weizsäcker die Unterseeboote] und auf schnelle Auslandskreuzer beschränkt«. Denn, so die Folgerung Weizsäckers: »Unsere jetzige Flotte, bis zum Abschluss konserviert, wird eher zum Friedenshindernis.«[39]

Ernst Weizsäcker reagierte auf die abwartende Haltung der Marineleitung zunehmend mit Depressionen. Er hielt diese Politik in der Sache für verkehrt. Darüber hinaus sah er für sich persönlich keine Möglichkeit mehr, etwa durch beispielhaftes Verhalten im Kampfeinsatz auf sich aufmerksam zu machen und dadurch auf der Karriereleiter nach oben zu kommen. »Ich habe immer mehr das Bedürfnis nach Verwandtenbesuch, da für mich die *Marine* gegenwärtig kein inneres Interesse mehr hat«, schrieb er Ende April 1915 seiner Mutter. »Meine Stimmung ist auf einem Tiefstand angelangt, ich sehe nicht einmal mehr den guten Willen, das Beste aus der Marine zu machen, sei es durch Aktivität, sei es durch demonstratives Wirken.« Weizsäcker fürchtete, es fehle auf der Kommandoebene »bereits völlig am Ernst«. Zwar wisse er, dass »man solche Stimmungen nicht überhand nehmen lassen« solle, und er werde »auch schon noch einen neuen inneren Standpunkt finden«, aber es falle doch schwer, immer wieder »sozusagen ganz von neuem in seinem Beruf anzufangen und nur noch aus Pflichtgefühl mitzumachen«.[40]

Die defensive Strategie des Flottenkommandos führte zum Entschluss, die britischen Schlachtschiffe durch vermeintlich unverwundbare, jedenfalls aber in der Herstellung und damit auch in der Neubeschaffung sehr viel billigere Unterseeboote angreifen zu lassen. Außerdem war geplant, mit ihrer Hilfe eine Gegenblockade vor der Themsemündung aufzubauen. Über den erstaunlichen Erfolg dieser neuen Waffe bei ihrem ersten größeren Einsatz freute sich Ernst Weizsäcker. Am 22. September 1914 hatte Kapitänleutnant Otto Weddigen mit seinem »U 9« die englischen Panzerkreuzer »Aboukir«, »Cressy« und »Hogue« nahe der Doggerbank in der Nordsee torpediert. »Heute«, schrieb Weizsäcker am folgenden Tag, »ist man wieder gern Seeoffizier. Die drei Panzerkreuzer werden den Engländern wohl etwas in die Glieder gefahren sein. Ein einziges deutsches Unterseeboot hat alle drei der Reihe nach abgeschossen. [...] Für die Stimmung in der Flotte ist es auf alle Fälle viel wert.«[41]

Auch die Entscheidung der Admiralität, mit der Versenkung von Handelsschiffen vor der Themsemündung nicht nur zu drohen, sondern sie tatsächlich durchzuführen, billigte Ernst Weizsäcker trotz völkerrechtlicher Bedenken: »Hat man erst einige Schiffe versenkt, so würde der Verkehr sicher sehr stark zurückgehen. [...] Auch ich glaube an eine ziemliche Wirkung dieses nicht *ganz* einwandfreien Mittels (ev. später ausgedehnt auf Liverpool) und würde es anwenden. Sollte es so stark wirken, wie manche hoffen, dass wir damit einen Frieden erzwingen, dann würde ich mich zufrieden geben damit, dass [sein Linienschiff] ›König‹ und Genossen zu Hause bleiben.«[42]

In diesem Zusammenhang erwog er, ob er sich nicht vielleicht zur U-Boot-Waffe versetzen lassen sollte, um an den überraschenden Erfolgen des Unterwasserkampfes teilzuhaben: »Für mich erhebt sich [...] die Frage, ob ich nicht besser daran täte, mich vom ›König‹ zu drücken. Ich würde den Versuch dazu nicht für ganz aussichtslos halten, ihn aber sehr bereuen, wenn es nachher doch noch zu einem Seegefecht käme.« Eine traditionelle Seeschlacht zwischen den mit gewaltigen Geschützen aufgerüsteten Großkampfschiffen erschien Weizsäcker am Ende denn doch prestigeträchtiger als der Abschuss von Handelsdampfern aus dem Hinterhalt: »Ich bin noch zu keinem rechten Resultat gekommen und werde jedenfalls auch keine voreiligen Schritte tun.

Konsequenter wäre es ja, nachdem ich einmal fast 15 Jahre in der Marine zugebracht habe, die Gelegenheit zu einem Seegefecht nicht mutwillig hinauszulassen.«[43]

Ernst Weizsäcker zögerte, sich festzulegen. Waren es die hohen Verlustziffern der Unterseeboote, die ihn schreckten, oder eine Fehlprognose über seine Aufstiegschancen an Bord eines »Dickschiffs«? Seine Briefe geben darüber keine zuverlässige Auskunft. Im Mai 1915 wurde er im Zuge der bevorstehenden Versetzung von Admiral Schaumann zur »Station Ostsee« von seinem Posten als Admiralstabsoffizier abgelöst und auf das Linienschiff »Prinzregent Luitpold« kommandiert – nicht zu seiner Freude: »Ich hätte wieder Gelegenheit zum Räsonieren.«[44] Im Juni kam Weizsäcker zurück auf sein altes Linienschiff »Kaiser«, mit häufigeren Abordnungen zum Linienschiff »Markgraf«. Im August kündigte er seinem Vater an, bei dessen Verabschiedung werde er den nicht minder hin und her geschobenen Admiral Schaumann damit trösten, dass dieser sich »einen gewissen historischen Namen in der Marine erworben hat, indem er als Einziger bei einer Sitzung auf dem Flottenflaggschiff wagte, dem Flottenchef seine Indolenz vorzuhalten«[45].

Ernst Weizsäcker fühlte sich abgeschoben und an den Rand gedrängt. Im November 1916 erinnerte er sich an sein Befinden im Vorjahr untertreibend so: »Im letzten Jahr um diese Zeit war ich vor Untätigkeit und infolge von völliger Ausschaltung etwas nervös geworden.«[46] Er schrieb Denkschriften und Briefe, korrespondierte ausgiebig mit früheren Kameraden sowie Vorgesetzten und regelmäßig mit seiner Familie. Der Mutter gegenüber resignierte er im September 1915: »Man kann schon fast heute sagen, dass infolge schwächlicher Führung der Marine der ganze Flottengedanke Fiasko gemacht hat, während wir die Welt bei rechtzeitigem Zugreifen durch unsere Leistungen hätten in Staunen setzen können.« Wenn dieser Krieg überhaupt zu einem für Deutschland guten Ende kommen sollte, »so werden wir daran ziemlich unschuldig sein«.[47]

Nachdem das Flottenkommando ihn offenkundig »für abkömmlich«[48] hielt, also auf seine weitere Tätigkeit in Wilhelmshaven keinen Wert legte, standen ihm nicht mehr viele Wege offen. Er hoffte auf eine »aktive Verwendung« an Bord eines kleineren Kampfschiffes oder dass sich vielleicht »in der Verwaltung […] noch eine angemessene weitere Beschäftigung finden lassen« werde, da eine »Frontlaufbahn in höheren Stellen denen zugewiesen werden« müsse, die sich, anders als er, »in diesem Krieg selbst haben erproben können«. Von einem Versetzungsgesuch zu den U-Booten oder den Luftschiffen, die Bombenangriffe auf England geflogen hatten, kam er »immer wieder ab«, da die Ausbildung für beide Waffen über ein halbes Jahr dauere: »Erst dann wird man losgelassen.« Sollte der Hochseeflotte aber nach seiner Einschätzung in der strategischen Zielsetzung des Admiralstabes für die weitere Kriegsführung keine herausragende Bedeutung mehr zukommen, schrieb er seiner Mutter, »bleibt mir immer noch eine Bitte [um Entlassung aus der Hochseeflotte] an meinen Berliner Chef als letztes Mittel übrig«[49].

Bis in den Februar 1916 hinein traf Ernst Weizsäcker keine Entscheidung über seine weitere Verwendung, obwohl ihn etwa die Versenkung der »Lusitania«, eines britischen Dampfers der Cunard-Linie, durch ein deutsches U-Boot am 7. Mai 1915 wiederum sehr beeindruckt hatte. Dabei waren rund 1200 Menschen umgekommen, darunter 128 Amerikaner, was zu heftigsten Protesten der damals noch neutralen US-Regierung und zur Einschränkung des deutschen U-Boot-Krieges führte. In einem Brief an seine Mutter gab Weizsäcker zu erkennen, wie sehr ihn die Nachricht vom Untergang dieses Schiffes gefreut hatte. Bemerkenswert kalt angesichts seines sonstigen Sprachgebrauchs fügte er hinzu: »Der große Menschenverlust ist mir ebenso wichtig wie die materielle Einbuße. Die Abschreckung ist das Wesentliche […]. Zum Glück ist die Sache auf der Fahrt nach England passiert, also ist Hoffnung auf Vernichtung wertvollen Kriegsmaterials.«[50]

Da er bis Jahresanfang 1916 trotz des großen Offiziersbedarfs dort keinen Versetzungsantrag zu den Unterseebooten stellte, wurde ihm danach die Initiative aus der Hand genommen. Am 13. Februar erfolgte seine Kommandierung als Flaggleutnant zum Flottenstab in Wilhelmshaven – und damit seine endgültige Entlassung aus der Funktion eines Admiralstabsoffiziers an Bord eines Schlachtschiffes. Dieses neue Kommando bedeutete faktisch eine Degradierung, da Weizsäcker bereits 1909 I. Flaggoffizier des damaligen Chefs der Hochseeflotte gewesen und seitdem über die damals ausgesprochene Beförderung zum Kapitänleutnant nicht hinausgekommen war. Andererseits drängten mittlerweile viele Admiralstabsoffiziere nach dem Besuch der Marineakademie in die ihnen zugedachten Verwendungen, so dass Weizsäcker 1916 zum Nachteil wurde, was er 1912 als Auszeichnung empfinden konnte: die Berufung in das Berliner Marinekabinett ohne vorherigen Besuch der Stabsakademie.

Nun war er erneut Ordonnanzoffizier, zwar beim Chef der Hochseeflotte, Vizeadmiral Reinhard Scheer, und in unmittelbarer Nähe des ihm vertrauten Stabschefs Adolf von Trotha, aber verantwortlich für so unwichtige Dinge wie die Beurteilung von Ehrenhändeln im Offizierskorps.[51] Aus dieser Position heraus war wegen fehlender Kampferfahrung weder an die Übertragung eines Schiffskommandos zu denken noch auf eine Stabsfunktion zu hoffen, wobei Weizsäcker jetzt für den Besuch der Marineakademie mit bald sechsunddreißig Jahren zu alt war. Er steckte damit in einer beruflichen Sackgasse, schien am – für seine Vorstellungen und die seiner Familie – wenig rühmenswerten Ende einer glanzvoll begonnenen Laufbahn angelangt zu sein.

Daran trug Ernst Weizsäcker durchaus auch selbst Schuld. In seinem Auftreten wurde er im Verlauf dieser persönlichen Krise zunehmend herrischer, seine Urteile über andere waren nicht selten arrogant und unduldsam. Mal plädierte er für, mal gegen eine Verschärfung des U-Boot-Krieges. Den Kriegseintritt der Vereinigten Staaten schätzte er zunächst als unbedeutend, später als bedrohlich ein. Über Vorgesetzte ließ er sich zuweilen in einer Weise aus, die ihn im Grunde mehr als jene disqualifizierte: »Mein früherer Berliner Chef [Admiral Müller] hat – viel zu früh nach der normalen Berechnung – zum Jahrestage des Kriegsbeginns den schwarzen Adler [einen der höchsten Verdienstorden] erhalten, das sagt genug. Die ganze übrige Marine hat, wie ich heute wieder aus erster Quelle hörte, vor diesem Propheten der Indolenz und Marinelaien die Waffen gestreckt. Er bringt uns um Ehre und Reputation, das Reich um Erfolge zur See. Wenn er nicht von kindlicher Naivität wäre, müssten sich ihm die Haare sträuben vor der Verantwortung, die er auf sich lädt.«[52]

Was bewirkte jene Deklassierung im Bewusstsein Ernst Weizsäckers? Sie muss ihn tief getroffen haben. Sein Selbstwertgefühl war, wenn schon nicht zerstört, dann doch erheblich beschädigt. Vielfältige Belobigungen, frühe Beförderungen und vertrauensvolle Verwendungen hatten nicht etwa seine Karriere konsequent beschleunigt, sondern ihn aus für ihn selbst nicht nachvollziehbaren Gründen ins Abseits geführt. Die vielen Vorlagen und Empfehlungen, die er Vorgesetzten gegenüber zu Strategie und Taktik des Seekrieges mündlich wie schriftlich zum Ausdruck gebracht hatte, als seien solche Vorstöße eines untergeordneten Kapitänleutnants ganz selbstverständlich, haben ihn offenbar nicht für weiteres Aufrücken empfohlen. Er hatte sich vielmehr als ein Untergebener dargestellt, der mit dem ihm zugewiesenen Platz nicht zufrieden war, sich nicht auf seine Funktion beschränken konnte, sondern lebhafte Ambitionen darüber hinaus geltend machte und sich bei seiner Kritik an der Marineleitung nicht selten im Ton vergriff. Seine Sprache wurde, wie die Briefe an seine Eltern zeigen, in dieser Phase seines Lebens schroff, die Selbsteinschätzung verlor zunehmend an Wirklichkeitsbezug.

Zwei Briefe aus dem Herbst 1915 mögen als Nachweise genügen. Der Mutter berichtete Ernst Weizsäcker: »Welche lächerliche Expedition wir vor 8 Tagen erlebten [ein aus Witterungsgründen bei Horns Riff abgebrochener Vorstoß der Hochseeflotte in die Nordsee], schrieb ich schon. Ich habe nun unter Einverständnis von Trotha, dem ich den Brief zu lesen gab, an H. [Holtzendorff] geschrieben, dass das letzte Experiment dem Fass den Boden ausgeschlagen habe; man wolle sich in der Flotte nicht länger in der Hand P.s [Pohls] wissen. Ich kann das vertreten, ich habe es als Stimmung der Flottenmajorität dargestellt. Meinetwegen kann der Brief auch an H.s Vetter M. [Müller] weitergehen. Dass H. selbst besser wäre, darüber ist sich jetzt die Flotte klar. Er redet zwar im Gr. H. Qu. [Großen Hauptquartier] vorsichtig und ganz anders als mir gegenüber. Er flunkert vielleicht nach beiden Seiten, gegen mich aber doch weniger.«[53]

Es liegt auf der Hand, dass diese Kritik eines aus dem Admiralstabsdienst abgelösten Subalternoffiziers an der operativen Entscheidung des Chefs der Hochseeflotte in Berlin mindestens Erstaunen ausgelöst hat. Ungeachtet ihrer persönlichen Bekanntschaft kann Holtzendorff eine auf diese ehrverletzende Weise vorgetragene Rufschädigung des Flottenchefs Pohl durch Ernst Weizsäcker nicht gebilligt haben. Der ansonsten selbst auf die Wahrung von Formen streng bedachte Vater Weizsäcker wies seinen Sohn anscheinend nicht zurecht, als der die Bodenhaftung verlor. Jedenfalls geben die Briefe Ernst Weizsäckers darauf keinen Hinweis. »Das Friedensgesäusel«, schrieb er seinem Vater Anfang November 1915, werde auch im Wilhelmshavener Flottenstab immer stärker. Zwar hätte der Vater frühere Annexionspläne abgelehnt, und auch er selbst »halte Belgien als vorgeschobene Festung für einen künftigen *Seekrieg* gegen England nicht für *nötig*«. Aber »angenehm« erschiene es ihm doch, wenn »Flandern mit einem nördlichen Verbindungsstück nach unserer Grenze« zu Deutschland geschlagen würde. Gegen eine solche vom Junior befürwortete »Einsackung« habe sich u. a. der Reichskanzler ausgesprochen, in seinem Sinne jedoch der Kriegsminister und der Generalstabschef; Holtzendorff dagegen »weiß scheints nicht, wofür er ist«[54].

Weiter verriet Ernst Weizsäcker, dass sich »Vater B. [der Kaiser] nach seines Sohnes [Prinz Adalbert] Geständnis kürzlich in der allerunflätigsten Weise über T. [Tirpitz] geäußert« habe. Er wolle von der Einrichtung eines Marine-Oberkommandos als eigenständiger Führungsebene nichts mehr wissen. Daher Weizsäckers von niemandem erbetener Ratschlag an den als Tirpitz-

Nachfolger ins Gespräch gebrachten Chef des Admiralstabes, Holtzendorff: »Das sollte Holtzendorff lieber gar nicht versuchen, es ist überhaupt auch ganz überflüssig. *Ein* Mann unter den Marinespitzen wäre mehr wert als alle Organisationsideen.« Aus der Marine solle »nun einmal in diesem Krieg nichts mehr werden«, klagte er. »Papa B.«, der Kaiser, habe vor wenigen Tagen »klipp und klar ausgesprochen, dass er unter allen Umständen ›zunächst‹ die Flotte intakt halten« wolle. Dies bedeute: »Geht es uns zu Land gut, so brauchen wir unsere Flotte nicht mehr riskieren, geht es uns schlecht, so können wir mit der Flotte [...] es nicht mehr gut machen.« So wie die Dinge lägen, beginne er, sich auf seine »Aufgaben nach dem Krieg zu besinnen«. Bleibe es bei seinem Kabinettskommando aus der Vorkriegszeit, erhielte er »Gelegenheit mitzusprechen«. Schließlich unterliege es keinem Zweifel, dass »unser Marinefiasko ein Personalfiasko war« – dem Weizsäcker als Kapitänleutnant glaubte abhelfen zu können.[55]

Ernst Weizsäcker wollte die große Seeschlacht seit Kriegsausbruch, suchte das finale Kräftemessen mit Großbritannien – und das nicht, weil er der Überzeugung war, die deutsche Flotte könnte siegreich daraus hervorgehen und damit den Krieg entscheiden, sondern weil er den Vorwurf einer vollkommen sinnlosen Aufrüstung der Marine in den Friedensjahren zuvor fürchtete, einer gigantischen Vergeudung von finanziellen, personellen und industriellen Ressourcen und nicht zuletzt den der Feigheit gegenüber dem Offizierskorps, das sich in den Häfen herumgedrückt habe, während die Heerestruppen in den Schützengräben verbluteten. »Was wir treiben«, klagte er seiner Mutter im November 1915, »hat eben keinen Sinn und lässt sich nicht verteidigen.« Er sei »gespannt, wer nach dem Kriege den Schneid haben wird, vor dem Parlament unser Verhalten zu erklären«.[56]

Am 13. Februar 1916 trat er als Flaggleutnant beim Flottenstab in Wilhelmshaven seine wenig herausfordernde Tätigkeit an. Admiral Scheer löste den kranken Flottenchef Pohl ab, und Mitte März folgte Admiral Eduard von Capelle als Nachfolger auf

Tirpitz im Reichsmarine-Amt. Scheer, schrieb Weizsäcker beifällig in seinen *Erinnerungen*, »stellte sich die Aufgabe, der Flotte doch noch ihre Bewährungsprobe zu verschaffen«[57]. Am 31. Mai 1916 suchte der neue Flottenchef die Begegnung mit der britischen Grand Fleet unter Admiral John Jellicoe am Skagerrak nordwestlich von Jütland. Beide Flotten, die deutsche mit einundzwanzig und – erheblich überlegen – die englische mit siebenunddreißig Großkampfschiffen, waren von ihren Heimatstützpunkten etwa gleich weit entfernt, als sie aufeinander trafen. »Wir standen vor dem großen Examen«, beschrieb Weizsäcker seine Gefühle an diesem Tag, den er an Bord des Flottenflaggschiffs »Friedrich der Große« verbrachte.

Das war die Herausforderung, die er herbeigesehnt hatte. Allerdings schilderte er sie in seinen *Erinnerungen* derart distanziert, dass es schwer fällt, seine emotionale Beteiligung daran nachzuerleben: »Als ich Scheer die ersten Meldungen der Aufklärungsschiffe vom Sichten englischer Streitkräfte überbrachte, kam er gemütsruhig, fast pomadig auf die Kommandobrücke. Diese Gelassenheit bewahrte er während der ganzen Schlacht. Aus dem Kommandoturm, seinem gepanzerten Gefechtsstand, trat er, um das Kampffeld besser zu übersehen, sehr bald ins Freie und blieb draußen.«[58]

Wie sehr ihn selbst der direkte Beschuss aus den gewaltigen Kalibern der Schiffsgeschütze beeindruckt hat, verschwieg Weizsäcker, was angesichts der lebhaften Emotionalität mancher Briefe aus weit weniger aufrüttelndem Anlass umso mehr erstaunt. Nur so viel gab er zu erkennen: »Unsere Friedensvorbereitung für den Kampf bewährte sich in dieser größten Seeschlacht der Geschichte.«[59]

Beim Einlaufen der durch das Gefecht schwer mitgenommenen deutschen Flotte in den Jadebusen am Abend des 1. Juni 1916 lud Scheer seine Offiziere auf der Kommandobrücke zu einem Glas Champagner ein. Ernst Weizsäcker telegraphierte nach Hause: »Wir sind ganz zufrieden« – und meinte damit die Bilanz der »Verluste an Menschen und Tonnage«, die auf englischer Seite doppelt so hoch gewesen waren.⁶⁰ Für ebenfalls mitteilenswert hielt er immerhin, wie Scheer an einem der Abende nach der Schlacht in vergnügter Runde seinen Entscheidungsprozess dargestellt hatte, diese Schlacht anzunehmen: »Was ich mir gedacht habe? Gar nichts habe ich mir gedacht. Ich wollte der armen ›Wiesbaden‹ [einem Kreuzer, der als Erster unter Feuer genommen worden war] helfen. Und dann wollte ich die Kreuzer voll einsetzen. Ich bin zum Ganzen gekommen wie die Jungfer zum Kinde.« Worauf Holtzendorff antwortete: »Scheer, ein gewisses Verdienst hat die Jungfer immer auch dabei.« Brüllendes Gelächter der versammelten Admirale vergaß Weizsäcker als Reaktion der zumeist älteren Männer nicht zu erwähnen.

Mitte Oktober 1916 übernahm Ernst Weizsäcker im Flottenstab das nicht eben wichtige »Referat für Taktik und Schiffstypen«. Er war nun zwar seit Monatsanfang adelig, nachdem sein Vater vom württembergischen König in den erblichen Freiherrenstand erhoben worden war, doch dienstlich nutzte dies ihm nichts, da war er kaltgestellt, abgeschoben in eine nachgeordnete Stabsstelle. Seinem Vater teilte er im Februar 1917 enttäuscht mit: »Ich suche im Bewusstsein meiner Ohnmacht und passiven Stellung mich in der Holtermannstraße zu entschädigen.«⁶¹ Dort wohnte er nach seiner Versetzung an Land mit seiner Frau und den beiden ersten Kindern, Carl Friedrich und Adelheid. Der zweite Sohn, Heinrich, kam Anfang August 1917 in Stuttgart zur Welt.

Nachdem der Schlagabtausch der Schlachtschiffe am Skagerrak trotz erheblicher Opfer keine Entscheidung gebracht hatte und die britische Blockade der Nordseezugänge uneingeschränkt fortbestand, gewann der U-Boot-Krieg in den letzten beiden Kriegsjahren an Bedeutung. Die Unterseeboote sollten den Blockadering aufsprengen, neutrale Handelsschiffe vom Ansteuern Englands abschrecken und so die Versorgung der Insel mit Rohstoffen, Lebensmitteln und militärischem Nachschub erschweren, im besten Falle sogar unterbinden. Und da auch an der Westfront in Frankreich der Generalstabschef Paul von Hindenburg mit seinem Adlatus Generalquartiermeister Erich Ludendorff den Gegner nicht bezwingen konnte, wurde der Sieg sozusagen unter Wasser gesucht. Am 1. Februar 1917 kehrte die Admiralität zum uneingeschränkten U-Boot-Krieg zurück, der wegen amerikanischer Drohungen nach der Versenkung des britischen Passagierdampfers »Lusitania« im Mai 1915 aufgehoben worden war. Die Marineführung kam zur Auffassung: »Bald, vielleicht schon in sechs Monaten, werden wir so viel Handelstonnage versenkt haben, dass England kapitulieren muss. Sollte Amerika [aber davor] wirklich in den Krieg eintreten, so kommt seine Hilfe auf dem Kontinent zu spät.«[62]

Doch trotz steil ansteigender Versenkungsziffern von monatlich über 600 000 Bruttoregistertonnen, was alle vier Wochen dem Verlust von etwa 100 Frachtschiffen entsprach, ging diese Rechnung nicht auf. Die Vereinigten Staaten erklärten Deutschland am 6. April 1917 den Krieg und traten sofort mit gewaltigen Hilfslieferungen auf sämtlichen Kriegsschauplätzen in Erscheinung. Diese auch damals sehr wohl erkennbare Konsequenz war es, die Ernst von Weizsäcker entgegen seinen früheren Überlegungen dazu brachte, zu diesem Zeitpunkt vor einer Ausweitung des U-Boot-Krieges zu warnen. Nachdrücklich unterstützt wurde er dabei von seinem nüchtern kalkulierenden schwäbischen Vater, der seinen Sohn und den ähnlich skeptisch eingestellten und deshalb nach acht Jahren abgelösten Reichskanzler Theobald von Bethmann Hollweg wissen ließ, »wenn er das Geld hätte, so würde er noch mehr Irrenhäuser in Württemberg bauen lassen, um alle die U-Bootsnarren einzusperren«[63].

Wegen dieser Haltung galt Ernst von Weizsäcker nach seiner eigenen Beurteilung im Flottenstab als »bête noire«. Hatte er früher gegen den zögerlichen Einsatz der Hochseeflotte opponiert, widersprach er jetzt dem uneingeschränkten U-Boot-Krieg »schriftlich und mündlich ohne Rückhalt«[64]. Die Konsequenz aus solchem Verhalten war wiederum ähnlich. Nachdem er im September 1917 sogar noch kurzzeitig den U-Boot-Krieg-Referenten im Flottenstab vertreten hatte, sollte er sich im Oktober durch ein »Frontkommando« an Bord eines Schiffes bewähren und auf diese Weise die Abläufe in der Admiralität nicht weiter stören können. Bereits im April war Weizsäcker an Kapitän von Restorff, den Abteilungschef im Marine-Kabinett, herangetreten, »um festzustellen, ob ich nach dem Krieg noch in Berlin erwartet werde«[65]. Er notierte in seinem Tagebuch in gelinder Selbstüberschätzung: »Meine Neigung, an dem Neuaufbau der Marine an einflussreicher Stelle mitzuwirken, ist zwar vorhanden, aber es wird höchste Zeit, dass ich voll in die Front gehe, um nachher nicht als Nichtskönner zu gelten.«[66] Der für die Personalführung verantwortliche Admiral von Müller, der Weizsäcker aus seiner Zeit im Marine-Kabinett vor Kriegsausbruch kannte, schloss sich diesen Gedanken hintersinnig an, teilte Restorff mit, er wolle Weizsäckers »Laufbahn nicht im Wege stehen« und empfehle deshalb »als nötiges Zwischenglied für [die] voraussichtliche spätere Berliner Verwendung (Admiralität) einige Frontausbildung«[67].

Im Oktober 1917 war es dann so weit. Ernst von Weizsäcker wurde einer begrenzten Operation der leichten Kreuzer »Bremse« und »Brummer« zugeteilt, die zu den Shetland-Inseln vorstoßen und dort einen feindlichen Konvoi vernichten sollten.[68] Auf der Linie Lerwick–Bergen begegneten sie am 17. Oktober in der Tat einem Geleitzug von zwölf Dampfern. Die deutschen Kreuzer versenkten neun Handelsschiffe und zwei zu deren Schutz eingesetzte britische Zerstörer. Für seine Personalakte hatte dieser Einsatz den Eintrag zur Folge, dass »der Kapitänleutnant unter der fachlichen Aufsicht des ›Brummer‹-Kommandanten Max Leonhardi am 15.10.1917 [also während des Anmarsches] eine Operation in der *Funktion* eines Admiralstabsoffiziers geleitet« habe.[69]

Im folgenden Monat nahm Ernst von Weizsäcker an Bord seines alten Schlachtschiffes »Kaiser« an einem weiteren Geplänkel in der Deutschen Bucht teil. Einige deutsche Minensuchboote, die zwischen Horns Riff und Terschelling eine englische Minensperrlinie öffnen wollten, um deutschen U-Booten das Ein- und

Auslaufen zu erleichtern, wurden von britischen Kreuzern und Zerstörern angegriffen. Die deutschen Großkampfschiffe hofften auf schnelle Beute, liefen aber ins Leere, weil die Engländer den deutschen Funkverkehr entschlüsselt hatten und sich rechtzeitig zurückziehen konnten. »Natürlich«, schrieb Weizsäcker etwas verärgert seinem Vater, »können die Engländer an den von uns geräumten Minensperrlücken neue Minen legen, das Spiel wiederholt sich dann« – und taugte nicht für ruhmreiche Seeschlachten.[70]

Im Januar 1918 wurde er als Navigationsoffizier auf den Panzerkreuzer »von der Tann« befohlen. Dieses Kommando ergab sich nach Weizsäckers Tagebuchnotiz daraus, dass »ich als Flaggleutnant keine Verwendung mehr hatte, da zu alt, und die übrigen Stabsstellen besetzt waren«. Zur »Wahrung meines Rufes« sei »ein praktisches Bordkommando dringend« gewesen.[71] Weizsäcker wurde mit beinahe sechsunddreißig Jahren zum Korvettenkapitän befördert: kein beeindruckender Aufstieg in Kriegszeiten, sondern sehr viel eher Beleg der Vermutung, dass man in der Personalführung der Marine mit diesem widerborstigen Offizier nichts Rechtes anzufangen wusste. Denn auch auf dem Panzerkreuzer blieb er nur kurze Zeit.

Vom 11. April 1918 an tat er Dienst als stellvertretender Personalreferent des Flottenkommandos und wurde vier Monate später erneut versetzt, nun als Verbindungsoffizier der neu eingerichteten Seekriegsleitung zum Großen Hauptquartier nach Avesnes, ab September ins belgische Spa.[72] Damit endlich sah Ernst von Weizsäcker einen seiner Träume erfüllt, war von seiner tatsächlichen Funktion her zum vollgültigen Admiralstabsoffizier befördert worden, aufgenommen in den bewunderten Kreis der Halbgötter mit den roten Biesen, ohne die Marineakademie absolviert zu haben.

Die folgenden Monate bis zum Kriegsende stellten Ernst von Weizsäcker keine Bewährungsprobe, weder als Offizier noch als Diplomat oder als Höfling, aber sie verschafften ihm manche Kontakte, die im späteren Leben noch von Wert für ihn sein sollten. Zunächst jedoch hatte die Familie den Tod zweier Brüder seiner Frau zu beklagen: Karl von Graevenitz kehrte im Juli 1918 von einem Einsatz seines Torpedobootes in der Nordsee nicht mehr zurück; Richard von Graevenitz fiel als Artillerieoffizier kurz darauf an der Westfront.

Der gleichaltrige Jugendfreund Hermann Geyer, der 1914 zum Hauptmann befördert worden war, 1918 wie Weizsäcker den Sprung zum Stabsoffizier geschafft hatte und 1936 seinen höchsten Dienstgrad als General der Infanterie erreichen sollte, führte ihn im Großen Hauptquartier ein und machte ihn durch Erkundungsfahrten zur Front mit der sich rapide verschlechternden militärischen Lage vertraut. Weizsäcker: »Die persönlichen Beobachtungen bei der Truppe zeigten, dass wir uns dem Ende näherten. Dieses sich selbst einzugestehen und Dritten zuzugeben konnte niemand schwerer fallen als den sieggewohnten Führern unseres Heeres.«[73] Aber auch Weizsäcker vermochte kaum einzuordnen, was er sah. Erschüttert notierte er in seinem Tagebuch: »Frontfahrt mit H. Geyer. [...] Truppen müde, versprengt, Hitze, Staub, Schnaps, Offiziere herunter, zu lange nicht herausgezogen. Im Hintergelände wimmelt es, an der Kampffront ganz dünn. [...] Im ganzen ein völlig anderes Bild, als ich gedacht hatte.«[74]

Im Generalstab, schrieb Ernst von Weizsäcker Mitte September 1918, herrschte Einigkeit darüber, dass sich die Lage nur noch zum Schlechteren entwickeln konnte. Ludendorff habe erklärt: »Im Westen entscheidet sich der Krieg in den nächsten 4 Wochen.«[75] Die amerikanische Armee in Frankreich zählte mehr als 1,3 Millionen Soldaten, den 1500 gegnerischen Panzern standen 400 deutsche gegenüber, der Nachschub an Waffen und Munition erfüllte nicht einmal mehr annähernd den Bedarf, und mit dem als Besuch im Großen Hauptquartier avisierten »Vizekanzler v. Payer kommt ein Gänsewagen im Zuge an« – eine Ladung Gänse also, die »nur von Offizieren des H. Qu. bestellt« worden waren.[76]

Wen kann es da wundern, dass Weizsäcker die innenpolitische

Lage in düstersten Farben sah: »Weitgehende Zukunftspläne und Sorgen um die nächsten Wochen stehen hart nebeneinander.«[77] In seinem Tagebuch hielt er fest: »Am 24.9. wird ein großer Angriff auf die Regierung im Reichstag erfolgen, um endgültig das parlamentarische Regime einzuführen. Ich halte es für ein Unglück, weil wir uns daraus nicht mehr zurückentwickeln können.«[78] Doch verkannte Weizsäcker anders als viele seiner Kameraden nicht die Wirklichkeit hinter der zunächst auch von ihm abgelehnten politischen Veränderung: »Aber wir brauchen die Sozialdemokratie. Und der Weg, der uns sie sichert, ist der richtige.«[79]

Am 29. September 1918 notierte sich Ernst von Weizsäcker, dass Hindenburg wie Ludendorff zur Überzeugung gelangt seien, »dem Kaiser sagen zu müssen, dass die Armee ihre Widerstandskraft verloren hat und sofortiger Friedensschluss nötig ist«[80]. Und weiter: Es sei eine den Mehrheitsverhältnissen im Reichstag entsprechende Regierung unter Einschluss der Sozialdemokraten zu bilden und den Kriegsgegnern mitzuteilen, dass ein Waffenstillstand entsprechend den von US-Präsident Woodrow Wilson im Januar 1918 festgelegten vierzehn Punkten gewünscht werde. Dies sei, urteilte Weizsäcker, der völlige Zusammenbruch des von ihm wenig geschätzten »preußischen Systems« und damit »im Speziellen der Alleinherrschaft des kurzsichtigen politisierenden Militärs«. Die Nation habe gleichwohl »Übermenschliches« geleistet. Den Stolz darauf brauche man sich nicht nehmen zu lassen.[81]

Im Hauptquartier werde darüber diskutiert, so Ernst von Weizsäcker Mitte Oktober 1918 in seinem Tagebuch, »ob wir eine Revolution zu erwarten« haben. Ohne Unruhen und Blutvergießen werde es jedenfalls nicht abgehen, fürchtete er: »Soll die Nation das wortlos hinnehmen, so missleitet worden zu sein?«[82] Er wusste keine Antwort auf diese Frage. Umso wichtiger erschien es Weizsäcker aber, wenn schon nicht im Heer, dann doch in der seiner Auffassung nach sehr viel gemäßigteren Marine »eine Stätte der Disziplin, der Ergebenheit gegen die Regierung und der Fernhaltung von der Politik, kurz eine Stätte stiller Pflichterfüllung in Reinkultur zu schaffen«[83]. Schwerer konnte man sich nicht täuschen. Ein von Admiral Scheer geplanter Vorstoß der Flotte in die Nordsee Ende Oktober scheiterte, weil sich die Schiffskommandanten ihrer Besatzungen nicht mehr sicher waren. Weizsäcker: »Am 30ten war auf der Flotte einfach Meuterei. [...] Bis Helgoland wollten sie fahren, verteidigen wollten sie die Heimat gern, nicht aber angreifen. Das störe das Friedenswerk und sei nicht im Sinne der Regierung.«[84]

Seinen *Erinnerungen* zufolge vertrat er in diesen Tagen die Meinung, »der Kaiser müsse sich entweder nach Berlin begeben, um sich dort persönlich durchzusetzen, oder aber an der Front die gegnerische Kugel suchen«[85]. Die unter dem frischen Eindruck des Erlebten niedergeschriebenen Eintragungen in seinem Tagebuch fielen dagegen sehr viel weniger martialisch aus. Am 4. November 1918 – die Unruhen hatten bereits auf Kiel übergriffen – war er »in schwerer Sorge«, ob seine Familie in Wilhelmshaven bleiben sollte oder nicht sicherer in Stuttgart aufgehoben wäre. Er kam zum Ergebnis, dass »Verbleib an Ort und Stelle das Gegebene« sei, zumal, ganz fatalistisch, »im Ganzen die Sache eben ihren Gang« gehe: »Viel ändern lässt sich nicht an revolutionären Strömungen, die aufgrund 4-jähriger schwerster Prüfungen der Nation mit vollständig verlorenem Kriegsende kommen müssen.«[86] Am 5. und 6. November, als der Aufstand bereits das gesamte Land erfasst hatte, notierte er, noch immer sei er »für Aufmarsch und gleichzeitiges Verhandeln mit den Meuterern«. Denn: »Wir *müssen* Zugeständnisse machen. Es sitzt zu tief im Volk, dass die Militärs und Alldeutschen die Nation in dieses Unglück gestürzt haben.«[87]

Nicht vom Dolchstoß in den Rücken der siegreich kämpfenden Truppe sprach Ernst von Weizsäcker, wie zahlreiche seiner Offizierskameraden, die vor den eigenen Anteilen an der politischen Katastrophe allzu gern die Augen verschlossen, sondern von der Anmaßung, von der politischen Blindheit und letztlich vom Versagen der Militärs und ihrer politischen Klasse. Natürlich fiel solche Einsicht jedermann schwer, zumal nach vier Jahren bis dahin nicht gekannter Materialschlachten, in denen allein auf deutscher Seite mehr als 1,8 Millionen Soldaten ihr Leben verloren hatten und über vier Millionen verwundet worden waren. Umso beachtlicher ist, dass Weizsäcker im Augenblick der Niederlage sein Urteilsvermögen behielt.

Am 9. November 1918 wurde in Berlin die Republik ausgerufen, Kaiser und Kronprinz dankten ab. Ernst von Weizsäcker beendete den Krieg für sich ohne großes Bedauern. Am selben Tag erfuhr er von seiner Mutter, dass der Vater als württembergischer Ministerpräsident zurückgetreten war und auf dem Stuttgarter Schloss die rote Fahne der Revolution wehte. »Das arme von der nördlichen Flutwelle überschwemmte Württembergerland«, schrieb er als erste Reaktion in sein Tagebuch. »Die Ehe mit dem Norden war der Heimat nicht zum Segen«, kam als zweiter Gedanke. Doch die Schlussfolgerung daraus war ungemein pragmatisch: »Im neuen deutschen Reich muss württembergischer Verstand eine größere Rolle spielen.« Denn »in Schwaben war man bereits so fortgeschritten, dass jeder zu seinem Recht kam«. Unklar war ihm hingegen, wie er Frau und Kinder nach Auflösung der Armee würde ernähren können. Aber auch hier bewies er Sinn für uneitle Nüchternheit: »Geht alles drunter und drüber, so werde ich Handlanger, ev. Schreiber. In besseren Augenblicken Sekretär und suche mich so hochzuarbeiten.«[88]

Vor dem Kaiser hatte er jede Hochachtung verloren. Wilhelm II., berichtete er, tage im Hauptquartier »immer noch mit den Hohlköpfen seiner Umgebung«[89]. Der SPD-Parteivorsitzende Friedrich Ebert übernahm am 9. November 1918 das Amt des Reichskanzlers. Weizsäcker war mit diesem noch wenige Wochen zuvor unvorstellbaren politischen Umsturz »einverstanden«, schließlich war Ebert nach seiner Einschätzung »der energischste der Rechts-Sozialisten«, denen Weizsäcker »eine erstaunlich unblutige Revolution« gutschrieb.[90]

Als dann aber am selben Tag im Hauptquartier die Waffenstillstandsbedingungen bekannt wurden, beschlichen ihn allmählich doch düstere Erwartungen. Die Hauptbedingungen waren: Räumung der besetzten Gebiete von deutschen Truppen innerhalb von fünfzehn Tagen; Besetzung des linken Rheinufers durch die Alliierten einschließlich dreier Brückenköpfe in Mainz, Koblenz und Köln; Übergabe großer Mengen Kriegsmaterial, darunter 2000 Jagd- und Bombenflugzeuge; Ablieferung aller U-Boote sowie Abrüstung und Kontrolle der deutschen Hochseeflotte. Diese Bedingungen empfand Ernst von Weizsäcker insgesamt als so niederschmetternd, dass er mit erstaunlicher Klarheit und Voraussicht in seinem Tagebuch festhielt: »Hieraus entsteht ein neuer Krieg! Unsere Kinder werden ihn ausfechten müssen.«[91]

Diplomat der Republik

»Unsere Schlacht ist noch nicht zu Ende«

Für Deutschland und Österreich-Ungarn war der Erste Weltkrieg schon wenige Wochen nach seinem Beginn strategisch verloren. Die österreichischen Offensiven gegen Serbien und Russland scheiterten bereits im August 1914. Und auch der deutsche Zangenangriff, der in sechs Wochen zum Sieg im Westen hatte führen sollen, lief sich nach dem Einmarsch in das neutrale Belgien im ersten Kriegsjahr Anfang September an der Marne fest. Was blieb, waren verlustreiche Materialschlachten und Stellungskriege über vier Jahre mit geringfügigen Geländegewinnen für die jeweiligen Angreifer auf der einen oder der anderen Seite, zunächst in Frankreich und später in Norditalien.

Zwar gelang es den Deutschen im März 1918, Russland, das an seinen inneren Spannungen nach zwei Revolutionen im März und Oktober 1917 zerbrochen war, durch einen Diktatfrieden aus dem Ring der Kriegsgegner auszuschließen. Aber für einen Durchbruch im Westen waren die deutschen Kräfte dann schon viel zu schwach. Kriegsentscheidend wurde, dass im April 1917 die Vereinigten Staaten mit ihren unermesslichen Reserven an Menschen und Material in den Krieg eingetreten waren, herausgefordert nicht zuletzt durch den »uneingeschränkten U-Boot-Krieg« der Deutschen, bei dem auch neutrale Schiffe in Sperrzonen ohne jede Vorwarnung versenkt wurden.

Binnen sechs Monaten, hatte die deutsche Admiralität im

Januar 1917 geprahlt, könne sie England durch den U-Boot-Krieg in die Knie zwingen. Doch auch diese Vorhersage der deutschen Militärs zerbrach an der Wirklichkeit. Genauso wie die Ankündigungen der Marineleitung ein Dreivierteljahr zuvor, sie könne mit der deutschen Hochseeflotte die überlegene britische Grand Fleet in einer Seeschlacht am Skagerrak so entscheidend schwächen, dass die alliierte Fernblockade der Nordsee zwischen den Shetland-Inseln und Norwegen nicht länger aufrechtzuerhalten sei. Weder diese noch andere Einschätzungen der Militärs hielten den tatsächlichen Verhältnissen stand. Der Krieg war nicht an den Fronten und nicht auf See zu gewinnen. Und in der Heimat ebenso wenig.

Die Verlustlisten in diesem von Beginn an aussichtslosen Krieg verlängerten sich von Monat zu Monat. Allein der Kampf um die französische Festung Verdun von Februar bis November 1916 hatte auf deutscher Seite 335 000 Tote gefordert. Das deutsche Feldheer, das bei Kriegsausbruch 2,3 Millionen Soldaten zählte, wuchs nach und nach auf eine Gesamtstärke von elf Millionen an. Das heißt, wer ein Gewehr tragen konnte, kam an die Front, seine Aufgabe zu Hause mussten Alte, Kranke, Kinder und vor allem die Frauen übernehmen, die darauf in keiner Weise vorbereitet waren. Hinzu kam der Hunger, weil die Versorgung der Bevölkerung mit Nahrungsmitteln wegen der Seeblockade der Alliierten und des Arbeitskräftemangels in der Landwirtschaft bei weitem nicht mehr ausreichte.

Zwar hatten die Sozialdemokraten, seit den Reichstagswahlen 1912 die stärkste der Parteien, am 4. August 1914 den Kriegskrediten zugestimmt, da sie den Vorwurf fürchteten, sie stünden in der Stunde der Gefahr nicht treu genug zum Reich. Aber der vom Kaiser versprochene »Burgfrieden« hielt nicht lange vor. Die Kriegsbegeisterung in Deutschland brach schnell zusammen. Schon im Dezember 1914 verweigerte Karl Liebknecht, neben Rosa Luxemburg einer der einflussreichsten Vertreter der Linken, weiteren Kriegskrediten seine Billigung. 1916 gründeten die beiden Sozialisten in der Illegalität den kommunistischen »Spartakus-Bund«, der zum sofortigen Friedensschluss ohne Annexionen aufrief. Im Oktober 1917 spalteten sich die »Unabhängigen Sozialdemokraten« von den kaisertreuen »Mehrheitssozialdemokraten« um Friedrich Ebert und Philipp Scheidemann ab. Nach den Hungerunruhen und den Streiks in der Rüstungsindustrie im letzten Kriegswinter glitt der Reichsregierung die Entwicklung im Innern vollends aus der Hand.

Doch war es tatsächlich ein »Dolchstoß« in den Rücken »des im Felde unbesiegten Heeres«, der das deutsche Kaiserreich im November 1918 zum Waffenstillstand zwang, wie Generalleutnant Erich Ludendorff, seit August 1916 der starke Mann in der »Obersten Heeresleitung«, zur eigenen Entlastung und Rechtfertigung nachträglich behauptete? Ganz sicher nicht. Nachdem die letzte deutsche Offensive an der Westfront im Juli/August 1918 gescheitert war, befand sich das deutsche Heer überall auf dem Rückzug. Als dann Ende September die alliierten Truppen auf dem Balkan die Kapitulation des mit den Mittelmächten verbündeten Königreichs Bulgarien erzwungen und die türkische Front in Palästina durchbrochen hatten, war klar, dass der Krieg in kürzester Frist mit der deutschen und österreichischen Niederlage beendet sein würde.

Am 29. September 1918 forderte Ludendorff von den Politikern in Berlin den sofortigen Abschluss eines Waffenstillstandes. Der stockkonservative Kanzler Georg Graf Hertling zierte sich und trat am 1. Oktober zurück. Zwei Tage später wurde der liberalere Prinz Max von Baden zum Kanzler ernannt und berief als Staatssekretäre Philipp Scheidemann und den Zentrums-Abgeordneten Matthias Erzberger. Den Preis für diese Übernahme der Konkursverwaltung durch die Politiker zahlten die deutschen Militärs gern, denn so gelang es ihnen, sich unauffällig aus der Proszeniumsloge zurückzuziehen: Mit einer Verfassungsänderung am 26. Oktober wurde das Kaiserreich zur konstitutionellen Monarchie, alle Verantwortung trugen künftig allein die Parlamentarier.

Als die deutsche Admiralität mit der Hochseeflotte zu einer

letzten Schlacht auslaufen wollte, verweigerten am 29. und 30. Oktober 1918 zahlreiche Matrosen in Wilhelmshaven den Gehorsam und löschten das Feuer unter den Kesseln ihrer Schiffe. Die Revolution begann, der Umsturz nahm seinen Lauf. Arbeiter- und Soldatenräte ergriffen in den Großstädten die Macht, erst in Kiel, am 7. November in München, zwei Tage danach auch in Berlin. Gleichwohl hielt die Mehrheitssozialdemokratie in eigenwilligem Starrsinn an der Monarchie fest. Doch Wilhelm II. saß in seinem »Großen Hauptquartier« im belgischen Badeort Spa fest – und schmollte über die Undankbarkeit seiner Untertanen. Schließlich verlor der Reichskanzler Max von Baden die Geduld und verkündete am 9. November aus eigenem Entschluss den Rücktritt des bis zuletzt uneinsichtigen Kaisers. Danach trat der Kanzler ebenfalls zurück und ernannte Friedrich Ebert zu seinem Nachfolger: »Herr Ebert, ich lege Ihnen das Deutsche Reich ans Herz.«

Es war kurz nach zwölf Uhr mittags, als Friedrich Ebert an diesem Novembertag Reichskanzler wurde. Er hatte Hunger, wie immer um diese Zeit, und ging in die Kantine des Reichstags zum Essen. Als Philipp Scheidemann dort von einem Fenster vor den zusammengeströmten Menschen die Republik ausrief – was kurz zuvor Karl Liebknecht bereits aus einem Fenster des Stadtschlosses heraus vorgemacht hatte –, fing sich Scheidemann eine barsche Rüge des sozialdemokratischen Regierungschefs ein: Was ihm eigentlich einfalle, die Frage der Staatsform werde nicht vom Mob der Straße, sondern von einer demnächst einzuberufenden Nationalversammlung entschieden werden. Ebert, ganz Staatsmann: »Ich hasse die Revolution wie die Sünde!«

Nur folgerichtig, dass der Sozialdemokrat am Abend desselben Tages das Bündnis mit den kaiserlichen Generalen suchte. Der letzte Generalquartiermeister des deutschen Heeres, General Wilhelm Groener, bot Ebert die »loyale Unterstützung« der Armee an, wenn dieser nur umgekehrt gegen jede Art von »Bolschewismus« energisch genug vorzugehen versprach. Kein Problem für Ebert; er und der General hatten denselben politischen Gegner: Kommunisten, Sozialisten und das zügellose Volk. Ebert machte sich zur Geisel der Generale, nicht gern, aber entschlossen, denn anders glaubte er die Macht nicht halten zu können.

Die Waffenstillstandsurkunde unterzeichnete im Wald von Compiègne am 11. November 1918 schon nicht mehr der Kaiser, der sich ins Exil nach Holland absetzte, und keiner der geschlagenen Militärs. Der Zentrums-Politiker Matthias Erzberger musste die Unterschrift leisten. Dafür ermordeten ihn nationalistische Offiziere drei Jahre später.

Der Erste Weltkrieg beendete die globale Vorherrschaft der europäischen Großmächte. Er führte zum Eintritt der Vereinigten Staaten in die Weltpolitik und bereitete mit der Machtübernahme Wladimir Iljitsch Lenins im Oktober 1917 und mit dem späteren Sieg der Bolschewisten im russischen Bürgerkrieg (1918 bis 1920) den Weg für den Aufstieg der Sowjetunion zur Weltmacht.

Das deutsche Kaiserreich zerbrach nach gerade achtundvierzig Jahren an seiner alle Kräfte überfordernden Politik und an deren imperialistischen Zielen. Mit in die Niederlage riss es den Vielvölkerstaat Österreich-Ungarn. Eine der Folgen: die Gründung instabiler Nationalstaaten auf dem Balkan und in Osteuropa, die alle wegen der starken nationalen Minderheiten innerhalb der neu gezogenen Grenzen zumindest den Keim künftiger Konflikte in sich trugen. Der Erste Weltkrieg, den der amerikanische Politiker und Publizist George F. Kennan als die »Urkatastrophe des 20. Jahrhunderts« bezeichnet hat, legte so die Grundlage für den Zweiten, weil er – nicht nur auf deutscher Seite – in seinen Ursachen nicht begriffen und in seinen Folgen nicht hingenommen wurde.

Mit der Abreise der Seekriegsleitung aus Spa am 11. November 1918 war Ernst von Weizsäcker beschäftigungslos geworden. In sein Tagebuch schrieb er: »Mich persönlich zieht es nach Berlin. Der Machtmittelpunkt hat magnetische Wirkung. Zur Unterstützung meiner Familie dagegen zieht es mich nach Wilhelmshaven.«[1] Weizsäcker folgte dem Ruf der Macht, wobei ihn ein damit verbundener möglicher Bruch seines Treueeides gegenüber dem Kaiser, der ja nicht formgerecht persönlich abgedankt, dessen Rücktritt vielmehr Reichskanzler Max von Baden erklärt hatte, ungleich weniger beschwerte als viele seiner Kameraden. Seines Erachtens konnte »von einem Fortbestand des Eidverhältnisses gar keine Rede sein«, schließlich sei der Kaiser mit seiner Flucht nach Holland »seinerseits fahnenflüchtig« geworden. »Jedenfalls«, so fasste Weizsäcker die Zukunft ins Auge, »habe ich nicht die leisesten Zweifel an meiner Freiheit, soweit überhaupt der Eid und nicht andere Motive mich dem Dienst fürs Vaterland verpflichteten.«[2] Ganz vordergründig zählte dazu etwa die Notwendigkeit, das erforderliche Geld für den Unterhalt der Familie zu verdienen, die noch immer in Wilhelmshaven aushielt und erst Mitte März 1919 nach Stuttgart umzog, wo sie in der Dienstwohnung des Schwiegervaters im Königlichen Schloss ein zunächst provisorisches Unterkommen fand.[3]

Weizsäcker selbst reiste eigenmächtig am 13. November 1918 über Kassel, wo er seine Tanten besuchte, nach Berlin ab. Während sein Freund Geyer es als Schmach empfand, »wie das alte deutsche Off. Korps vor den Mannschaftsräten kapituliert« hatte, glaubte Weizsäcker, »er würde anders urteilen, wenn er die Zusammenhänge wüsste. Lebensmittelfrage pp.«[4] Ihn ärgerte mehr, dass ihm – heiliger Bürokratius selbst in Stunden der Revolution – der Homburger Soldatenrat bei einem Zwischenaufenthalt wegen seines privaten Abstechers nach Hessen »Urlaubsbefugnisse« abgefordert hatte.[5] In Berlin suchte Weizsäcker die »Versorgungsstelle für Offiziere« auf, bot aber, um ein zweites Eisen ins Feuer zu legen, auch der eilig einberufenen Marinekommission für die kommenden Friedensverhandlungen seine Dienste an.[6] Dann reiste er sofort weiter nach Wilhelmshaven, wo er am 16. November erstmals nach den Monaten der Agonie des Krieges und des Umsturzes bei seiner Familie eintraf. Die mittlerweile eingetretenen Veränderungen machten ihm trotz seiner inneren Distanz zur Haltung des Kaisers und des Generalstabes in der letzten Kriegsphase sehr zu schaffen: »Die rote Fahne weht auf der Kaserne uns gegenüber. Offiziere gehen ohne Waffe auf der Straße. Es gibt keinen Gruß mehr. Auf der Werft ist Unordnung Trumpf. Meinen Empfindungen nach möchte ich nicht einen Tag länger als nötig in der Marine bleiben.«[7] Doch die Frage der weiteren beruflichen Entwicklung war nicht leicht zu beantworten. Ernst von Weizsäcker hoffte, dass ihn entweder eine Verwendung im »Beschäftigungsnachweisbüro für abgehende Seeoffiziere« oder eine Versetzung zur Marinekommission zumindest für die erste Zeit über Wasser halten würde. »Von da ab«, schrieb er in einem langen Brief an seine Eltern Mitte November 1918, »möchte ich dann in einen neuen Beruf übergehen.« Mit seinen sechsunddreißig Jahren glaubte sich Weizsäcker »noch jung und frisch genug«, in einem völlig anderen Tätigkeitsfeld anfangen zu können, wobei ihm klar war, dass dabei die in der Vergangenheit erworbenen »Spezialkenntnisse« nur von geringem Wert sein konnten. Ein Studium kam für ihn nicht infrage, er dachte mehr an »Lehrjahre in irgendeinem wirtschaftlichen Fach«, bei denen er von Anfang an zumindest ein niedriges Gehalt bekommen würde: »Ich rechne mit außerordentlichen Einschränkungen meines Kapitalbesitzes und Zinseinkommens, und dementsprechend des ganzen Lebenszuschnitts der Familie.«

Als Zwischenetappe fasste er lediglich »Erwerb der Nahrung, Kleidung und Unterkunft in bescheidenster Form und eine gute Schulbildung für die Kinder« ins Auge: »Man wird ja vielleicht abgehenden Offizieren Subalternstellen bei der Post u. Eisenbahn oder ähnlichen Instituten geben. Doch sehe ich darin keine rechte Möglichkeit, mich noch wieder einmal emporzuarbeiten.« Verlockender schien es ihm da, »eben eine Bahn einzuschlagen, die wieder einmal nahe in die Höhe führen *kann*«. Dabei schreckte Weizsäcker vor keiner Beschäftigung zurück: »Von irgendwelchen Vorurteilen oder Arbeitsscheu fühle ich mich so frei, dass ich vor ganz kleinen Anfängen keine Sorge hätte. Ins Praktische übertragen handelt es sich für mich also um Stellen im Bankwesen, in der Journalistik, in der Handelsmarine. Genügende Eignung für irgendwelche Privatsekretärstellen bei großen wirtschaftlichen oder politischen Parteiinstituten würde ich mir wohl auch bald erwerben.« Auszuwandern kam für ihn selbst in diesen Notjahren nicht in Betracht, es zog ihn nach Württemberg. Zwar sprach er frühere Bekannte und ehemalige Marinekameraden auch in Norddeutschland auf berufliche Einstiege an, doch war ihm elterliche Hilfe nicht weniger willkommen: »Wenn Ihr Euch aber etwas umseht, so bin ich natürlich dankbar.«[8] Sogar eine Politikerlaufbahn kam Weizsäcker in den Sinn: »Immer wieder denke ich, dass auch die Politik für mich Reize hätte. Aber kann man Politiker im Hauptberuf werden? Ich möchte mich auch jetzt nicht überschätzen u. nicht mich in Dinge stürzen, die mehr erfordern, als ich zu bieten vermag.« In Berlin, »wenn ich dorthin gehe, hoffe ich, wie gesagt, auf weitere Klärung. Meine Sehnsucht nach Württemberg ist ziemlich groß. Man möchte sich in der Familie nahe sein, die Natur lockt, und schließlich sind die Preußen, dank ihrer simpleren Veranlagung, aufgeregter und extremer als der Süden.«[9]

Die bereits zu Beginn seiner Marinelaufbahn zutage getretenen Vorbehalte gegenüber den schneller sprechenden und daher zuweilen der Selbsttäuschung des rascheren Begreifens verfallenen Norddeutschen – speziell den Berlinern – hatten sich also noch nicht verflüchtigt. Mangels besserer Angebote trat Ernst von Weizsäcker in Berlin beim »Beschäftigungsnachweisbüro« der Marine an und suchte für aus dem Dienst ausscheidende Seeoffiziere ein Unterkommen in Staats- und Kommunalverwaltungen.[10]

Mitte Dezember 1918 führte ein erstes Gespräch mit Edmund Schüler, dem Personalchef des Auswärtigen Amtes, zu dem Angebot, sich dort zum Eintritt zu melden. »Die Chancen«, berichtete Weizsäcker in einem Brief an die Eltern, »scheinen mir nicht schlecht, da ziemlich viel Abgänge zu verzeichnen sind und die Scheidewand zwischen diplomatischem und konsularischem Dienst gemäß interner Verfügung des Amtes gefallen ist.«[11]

Schüler, der wie der 1914 an der Front gefallene Bruder Carl aus dem Konsulardienst kam, hatte in einer Laufbahnreform unmittelbar nach Kriegsende für einschneidende Neuerungen im Auswärtigen Amt gesorgt. Um die im diplomatischen Dienst übliche Vorrangstellung des Adels aufzuheben, öffnete er ihn für Angehörige des konsularischen Korps, die auch in der Vorkriegszeit meist akademisch gebildete Bürgerliche waren. Er führte eine angemessene Bezahlung des Auslandsdienstes ein, so dass nicht länger persönliches Vermögen die Voraussetzung solcher Mitarbeit war. Er schuf einen einheitlichen Ausbildungsgang für Neueinsteiger mit fremdsprachlichen, länderkundlichen und wirtschaftlichen Schwerpunkten sowie mit Prüfungen, die abgelegt werden mussten, um von gehobenen in höhere Beamtenstellungen aufrücken zu können. Lediglich Stabsoffiziere, die sich um Übernahme in das Auswärtige Amt bewarben und eine dem Hochschulstudium gleichwertige Militärakademie absolviert hatten, wurden fürs Erste von diesem Examen befreit.

Da etliche Angehörige des diplomatischen Dienstes ihren Abschied der Weiterbeschäftigung unter republikanischer Führung vorzogen, standen Weizsäckers Aussichten, der solche Bedenken nicht hatte, in der Tat günstig, obwohl er während seiner Militärzeit Admiralstabsfunktionen zwar wahrgenommen, die dafür eigentlich vorausgesetzte Marineakademie hingegen nie besucht hatte. Aber so ins Einzelne gehend wurde in der Umbruchzeit der ersten Monate der Weimarer Republik nicht nachgefragt, wenn Bewerber ansonsten in das Profil passten.[12]

Ernst von Weizsäcker war skeptisch, was seine Aufstiegschancen im Auswärtigen Dienst anging. Doch seine Frau Marianne redete ihm heftig zu, trotz der gelegentlichen Trennungen und häufigen Umzüge, die mit einer solchen Tätigkeit verbunden sein würden.

Weihnachten 1918 zeichnete er in einem Brief an seine Eltern noch einmal seine Überlegungen nach. Ein Konsulatsposten schien ihm, »wenn man Glück hat«, das Äußerste zu sein, was zu erwarten war: »Ein Aufrücken in diplomatische Posten, oder nach Berlin [ins Auswärtige Amt], wird zu den ganz unwahrscheinlichen Fällen gehören; was mich angeht, so bin ich mir auch zu klar über meine eigenen Qualitäten, um in dieser Laufbahn den full admiral für das natürliche Ende zu halten. Es ist aber auch nicht nötig. Ziehe ich mich dann in einigen 20 Jahren vom Beruf zurück, so bietet sich in der Heimat noch durch die gewonnenen Beziehungen eine Betätigung in der Handelswelt. Diese 20 Jahre werden sauersüß. Selbständige Posten würden sie umschließen, manche lockende Aufgabe, Trennungen in der Familie, aber auch manche wertvolle Mitgift für die Kinder bringen. Schwer wäre die Trennung von der Heimat und schwierig der Finanzpunkt, über den ich mich noch näher informieren werde. Egoistisch betrachtet, ergäbe dieser Dienst für mich ein ausgefülltes Leben, die Tapferkeit der Marianne die große Unterstützung dabei.«[13]

Doch noch war es nicht so weit. Zunächst bot die »Saustadt« Berlin Ernst von Weizsäcker »ein wenig erfreuliches Dasein«[14]. Zwar bekam er »von der so genannten Revolution« nur wenig mit: »Mehr als Arbeitermütze, aufgeregtes Publikum und Zeitungsberichte sehe ich nicht.« Gleichwohl: »Faulheit, Unordnung, Fressbegier und Vereinsmeierei in Beamten- und Offizierskreisen« waren Wirkungen, die er nichtsdestoweniger erlebte und wenig schätzte. Seine »persönliche Hoffnung auf schnelle Ordnung im Reich« sank. Er glaubte nicht daran, dass die avisierte Nationalversammlung eine rasche Besserung würde durchsetzen können, zumal »ohne den Apparat der Berliner Regierungsbüros« Ordnung nicht zu schaffen sei und sich »die Arbeiter und Soldaten nicht einfach beiseite schieben« lassen würden.[15]

Mitte Dezember 1918 hatte sich der zwei Monate zuvor gegründete »Spartakus-Bund« wegen der vermeintlich kompromisslerischen Linie der Unabhängigen Sozialdemokraten und der Mehrheitssozialdemokratie ohnehin von diesen getrennt. In einem auf Berlin beschränkten Aufstand zu Jahresbeginn 1919 wollten die nicht eben zahlreichen »Spartakisten« ein sozialistisches Räte-Deutschland nach sowjetischem Vorbild erzwingen. Doch am Abend des 15. Januar wurden Karl Liebknecht und

Rosa Luxemburg, die Führer des Aufstandes, von nationalistischen Soldaten niedergeschossen. Rosa Luxemburgs Leichnam wurde in den Landwehrkanal geworfen. Den Mordbefehl hatte ein Major, Waldemar Pabst, gegeben, der dafür freilich nie zur Verantwortung gezogen wurde. Etliche Dokumente legen den Schluss nahe, dass der Sozialdemokrat Gustav Noske für diese Bluttat mitverantwortlich war.[16]

So genannte »Freikorps« und regierungstreue Truppen hatten im Auftrag der sozialdemokratischen Volksbeauftragten Friedrich Ebert und Gustav Noske diesen Aufstand linker Genossen, die sich durch das Taktieren der SPD-Führung um die Früchte der Revolution betrogen fühlten, in wenigen Tagen niedergekämpft. Noske (»Einer muss den Bluthund machen«) bat Pabst um Hilfe gegen Liebknecht und Luxemburg – und stellte dabei, so Pabst in seinen Memoiren, die Frage, »ob denn niemand die Unruhestifter unschädlich mache«. Diese kaum versteckte Aufforderung zum Mord fand offene Ohren. Mitglieder einer »Wilmersdorfer Bürgerwehr« überwältigten Luxemburg und Liebknecht in dessen Wohnung und brachten sie ins »Eden-Hotel«, die zeitweilige Kommandozentrale von Waldemar Pabst. Eine gute Stunde später wurden beide von Soldaten abtransportiert und erschossen. Rosa Luxemburg, so das spätere Eingeständnis von Waldemar Pabst, wurde vom Marine-Oberleutnant Herrmann Souchon umgebracht.

Kapitänleutnant Horst von Pflugk-Hartung, das bestätigt eine Eintragung im Tagebuch Ernst von Weizsäckers, hatte Karl Liebknecht auf dem Gewissen: »Kapitänleutnant von Pflugk-Hartung war heute im Mar. Kabinett (jetzt Personalamt) und erzählte gegen die Verpflichtung absoluter Geheimhaltung, dass er bei der Überführung Liebknechts in das Gefängnis eine Autopanne im Tiergarten fingierte, Liebknecht dann am Arm nahm, um ihn zu führen, ihn absichtlich losließ, um ihm Gelegenheit zu einem Fluchtversuch zu geben, und nach kurzem Abwenden hinter L. herschoss; Liebknecht wurde getroffen und von mehreren Schüssen getötet. Ich rate Pflugk zur Flucht.«[17]

Das Zusammentreffen Ernst von Weizsäckers mit dem redseligen Mörder war freilich zufällig. Weizsäcker hatte mit diesem Anschlag nichts zu tun. Allerdings beeindruckte er ihn auch nicht allzu sehr. Denn der auf diese Enthüllung unmittelbar folgende Satz lautet: »Ich bin in schweren Berufsüberlegungen.«[18] Aus seinem »Beschäftigungsnachweisbüro« strebte Weizsäcker jedenfalls wegen offenkundiger Wirkungslosigkeit mit aller Kraft hinaus: »Man kann in der Fürsorge für die abgehenden Offiziere zu wenig leisten bei den ganz ungewissen Verhältnissen. Außerdem beginnt das Henkergeschäft bei den aus der Marine zu entlassenden Offizieren jetzt; daran mich zu beteiligen habe ich gar keine Lust.«[19]

Bei der Niederschlagung der Berliner Unruhen machte Weizsäcker ebenfalls nicht mit. Solche Aktionen waren ihm nicht etwa zu gefährlich, sondern erschienen ihm rückwärtsgewandt und gänzlich ohne gestalterischen politischen Sinn: »Manche meiner Bekannten haben im Sturmhelm in der Tauentzienstraße Posten gestanden [...]. Die Haupttätigkeit dabei war aber offenbar der Skat im Wachlokal. So schäme ich mich nicht, unbeteiligt gewesen zu sein. Ich kann mich auch des Gefühls nicht ganz erwehren, dass ich bei diesen Zusammenstößen einigermaßen Ausländer bin.«[20]

Stattdessen nahm Weizsäcker seine Arbeit in der Marinefriedenskommission auf, um das Auswärtige Amt bei den erwarteten Friedensverhandlungen zu unterstützen: »Man rechnet mit einer nahen Einladung durch die Entente, und zwar glaubt man, dass ein allgemeiner Vorfriede uns noch in diesem Monat in Trier aufgedrängt werden soll.«[21]

Welch ein Irrtum. Im Juni 1919 musste die deutsche Delegation unter Leitung von Außenminister Hermann Müller (SPD) ohne vorherige Verhandlungen die harten Friedensbedingungen des Versailler Vertrages unterzeichnen, nachdem sich der Kaiser und seine Generale bereits im Jahr zuvor geweigert hatten, die Waffenstillstandsurkunde zu paraphieren.

Dem Deutschen Reich wurde die Alleinschuld am Ersten Weltkrieg auferlegt. Im Westen wurden die Provinzen Elsass-Lothringen und Eupen-Malmédy von Deutschland abgetrennt, das Saarland wurde für fünfzehn Jahre der Völkerbundsverwaltung unter französischer Regie überstellt. Im Osten fielen die Provinzen Posen und Westpreußen an Polen. Danzig wurde »Freie Stadt« unter Völkerbundshoheit. Ostpreußen verlor das Memelland an Litauen. In Masuren, Oberschlesien und Schleswig fanden Volksabstimmungen statt, die zu Gebietsabtretungen führten. Das Gebiet links des Rheins wurde entmilitarisiert und für bis zu fünfzehn Jahre unter alliierte Besatzung gestellt. Insgesamt büßte das Reichsgebiet (ohne Berücksichtigung der Kolonien, die gleichfalls abgetreten werden mussten) über 70 000 Quadratkilometer mit 7,3 Millionen Einwohnern ein, was in etwa der heutigen Fläche des Freistaates Bayern entspricht.

Die wirtschaftlichen Verluste waren nicht weniger schwerwiegend: Milliarden teure Reparationszahlungen über Jahrzehnte hinaus, drei Viertel der jährlichen Fördermenge von Zink- und Eisenerz, ein knappes Drittel der Stahl- und Walzwerkproduktion, ein Viertel des Steinkohleabbaus, ein Viertel der Roheisenerzeugung und ein Sechzehntel der Getreideernte mussten Jahr für Jahr an die Siegermächte abgeliefert werden. Die Signatarstaaten sicherten sich für fünf Jahre die volle Meistbegünstigung im Wirtschaftsverkehr mit Deutschland und legten die Zollordnung in den besetzten Gebieten zu ihren Gunsten fest.

Die militärischen Bestimmungen umfassten die Auslieferung fast des gesamten Kriegsmaterials, die Aufhebung der Wehrpflicht und die Auflösung des Generalstabs. Ein neues Berufsheer mit einer Dienstzeit von zwölf Jahren durfte die Höchstgrenze von 100 000 Mann nicht überschreiten. Die 15 000 Seeleute zählende Marine musste sich auf kleine Schiffe beschränken. Unterseeboote waren ihr verboten. Die Fliegertruppe wurde aufgelöst.

Im Januar 1921 wurden in Paris ohne Beteiligung Deutschlands die Modalitäten der Reparationsleistungen neu festgelegt. Die Gesamtsumme wurde auf den ungeheuren Betrag von 269

Milliarden Goldmark (etwa 2,69 Billionen Euro nach heutigem Wert) festgeschrieben, zahlbar in zweiundvierzig Jahresraten. Für den gleichen Zeitraum war eine jährliche Abgabe in Höhe von zwölf Prozent des Exports zu leisten. Deutsche Gegenvorschläge wurden strikt zurückgewiesen. Als »Sanktion« besetzten alliierte Truppen im März Teile des Ruhrgebiets und des Rheinlands mit den Städten Düsseldorf, Duisburg, Mülheim und Oberhausen. Im April und Mai halbierten die Siegermächte die Reparationssumme wegen der offenkundigen deutschen Leistungsunfähigkeit auf 132 Milliarden Goldmark.

Im Januar 1923 stellte die alliierte Reparationskommission gegen die Stimme Großbritanniens fest, dass Deutschland sein Kohlekontingent vorsätzlich nicht erfüllt habe. Französische Truppen besetzten daraufhin nach und nach das gesamte Ruhrgebiet. Der parteilose Reichskanzler Wilhelm Cuno rief zum »passiven Widerstand« an der Ruhr auf und stellte die Kohlelieferungen ein. Der »Ruhrkampf« begann, war aber gegen die entschlossen vorgehenden französischen Politiker nicht zu gewinnen. Schon im August trat die Regierung Cuno zurück.

Die Inflation ließ den Geldwert ins Bodenlose sinken: Ein US-Dollar kostete Ende Oktober unvorstellbare vierzig Milliarden Mark. Durch die Einführung der »Rentenmark«, die ihre fiktive Deckung aus dem landwirtschaftlichen Grund- und Anlagevermögen zog, wurde die Inflation dann Mitte November 1923 beendet. Eine Rentenmark entsprach einer Billion Papiermark. Damit war das Geldvermögen der Deutschen vernichtet. Wer dagegen Aktienkapital, Devisen und Sachvermögen besaß, kam sehr viel glimpflicher davon. Die eigentliche Zeche zahlten die kleinen Leute und das Bürgertum, Witwen und Rentner, deren ohnehin geringe Einkommen gnadenlos aufgezehrt wurden.

Um anschließend die deutschen Reparationszahlungen auf eine neue Grundlage zu stellen, legte ein Sachverständigenausschuss unter dem amerikanischen Finanzfachmann Charles Gates Dawes im April 1924 den »Dawesplan« vor: Die deutschen Belastungen sollten bis einschließlich 1927 allmählich ansteigend die Jahressumme von 1,75 Milliarden Mark erreichen und ab 1928 jährlich 2,5 Milliarden Mark ausmachen. Zusätzlich hatten die deutsche Industrie und Eisenbahn Schuldverschreibungen in Höhe von insgesamt sechzehn Milliarden Mark aufzunehmen und innerhalb von siebenunddreißig Jahren zu verzinsen und zu tilgen.

Da auch diese Verpflichtungen die deutschen Kräfte bei weitem überforderten, wurden 1929 in dem nach dem amerikanischen Wirtschaftsexperten Owen D. Young benannten Plan die Zahlungsverpflichtungen Deutschlands abermals herabgesetzt. Die deutsche Reparationsschuld sollte nun 34,5 Milliarden Mark betragen und im Zeitraum von neunundfünfzig Jahren verzinst und abgelöst werden, was bis in das Jahr 1988 hinein Jahresleistungen bis zu 2,1 Milliarden Mark bedeutet hätte. Kaum verwunderlich, dass auch diese Forderung – zumal in der beginnenden Weltwirtschaftskrise – von Deutschland nicht erfüllt werden konnte. Daher kam es im Sommer 1932 in Lausanne zu einer Konferenz, die gegen eine einmalige Abfindungszahlung von drei Milliarden Mark die deutsche Reparationsschuld löschte. Daneben war freilich die Young-Anleihe noch weiter zu bedienen. Nach einer Zusammenstellung der Reichsregierung waren bis zu diesem Zeitpunkt an Reparationen einschließlich der Sachleistungen bereits über dreiundfünfzig Milliarden Goldmark bezahlt worden.

Von Bedeutung für Ernst von Weizsäcker wie für das ganze deutsche Volk waren diese materiellen Kriegsfolgen insofern, als sie das Lebensniveau erheblich und dauerhaft unter den Vorkriegsstand drückten und andererseits innenpolitisch zu Auseinandersetzungen führten, die nicht selten den Charakter von Bürgerkriegen annahmen: Dem fehlgeschlagenen Kapp-Putsch auf der Rechten unter Führung von Wolfgang Kapp und General Lüttwitz im März 1920 folgte ein kommunistischer Aufstand im Ruhrgebiet, der wiederum von nationalistischen Freikorps im Auftrag der Reichsregierung niedergeschlagen wurde; nationaler Widerstand während des »Ruhrkampfes« 1923 forderte im

Oktober die Kommunisten in Sachsen und Thüringen zu »republikanisch-proletarischer Verteidigung« heraus – was erneut Freikorps und die Reichswehr auf den Plan rief – und ermunterte Adolf Hitler zu seinem Putschversuch am 9. November in München, der bereits nach Stunden am Widerstand von Polizei und Reichswehr scheiterte.

Erst die Jahre 1924 bis 1929 brachten eine gewisse wirtschaftliche und politische Konsolidierung, bis die Weltwirtschaftskrise auch in Deutschland zu einer gesellschaftlichen Radikalisierung führte, die das Land in die nationalsozialistische Diktatur trieb. Die ungeliebte Republik hatte nie eine Mehrheit der Bevölkerung für sich gewinnen können. Für die Kriegslasten, die sie schultern musste, wurde das politische System an sich verantwortlich gemacht. Und als dieses darunter zusammenzubrechen drohte, gab es – abgesehen von den Sozialdemokraten – niemanden mehr, der es zu verteidigen bereit war.

Da Ernst von Weizsäcker im März 1919 mangels Verhandlungsbereitschaft der Alliierten in der Friedenskommission der Marine keine Beschäftigung mehr fand, wurde er Anfang Juni als Marineattaché an die deutsche Gesandtschaft in Den Haag versetzt.[22] Nun hatte er, etatmäßig zwar immer noch als Marineangehöriger, den Einstieg in den Auswärtigen Dienst geschafft. Gesandter war der fünfundzwanzig Jahre ältere, parteilose Friedrich von Rosen, der als Diplomat und Orientalist bereits eine ansehnliche Zahl von Auslandsverwendungen hinter sich gebracht hatte. 1921 berief ihn der dem Zentrum angehörige Reichskanzler Josef Wirth als Außenminister in sein erstes Kabinett.

Zu tun hatte Weizsäcker in Holland nicht sehr viel. Ihm wurde aufgetragen, »Restbestände aufzuräumen«, da es nach der Selbstversenkung der deutschen Hochseeflotte am 21. Juni 1919 bei Scapa Flow auf den Orkney-Inseln und nach der Unterzeichnung des Versailler Vertrages eine Woche später ja keine Reichsmarine mehr gab.[23] Da Weizsäcker in Holland mit der Landeswährung, den stabilen Gulden, bezahlt wurde, war er angesichts der Versorgungsschwierigkeiten in Deutschland froh, seine Familie

»in das Land gerettet zu haben, wo Milch und Honig fließt – und wenn es auch nur für einige Monate Dauer sein sollte«[24].

Anfang Februar 1920 bot Friedrich von Rosen seinem inzwischen beschäftigungslos gewordenen Attaché an, die an der Gesandtschaft frei gewordene Stelle des 2. Sekretärs zu übernehmen, um so die Überführung in den regulären Auswärtigen Dienst zu erreichen.[25] Doch war diese Hilfestellung nicht mehr erforderlich, da Ernst von Weizsäckers Bewerbung um einen Posten im höheren Dienst am 25. Februar 1920 vom Berliner Personalchef Edmund Schüler mit dem Angebot beantwortet wurde, ihn mit Wirkung vom 1. April »zur Probe« in eine entsprechende Laufbahn des Auswärtigen Amtes einzuberufen.[26]

Damit war Weizsäcker einer von sechsundachtzig Nachwuchsdiplomaten, die während der Weimarer Zeit insgesamt eingestellt wurden; vierundachtzig von ihnen hatten studiert; die einzigen beiden Nichtakademiker waren Weizsäcker und ein weiterer ehemaliger Offizier.[27] Zwar hatte Weizsäcker einige Selbstzweifel, was seine Qualifikation für diesen Beruf anging. Aber sein Selbstvertrauen war stark genug, den Versuch zu wagen: »Mühe werde ich in der ersten Zeit haben mit fremdsprachigen Noten und mit der Jurisprudenz. Aber es ist mir in meiner bisherigen Praxis noch kein Diplomat über den Weg gelaufen, von dem ich das Gefühl gehabt hätte: so kannst Du's nie. Ich gehe also mit dem Vertrauen und der Unbefangenheit des Nichtwissers dem Wechsel entgegen.«[28]

Am 30. März 1920 trat Ernst von Weizsäcker seinen Dienst probehalber im Auswärtigen Amt an. Ohne Geld- und Sachbezüge war er für ein halbes Jahr von der Admiralität beurlaubt worden, so dass sich innerhalb der folgenden sechs Monate entscheiden musste, ob Weizsäcker im diplomatischen Dienst, in der Wirtschaft oder weiterhin beim Militär seine Zukunft sehen konnte.[29] Seinen Eltern berichtete er, dass er bei seinem ersten Besuch im Amt freundlich aufgenommen worden war. Über seinen 1914 gefallenen Bruder, den Legationsrat Carl Weizsäcker, hörte er nur Gutes, so dass ihn doch eine gewisse Unsicherheit befiel:

»Leicht ist es nicht, gewissermaßen Carls Erbschaft hier anzutreten. Ohne Illusionen gehe ich an die Arbeit; aber wünschen würde ich mir doch, dass es zu keinem Misserfolg führt, was ich vorhabe.«[30] Politisch sah er für sich im Auswärtigen Amt kaum Probleme: »Mit der Marine ist es rum. Mit der Armee geht es bergab. In vielen Ressorts beginnen sich die neuen Männer doch mehr auszutoben, als ich glaubte, und nur mein spezielles Amt scheint mir noch ziemlich unberührt.«[31] Als Einstieg war Weizsäcker die Außenhandelsstelle des Auswärtigen Amtes zugewiesen worden. In dieser Wirtschaftsabteilung, schrieb er, könne man sich über das Amt insgesamt noch keinen gültigen Eindruck verschaffen: »Es scheint, dass die mittleren Beamten stark nach oben pressen, und was hereinkommt an neuen Kräften, steht sicher unter dem früheren Niveau an Kinderstube, vielleicht ein bisschen darüber an Können.«[32] Allerdings sei dieser Nachwuchs »nicht das Gesindel wie in anderen Ministerien«, stellte Weizsäcker einigermaßen beruhigt fest, und auch deshalb bereue er seinen Schritt nicht.[33]

Besonderes Zutrauen zu dem amtierenden Außenminister, dem Sozialdemokraten Adolf Köster, hatte Ernst von Weizsäcker freilich nicht. Er beschrieb ihn seiner Mutter als »mähnenhaarigen so genannten Auswärtigen Minister«, der in seiner Antrittsrede mehrfach betont habe, »nur aus sachlichen Gründen das A. A. zu übernehmen«. Im Reichstag habe »der so genannte Reichskanzler« Hermann Müller Vertrauenswürdigkeit als erstes Erfordernis des neuen Außenministers benannt. Er persönlich empfinde dieses Vertrauen noch nicht. Doch »in den jetzigen Übergangsjahren muss man ja schließlich froh sein, wenn man keine Zuchthäusler an der Spitze hat. Man muss die Leute eben jetzt gewähren lassen. Die Zeit für eine andere Garnitur kommt auch wieder.«[34]

Von den monarchistischen Preußen alten Schlages indes erhoffte sich Ernst von Weizsäcker trotz aller Vorbehalte gegenüber der neuen Zeit keine Besserung. Er lehnte sie und ihre überholten politischen Rezepte vielmehr ausdrücklich ab: »Was die geliebte Heimat angeht, so habe ich Momente, wo ich heulen möchte. Ich stehe ja auch auf dem Standpunkt, dass man mit noch so vielen Dummheiten Deutschland nicht ganz ruinieren kann und dass das auch den Ostelbiern nicht gelingen wird. Beinahe kann ich sie schon nicht mehr hassen, sondern nur noch sagen: ›Herr, vergib ihnen!‹«[35]

Den Putschversuch des ostpreußischen Generallandschaftsdirektors Wolfgang Kapp im März 1920 hielt Ernst von Weizsäcker nicht nur für wenig erfolgversprechend, sondern erkannte ihn sofort als Ausdruck höchster politischer Wirklichkeitsferne: »Wenn Herr Kapp Reichspräsident bliebe, wäre man ja geneigt, seine Reichszugehörigkeit zu leugnen.«[36] Auch dieser Fall liege nämlich so, dass man als klarsichtigerer Württemberger »dem Norden mit seinem kleinen Gehirn helfen« müsse. Etwa derart, dass »Kapp und Genossen lächerlich gemacht« und unter dem Versprechen baldiger Neuwahlen heimgeschickt werden sollten. Einen gewaltsamen Gegenschlag hielt Weizsäcker für nicht angemessen: »Mein ganzes Inneres sträubt sich dagegen, dass um einiger Lausbuben von Prussiens Willen in Deutschland auch nur noch ein weiterer Schuss fällt.«[37]

Kapp gelang es zwar im Zusammenwirken mit einzelnen Freikorps und wenigen Reichswehreinheiten, die Regierung aus Berlin nach Stuttgart zu vertreiben. Doch sein Putsch brach durch den Widerstand in der Staatsverwaltung und nachdem die Gewerkschaften einen Generalstreik ausgerufen hatten, bereits nach vier Tagen zusammen.

Ernst von Weizsäcker analysierte die Lage in einem Brief an seine Eltern bereits am ersten Tag des Putsches zutreffend: »Wie es mit der so genannten Regierung weitergehen mag? Ich glaube noch immer an das Wiedererstehen des Mittelblocks mit leichter Rechtsneigung. Die Sozialisten zieren sich noch ein bisschen.« Nach dem Putsch zierten sie sich nicht mehr. Reichspräsident Ebert entließ Wehrminister Noske, der ein gewaltsames Vorgehen loyaler Truppen gegen die Putschisten befürwortet hatte, und berief Hans von Seeckt zum Chef der Heeresleitung, der ein solches Eingreifen abgelehnt hatte.

Die Reichstagswahlen im Juni 1920 nahmen der »Weimarer Koalition« aus SPD, dem katholischen Zentrum und der liberalen Deutschen Demokratischen Partei (DDP) die bis dahin behauptete Dreiviertel-Mehrheit. Diese drei Parteien erhielten nur noch knapp die Hälfte der Mandate, während sich die Stimmen der USPD vervierfachten und die der Rechtsparteien – Deutschnationale Volkspartei (DNVP) und Deutsche Volkspartei (DVP) – verdoppelten. Damit übernahm Konstantin Fehrenbach das Amt des Reichskanzlers, bildete eine Regierung aus Zentrum, DDP und DVP und machte das klerikal-konservative katholische Zentrum zur eigentlichen Regierungspartei der Weimarer Republik. Bis 1932 war diese Partei in allen Reichsregierungen vertreten und stellte insgesamt fünf Kanzler, während die SPD lediglich ab dem Sommer 1928 Hermann Müller für gerade noch einmal 637 Tage als Reichskanzler durchsetzen konnte.

Gegen Ende des Jahres 1920 hatten sich auch für Ernst von Weizsäcker die beruflichen Zukunftsüberlegungen geklärt. Sein Verstand ziehe ihn eher in die Wirtschaft, sein Herz hingegen in das Auswärtige Amt, schrieb er seinen Eltern: »Im Ganzen halte ich meine Situation für so sicher, dass ich den Wunsch und die Hoffnung habe, im wieder erstarkten Deutschland später noch einmal ein Wort mitzusprechen.«[38] Um diesem »Widerstreit in meiner Brust« ein Ende zu bereiten, stellte er der Personalabteilung »eine Art von Ultimatum«, wonach »ich nun in der nächsten Woche zu hören hoffe, was man mir zusichern will und kann«[39]. Der neue Personalchef Gneist, den Weizsäcker an der Gesandtschaft in Den Haag kennen gelernt hatte, bot ihm drei Konsulate als künftige Wirkungsstätte an: Innsbruck, Genua und Basel. Weizsäcker entschied sich für Basel: »Ich wurde nun fest in den Auswärtigen Dienst eingestellt und löste meine noch in Reserve gehaltenen Marine-Bindungen.«[40]

Seiner Personalakte zufolge legte Ernst von Weizsäcker sein diplomatisch-konsularisches Examen im Jahr 1921 ab.[41] Zu dieser

Zeit hatte der ebenfalls aus Stuttgart stammende und der Familie Weizsäcker gut bekannte Gesandte in Kopenhagen, Konstantin von Neurath, im Auswärtigen Amt die Aufgabe übertragen erhalten, das mittlerweile neu eingestellte wie auch das aus der Kriegszeit übernommene Personal des Amtes auf seine tatsächliche Eignung hin zu überprüfen. Nach seinem eigenen Verständnis ging es dem konservativen, aber parteilosen Freiherren darum, »das AA von unliebsamen Neulingen ohne geeignete Vorbildung, darunter diverse Juden, zu reinigen«[42]. Nach diesen Kriterien mangelte es Weizsäcker zwar formell an dem vorgeschriebenen akademischen Examen als Eingangsvoraussetzung für den höheren Staatsdienst, doch keine Regel blieb ohne Ausnahme, wenn nur andere Gründe von hinreichendem Gewicht für eine Einstellung sprachen. Und in dieser Hinsicht hatte für Neurath kaum einer eine bessere Eignung nachzuweisen als der selbstbewusste, fleißige Marineoffizier aus bester Familie im heimischen Württemberg.

Ernst von Weizsäckers diplomatische Karriere während der Weimarer Zeit verlief denn auch stetig aufwärts, strebte allerdings erkennbar keinem überraschenden Höhepunkt zu. Ein Aufstieg zum »full admiral« stand schon allein aus parteipolitischen Gründen außerhalb jeder Möglichkeit und Erwartung. Weder ein Anschluss an SPD oder das Zentrum noch an die liberale DDP kamen für ihn infrage. Ein Beamter war nach seiner Überzeugung dem Staat verpflichtet, nicht jedoch einer Partei, und hatte sich daher dem politischen Alltagsgeschäft sinnvollerweise fernzuhalten.

Die erste Verwendung Weizsäckers in Basel war die eines Vizekonsuls, freilich mit der Ermächtigung, bereits die Amtsbezeichnung als Konsul zu führen.[43] Er leitete zunächst das im Badischen Bahnhof von Basel untergebrachte Passbüro mit zehn Angestellten, bevor er im Sommer 1921 das Konsulat insgesamt übernahm.[44] Während der erste Teil seiner Beschäftigung für Berlin in den Zeiten der Inflation wegen der Deviseneinnahmen aus der Visaerteilung von großer Bedeutung war, blieben die diplomati-

schen Einsätze Weizsäckers marginal. »Ich war etwas erstaunt«, schrieb er in seinen *Erinnerungen*, »wie vereinsamt ein so nah an Deutschland gelegenes Konsulat sein konnte.« Nur selten wurde er von der Gesandtschaft in Bern aufgefordert, irgendwelche politischen Stellungnahmen oder Einschätzungen abzugeben, fast nie bekam er von dort eine Information: »Mit meiner Berichterstattung tappte ich im Dunkeln.«[45]
Neues erfuhr er, wenn überhaupt, bei seinen häufigen Gängen über die Bahnsteige. Wann immer nämlich deutsche oder andere Politiker, an denen Berlin interessiert war, den Baseler Bahnhof passierten, begrüßte Weizsäcker sie bei ihren Zwischenaufenthalten und bekam manches zu hören, was er dann nach Bern weitermeldete. Maliziös kommentierte der damalige Legationsrat Otto Köcher solche Bemühungen um Anerkennung im neuen Beruf mit der Bemerkung, »was alles aus einem Seeoffizier doch werden« könne.[46]

In Basel formulierte Ernst von Weizsäcker für sich einige politische Grundsätze, an denen er für den Rest seines Lebens festhielt: Innenpolitisch war dies ein tiefer Skeptizismus gegenüber dem parlamentarischen System und außenpolitisch seine Überzeugung, dass nur mit Englands Hilfe eine Überwindung der einschränkenden Bedingungen des Friedensvertrages von Versailles möglich war. So vertraute er im Oktober 1923 seinem Tagebuch an, dass Deutschland seiner Auffassung nach »nur in großen Grenzen und nicht in Pulverform seine Pflichten als Staat gegenüber der germanischen Rasse u. deren Mission zu erhalten vermag«[47]. Auf dem Weg zu diesem Ziel sei England »unser kommender Bundesgenosse«. Weizsäckers Kalkül: »Man werfe sich Frankreich in den Arm, um England zu gewinnen; ranke sich an der englischen Hilfe bis zur europäischen Balance empor u. suche dann schleunigst nach neuen Freunden. So etwa ist mein Rezept für die mir wohl noch vorbehaltene Lebenszeit.«[48] Innenpolitisch dagegen sei unbestreitbar »ein Pendeln zur Autokratie u. ein Ekel am Parlamentarismus allerwärts festzustellen«[49].

Weizsäcker teilte trotz punktuell besserer Einsicht ganz offenkundig die politischen Präferenzen und weltanschaulichen Obsessionen eines erheblichen Teils des konservativen Bürgertums. Wollte man sich auch selbst nicht auf politische Agitation und Mehrheitskämpfe einlassen, sich nicht gemein machen mit sozial deklassierten Politikern und deren Gruppierungen, so billigte man deren Tun vom Grundsatz her schon, wenn es nur den eigenen weltanschaulichen Vorlieben und politischen Zielen förderlich schien: »Reue empfinde ich nur, dass ich Euch nicht den *Völkischen Beobachter* [die Zeitung der Nationalsozialisten] bestellt habe. Ich lernte ihn auf der Reise hierher erst kennen, finde ihn außenpolitisch gefährlich; aber eine Erlösung ist es doch, so wacker schimpfen zu hören.«[50]

Anfang 1924 beklagte sich Ernst von Weizsäcker in einem Brief an seine Eltern über die vom katholischen Zentrum beeinflusste Personalpolitik des Auswärtigen Amtes: »Die schwarze Parteischweinerei übersteigt alles Dagewesene. Man fragt sich immer wieder, stets freilich mit negativem Ergebnis, ob man sich nicht auch selbst etwas in die Arme einer Partei begeben muss, um nicht unter die Räder zu kommen.«[51] Zur Mitgliedschaft in einer Partei und damit zur Verwicklung in interessenpolitische Kämpfe, die Weizsäcker schädlich und verächtlich schienen, mochte er sich gleichwohl während der gesamten Weimarer Zeit nicht entschließen. Immerhin bekannte er sich in einem Brief an seine Eltern im Mai 1924 dazu, die ihm »am relativ nächsten stehende Partei« zu wählen, nämlich die konservativ-liberale Deutsche Volkspartei Gustav Stresemanns.[52]

Mitte November 1924 wurde Weizsäcker als Gesandtschaftsrat nach Kopenhagen versetzt – eine reguläre Beförderung, wenn auch kein großer Sprung auf der Karriereleiter. In Dänemark gewöhnte sich die Familie schnell ein und fühlte sich wohl. »Wir finden«, beschrieb er den Eltern die neue Wohnumgebung, dass »es bei uns jetzt etwas unwahr herrschaftlich aussieht.«[53] Doch sei es »gar nicht unangenehm«, in repräsentativen Räumen zu leben, schließlich könne es bei einem Einsatz in einem anderen Land auch sehr viel bescheidener ausfallen. Das gesellschaftliche

Leben in der dänischen Hauptstadt dagegen beeindruckte die Weizsäckers nicht sehr: »Es ist wenig Rares dazwischen.«[54]

Mitte Februar 1926, nach dem Tod seines Vaters, setzte sich der dreiundvierzig Jahre alte Ernst von Weizsäcker mit seinem sehr engen Verhältnis zu dem verstorbenen Familienpatriarchen auseinander: »Wahr ist ja, dass ich mit Ausnahme vielleicht von der allerletzten Zeit doch ganz unter Papas unmittelbarem Einfluss gestanden habe und nun beinahe zum ersten Mal in meinem Dasein sozusagen ohne Hilfe mich im tiefen Wasser bewege.«[55] Dennoch blieben ihm Havarien erspart – womöglich mangels Gelegenheit. Denn in dem kleinen Dänemark empfand er sich, genau wie zuvor in der Schweiz, als unterbeschäftigt. Seiner Mutter teilte er im Dezember 1926 mit, dass er seinen »soi-disant Chef«, den gleichaltrigen Gesandten Ulrich von Hassell, darauf aufmerksam gemacht habe, »dass doch eigentlich seit […] 4 Wochen nicht ein einziger Auftrag von Belang an uns gelangt ist und dass man eigentlich von den Subalternbeamten das alles hätte besorgen lassen können, was in dieser Zeit zu besorgen war«[56].

Sehr viel mehr zu tun bekam er erst nach seiner Versetzung nach Berlin Ende Februar 1927.[57] Dort wurde er dem Abrüstungsreferat des Auswärtigen Amts zugeteilt und begleitete die deutsche Delegation nach der Aufnahme in den Völkerbund im September 1926 zu deren Verhandlungen nach Genf. Besonders hoch schätzte er den Völkerbund, den ersten Versuch einer ständigen und übernationalen Interessenvertretung aller Staaten, nicht. Man müsse sich »mit viel Geduld die Lügen der Welt anhören«, klagte er, »die Atmosphäre des Lugs vor sich selbst und vor der Umwelt« sei schwer zu ertragen.[58] Doch gäbe es zu diesen »wertlosen« Veranstaltungen vorläufig keine Alternative: »Unsere Schlacht ist ja noch nicht zu Ende.« Und: »Wären wir nicht dabei gewesen, so hätte der Völkerbund, diese internationale Schwindlerbande, sich noch viel übler aufgeführt.«[59]

Ende Januar 1928 übernahm Ernst von Weizsäcker im Auswärtigen Amt das Völkerbundsreferat, wurde zum Vortragenden Legationsrat ernannt und behielt seine Zuständigkeit für die ungeliebten Genfer Abrüstungsverhandlungen. »Dass mir die Genfer Atmosphäre innerlich ganz widersteht, weißt Du ja«, schrieb er seiner Mutter, es sei »nun aber einmal die moderne Art europäischer Diplomatie und daran muss man sich gewöhnen«.[60] In seinem Weihnachtsbrief 1928 gab er der Mutter zu verstehen, dass er nach den vom Vater gesetzten Maßstäben den familiären Erwartungen bis zu diesem Zeitpunkt wohl noch nicht entsprochen habe: »Was mich selbst angeht, so weiß ich, dass ich in das Jahr eintrete, in dem der Papa [mit siebenundvierzig Lebensjahren] Minister wurde. Ich will mich ihm aber wirklich nicht vergleichen und auch nicht bestreiten, dass nur jeder an seinem Platz das Rechte zu tun hat.«[61] Gleichwohl blieb der Stachel des Ungenügens, wobei sich Weizsäcker beschwichtigte, diese Einsicht in eigenes Bescheiden müsse »auch subjektiv« von ihm selbst angenommen werden.

Wie stark das im Kern vorrepublikanische väterliche Beispiel den Sohn prägte, verdeutlicht ein Brief an die Mutter im Februar 1929. »Meine Berliner Beobachtungen an den Auswirkungen der neuen Ära«, erklärte er seine eigene, nicht minder demokratieferne Haltung, »machen mir Papas Einstellung zum Nutzen des alten Regimes in Staat und Familie, Kultur und Sitte immer begreiflicher.«[62] Trost fand Ernst von Weizsäcker in solchen Augenblicken allein in den überkommenen Usancen des Staatsdienstes und den Praktiken seiner Herrschaftssicherung: »Noch wird Deutschland, soweit ich es wenigstens sehe, von den Ministerien regiert. Ob der Minister als Mundstück so oder so heißt, ist dann ziemlich wurscht. Aber es kommt natürlich auch die Zeit, wo die Ministerien selbst verhunzt sein werden. Auf die Dauer also möchte ich mich mit dem bisherigen Zustand nicht abfinden.«[63]

In welche Richtung seine politischen Hoffnungen genau gingen, verriet er während der Weimarer Zeit in seinen Aufzeichnungen allerdings nicht. Über seine Haltung zu den Nationalsozialisten gab er der Mutter nach deren Wahlerfolgen 1930 in einem Brief zum Jahresende zu verstehen: »*Solange* die Nazis nur randalieren und die Regierung zu politischer Aktivität treiben, ohne sie etwa zu stürzen, sollen sie mir als Folie willkommen sein. Nachträglich verstehe ich ganz gut, warum diese Partei so kommen musste. Die national fühlende Jugend konnte einfach bei keiner anderen Partei befriedigt werden.«[64] Nach erneuter Beförderung zum Gesandten I. Klasse wurde Ernst von Weizsäcker am 1. Juli 1931 an die Gesandtschaft nach Oslo versetzt, unterstand aber weiterhin auch Rudolf Nadolny, dem Leiter der deutschen Abrüstungsdelegation in Genf.[65] Von dort berichtete er im April 1932 seiner Mutter: »Wir haben so genannte große Tage. Aber Ertrag? Es gibt doch keine größere Impotenz als Regierungen, die von der öffentlichen Meinung leben. Heute waren [der französische Ministerpräsident André] Tardieu u. [der britische Regierungschef Ramsay] Macdonald beim Frühstück rechts u. links von [Reichskanzler Heinrich] Brüning. Das sieht ja alles ganz friedlich u. nett aus. Aber – sie konnten zueinander nicht kommen u. hatten einander so lieb. Die Demokratie ist der Krebsschaden.«[66]

Als sich das Jahr 1932 und damit der erste zögerliche deutsche Versuch in Sachen Demokratie seinem Ende näherte, mochte sich Ernst von Weizsäcker für keine der einander bis aufs Blut reizenden Parteien entscheiden, denn: »Niemand riskiert eine Prognose.« Für eine vorschnelle Festlegung war der inzwischen einigermaßen erfahrene Diplomat viel zu vorsichtig: »Zwischen den kämpfenden Gruppen tut mir die Wahl weh.« Fest stand für ihn nur eins: Die Verteidigung der Demokratie war seine Sache nicht. Der seit 1925 zunehmend autoritär regierende Reichspräsident und frühere Generalfeldmarschall Paul von Hindenburg erschien ihm, wenn schon an eine Monarchie nicht mehr zu denken war, als »die bei weitem liebste Spitze«.[67]

Im Dezember 1932 – die Nationalsozialistische Deutsche Arbeiterpartei (NSDAP) war von 37,8 Prozent bei den Reichstagswahlen im Juli auf 33,5 Prozent bei den Neuwahlen im November zurückgefallen – erschien Ernst von Weizsäcker der Zenit der Nazis überschritten. Er ging auf Distanz: »Während ich mir sonst auf der Bahn den *Völkischen Beobachter* kaufte, unterbleibt das jetzt, unwillkürlich, es lohnt nicht mehr recht.« Dennoch, schrieb er der Mutter, bringe er »eine feindselige Stimmung gegen die Vielen nicht auf, die so gutgläubig der Bewegung anhängen«. Der Versailler Frieden habe Deutschland national zerschlagen und sozial zersplittert, was heiße, der Nationalsozialismus sei »doch der richtige Name u. Gedanke für eine Einheitsbewegung«. Allerdings sei diese »nicht auf dem Parteiweg zu machen, sondern ist darüber zu stellen, Ethos, nicht Pathos«.[68]

Hitlers Staatssekretär

»Entscheidungen, die ans Gewissen gehen«

Die Machtübernahme der Nazis am 30. Januar 1933 überraschte Ernst von Weizsäcker in Oslo sehr: »Vom Ausland her hatte ich die Wucht der nationalsozialistischen Bewegung unterschätzt.«[1] Vor allem war er davon ausgegangen, dass Adolf Hitler lieber weiterhin aus der Rolle der Opposition heraus ungehemmt agitieren würde, statt sich in der Verantwortung als Regierungschef beweisen und, nicht unwahrscheinlich, verschleißen zu müssen.[2] Außerdem nahm er an, dass der zwar monarchistisch geprägte, der Weimarer Verfassung aber immerhin nicht eidbrüchig gegenüberstehende Reichspräsident Paul von Hindenburg die Hand nicht dazu reichen werde, einer nationalsozialistischen Diktatur in den Sattel zu verhelfen.[3]

Zur Beurteilung der damaligen Lage ist freilich daran zu erinnern, dass Hindenburg bereits nach dem Wahlerfolg der NSDAP im Sommer 1932 Hitler die Vizekanzlerschaft im Kabinett des der katholischen Zentrumspartei angehörenden Franz von Papen angeboten hatte. Hitler, der damals wie auch im Januar 1933 für die stärkste Fraktion im Reichstag stand, hatte unter Verweis auf ebendiese Stärkeverhältnisse das Angebot abgelehnt, einen Platz in der zweiten Reihe zu übernehmen und sich dadurch einbinden zu lassen. Nach dem Rücktritt des Papen-Nachfolgers Kurt von Schleicher, einem Reichswehr-General, am 28. Januar 1933, dem Hindenburg eine nach der Verfassung mögliche Ermächtigung nicht hatte aussprechen wollen, zeitlich befristet ohne Unterstützung durch eine parlamentarische Mehrheit weiterzuregieren, blieb ihm anderes als eine Ernennung Hitlers zum Reichskanzler nicht übrig, da sich dieser mit Papen und dem Deutschnationalen Alfred Hugenberg auf die Bildung einer Mehrheitskoalition unter seiner Führung verständigt hatte.

Erleichtert wurde Hindenburg diese Entscheidung zweifellos durch die Tatsache, dass Hitler in sein erstes Kabinett aus taktischen Gründen nur zwei Nationalsozialisten aufnahm, nämlich Wilhelm Frick als Innenminister und Hermann Göring als Minister ohne Geschäftsbereich. Die anderen Ressorts, darunter die klassischen Zuständigkeiten für Auswärtige Angelegenheiten (Konstantin von Neurath), Finanzen und Wirtschaft (Johann Ludwig Graf Schwerin von Krosigk) sowie Justiz (Franz Seldte) und Militär (Werner von Blomberg), vergab er an Männer, die entweder parteilos oder Mitglieder der Deutschnationalen Volkspartei (DNVP) waren und allesamt dem greisen Feldmarschall nahe standen, so dass der, aber auch die politischen Gegner Hitlers in Deutschland und Beobachter außerhalb der Grenzen davon ausgehen konnten, dass Hitlers Einfluss durchaus begrenzt bleiben würde.

Schon wenige Wochen nach dem Machtantritt der Nazis bemühte sich Ernst von Weizsäcker in einem Brief aus Anlass des Geburtstages seines toten Vaters um eine Einschätzung der neuen Lage. Man müsse in diesen Tagen doch sehr an den November 1918 denken, meinte er, »wo der Papa überlegen resigniert aussprach, seine Lebensarbeit sei nun auch vernichtet«. Wie, fragte er, würde der Vater wohl die aktuelle Situation beurteilen? »Wahrscheinlich«, mutmaßte der Sohn, »würde er den norddeutschen Pendelausschlag nach der anderen Seite und den Mangel an Sachverstand im neuen Regime wiederum missbilligen.« Doch erscheine ihm ziemlich sicher, »der Papa würde den Vorgang als verdiente Reaktion« auf die Pressionen der Siegermächte des Ersten Weltkrieges betrachten. Dennoch stelle sich ihm aber die Frage: »Kann man da eigentlich mitmachen? Wie sichert man dem noch intakten Teil der Bürokratie den nötigen Einfluss? Wie bringt man die richtige ›mesure‹ in das neue System?« Er jedenfalls würde, wenn er dies trotz seiner Stellung im Ausland denn dürfte, bei den für Anfang März angekündigten Neuwahlen »zur Stärkung des linken regierungsfähigen Flügels wahrscheinlich deutsch-national stimmen«.[4]

Nach den vorgezogenen Neuwahlen am 5. März 1933, bei denen die NSDAP 44 Prozent der Stimmen und damit die absolute Mehrheit nur im Bündnis mit ihrem Koalitionspartner, der »Kampffront Schwarz-Weiß-Rot«, gewinnen konnte, überlegte der von den ersten Monaten der Machtausübung beeindruckte Ernst von Weizsäcker, »ob es gelingen werde, im Kampf des gemäßigten und [des] extremen Flügels der neuen nationalen Revolution Ersterem zum Siege zu verhelfen und damit die Außenpolitik in den Händen der Vernunft zu halten«[5]. Bereits nach einem ersten Besuch in Berlin gefiel ihm »ganz gut«, was er dort sah, insbesondere anscheinend, dass vom neuen Regime »gegen das Streber- und Denunziantentum vorgegangen« werde: »Überhaupt wurde mir gesagt, man vermute, dass die Kurve der unruhigen Ereignisse kulminiert und dass die Periode stetiger Verwaltung nunmehr begonnen habe.«

Im Auswärtigen Amt erfuhr er »von keiner außenpolitischen Aktion der Regierung, die zu beanstanden wäre«. Vor allem »Hitlers Reden waren sehr abgewogen und gut«. Nicht einmal von einem personellen Großreinemachen im Ministerium ging Ernst von Weizsäcker nach dieser ersten Sondierung aus. »Immerhin werden im Lauf der Zeit etliche Botschafter, Gesandte und Ministerialdirektoren dran glauben müssen«, fasste er den Ertrag seiner Gespräche mit den beiden ihm gut bekannten und unverändert Dienst tuenden Ministeriumsspitzen, Konstantin von Neurath und Staatssekretär Bernhard von Bülow, zusammen, aber man solle andererseits auch nicht darauf setzen, dass künftig »die Stunde der Reaktion im Sinne der Vorkriegszeit geschlagen habe«.[6]

»Selbstverständlich treten an jeden Einzelnen jetzt Entscheidungen heran, die ans Gewissen gehen«, beschrieb Weizsäcker ernsthafte Bedenken bei vielen Angehörigen des Auswärtigen Dienstes in einem Brief wenig später. Doch jedenfalls bei ihm persönlich können diese Zweifel an den neuen Machthabern nicht sehr tiefgreifend gewesen sein. Denn, so stellte er fest: »Eine einfache Wahrheit ist doch, dass dieses Regime nicht umschmeißen darf.« Denn welches »Negativ davon käme hinter ihm!« Deshalb müsse man den Nationalsozialisten »alle Hilfe und Erfahrung angedeihen lassen und mit dafür sorgen, dass die jetzt einsetzende zweite Etappe der neuen Revolution eine ernsthaft konstruktive wird«.

Selbst Hitlers Reichstagsrede zur Vorlage des »Ermächtigungsgesetzes« im März 1933 schreckte ihn nicht, das der Reichsregierung zunächst befristet auf vier Jahre das Recht zusprach, sogar verfassungsändernde Gesetze ohne Zustimmung des Parlaments in Kraft zu setzen. Aus dieser Ansprache hörte Ernst von Weizsäcker heraus, was niemand sonst vernahm, nämlich »einen Grundton der Mäßigung und Versöhnung.«[7] Dabei forderte Hitler in seiner Ansprache vor den mehrheitlich in den braunen Uniformen der Sturmabteilung (SA) aufmarschierten Abgeordneten der NSDAP unter ausdrücklichem Verweis auf angeblich »hochverräterische Umtriebe« von Sozialdemokraten und Kommunisten nichts anderes als die blanke Aufhebung der Weimarer Verfassung. Den Kommunisten war nach den Reichstagswahlen am 5. März die Wahrnehmung ihrer einundachtzig Mandate verwehrt worden, während die Sozialdemokraten, die 120 Abgeordnete stellten, erst im Juni verboten wurden. Gegen das »Ermächtigungsgesetz« stimmten daher nur die sozialdemokratischen Abgeordneten, deren Fraktionsvorsitzender Otto Wels den Nazis in einer mutigen Rede entgegnete, sie könnten ihren politischen Gegnern wohl die Freiheit, die Gesundheit und selbst das Leben nehmen, aber nicht die Ehre.

Das weizsäckersche Dilemma bestand darin, dass er einerseits die allenthalben stattfindenden »Exzesse« brauner Schlägertruppen ablehnte, die einer »geordneten Staatsumwälzung eines zivilisierten Landes« widersprachen, andererseits jedoch Hitlers »Bewegung als force in being« taktisch nutzen wollte, »um unserer Außenpolitik die Stütze von rechts zu geben«.[8] Dass sich weder Hitler noch seine »Bewegung« in das Kräftespiel und in den Erfahrungshorizont eines konservativen Bürgers der Kaiserzeit würden einfügen lassen, erkannte Weizsäcker erst Jahre später: zu einem Zeitpunkt, als er die Entwicklung der Dinge nicht mehr beeinflussen konnte.

Vorerst las er, um sich kundig zu machen, »das etwas veraltete Buch von Hitler, ›Mein Kampf‹«. Er kam, ratlos, zu dem Ergebnis, dass »man aus Büchern ja doch nicht klug« werde. Immerhin billigte er dem Autor eine gewisse »Warmherzigkeit gegenüber dem sozialen Elend« zu, die ihn am meisten beeindruckt habe. Weizsäcker, blind für das totalitäre macht- und rassenpolitische Anliegen Hitlers: »Das ist kein Reaktionär!«[9]

In der Konsequenz solcher Erwägungen zog Ernst von Weizsäcker eine fatale Schlussfolgerung: »Unsereiner *muss* die neue Ära stützen. Denn was käme nach ihr, wenn sie versagte! Natürlich muss man ihr auch mit Erfahrung, Auslandskenntnis und allgemeiner Lebensweisheit beiseite stehen. Hierzu bin ich entschlossen.«[10]

Selbst Beobachtungen über den von den Nazis an vielen Stellen gewaltsam durchgesetzten Boykott jüdischer Geschäfte am 1. April 1933, die er während einer Reise nach Hamburg machte (»Ich sah die eingeschlagenen Fensterscheiben«), brachten ihn von diesem Kurs nicht ab.[11] Sogar sein Eindruck aus Berlin, »dass die nunmehr herrschende Partei nicht nur aus Schreihälsen und Demagogen bestehe, sondern aus gefährlichen Umstürzlern, aus Leuten, die imstande wären, ihre Drohungen auszuführen«, selbst diese erschreckende Einsicht bewirkte keine Umkehr.

Im Gegenteil: Dass die »Nichtarier«, die Juden, zu den ersten Opfern der Nazis zählten, erregte Ernst von Weizsäcker nicht sonderlich. Schließlich hätten »einsichtige Juden schon vor 1933 beunruhigt« zugegeben, dass »sie bei ihren großen Chancen in der Weimarer Republik ihr Konto überzogen hatten«. Als Antisemit begriff sich Weizsäcker trotz solcher durch nichts begründeter Angriffe aber keineswegs. In seinen *Erinnerungen* schrieb er gewiss zutreffend, dass »Antisemitismus keine deutsche Eigenschaft« gewesen sei und – in dieser Verallgemeinerung zweifellos verkehrt – dass das »Bürgertum und die staatlichen Behörden« in Deutschland an dieser »revolutionären Agitationswaffe« der Nazis »wenig Gefallen« gefunden hätten.[12]

Ein derart geschmäcklerischer Befund blieb für die Juden unerheblich, solange Bürgertum und staatliche Verwaltung der brutalen Rohheit des aufgepeitschten Nazi-Mobs nicht entgegentraten. Und dieses taten sie nicht, so wenig wie Weizsäcker, zu dessen Aufgaben als Gesandter es gehörte, die heimatliche antisemitische Hetze in Norwegen gegenüber irritierten Anfragen aus dem Gastland zu verteidigen. Erbost berichtete er in einem Privatbrief im April 1933 aus Oslo: »Die antijüdische Aktion zu begreifen fällt dem Ausland besonders schwer, denn es hat diese Judenüberschwemmung eben nicht am eigenen Leib verspürt.« Nachdem man sich im Familienkreis beim abendlichen Plaudern einige Zeit mit der *Odyssee* beschäftigt habe, lese man »jetzt den ›Jud Süß‹ von Hauff«, schrieb Weizsäcker seiner Mutter, wohl um sich auch literarisch auf die neuen Anforderungen einzustimmen.[13]

Keine Spur von judenfeindlichem Ressentiment, wie Ernst von Weizsäcker nach dem Zweiten Weltkrieg hervorhob und die Söhne bis heute betonen? Spätestens im Sommer 1933, sagte Weizsäcker voraus, würden »außenpolitisch noch schwere Proben« bevorstehen. Dann nämlich würden »die Juden des Auslands entweder Erpressungen politisch-wirtschaftlicher Art vornehmen oder aber wenigstens für ihre Rassegenossen in Deutschland Garantien fordern«. Dieses sei »der eine Tanz«, den er erwarte. Der andere komme »mit der Rüstungsfrage«.[14]

Doch zunächst hatte Ernst von Weizsäcker aus Anlass des 1. Mai 1933 einen Empfang für die deutsche Kolonie in Oslo zu geben, »wobei ich wieder einmal sprechen muss bzw. will«. Er wollte diese Gelegenheit wahrnehmen, »auch das Deutschtum in

Norwegen an die neue Zeit« zu gewöhnen, »von der [es] durch Radio und Judenhetzberichte eine nicht eindeutige Meinung erhalten hat«.[15] Nach dieser Veranstaltung hielt Weizsäcker in seinem Tagebuch fest, dass er seine Rede auf zwei Schwerpunkte abgestimmt hatte: »Deutschland ist nicht arbeiterfeindlich, den Nationalsozialismus hat uns das Ausland aufgedrängt.« Die »Judenfrage, die uns das Leben sauer macht«, vermied er anzusprechen. Denn sie, berichtete er ohne Bedauern, sei das Thema, »was uns die Neutralität der demokratischen Presse gekostet hat«.[16]

Anfang Juni 1933 rief Außenminister Konstantin von Neurath seinen württembergischen Landsmann Ernst von Weizsäcker nach Berlin, damit er dort die Personalabteilung des Auswärtigen Amtes zunächst einmal für sieben Wochen kommissarisch leite.[17] Neurath wollte einen Mann seines Vertrauens in der Nähe haben, um nationalsozialistische Begehrlichkeiten nach Möglichkeit abwehren zu können.[18] Nicht zu Unrecht ging er davon aus, dass Hitler weder mit dem feudal-altbackenen Personal des Amtes noch mit seinen parteiunabhängigen Strukturen einverstanden sein werde. Im Anschluss an diese eher defensive Verwendung sollte Weizsäcker die deutsche Gesandtschaft in Bern übernehmen.[19] Nach seinem Eintreffen in Berlin spürte Weizsäcker denn auch »ein Gewitter über dem Haupte des A. A.« und sah »wenig Blitzableiter«.[20] Also versuchte er, »die menschliche Verbindung zwischen dem A. A. und den neuen Leuten zu fördern und *selbst* die neue Zeit zu verstehen«.[21]

Während er bei NSDAP-Mitgliedern vielfach den Eindruck gewann, »einer Art geschlossener Geistesgemeinschaft gegenüberzustehen«, deren Absichten und Antriebe sich nur jenen erschlossen, die ihr selbst angehörten, galt diese Beurteilung für die Parteiführer nicht.[22] Göring erschien ihm als »der Bemerkenswerteste«, sowohl »an Temperament« als »auch an Beweglichkeit« des Willens und des Gemüts.[23] Bei einem von Reichswehrminister Blomberg (ab 1935 Reichskriegsminister) veranstalteten Herrenabend lernte er neben »vielerlei Parteifunktionären« auch den späteren »Reichskommissar für die besetzten Ostgebiete«, Alfred

Rosenberg, sowie den »eleganten, intelligenten Chef der Geheimen Staatspolizei«, den 1931 wegen eines gebrochenen Eheversprechens, also wegen »Unwürdigkeit«, aus der Marine entlassenen Reinhard Heydrich kennen. Sie alle hinterließen bei ihm keinen negativen Eindruck: »Die militärische Atmosphäre tut wohl. Wir werden diese frischen und tatenfrohen Männer mit ihrer geschulten Disziplin noch einstens gut gebrauchen können.«[24] Vor allem aber Hitler beeindruckte ihn sehr: »Da ist nichts von der Wiener Leichtigkeit oder Gemütlichkeit. Man könnte eher sagen, es sei das bewusste Gegenteil davon. Diese Persönlichkeit scheint mir viel eher in sich zu ruhen als alle anderen, die ich traf.«[25]

So mag jemand schreiben, der den Nationalsozialisten aus mancherlei Gründen skeptisch gegenübersteht, der sich ihnen intellektuell überlegen glaubt und mit ihrem zuweilen ungehobelten, oft genug brutalen Politikstil wenig anzufangen weiß. Ein politischer Gegner der NSDAP müsste sich anders ausdrücken, als Ernst von Weizsäcker dies im Sommer 1933 tat, als klar war, dass die Machtübernahme der Nazis keine Episode bleiben würde: »Mein siebenwöchiger Aufenthalt war zwar kein Vergnügen, da ich Personalien nicht liebe; er war mir aber zum Verständnis des neuen Deutschland doch sehr förderlich.«[26] Auch der persönliche Kontakt mit Hitler, Göring und dem im März 1933 zum »Minister für Volksaufklärung und Propaganda« ernannten Joseph Goebbels und zu ihren engsten Mitarbeitern sei von »hohem Interesse« gewesen: »Hitler, sehr ernst und fest in sich gekehrt, überragt die anderen ohne Frage weit. Es ist etwas wie eine metaphysische Einstellung an ihm, die ihm den Vorsprung wahrt.«[27]

Der nach seinem eigenen Verständnis »erste Programmpunkt« seines Berlin-Aufenthaltes war für Ernst von Weizsäcker die Festlegung seines künftigen Verhältnisses zur NSDAP und das der Angehörigen des Auswärtigen Amtes insgesamt.[28] In einem Brief Mitte Juni 1933 schrieb er, dass er dazu »noch keine klare Haltung gewinnen« konnte. Zwar würde die »Partei-Tür noch einmal speziell« für die Beamten des Auswärtigen Dienstes geöffnet werden, doch sei seine Auffassung bisher folgende gewesen: »Ich möchte für meine Person annehmen, dass meine Berufsaufgabe in Bern besser ohne das Abzeichen zu lösen sei.«[29] Dieser taktische Vorbehalt, der mit Blick auf seine Arbeit in der neutralen Schweiz auch borniertern Parteifunktionären nachvollziehbar war, galt nach Weizsäckers Verständnis allerdings nicht grundsätzlich: »Für die Mitglieder des Amts, d. h. für die Kollegen habe ich noch keine Marschroute, die menschlich und beruflich als richtig anzusprechen wäre.«[30]

Vier Wochen später standen nach einer vorübergehenden Beitrittssperre die Parteitore wieder offen, und Weizsäcker registrierte, dass »offenbar alle oder fast alle meiner Kollegen den Beitritt erklären oder richtiger um Aufnahme bitten«. Er selbst, der die Eintrittswilligen als »1933 Spätlese« verulkte, wollte sich »eigentlich gerne die schweizerische Lage vorher noch näher ansehen«. Doch der politische Druck auf die Beamten einerseits und deren Angst andererseits, sich durch zu langes Zögern Aufstiegschancen zu verbauen, nahmen derart zu, dass Weizsäcker Anfang August 1933 in seinem Tagebuch lapidar notierte: »Vertretung des Personalchefs beendet. Beitrittsfrage zur NSDAP und Revirement eingeleitet.«

Weitere Ausführungen hielt er an dieser Stelle nicht für erforderlich. Offenbar war die Ministeriumsleitung gleich ihm der Auffassung, dass die Ablösung des der SPD zugehörigen Gesandten Adolf Müller in Bern durch einen frisch getauften Nationalsozialisten als außenpolitisch wenig förderlich erscheinen konnte. Daraus ist freilich keine widerständige Haltung des Diplomaten selbst abzuleiten. Nach den Einträgen in seiner SS-Personalakte trat Weizsäcker mit seiner Ernennung zum Staatssekretär des Auswärtigen Amts am 1. April 1938 der NSDAP (Mitgliedsnummer: 4 814 617) und am 20. April 1938 der SS bei (Mitgliedsnummer: 293 291). Seine Ehefrau Marianne schloss sich der Nationalsozialistischen Frauenschaft (NSF) bereits kurz nach ihrer Gründung 1931 (Mitgliedsnummer: 1878) und der NSDAP im Laufe des Jahres 1933 an (Mitgliedsnummer:

3 762 854). Damit war dokumentiert, dass sich die Familie den neuen Verhältnissen mindestens zu fügen wusste und dabei gleichzeitig – wenn auch mit systemkonformer Begründung – einen wohlbemessenen Abstand hielt.

Dass es nicht politische Begeisterung war, die Weizsäcker zu den Nazis zog, sondern ein von vielen Unwägbarkeiten bestimmtes Austarieren, belegt ein Brief von ihm aus dem Februar 1934: »Es scheint die Pforte zur Partei für die im Ausland befindlichen Auslandsbeamten nunmehr offen zu stehen (für die Inlandsbeamten des A. A. nicht). Rücksichten verschiedenster Art [...] wollen da genommen und richtig abgewogen sein. [...] Halte mir den Daumen. Denn man möchte doch das Richtige treffen, um das, was man sich an Erfahrung und Verstand zutraut, so nützlich wie möglich für die Allgemeinheit zu verwerten.«[31] Und auch zu eigenem beruflichen Vorteil, versteht sich. Das Ziel, »full admiral« zu werden, hatte Weizsäcker immer noch vor Augen. An der Frage einer Parteimitgliedschaft sollte es nicht scheitern, wenngleich er es vorgezogen hätte, dass Beamten und zumal Diplomaten wie den Offizieren ein Parteibeitritt verwehrt blieb.

Vor seiner Abreise nach Bern zog er während der politischen Sommerpause des Jahres 1933 eine erste, zufriedene Bilanz: »Das Amt gähnt. Es ist aber kein nervöses Gähnen. Vielmehr scheint mir wieder die Qualität sich langsam durchzusetzen und langsam auch dem Amte wieder zuzufließen, was des Amtes ist. Nachdem die Regierung die Partei repräsentiert – warum sollte da die Partei die Regierung noch kontrollieren. Das kann doch nur notwendig sein, wenn man sich misstraut.«[32]

Die nationalsozialistische Revolution sei nun abgeschlossen, vertraute Ernst von Weizsäcker Ende August seinem Tagebuch an, jetzt müsste »ein Abtausch der Revolutionäre gegen Konstrukteure« erfolgen.[33] Und als einer von diesen Letzteren verstand sich Weizsäcker, im Interesse des Staates, im Dienste Deutschlands loyal gegenüber der Partei, die doch einiges Erfreuliche bereits auf den Weg gebracht habe. »Als Gewinn ist heute zu buchen: die Aufrüttelung aus einer Schicksalsergebenheit, der

Sinn für Haltung und Disziplin, geschärftes Auge für reinliche Geschäftsführung, Anerkennung der Familienwerte, kurzum ein moralischer Aufschwung.«[34]

Wie Weizsäcker, der doch immerhin sieben Wochen in Berlin zugebracht hatte und auch während seiner Oslo-Zeit über exzellente Nachrichtenverbindungen in die Heimat verfügte, zu einer so groben Fehleinschätzung der Lage in Deutschland kommen konnte, bleibt sein Geheimnis. Allerdings teilte er diese optimistische Beurteilung mit nicht wenigen Menschen seiner Generation, die sich durch den Friedensvertrag von Versailles als Kriegsverbrecher stigmatisiert und durch die wirtschaftlichen und sozialen Krisen der Weimarer Republik erst um ihr Vermögen und dann um jede Sicherheit gebracht fühlten und deshalb deren Ende nicht bedauerten.

»Fragezeichen« setzte Ernst von Weizsäcker lediglich »auf geistigem Gebiet, auf dem Gebiet der Kirche, der sozialen und der internationalen Beziehungen«[35]. Da sei es notwendig, dass kühler »Sachverstand zum idealen Schwung« hinzutrete, denn sonst könnte »die erste Etappe der nationalen Revolution durch eine zweite, die alles infrage stellt«, abgelöst werden. Um dieses »Unglück« zu verhüten, sollte sich »jeder Spezialist in den Dienst der Sache stellen«.[36]

Die seit der Einrichtung erster Konzentrationslager im März 1933 erkennbare politische Verfolgung der Zehntausende zählenden Nazi-Gegner; die seit dem Boykott jüdischer Geschäfte am 1. April nicht mehr übersehbare Bedrängung einer religiösen und, wie es bald hieß, rassischen Minderheit; die seit dem Inkrafttreten des Gesetzes »Zur Wiederherstellung des Berufsbeamtentums« eine Woche später erfolgte »Säuberung« der staatlichen Verwaltung von politisch Missliebigen und »rassisch Minderwertigen« – dies alles und die mit dem »Ermächtigungsgesetz« im März, mit der Auflösung der politischen Parteien und mit dem Verbot der SPD am 22. Juni verbundene Selbstpreisgabe der Demokratie berührten Weizsäcker offenkundig so wenig, dass er diese Ereignisse in seinem Tagebuch, in dem er sonst kritische Bemerkungen und eine gefährlich-offene Sprache durchaus nicht scheute, nicht einmal am Rande erwähnte oder zumindest versteckt andeutete.

Im Gegenteil: Ernst von Weizsäcker fühlte sich auf der Siegerstraße. Nach seinem Eintreffen als Gesandter in Bern berichtete er im September 1933 in einem Brief: »In der Schweiz wird man mit deutscher Autonummer angejubelt. Die spöttischen ›Heil-Adolf‹-Rufe machen mich nur noch mehr zum Freund der NSDAP.«[37] Goebbels, der in Genf vor dem Völkerbund eine Rede hielt, habe sich »sehr bewährt«. Ausländer, die mit ihm sprachen, hätten im allgemeinen den Eindruck gewonnen: »In dieser Bewegung steckt etwas, das man doch näher studieren sollte.«[38] Weizsäcker jubilierte: »Wer nicht Nazi ist, den schicke man hierher, damit er es wird« und warnte – schon ganz im Sprachduktus der Nazis: »Aus der jüdischen Ecke haben wir noch viel Giftspritzen zu erwarten.«[39]

Insbesondere die den Nazis und dem übermächtigen Nachbarn im Norden kritisch gegenüberstehende schweizerische Presse ging ihm gegen den Strich. Sie sei sein »cauchemar« (Alptraum), schrieb er in einem Brief Mitte Dezember 1933: »Von dieser täglichen Speise verderbe ich nicht nur mir selbst den Appetit. Sie wirkt auch auf die 4 Millionen Schweizer und darüber hinaus ins Ausland. Diese wohlweise Lobpreisung der wahren Demokratie hängt mir zum Halse heraus, und die Pressefreiheit soll der Teufel holen, wenn sie die Gefühle vergiftet. Feigheit ist der Leitstern der Politik. Da man vor uns noch keine Angst haben zu müssen glaubt, übergießt man uns mit Jauche in Fällen, wo andere nur mit mildesten Worten abgetan würden. Ich zehre innerlich und nach außen stark am Kapital meiner Liebe für die Schweiz. Zinsen laufen da keine mehr auf.«[40]

Doch Ernst von Weizsäcker blieb im Innersten zerrissen. Sosehr er es schätzte, dass die neuerdings erzwungene innenpolitische Geschlossenheit zusätzliche außenpolitische Spielräume gegenüber den Versailler Vertragsstaaten zu öffnen versprach, so sehr bedrückte ihn zuweilen der alltägliche Umgang mit einer von

Ideologemen getragenen »Bewegung«, deren politische Antriebe er zwar verstand und in einem erheblichen Maß auch teilte, deren Bewegungsgesetze ihm aber fremd blieben, weil sie nicht den überkommenen Regeln politischen Handwerks, ja vernunftgemäßen Handelns überhaupt entsprachen.

Mit mehr als nur einem Anflug von Resignation schrieb er zu Jahresbeginn 1934: »Über das letzte Jahr kann man nur still den Vorhang ziehen. Ich komme mir gealtert vor [...]. Was bleibt zu tun, als nach besten Kräften das Seinige zu tun und der Vorsehung den Gang dann anvertrauen.« Überhaupt, meinte Weizsäcker, sei der Begriff von Glück und Unglück nicht länger zu deuten: »Glück ist eigentlich [...] nur augenblicksweise zu spüren, wenn man zu erkennen glaubt, dieses oder jenes einmal recht gemacht zu haben.« Alles weitere sei, in einem ausgesprochen protestantisch-theologischen Verständnis, »beschämende Gnade«.

Viele neue Bücher, berichtete er, seien gekauft worden. Doch die Beschäftigung damit müsse er vorläufig noch aufschieben. Ironisch merkte er über die ebenfalls erworbenen NS-Propagandatexte, deren Studium ihm ratsam schien, an: »Ich muss noch den *Hitlerjungen Quex*[41], *Mit Hitler an die Macht* und Ähnliches lesen, um Schritt zu halten.«[42]

Während eines Urlaubs im Februar 1934 im schweizerischen Silvaplana zog Ernst von Weizsäcker andere Lektüre vor. Er las Rankes Werk über die *Deutsche Reformation* und prüfte es auf Parallelen zur aktuellen Lage: »Denn aus heiterem Himmel kam die Revolution ja auch nicht. Ihre Zeit war da. Der Mann kam dazu, freilich ohne den ursprünglichen Anspruch, seine Welt zu reformieren.«[43] Auch die »jetzige Revolution« werde wohl kaum beim Jetzigen stehen bleiben: »Sie nennt sich Bewegung; es sollte mich wundern, wenn sie diesen Charakter nicht behielte und in, sagen wir 1/2 oder einem Jahr eine neue Welle mit sich brächte.«[44]

Es sollte schneller gehen, und die Welle kam aus anderer Richtung. Angestoßen von Göring und SS-Chef Heinrich Himmler sowie unterstützt von Wehrminister Blomberg, entledigte sich Hitler zwischen dem 30. Juni und dem 2. Juli 1934 in einer Mordaktion der SA-Führung um deren Stabschef Ernst Röhm. Dessen radauseliges Drängen nach einer »zweiten Revolution«, nach Enteignung des Großkapitals und Schaffung eines Volksheeres anstelle der Reichswehr griff Hitler auf, um sich ebendieser deutschen Wirtschaft, dem Militär und dem konservativen Bürgertum als zuverlässiger Schirmherr darzustellen. Unter dem Vorwand eines von der SA – der rund eine Million Mitglieder zählenden Bürgerkriegstruppe der Partei – angeblich geplanten Putsches ließ Hitler neben Röhm noch zahlreiche weitere hohe SA-Führer von SS und Geheimer Staatspolizei verhaften und ohne Gerichtsverfahren auf der Stelle erschießen. Zu den Opfern zählten aber auch andere politische Gegner wie der kurzzeitige Reichskanzler Schleicher und der Zentrums-Politiker Gustav von Kahr. Ernst von Weizsäcker scheint diese Blutorgie nicht wirklich aufgewühlt zu haben. Aus Bern schrieb er, er meide keine Geselligkeit und zeige sich bewusst, um etwaige Vermutungen zu widerlegen, »als sei es mir nicht wohl zumute«. Politik, so beruhigte er sich selbst, sei nun mal »kein Ethikunterricht«. Auf lange Sicht indes könne man der »raison« vertrauen: »Dazwischen können aber Strecken mit peinlichen Erfahrungen liegen.«[45]

Tiefer wühlte ihn der Tod des Reichspräsidenten Hindenburg am 2. August 1934 auf. Nun übernahm Hitler als »Führer und Reichskanzler« auch die Befugnisse des Staatsoberhaupts. Die Wehrmacht wurde durch ein Gelöbnis auf ihn persönlich vereidigt. »Das Dach ist abgedeckt«, schrieb Weizsäcker seiner Mutter in unsicherer Erwartung des Kommenden und erinnerte sie an kurz zurückliegende Gespräche, dass ihr Haus am Bodensee, »die Halde«, ihnen allen vielleicht noch einmal Obdach bieten müsste. Zwar gebe es vorläufig keine Hinweise in dieser Richtung, »da der Scheideweg noch nicht erreicht« sei: »Wer könnte aber bestreiten, dass Möglichkeiten dieser Art bestehen, fast in der Luft liegen?« Andererseits, machte sich Weizsäcker Mut, würden die Segel jedoch nicht im Voraus und ohne Not gestrichen, denn seit dem Tod Hindenburgs habe er das Gefühl, »selbst ein Gewichtchen der Verantwortung, die der Alte trug, nun übernommen zu haben«.[46]

Für einen Mann, der sich unabhängig von der Staatsform in erster Linie dem Wohl des Reiches verpflichtet fühlte, durfte es in dieser Situation keinen freiwilligen Rückzug geben, zumal ihn keine grundsätzliche Gegnerschaft vom Nationalsozialismus trennte. Nach einer Debatte im Schweizer Nationalrat habe er gespürt, ließ Ernst von Weizsäcker die Mutter ein knappes Jahr später wissen, »wie weit wir innerlich vom Parlamentarismus entfernt« sind. Der »deutsche Beamte heutzutage« dürfe stolz darauf sein, dass »er einer Öffentlichkeitskontrolle kaum mehr unterliegt«. Freilich bedinge dies: »Um so mehr muss man eigentlich selbst auf sich achten.«[47]

Ein Besuch in München brachte Weizsäcker die Bekanntschaft mit dem Geopolitik-Professor Karl Haushofer und mit Rudolf Heß, dem »Stellvertreter des Führers«, der seit 1934 Personalentscheidungen der Ministerien zu prüfen und zu genehmigen hatte. Ein Gespräch mit ihnen und mit dem Haushofer-Sohn Albrecht ließ ihn zu der Einschätzung gelangen, dass »wir eben in einer tiefgreifenden und vielleicht erst in den Anfängen befindlichen [...] Umwälzung sind, ohne dass man den Abschluss auch nur annähernd feststellen« könne. Weizsäckers Erkenntnis: »So einfach, wie das demokratische Europa urteilt, liegt die Sache nicht. Zu ihm kehrt die Welt in diesem Jahrhundert bestimmt nicht mehr zurück.«[48]

Zwei Vorgänge waren es vor allem, die der Nazi-Führung Weizsäckers diplomatisches Geschick während der Schweizer Jahre vor Augen führten. Am 9. März 1935 hatten Gestapo-Agenten den pazifistischen Schriftsteller Berthold Jacob, der auch zu den Mitarbeitern Kurt Tucholskys und Carl von Ossietzkys in der *Weltbühne* zählte, in Basel entführt und auf deutsches Gebiet verschleppt. Die Schweiz protestierte energisch. Weizsäcker bemühte sich, die »entfesselte Leidenschaft« auf beiden Seiten zu kanalisieren.[49] Mit Erfolg, denn Hitler ordnete im September die

Freilassung Jacobs aus der Gestapo-Haft und dessen Rückkehr in die Schweiz an. Wilhelm Gustloff, der Leiter der NSDAP-Auslandsorganisation in der Schweiz, gratulierte Weizsäcker »aus vollem Herzen« zu diesem Erfolg, »denn es versteht sich, dass die Deutschen in der Schweiz die Leidtragenden waren«[50]. Weizsäcker war zwar wenig erfreut darüber, »in dieser unsauberen Sache den Liquidator [...] spielen zu müssen«, zumal ihn »Dreckblätter wie die *Nationalzeitung*«, eine auch außerhalb der Schweiz angesehene Baseler Tageszeitung, in diesem Zusammenhang lobend erwähnt hatten, »aber besser so als gar nicht«.[51]

Als dann zu Jahresanfang 1936 »120 hiesige Parlamentarier Herrn Ossietzky zum Friedensnobelpreis vorgeschlagen« hatten, nachdem er von den Nazis 1933 in das Konzentrationslager Esterwegen im Emsland verschleppt und Tucholsky im schwedischen Exil 1935 in den Tod getrieben worden war, gab sich Ernst von Weizsäcker »mit den Schweizern wieder sehr unzufrieden«.[52] Er verurteilte ihren Vorstoß als völkerrechtswidrige Einmischung in die inneren Angelegenheiten Deutschlands und wies diese Initiative zurück – wenn auch ergebnislos, denn das Stockholmer Nobelkomitee folgte diesem Vorschlag und verlieh die Auszeichnung 1936 an Ossietzky. Umgekehrt intervenierte Weizsäcker mit allem Nachdruck, als der Landesgruppen-Chef Gustloff im Februar 1936 von einem jüdischen Studenten in der Schweiz ermordet wurde. Weizsäcker berichtete seiner Mutter: »Der Tod Gustloffs ist sehr trüb u. kann nicht ohne Weiterungen auch gegenüber der Schweiz bleiben.«[53] Die Überführung des Leichnams mit der Bahn nach Deutschland glich einem Staatsakt, denn trauernde Nationalsozialisten deutscher und schweizerischer Nationalität erwiesen dem vorüberfahrenden Zug in den Bahnhöfen ihren Gruß.

Der Austritt Deutschlands aus dem Völkerbund im Oktober 1933, die Rückführung des Saarlandes zum Reichsgebiet im Januar 1935, die Wiedereinführung der allgemeinen Wehrpflicht im März desselben Jahres, die Verabschiedung der antisemitischen »Nürnberger Gesetze« im September 1935, die den Nachweis »arischer Abstammung« bis zum Jahr 1800 zur Voraussetzung jeglicher Anstellung im öffentlichen Dienst machten und Ehen mit Juden verboten, sowie die Besetzung des entmilitarisierten Rheinlandes durch die Wehrmacht im März 1936 ließen Ernst von Weizsäcker nicht zu dem Entschluss kommen, den Auswärtigen Dienst oder den Staatsdienst überhaupt zu verlassen. Im Juli 1936 hielt er für sich ganz im Gegenteil fest: »Zu aktiver Beteiligung im Auswärtigen Dienst, wenn eine solche offen steht, scheint mir hinreichend Grund vorhanden, solange angenommen werden kann, dass 1. zum nationalen und sozialen Gedanken im III. Reich sich noch ein allgemeines religiöses und kulturelles Ethos gesellen, 2. das Reich – im nationalen und internationalen Rahmen – eine rechtlich begründete Friedensordnung anstreben und 3. der im Auswärtigen Dienst Befindliche den Weg zu 1) und 2) ebnen helfen kann.«[54]

Diese immerhin erwägenswerten Vorbehalte verloren ihre Bindekraft, als Außenminister von Neurath Mitte August 1936 Ernst von Weizsäcker die Leitung der politischen Abteilung des Auswärtigen Amtes in Berlin übertrug.[55] Der unerwartete Aufstieg auf der Karriereleiter, es handelte sich dabei nach dem Minister und Staatssekretär um das dritthöchste Amt, überwand sämtliche Bedenken. »Ich lasse alles kommen, wie es kommen soll, kandidiere für nichts«, hatte Weizsäcker sich noch Anfang August bescheiden gefügt.[56] Als ihm jetzt plötzlich der Weg nach oben offen stand, beschritt er ihn beherzt, wenn auch untertreibend, er müsse nun »eben seinen Kopf hinhalten«.[57]

Er hatte sich in der Schweiz als anpassungsfähiger, den Interessen der Nazi-Führung nützlicher Diplomat erwiesen, der nach außen als Angehöriger des Adels, als ehemals kaiserlicher Offizier, als Vertreter des deutschen Bildungsbürgertums, als Nicht-Parteigenosse die Rolle des noch einigermaßen neutralen Sachwalters, des Diplomaten comme il faut, übernehmen konnte. Tage vor seiner Berufung wünschte sich Weizsäcker »noch einige Zeit der Betätigung im Dienst, am liebsten in Bern«, zwei Wochen danach spürte er »etwas Faszinierendes und Initiativerweckendes« in seiner neuen Position.[58] Konstantin von Neurath, schrieb er familiär-vertraulich seiner Mutter, »hat mich schon in eine böse Lage manövriert. Denn personell und organisatorisch hat die hiesige Lage Haken, politisch aber erst recht.«[59] Außerdem habe »der Kreis von Leuten, mit denen heute noch im A. A. etwas anzufangen ist, in einer Mönchszelle Platz genug«[60]. Auch gelte es in Berlin, Zivilcourage zu haben – vielleicht gar, was zu erwähnen er unterließ, sie offen zu zeigen.

Die Arbeit nahm ihn vollkommen in Beschlag. »Ich bin fleißiger als je in meinem Leben«, berichtete er seiner Mutter Mitte Oktober 1936, »denn wenn ich die Geschäfte nicht streng in die Hand nehme, werde ich nicht damit fertig.«[61] Die politische Abteilung des Auswärtigen Amtes war für die strategische Planung der deutschen Außenpolitik nach den Vorgaben des Ministers bzw. des Reichskanzlers sowie für die Kontrolle ihrer Umsetzung durch den diplomatischen Dienst im Ausland zuständig. Da gab es bei Weizsäcker keinerlei Vorbehalt: »Die Führung der Politik hat der Führer allein, die Ausführung muss aber auch einem allein übertragen werden u. das kann Konstantin [von Neurath] sein, wenn er nur will.«[62] Solche Auftragstaktik war Weizsäcker nicht nur aus der Kriegszeit vertraut, er zog sie auch jeder engeren Befehlsführung vor, die operativ nicht nur das Ziel, sondern jeden einzelnen Schritt auf dem Weg dorthin festgelegt hätte und damit die Entscheidungsfreiheit des verantwortlich Handelnden regelmäßig einschränkte.

Ernst von Weizsäcker nahm diese neue Bewährungsprobe gern an: »Ich habe etwas zu tun, was mich interessiert, versuche meinen Aktionsradius nach Kräften zu erweitern und habe ein Programm. Was will man eigentlich mehr mit 54 Jahren?«[63] Wie sah dieses Programm aus? Weizsäcker ging davon aus, »bei rationalem Verlauf noch für zwei Jahre Frieden Minimum garantieren« zu können. Die »spanische Geschichte«, das heißt den Putsch des faschistischen Generals Francisco Franco mit deutscher und italienischer Unterstützung gegen die legitime Regierung Spaniens zu einem europäischen Krieg auswachsen zu lassen, erschien ihm

»verfehlt und unzeitgemäß«. Frankreich, meinte er, habe genug mit sich selbst zu tun. England und Polen seien vorläufig nicht ausreichend gerüstet. Und die Russen hätten selbst Angst: »Also wo u. wozu u. warum soll Krieg kommen?«[64]

Diesen Krieg vor seiner Zeit zu verhindern hielt Ernst von Weizsäcker für die wichtigste Aufgabe des Auswärtigen Amtes. Dazu freilich brauchte es seinem Verständnis nach eine bedeutende Stärkung des Ministeriums im Konzert der miteinander rivalisierenden politischen Instanzen des »Dritten Reiches«. Dass dieser Kampf nicht für ressortgebundene Eigeninteressen, sondern ausschließlich »für Führer, Bewegung und Vaterland« zu führen sei, verstehe sich dabei von selbst.[65] Werde diese Auseinandersetzung aber nicht oder nicht richtig geführt, setze sich also »der Verfall des A. A. weiter fort«, so würden sich »ganz andere Lösungen aufdrängen, die vorläufig unerörtert bleiben können«.[66] Damit sprach Weizsäcker die seit längerem diskutierte Ablösung des parteilosen und national-konservativen Außenministers von Neurath durch Joachim von Ribbentrop an, den außenpolitischen Berater Hitlers, der zu dieser Zeit als Botschafter in London diplomatische Erfahrungen sammelte.

Als allgemeines Ziel deutscher Politik fixierte Weizsäcker zu Jahresanfang 1937 ein »föderatives Großdeutschland«, das Ostpreußen (durch den bisherigen polnischen Korridor getrennt) mit Deutschland wieder fest verbände, Österreich und das tschechische Sudetenland »nahe an uns« anschlösse und »gewisse Grenzkorrekturen« in Oberschlesien, vielleicht auch gegenüber Dänemark und Belgien vornähme: »Alle solchen Pläne setzen aber einen überwältigenden Sieg der deutschen Sache voraus, der keinesfalls dann zu haben wäre, wenn diese Ziele oder auch nur die Absicht auf sie vorher bekannt wären. Deutschland bedarf eines friedlichen Gesichtes, um eintretendenfalls umso überraschender handeln zu können.«[67]

Ein Spitzenbeamter des Auswärtigen Amtes, der sich allein der Friedenssicherung verpflichtet fühlte, hätte seine Gedanken so nicht zu Papier gebracht – zumal sie sich in dieser Forschheit mit den sehr viel bedächtigeren Überlegungen Neuraths nicht deckten. Es muss zwischen Ernst von Weizsäcker und Neurath zum Konflikt gekommen sein, denn Anfang März 1937 informierte Weizsäcker seine Mutter, dass es »zur Lösung der Verlobung« gekommen sei und seine Rückkehr auf den alten Posten nach Bern bevorstehe. Als Grund dieser Spannung nannte er, dass er es »an unbefangenem Freimut innerhalb unseres Hauses über die nun geboten scheinende Zivilcourage nicht habe fehlen lassen«. Neurath war in Weizsäckers Augen zu lasch, wenn es um die Durchsetzung deutscher Interessen ging.[68]

»Ohne große europäische Erschütterungen«, hatte Ernst von Weizsäcker in seinem außenpolitischen Strategiepapier im Januar 1937 unterstrichen, werde Deutschland seine angeblich »unzulängliche territoriale Lage nicht verbessern« können. Die Richtlinien, die sich daraus für die auswärtige Politik ergäben, »bedeuten die Überleitung dieser Politik in eine neue Phase«. Alle daran Mitwirkenden müssten sich »auf eine solche neue Ära umstellen«, was einige Ungenannte freilich – gemeint war damit wohl vor allem Neurath – als »eine gewisse Zumutung« empfänden. Diese Epoche, machte Weizsäcker auf sich aufmerksam, sei geeignet, »die Phantasie der Beteiligten neu anzuregen u. alle Begabungen zu wecken«. Gerade wer für Deutschland hoch hinauswolle, werde »sich ihrem Sinn nicht verschließen«.[69]

»Sehr angetan« war Weizsäcker denn auch von seinem Abschiedsgespräch, das er am 10. März 1937 mit Hitler führte: »Es war bei dem Massenandrang natürlich kurz, ca. 20 Minuten, aber Konversation und Meinungsaustausch bester Art.« Weizsäcker versicherte Hitler, dessen Erklärungen zur deutsch-schweizerischen Politik seien »sehr treffend« gewesen und hätten »den Nagel auf den Kopf getroffen«. Der solchermaßen geschmeichelte »Führer« sollte den über seine Rückversetzung nach Bern verärgerten Weizsäcker in guter Erinnerung behalten. Denn der wollte sich für weiteren Aufstieg in Berlin empfehlen: »Mein Nachgeschmack von heute vor 8 Tagen (Gespräch mit Hitler) ist nicht schlecht. Freilich ist ganz unsicher, ob es eine Nachwirkung hat. Aber das Gewissen ist nicht schlecht, und das gehört unter den Nachwirkungen ja an die Spitze.«[70]

In Bern blieb Ernst von Weizsäcker nur noch vier Wochen. Dann fuhr er Anfang April 1937 nach Budapest, um Verbindung mit dem dortigen Botschafter Hans Georg von Mackensen aufzunehmen, der Neuraths Schwiegersohn war und die in Berlin nach dem Tod Bülows frei gewordene Staatssekretärsstelle übernehmen sollte. Bereits am 24. März hatte der Personalchef des Auswärtigen Amtes, Prüfer, für die Personalakte Weizsäckers festgehalten, »dass der Herr Reichsminister bereits Gelegenheit hatte, die Erennung Herrn von Weizsäckers dem Führer und Reichskanzler vorzutragen, und dass der Führer bereits seine Zustimmung hierzu erteilt hat«[71].

Was veranlasste Konstantin von Neurath, Weizsäcker so kurze Zeit nach ihrem Zerwürfnis vom Gesandten I. Klasse zum Ministerialdirektor zu befördern, ihn auf eine politische Erkundungsreise nach Ungarn und auf den Balkan zu schicken und ihm dauerhaft die Leitung der politischen Abteilung des Auswärtigen Amtes zu übertragen? Zweifellos war es nicht eine Kehrtwendung des Außenministers, sondern eine Intervention der Reichskanzlei, die Weizsäckers Karriere auf diese Weise beschleunigte. Hitler war offenbar, wenn sich der konservative Neurath schon durch seinen Schwiegersohn Unterstützung in dem noch nicht vollends auf Parteilinie gebrachten Ministerium suchte, daran gelegen, in der Planungsabteilung des Auswärtigen Amtes einen strategischen Kopf zu wissen, auf den er setzen konnte – Parteimitgliedschaft hin oder her.

Das für solche Überprüfungen zuständige Reichsinnenministerium hatte Ernst von Weizsäcker jedenfalls durch seine Freigabe bescheinigt, »der Vorgeschlagene [werde] nach seinem Verhalten die Gewähr [bieten], dass er jederzeit rückhaltlos für den nationalsozialistischen Staat eintritt«[72]. Und auch der spätere »Parteiminister« Martin Bormann teilte im Auftrag von Hitler-Stellvertreter Heß am 1. April 1937 mit, dass gegen die Ernennung

Weizsäckers zum Ministerialdirektor »keine politischen Bedenken« bestünden.[73]

Mitte Mai 1937 trat er seine neue Stelle in Berlin an. Er freute sich über die Zuweisung eines Dienstwagens, der ihm »auch für abendl. Gesellschaftszwecke« zur Verfügung stand.[74] Als erste Aufgabe war ihm eine Reise nach Wien aufgetragen worden, um beim dortigen Bundeskanzler Kurt Schuschnigg eine Rücknahme des 1934 nach der Ermordung von Engelbert Dollfuß ausgesprochenen Verbotes der österreichischen NSDAP zu erwirken. »Es ging besser als gedacht«, berichtete er der Mutter nach seiner Rückkehr: »Wenn österreichische Schwüre ernst zu nehmen sind, konnte man sogar sagen sehr gut.« Als »eigentümlich« empfand er in bemerkenswerter Übereinstimmung mit der parteiamtlichen Haltung der NSDAP, dass ihm in Wien wegen dieser massiven Einmischung in die inneren Angelegenheiten Österreichs Vorhaltungen gemacht wurden, »dass wir Österreichs Selbständigkeit stören«.[75]

Solche Bedenken beschwerten ihn persönlich nicht. Außenpolitik war für ihn ein nüchtern inszeniertes Kräftespiel, bei dem die Interessen des eigenen Landes kühl definiert und kalkuliert durchgesetzt werden mussten. Dies betrieb Weizsäcker nicht ohne Leidenschaft, doch zähmte er sie nach Möglichkeit, wenn sie ihm den Blick zu trüben drohte. Wie vor dem Ersten Weltkrieg – und wie Hitler zum damaligen Zeitpunkt – setzte er auf ein Bündnis mit Großbritannien, um Frankreich zu neutralisieren und um wachsenden Druck auf die nach dem Ersten Weltkrieg entstandenen Staaten in Ost- und Südosteuropa ausüben zu können. »Wir wollen von England Kolonien und Aktionsfreiheit im Osten, England wünscht von uns militärisches Stillhalten, namentlich im Westen«, legte Weizsäcker im November 1937 die beiderseitigen Ziele einer von Hitler und Ribbentrop geforderten »deutsch-englischen Aussprache« fest. Diese Wünsche erschienen Weizsäcker »nicht völlig unvereinbar«, ein Ansatz für Verhandlungen werde sich schon finden lassen, zumal Deutschland »einen Krieg mit England als Gegner auf lange Zeit nicht ins

Auge fassen« könne. Andererseits sei »das englische Ruhebedürfnis groß«. Es lohne sich, festzustellen, »was England für seine Ruhe zahlen will«. Im Übrigen gelte es aber zu beachten, dass nicht zuletzt wegen des traditionell engen britisch-amerikanischen Verhältnisses »in Rüstungsfragen die Zeit für England laufe, nicht für uns«. Daher, warnte Weizsäcker, »haben wir nicht beliebig langen Verhandlungsspielraum«.[76]

Auch hier ist die Sprache verräterisch. Denn diese Argumentation bedeutete, dass Weizsäcker eine gewaltsame Auseinandersetzung mit den Nachbarstaaten auf mittlere Sicht nicht ausschloss, wenn Verhandlungen mit Österreich, mit der Tschechoslowakei, mit Polen in gleicher Frist nicht zu dem erwünschten Ergebnis führen sollten. Wie eng der strategische Gleichklang zwischen Weizsäcker und Hitler war, ergibt sich auch aus dem so genannten »Hoßbach-Protokoll«. Eine Woche vor der Denkschrift Weizsäckers hatte Hitler in einer streng geheimen Ansprache vor führenden Militärs, die von seinem Wehrmachtsadjutanten Hoßbach mitgeschrieben wurde, erstmalig seine Absicht bekannt gegeben, die angeblichen Raumprobleme des Deutschen Reiches kriegerisch zu lösen, sofern Verhandlungen nicht den gleichen expansiven Erfolg haben würden.

Nach dieser Besprechung am 5. November 1937 trugen Kriegsminister von Blomberg und der Oberbefehlshaber des Heeres, General Werner von Fritsch, Hitler vor, dass Deutschland einen Zweifrontenkrieg mit Aussicht auf Erfolg nicht führen könne und der Rüstungsstand selbst für einen auf den östlichen Kriegsschauplatz beschränkten Konflikt nicht ausreiche. Drei Monate danach entließ Hitler beide Generäle: Blomberg mit der vorgeschobenen Begründung, er sei eine unstandesgemäße Ehe eingegangen; Fritsch wurde fälschlich der Homosexualität beschuldigt. Und Konstantin von Neurath, der sich diesen militärischen und rüstungswirtschaftlichen Bedenken der Militärs angeschlossen hatte, wurde durch Joachim von Ribbentrop ersetzt. Ernst von Weizsäcker blieb auf seinem Posten.

»Hier ist ziemlich viel Gerede über Personalien«, vertraute er

Mitte Februar 1938 seiner Mutter an. Weizsäcker: »Ich halte es für das Gegebene, dass die wichtigeren Posten jetzt mit vollen Parteigenossen besetzt werden. Ob auch in unserem Amt wesentliche Veränderungen kommen, ist eine Frage für sich. Es scheint eher, als wolle der neue Minister diesen Apparat wenigstens fürs Erste nicht antasten.«[77] Dennoch richtete sich Weizsäcker auch auf die Möglichkeit der eigenen Abberufung ein. Im Grunde aber begrüßte er die Einsetzung des Hitler zutiefst ergebenen Ribbentrop: »Ein Vorzug des neuen Zustandes ist ohne Frage, dass wir nicht mehr wie bisher ganz im Dunkeln tappen, was eigentlich der Kurs in der Außenpolitik sein soll. Ich hoffe beinahe, dass wir den Leerlaufmotor des A. A. wieder an die Staatsmaschine ankuppeln können, so dass er mitzieht, wenn auch das Steuer in einer übergeordneten Hand liegt.«

Bereits am 5. März 1938 machte Ribbentrop dieser Ungewissheit ein Ende und bot Ernst von Weizsäcker an, »sein Staatssekretär« zu werden. In diesem zweistündigen Gespräch beschrieb Ribbentrop die erforderlichen Voraussetzungen von seiner Seite her: »Volles Vertrauensverhältnis, das auch in Momenten der Baisse standhalten müsse. [...] Langsame Umgestaltung des A. A., wobei das Können ausschlaggebend. Grundsätzliche Übereinstimmung mit der Politik des Führers. ›Großes Programm‹, das nicht ohne das Schwert zu erfüllen; daher noch 3–4 Jahre Vorbereitung möglich.« Wo und wofür dann zu kämpfen wäre, meinte Ribbentrop, bleibe späteren Erörterungen vorbehalten. Österreich allerdings sei »möglichst noch 1938 zu liquidieren«.[78]

Ernst von Weizsäcker reagierte auf dieses in seinen politischen Zielsetzungen kriegerisch-militante Angebot keineswegs erschrocken. Er antwortete dem Außenminister militärisch knapp: »Wenn Ribbentrop und Führer mich haben wollen, so folge ich als Soldat.« Ein »Vertrauensverhältnis mit R. erhoffe ich«, notierte Weizsäcker in seinem Tagebuch, er persönlich glaube auch daran.[79] Auf eine Aussprache über die von Ribbentrop dargestellten politischen Perspektiven verzichtete er vorsichtshalber, weil sich daraus »vielleicht theoretische Meinungsverschiedenheit und Trennung ergeben« hätten. Ein solches Risiko aber wollte er angesichts der bevorstehenden Beförderung zum »full admiral«, zur höchsten Stelle im Staatsapparat, nicht eingehen. Da er »die Ansichten von R. für beeinflussbar und für wandelbar« hielt, erschien ihm eine »bekenntnismäßige Aussprache« mit Ribbentrop unsinnig: »Gerade die Wandelbarkeit der Ansichten von R. scheint mir den Spielraum zu lassen, um die Aufgabe – wohl die einzige, um deretwillen ich dieses Kreuz auf mich nehme – für erfüllbar zu halten: die Verhinderung eines Krieges, welcher nicht nur das Ende des III. Reichs, sondern finis Germaniae wäre.«[80]

Diese Sätze im Tagebuch Ernst von Weizsäckers beschreiben den Konflikt, den er auf sich zukommen sah: einerseits die Versuchung, seine Laufbahn im siebenundfünfzigsten Lebensjahr glanzvoll krönen zu können und andererseits die Befürchtung, durch die Übernahme dieses Amtes nicht nur absehbar zur Zerstörung Deutschlands beizutragen, sondern dabei auch als aktiv Handelnder individuell schuldig zu werden. Dem daraus entspringenden Dilemma meinte Weizsäcker lediglich auf eine Weise entgehen zu können: indem er sich einredete, durch Einwirkungen auf Ribbentrop die längst beschlossene und verkündete Politik Hitlers zur gewaltsamen Neuordnung der politischen Landkarte Europas beeinflussen, ja umkehren zu können. Angesichts der weizsäckerschen Nüchternheit und seines Verstandes kommt dieser Reservatio mentalis allerdings keinesfalls die Qualität einer vernunftgemäßen Abwägung zu, bestenfalls die einer Beschwichtigung des eigenen schlechten, weil besseren Gewissens.

Am 12. März 1938 marschierten Wehrmacht und SS in Österreich ein, erzwangen den Rücktritt von Bundeskanzler Schuschnigg und gaben dem gebürtigen Österreicher Hitler die Möglichkeit, auf dem Wiener Heldenplatz »vor der Geschichte den Eintritt meiner Heimat in das Deutsche Reich« zu melden. Sechs Tage später unterzeichnete Hitler die Berufung Ernst von Weizsäckers in das Amt des Staatssekretärs mit Wirkung vom 1. April, nachdem dieser eine Woche zuvor seine Aufnahme in die NSDAP beantragt hatte. »Wer mich für diesen Entschluss tadeln will, der tue es«, schrieb Weizsäcker nach dem Zweiten Weltkrieg in seinen *Erinnerungen* über seine Entscheidung, zur nationalsozialistischen Kriegspolitik keine Distanz zu suchen, sondern bei allem inneren Vorbehalt ihr faktischer Vollstrecker zu werden. Selbst wenn er sich zum damaligen Zeitpunkt über die Implikationen dieser Politik vollständig im Klaren gewesen wäre, rechtfertigte er sich im Nachhinein, hätte »man sich nun erst recht nicht abseits halten« dürfen: »Gerade jetzt musste man für den Frieden arbeiten, und die einzige Chance dafür war im Dienst unseres Amts, nicht außerhalb.«[81]

Nein, Ernst von Weizsäcker hielt sich nicht abseits. Er mischte sich ein, und er ließ sich ein – auf alles, was ihm für seine weitere Arbeit unverzichtbar schien. Dazu gehörte nicht zuletzt auch die Mitgliedschaft in der SS Heinrich Himmlers, in der »Kampfgemeinschaft nordisch bestimmter Männer«. Zum »Führergeburtstag« am 20. April 1938 wurde er aufgenommen und sofort zum »SS-Oberführer« ernannt, ein Dienstgrad, der beim Militär zwischen Oberst und General angesiedelt gewesen wäre.[82] Nach wenigen Wochen wurde Weizsäcker dem persönlichen Stab Himmlers zugeteilt, was allerdings keine besondere persönliche Nähe ausdrückte, sondern allen SS-Mitgliedern widerfuhr, die wegen ihrer herausgehobenen Stellung in Wirtschaft und Verwaltung mit Ehrenrängen der SS bedacht worden waren. Auch das alljährliche Weihnachtsgeschenk einer »Julkerze«, gelegentliche Büchergaben Himmlers oder die Verleihung des »SS-Ehrendegens« und des »SS-Totenkopfrings« 1942 waren gängige Gesten, die eher eine von Himmler gewünschte Einflussnahme dokumentierten als eine besondere Linientreue des auf diese Weise Ausgezeichneten. Wirkliche Widerstandskämpfer freilich, auch dieses sei klargestellt, fanden sich in der SS nicht.

Kein Mann des Widerstandes

»Für meinen guten Namen wäre es besser,
ich angelte Felchen«

Ernst von Weizsäcker war fraglos kein Nationalsozialist im eigentlichen Sinne und schon gar kein »Parteigenosse«. Er war dies von seinem Herkommen und Selbstverständnis nicht, aber er war eben auch kein Widerstandskämpfer. Wie viele andere Deutsche kämpfte er für sich: zunächst für seine Karriere, dann für seine Einsichten und Überzeugungen, am Ende für seinen guten Ruf. Manches davon wird aus seinen persönlichen Aufzeichnungen erkennbar, anderes belegen die amtlichen Quellen. Auffällig jedoch ist, wie früh er sich in seinen Briefen an Familienangehörige und in seinen Tagebuchnotizen darum bemüht hat, seinen Abstand zu den Nazis – allerdings nicht zu Hitler – zu behaupten. Sie waren ihm in Bausch und Bogen ganz offenkundig zuwider, zu unbegabt, zu ungebildet, zu unerzogen, um von Gleich zu Gleich akzeptiert zu werden. Bemerkenswert sind aber auch die Unsicherheit und der Selbstzweifel Weizsäckers, die er am 3. April 1938, also drei Tage nach seinem Amtsantritt als Staatssekretär des Berliner Auswärtigen Amtes, seiner Mutter verriet: »Carls heutigen Geburtstag begehe ich in einer Art von Vermächtnisstimmung. Ohne seinen Vortritt im Auswärtigen Amt wäre ich wohl nie in dieses Haus gekommen. Er hat seinen Platz dort ausgefüllt. Für mich kommt das Examen nun erst.«[1]
Ernst von Weizsäcker verstand seine Arbeit als Herausfor-

derung und als Bewährungsprobe gleichermaßen. Diese Doppelbödigkeit verlangte Anpassung nach außen und gleichzeitig innere Autarkie – ein Spannungszustand, der unter den besonderen Umständen des »Dritten Reiches« an sich schon schwer erträglich, über einen längeren Zeitraum aber gewiss nicht folgenlos auszuhalten war. Die Gefahr, sich unbeabsichtigt zu offenbaren oder unter der Last des verborgenen Widerstands zusammenzubrechen, nahm sicherlich mit wachsender Dauer zu, wenn es denn etwas Widerständiges zu offenbaren oder zu verbergen gab.

Fürs Erste sah Weizsäcker seine Aufgabe darin, die außenpolitischen Vorgaben Hitlers auf eine Weise umzusetzen, die das Risiko eines Kriegsausbruchs begrenzte. In einer Denkschrift für Ribbentrop beschrieb Weizsäcker Anfang Juni 1938 daher die Abhängigkeiten und Konsequenzen einer expansiven deutschen Politik. »Auf dem Wege weiterer Ausdehnung«, bestimmte er als Ausgangspunkt seiner Überlegungen, sei »Frankreich unser sicherster Widersacher, England unser gefährlichster Feind«. Doch würde keines dieser beiden Länder allein gegen das an Zahl und Rüstung überlegene Deutschland antreten, so dass die Reichsregierung von einer faktischen britisch-französischen Allianz auszugehen habe, der als Verbündete die Vereinigten Staaten und die Sowjetunion hinzuzuzählen seien. Diese Entente sei vom Deutschen Reich so wenig zu bezwingen wie im Ersten Weltkrieg, ein »Krieg würde mit unserer Erschöpfung und Niederlage enden«.[2]

Die Hauptaufgabe der deutschen Diplomatie, forderte Weizsäcker, sei mithin »der Aufbau einer Gegen-Entente«, die über das Bündnis mit Italien und den 1936 mit Japan abgeschlossenen »Antikomintern-Pakt« hinausgriffe. Bis dahin aber habe das Auswärtige Amt jeweils »diejenige Grenze klar zu erkennen, bis zu welcher die deutsche Politik vorgetrieben werden kann, ohne die Entente zum Einschreiten zu veranlassen«. Bezogen auf das nach dem »Anschluss Österreichs« drängendste Problem der deutschen Politik – die von Hitler gewünschte Niederwerfung der Tschechoslowakei –, heiße dies, dass England wie Frankreich zwar wegen der Tschechoslowakei »keine Händel suchen«, dennoch einem deutschen Angriff wohl nicht tatenlos zusehen würden. Deshalb empfehle es sich, schlug Weizsäcker ganz im inneren Gleichklang mit den großdeutschen Annexionsplänen der Nationalsozialisten vor, die sudetendeutsche Klage über das verweigerte Selbstbestimmungsrecht aufzugreifen: »Die internationale Überzeugung, dass diesen Deutschen die Wahl ihrer staatlichen Zugehörigkeit vorenthalten worden sei, wird nützliche Vorarbeit tun.« Parallel dazu sei von deutscher Seite der »chemische Auflösungsprozess« des tschechischen Staates voranzutreiben, so dass am Ende womöglich auf ein »mechanisches Zutun«, nämlich einen militärischen Vorstoß, sogar verzichtet werden könne. Dieses Rezept, meinte Weizsäcker, empfehle sich im Übrigen auch für Polen. Wichtig sei es in diesem Sinne daher, »die deutsche Politik bis auf weiteres unter landläufigen und bewährten Maximen wie ›Selbstbestimmungsrecht‹ und ›völkische Gemeinschaft‹ fortzuführen«. Alles andere könne dem Reich »als reiner Imperialismus ausgelegt werden« und den Widerstand der Entente früher und energischer auf den Plan rufen, als »unsere Kräfte es ertragen«.

Solche taktische Finesse überstieg zuweilen Ribbentrops Verstand. Als er im Mai 1938 Weizsäcker vorschlug, man müsse die Tschechen derart provozieren, dass ihre Reaktion einen deutschen militärischen Gegenschlag gerechtfertigt erscheinen lasse, verlor dieser die Nerven und »brüllte ihn«, laut einer eigenen Tagebuchnotiz, auf dem Berliner Flugplatz Tempelhof an: »Ich muss Ihnen auf das Bestimmteste widersprechen.« Wer das Deutsche Reich und den Führer »lieb hat, kann nicht zum Krieg raten«.[3] Sicherlich hat Weizsäcker bei diesem Eintrag ins Tagebuch die Lautstärke des eigenen Protestes übertrieben, aber in der Sache hat er ganz gewiss entgegengehalten. Denn zu den Kernbeständen seiner Einsichten aus dem verlorenen Ersten Weltkrieg gehörte ganz zweifellos, dass ein erneuter Zweifrontenkrieg in Europa – von dessen absehbarer Erweiterung in einen Weltkrieg ganz zu schweigen – Deutschlands Potentiale abermals völlig übersteigen würde.

Dass dieser Widerstand gegen das irrationale Politikverständnis der Nazis Weizsäcker mitunter an den Rand seiner Kräfte führte, »so dass ich den Ereignissen nicht mehr den nötigen Eigenwillen entgegensetze«, ergibt sich aus einem Brief an seine Mutter Anfang Juli 1938. »Nähme ich alles ernst, was ich sehe und höre, und fühlte ich mich nicht als eine Art Direktor in Winnenden [eine Nervenklinik]«, schrieb Weizsäcker, »so müsste ich längst auf dem Bodensee Fische fangen.« Was ihn davon zurückhalte, sei der Gedanke, »drei Söhne im wehrpflichtigen Alter und bald einen Hauptmann als Schwiegersohn[4] zu besitzen«. In düsterer Voraussicht stellte Weizsäcker in diesem Brief fest: »Für meinen guten Namen, den ich heute noch habe, wäre es wahrscheinlich besser, ich angelte Felchen.«[5]

Stattdessen setzte er ihn aufs Spiel. Dass er am Ende, für dieses Mal in der Sudetenkrise, den Frieden noch sichern konnte, ist ohne Zweifel sein größter diplomatischer Erfolg gewesen, wenn dieser auch letztlich mit seiner Billigung die staatliche Existenz der Tschechoslowakei vernichtete. Nach dem deutschen Einmarsch in das Sudetenland Anfang Oktober 1938 vertraute Ernst von Weizsäcker mit erstaunlichem Freimut seinem Tagebuch seine Sicht der Krisenentwicklung an. »Wir eilten im August und September«, hielt er fest, »immer mehr der Katastrophe zu«, da das von ihm vorgeschlagene »chemische Verfahren« einer von außen betriebenen inneren Auflösung der Tschechoslowakei in der NS-Führung keine Unterstützung fand. Himmler und Ribbentrop wollten den Krieg, Hitler war noch unentschieden. »Unsere Freunde in Ungarn und Italien«, klagte Weizsäcker, »warnten uns nicht, unsere Feinde England und Frankreich drohten uns nicht, jedenfalls nicht so vernehmbar, dass wir Warnung oder Drohung hörten.«[6]

Deshalb entschloss er sich, an den britischen Botschafter Neville Henderson die Bitte heranzutragen, Premierminister Arthur Neville Chamberlain möge in einem Brief Hitler ausdrücklich und ernsthaft vor einer Fortsetzung des deutschen Kriegskurses warnen.[7] Chamberlain ging noch einen Schritt weiter und besuchte Hitler am 16. September 1938 in Berchtesgaden und vom 22. bis zum 24. September in Bad Godesberg; zusätzlich bat Weizsäcker den französischen Ministerpräsidenten Edouard Daladier und den italienischen Partei- und Regierungschef Benito Mussolini um Vermittlung. So kam es am 29. September zur »Münchener Konferenz«, bei der Mussolini einen Einigungsvorschlag präsentierte, der ihm von seinem Berliner Botschafter Bernardo Attolico überreicht, tatsächlich jedoch zuvor von Weizsäcker, Neurath und Göring zu Papier gebracht worden war.[8]

Diesen Vorstoß seines einzigen europäischen Verbündeten glaubte Hitler nicht ignorieren zu können, zumal Goebbels am Vortag über die fehlende Kriegsbegeisterung jedenfalls der Berliner Bevölkerung berichtet hatte.[9] Dennoch setzte sich Hitler trotz dieser mutigen Aktivitäten Ernst von Weizsäckers, die in einer Grauzone zwischen Landes- und Hochverrat oszillierten, im Ergebnis durch: Die Tschechoslowakei musste die überwiegend von Sudetendeutschen bewohnten Landesteile an das Deutsche Reich abtreten, für die Sicherheit des verbleibenden Rumpfstaates gab Hitler keinerlei Garantie. »Ribbentrop«, bilanzierte Weizsäcker, habe ihm »den Tag von München nie verziehen« und sei ihm von da an, wo er konnte, in den Arm gefallen.[10] Die Gegnerschaft war freilich nicht so heftig, dass sie viereinhalb Jahre weitere enge Zusammenarbeit unmöglich gemacht hätte.

Ernst von Weizsäcker wollte 1938 und 1939 ein im Wesentlichen um Österreich und das Sudetenland, um den polnischen Korridor zwischen Pommern und Ostpreußen sowie um die Abstimmungsgebiete in Oberschlesien erweitertes Großdeutschland. Er wollte dies wie die Nationalsozialisten und wie konservative oder deutschnationale Oppositionelle und Militärs um den nach der Fritsch-Krise im August 1938 zurückgetretenen Generalstabschef des Heeres, Generaloberst Ludwig Beck. Aber er wollte den außenpolitischen Erfolg nicht um den Preis eines Krieges, weil ihm die Niederlage an dessen Ende unausweichlich erschien. Blieb Weizsäcker also nur im Amt, um den Ausbruch eines solchen Krieges zu verhindern? Heulte er demnach mit den

Wölfen und ließ sich auf Zugeständnisse ein, weil die Beibehaltung seiner Funktion die einzige Möglichkeit war, aus dem Inneren des Apparats heraus wirksam Widerstand zu leisten? Und wenn dies so war, wie lange gelang ihm das? Oder: Wann kippte die subjektive Gegnerschaft Weizsäckers zur Kriegspolitik Hitlers um in einen objektiven, weil tatsächlichen Beitrag zu ihr? Und welche Konsequenzen zog er für sich aus solcher Entwicklung, sofern ihm deren Erkenntnis und etwaige Folgerungen daraus unter den gegebenen Umständen überhaupt möglich waren?

Die Monate bis zum Kriegsausbruch am 1. September 1939 waren für Weizsäcker eine Phase höchster Unruhe und Ungewissheit, weil die ihm zugänglichen Informationen keine zuverlässige Bewertung des Kommenden erlaubten. Ausdruck dieser Unsicherheit ist ein Brief, den er im Februar 1939 seiner Mutter schrieb: »Heute wäre Papas sechsundachtzigster Geburtstag. Ich würde ihn gern befragen, wo er die Toleranzgrenzen für die Dinge sieht, die bei einsetzender politischer Saison am Horizont auftauchen.«[11] Welche »Dinge« mag er gemeint haben? Er schwieg sich darüber in seinen Aufzeichnungen aus. War es vielleicht die bedrückende Erwartung eines Umkehrpunktes, an dem sich bei weiterem Zutun folgenloser Widerstand zu faktischer Kumpanei wandeln konnte?

Andererseits: War es wirklich kriegsfeindlicher oder in weiterem Sinne politischer Widerstand, was Ernst von Weizsäcker zur gleichen Zeit in einer Denkschrift festhielt? Weizsäcker: »Der im Inland populärste, dem Ausland verständlichste nächste Akt der deutschen Außenpolitik wäre der Erwerb Memels und Danzigs sowie einer breiten und festen Landbrücke nach Ostpreußen. Polen hätte dabei wenig Sympathien und kaum irgendwelche Hilfe Dritter zu gewärtigen. In unserer Hand läge es, Polen auf das uns genehme Größenmaß als Puffer gegen Russland zu reduzieren.« Sollte dagegen, führte der Staatssekretär seine Überlegungen fort, »jetzt einer territorialen Bereinigung des tschechoslowakischen Problems der Vorzug gegeben werden, so ist das Wichtigste und zugleich Schwierigste eine im In- und Ausland zugkräftige

Parole«. Sei diese aber gefunden, »müsste unser Vorgehen [militärisch] überraschend, politisch dagegen recht naheliegend und gewissermaßen zwangsläufig erscheinen«.[12]

Mit diesen forschen Formulierungen wollte Weizsäcker dem vor allem von Ribbentrop gestreuten Eindruck entgegentreten, er habe während der Sudetenkrise im Vorjahr die Nerven verloren. Mitte Dezember 1938 hatte er seine Mutter über entsprechende Vorwürfe aus der Chefebene des Ministeriums unterrichtet: »Richtig ist, dass mir hier [im Auswärtigen Amt] nachgesagt wird, ich sei Gegner eines Krieges gegen die Tschechei gewesen, u. zwar wegen ev. Intervention der Westmächte. Alle so Urteilenden hätten die Nerven verloren. Bei mir an der Spitze der Beamten des A. A. sei das besonders schlimm.« Doch er tröstete sich mit der Fehleinschätzung, dass »der Führer selbst diesen Weg dem Krieg vorzog«, und ließ seine Mutter wissen: »Ich arbeite also fröhlich und fleißig so weiter, wie es mein Gewissen vorschreibt, und so lange, als man es wünscht.« Gleichzeitig hatte er aber offenbar Ribbentrop den eigenen Rücktritt angeboten. Weizsäcker: Man möge »nicht zögern, mich und alle die anderen morituri [Todgeweihten] durch jüngere Männer zu ersetzen, denen man mehr zutraue«.[13]

Ribbentrop nahm dieses Angebot nicht an – und hatte auch keinen Grund dazu, weil Ernst von Weizsäcker bei der von Hitler am 15. März 1939 dem tschechoslowakischen Staatspräsidenten Emil Hácha unter Gewaltandrohung abgepressten Selbstunterwerfung seines Staates ganz so agierte, wie dies von ihm erwartet wurde. Er belog den britischen Botschafter vor dem Ereignis: »Die Frage Hendersons, ob denn unser Interesse eigentlich eine Zerschlagung der Tschechoslowakei oder eine Aufrechterhaltung der Tschechoslowakei sei, beantwortete ich mit der Bemerkung, wir hätten nur ein Interesse an Ordnung, im Übrigen seien wir von altruistischen Erwägungen geleitet.«[14] Und er stauchte anschließend ohne erkennbaren Widerwillen sowohl die französischen wie die englischen Diplomaten in Berlin zusammen: »Mit dem französischen Botschafter Coulondre hatte ich in der letzten Woche eine scharfe Unterhaltung zu führen, um einen französischen Protest wegen der Tschechei zurückzuweisen. Der Engländer kam nicht zu mir. Ich hatte ihm telefonisch das Nötige schon gesagt.«[15] Dieses »Nötige« lautete, nicht wenig zynisch: Die Selbstpreisgabe der Tschechoslowakei, die Teilung des Landes in ein »Reichsprotektorat Böhmen und Mähren« sowie eine scheinsouveräne Slowakei seien keineswegs ein Verstoß gegen das »Münchener Abkommen«, vielmehr erfolgten »die Aktionen gegenüber der Tschechoslowakei [...] im vollen Einvernehmen mit der tschechoslowakischen Regierung«[16].

Solche Irreführung täuschte indes den Irreführenden selbst nicht. Er war sich nach der gewaltsamen Auslöschung der Tschechoslowakei darüber im Klaren: »Die Danzig-Frage zu lösen ist jetzt nicht mehr möglich, nachdem wir in Prag u. Memel [Einmarsch deutscher Truppen am 23. März 1939] unser politisches Kapital aufgebraucht haben und ein deutsch-polnischer Zusammenstoß die Lawine ins Rutschen bringen würde.«[17] Diese nüchterne Lageeinschätzung veränderte allerdings die politische Orientierung Ernst von Weizsäckers nicht. Die nächste Operation sollte Polen gelten, und wenn irgend möglich sollte auch sie, wie zuvor in der Tschechoslowakei, einen »chemischen« Prozess einleiten, also die Zersetzung des Nachbarstaates von innen heraus auf den Weg bringen: »Die Frechheiten der Polen u. ihr mangelhaftes Eingehen auf eine ihnen gemachte Offerte (Danzig, exterritorialer Durchgangsverkehr nach Ostpreußen, Grenzanerkennung) können wir z. Zt. nur so behandeln, dass wir Polen mürber machen. Weder eine Zwischenlösung noch ein Krieg mit Polen kommen in Betracht.«[18]

Erst als Stalin Mitte April 1939 durch seinen Berliner Botschafter erste Annäherungsversuche gegenüber der Reichsregierung signalisierte – und gleichzeitig mit britischen Vertretern in Moskau die Möglichkeiten eines englisch-französisch-russischen Dreibundes sondierte –, begannen sich für Ernst von Weizsäcker neue Kräftekonstellationen abzuzeichnen: »Die Entscheidung dieses Sommers über Krieg und Frieden will man bei uns davon abhängig machen, ob die schwebenden Verhandlungen in Moskau zum Beitritt Russlands in den Kreis der Westmächte führen. Wo nicht, wäre die Depression dort so groß, dass wir uns gegen Polen alles erlauben könnten.«[19] Der Staatssekretär empfahl, einen attraktiven Köder auszulegen: »Ich rate dazu, wegen einer Teilung Polens in Moskau deutlicher zu werden.«[20] Aber auch Stalin taktierte, verhandelte weiterhin mit beiden Seiten, um alle Möglichkeiten auszureizen. Denn ihm ging es nicht allein um eine vertragliche Absicherung gegen eine mögliche Konfrontation mit Deutschland, sondern ebenso um direkten Zugriff auf die nach dem Ersten Weltkrieg von Russland unabhängig gewordenen baltischen Randstaaten und auf Polen. Und in diesem Poker konnte Hitler Angebote machen, die London und Paris verwehrt waren, nämlich die Aufteilung Polens unter den beiden Diktatoren.

Damit öffneten die deutsch-sowjetischen Gespräche in Moskau, die ab dem 23. August 1939 von Ribbentrop persönlich geführt wurden, eine Perspektive, die Ernst von Weizsäcker zutiefst verunsicherte, weil die solchermaßen ernüchterten Westmächte seiner Auffassung nach einem deutsch-russischen Übereinkommen zu Lasten Polens nicht tatenlos zusehen konnten. Schließlich mussten sie davon ausgehen, dass sie nach der Niederschlagung und Aufteilung Polens als Nächste in das Visier hitlerscher Machtpolitik geraten würden. Eine Eingrenzung der auch von Weizsäcker gebilligten Auseinandersetzung auf Polen war damit nicht mehr gegeben, ihre Ausweitung zu einem Zweifronten-, wenn nicht sogar zu einem Weltkrieg wahrscheinlich. Um dies noch im letzten Augenblick zu verhindern, entschloss sich Weizsäcker wie schon während der Sudetenkrise 1938 zu einem abgestimmten Vorgehen mit dem italienischen Botschafter Bernardo Attolico. Er forderte ihn zu einer Erklärung gegenüber Hitler auf, das verbündete Italien sei nicht kriegsbereit und schlage daher die Aufnahme von Verhandlungen mit Polen vor. Inhaltlich Gleiches trug Weizsäcker in einem Gespräch mit Hitler am 24. August 1939 vor: »Heute wieder Unterhaltung mit dem Führer zu zweien. Er hat gewisse Zweifel an den Italienern. Ich bestätige ihm diese, Italien verhalte sich, als ginge das Ganze sie nichts an. [...] Ich sage dem Führer, man möge unbedingt zugreifen, wenn sich irgendeine Handhabe zu Verhandlungen mit Polen böte. Dann würden die Polen abrutschen. Komme es aber zum Krieg auch mit England, dann bäte ich ihn, mich zur Marine zu entlassen; denn diese bekomme dann zu tun, das A. A. habe aber dann keine Arbeit mehr.«[21]

Nach der Unterzeichnung des deutsch-sowjetischen Nichtangriffspaktes am 23. August 1939, der in einem geheimen Zusatzabkommen Estland, Lettland, Finnland, Bessarabien und Polen östlich der Flüsse Narew, Weichsel und San an Russland auslieferte, während sich Deutschland Litauen und Polen westlich dieser Linie sicherte, sah Hitler für Verhandlungen mit Polen keine Veranlassung mehr. Er war zum Zuschlagen entschlossen. Der Angriff sollte am 26. August, morgens um vier Uhr, beginnen. Weizsäcker notierte in seinem Tagebuch: »Dieser Nachmittag ist vielleicht der bisher deprimierendste meines Lebens gewesen. Mein Name in Verbindung mit diesem Ereignis ist eine entsetzliche Vorstellung, abgesehen von den unabsehbaren Folgen für den Bestand Deutschlands und meiner Familie.«[22]

Am Nachmittag des 25. August sagte sich Botschafter Bernardo Attolico bei Hitler an und trug die von Weizsäcker vorformulierten italienischen Bedenken vor. Zur gleichen Stunde wurde der Abschluss des britisch-polnischen Bündnisvertrages zum Zweck gegenseitiger Beistandsleistung in Berlin bekannt. Hitler widerrief den bereits erteilten Vormarschbefehl an die Wehrmacht tatsächlich in letzter Stunde.

»Die beiden auf diese Contreordre folgenden Tage«, schrieb Ernst von Weizsäcker am 28. August 1939 in sein Tagebuch, »waren angefüllt mit einer Reihe von Versuchen der Vernebelung der Wahrheit vor dem Ausland, vor dem Inland u. vor sich selbst. Dazu gehört die Mobilmachung u. der Versuch, mit starken Worten anderen u. sich selbst vorzutäuschen, als könne man den Krieg – nun ohne Italien u. gegen Polen + Westmächte – trotzdem führen.«²³ Vorstöße der britischen wie der französischen Regierung, die Krise mit Polen auf dem Verhandlungsweg zu lösen, wurden von Hitler dilatorisch behandelt und durch die maßlose Forderung Hitlers am 29. August, Polen solle innerhalb von vierundzwanzig Stunden einen zu jeder Vereinbarung bevollmächtigten Vertreter nach Berlin schicken, gegenstandslos. Weizsäcker notierte sich am 31. August: »Der Tag ist der Frage gewidmet, ob eine Verbindung Warschau-Berlin hergestellt werden kann. London und Rom bemühen sich darum. Ich selbst befürworte, dass der polnische Botschafter [Jozef Lipski], der darum gebeten hat, empfangen wird. Darüber habe ich eine Aussprache mit Ribbentrop, der anderer Meinung ist. Ich biete meinen Abschied und noch mehr an. Die Aussprache – in der Reichskanzlei – ist so laut, dass die sonstigen Anwesenden darauf aufmerksam werden. Ich sage R., ich wäre ein Schweinehund, wenn ich ihm meine Meinung vorenthielte. Tatsächlich wird Lipski dann doch empfangen, allerdings mit dem formalen Einwand wieder entlassen, er habe keine Vollmachten.«²⁴

Doch weder Ribbentrop noch Hitler waren von Weizsäcker zu bremsen. Sie sind, so Ernst von Weizsäcker weiter in seinen Aufzeichnungen am Vorabend des Kriegsausbruches, »seit 30.8. abends offenbar fest entschlossen gewesen, den Krieg auf alle Fälle zu führen«. Vermutlich sei Ribbentrop dabei die treibende Kraft gewesen: »Denn er schnitt alle Fäden ab, die sich noch boten.« Weshalb aber Hitler den Krieg ohne Italien und gegen die Westmächte zu führen bereit war, obwohl er diese Möglichkeit in der Vergangenheit immer wieder abgelehnt hatte, erschloss sich Weizsäcker nicht. Offenbar war ihm zu diesem Zeitpunkt die Tragweite des vor wenigen Tagen unterzeichneten deutsch-sowjetischen Paktes noch nicht bekannt, denn er verstand Hitlers »Ziel bis zum 30.8. als einen sehr hoch gespannten Bluff mit der Absicht, schließlich doch einzulenken«.²⁵

In den Morgenstunden des 1. September 1939 begann der deutsche Angriff auf Polen. Zwei Tage später erklärten Großbritannien und Frankreich dem Deutschen Reich den Krieg. »Über meine ununterbrochenen Versuche, diese Entwicklung zu vermeiden«, resignierte Weizsäcker in seinen Aufzeichnungen am 31. August 1939, »schreibe ich nichts nieder. Sie sind ohne Interesse, da sie schließlich erfolglos waren.«[26] Tief erschüttert schloss er diese Notiz ab: »Es beginnt ein neuer Abschnitt. Ob mein Leben noch einen Sinn hat – es wird sich zeigen.«

Bereits am zweiten Kriegstag fiel der zweitälteste Sohn Heinrich als Leutnant und Zugführer im Potsdamer Infanterieregiment 9 während eines Nahkampfes mit polnischen Truppen in der Tucheler Heide im früheren Westpreußen. Einige Zeit davor hatte er einem Schweizer Freund noch geschrieben: »Ich wünsche wegen meines Vaterlandes und meiner Eltern, dass kein Krieg kommt, ich selbst wünsche ihn mir nur, um festzustellen, ob ich mich bewähre.«[27] Unter dem Eindruck des Todes seines Sohnes hielt sich Ernst von Weizsäcker vor, im August 1939 nicht auf seinem Rücktritt bestanden zu haben. Zwar glaubte er nicht, er hätte dadurch den Gang der Ereignisse ernsthaft beeinflussen können, doch immerhin wäre seine persönliche Mitverantwortung dafür geringer ausgefallen: »Heute besinne ich mich, ob ich nicht doch damals hätte gehen sollen. Mein Name ist unweigerlich verknüpft mit dem Vorgang, den ich heute, Mitte Okt. 39, als die vielleicht unvermeidliche, jedenfalls größte und unentschuldbare Katastrophe der neueren deutschen Geschichte betrachte. Denn dass der 1.9.1939 alles infrage stellt, was mir in Deutschland liebenswert ist und wofür ich arbeiten zu müssen glaubte, steht für mich fest.«[28] Den Leichnam des Sohnes ließen die Eltern nach Stuttgart überführen und auf der Solitude bei Stuttgart bestatten.

Als Staatssekretär des Auswärtigen Amtes nahm Ernst von Weizsäcker notwendigerweise an allen diplomatischen Manövern teil, die Hitlers Aufrüstungspläne, seine territorialen Übergriffe und kriegerischen Absichten zunächst tarnen und schließlich umso überraschender für Freund wie Feind in Szene setzen sollten. Dies umschreibt die objektive Funktion des Mannes, der von seiner inneren Einstellung her kein Nationalsozialist war, aber den unbeirrbaren Dienst für Staat und Nation höher stellte als sein Unbehagen an den Vollstreckern der nationalsozialistischen Gewaltpolitik. Er machte mit, widerwillig oder nicht, er fügte sich trotz Widerspruchs und Widerstandes ein und wurde damit integraler Bestandteil des Herrschafts- und Unterdrückungsapparats, den er verachtete.

Dass seine Anpassung an diesen Apparat und dessen Träger durchaus mit abweichenden, eigenen Zielsetzungen verbunden war, war für die Selbstwahrnehmung Weizsäckers von Bedeutung, nicht jedoch für seine Beurteilung durch andere. Bereits nach der Amtseinführung Weizsäckers im Frühjahr 1938 hatte der polnische Botschafter Jozef Lipski seiner Regierung gemeldet, der Staatssekretär werde durchaus vom »Vertrauen der Partei« getragen und habe stets »nationalistischem Gedankengut« aufgeschlossen gegenübergestanden.[29] Dass für Weizsäcker, wie er am 5. September 1939 notierte, »der ganze Sinn meiner Arbeit seit April 38 war, zur Bewahrung des Friedens mein Möglichstes beizusteuern«, wird den Polen nach dem Einmarsch deutscher Truppen kaum beeindruckt haben. Doch für Weizsäcker war diese Selbstvergewisserung in diesem Augenblick der Wahrheit, wenige Tage nach dem Tod des Sohnes, wichtig – gleichgültig, wen sie trösten oder überzeugen konnte: »Der Beweis, dass auch andere meine Versuche, das Schlimmste zu verhüten, würdigen, wird wohl auf sich warten lassen. Er nützt auch mir und der Sache nichts. [...] Nun sind wir im Kampf. Gebe Gott, dass nicht alles, was gut und wertvoll ist, dabei zugrunde geht. Je kürzer er dauert, je besser. Doch muss man bedenken, dass die Gegner mit Adolf Hitler und mit H. v. Ribbentrop keinen Frieden schließen werden. Was das bedeutet – wer würde das nicht sehen!?«[30]

Es bedeutete zweifellos, dass dieser Krieg bis zu seinem bitteren Ende, bis zur vollständigen Niederlage Deutschlands ausgefochten werden würde, wenn sich das Land nicht vorher der nationalsozialistischen Führung selbst zu entledigen vermochte. Dazu freilich wollte Ernst von Weizsäcker seine Hand nicht reichen. Sosehr ihn der Tod des Sohnes aufwühlte, so verbittert er sich in erstaunlicher Offenheit über die innere wie äußere Gewaltpolitik der Nazi-Führung sogar schriftlich äußerte – aktiver Widerstand, der zu einer Beseitigung Hitlers und seiner Führungsclique hätte führen müssen, war seine Sache nicht. Da stimmte er, zumal nach den Erfahrungen der Novembertage 1918, mit dem im Sommer 1938 nach der Blomberg/Fritsch-Krise aus Protest gegen den Kriegskurs Hitlers zurückgetretenen Generalstabschef des Heeres, Generaloberst Ludwig Beck, vollkommen überein, der seinem Nachfolger General Franz Halder mit auf den Weg gab: »Meuterei und Revolution sind Worte, die es im Lexikon eines deutschen Offiziers nicht gibt!«[31]

Weizsäcker hatte sehr wohl Mut und Geschick bei seinem einfallsreichen diplomatischen Spiel hinter den Kulissen bewiesen, das angesichts der Gefahr der Aufdeckung fraglos lebensgefährlich war, aber die Kraft zum entscheidenden letzten Schritt gegen Hitler fand er nicht. Er blieb im Dienst und resignierte, soweit er sich nicht durch die Siegesmeldungen der ersten Kriegsjahre in gelegentlich rauschhafte Zustände der Selbsttäuschung davontragen ließ. Meist allerdings war ihm bewusst, durch seine wenn auch oft genug allein förmliche Mitarbeit den Grenzen, die eigene Moral ihm setzte, nahe gekommen zu sein oder sie überschritten zu haben.

Ein Beispiel dafür ist die Notiz, die er am 10. Mai 1940, dem ersten Tag der Westoffensive gegen die Niederlande, Belgien, Luxemburg und Frankreich, niederschrieb: »Morgens wurde ich in die Vorbereitungen [...] zu dem Einmarsch im Westen eingeweiht. Ich will sehen, wie ich meiner dabei erwachsenden Pflicht, besonders am 10.V. früh, gerecht werde, ohne dabei meinen Anstand zu verlieren.«[32] Diese Möglichkeit verschaffte ihm der belgische Botschafter Jacques Graf Davignon, dem er, ganz Kavalier der alten Schule, nach der Eröffnung des Kriegszustandes durch Ribbentrop noch Gelegenheit zu einem letzten unbelauschten Telefongespräch mit Brüssel einräumen wollte: »Dieser Versuch dauerte ca. 3/4 Stunden u. blieb vergeblich, obgleich ich wiederholt den Reichspostminister Ohnesorge einschaltete.«[33]

Für das andere, das in Ernst von Weizsäcker gleichfalls seinen Platz fand, für die Triumphgefühle nämlich nach dem kurzen Feldzug im Westen, gibt es ebenfalls Belege. Einen Tag vor der Unterzeichnung des deutsch-französischen Waffenstillstandes im Wald von Compiègne, wo 1918 die deutsche Niederlage protokolliert worden war, schrieb Weizsäcker einen Brief an seine Mutter: »Nicht jeder hat es leicht, mit vollem Herzen einen Tag wie den heutigen zu erleben. Es ist aber doch erlaubt, daran zu denken, wie es im Herbst 1918 denen zumute war, die damals auch ihre Verwandten im Feld verloren hatten und sich fragen mussten, ob das alles umsonst gewesen ist. Ich wünschte, der Papa hätte den heutigen Tag noch gesehen. Er hätte dich bestimmt gebeten, den ›Finnländischen Reitermarsch‹ auf dem Klavier zu spielen. ›Nous sommes les vainqueurs‹ [Wir sind die Sieger]. Dieses in die Wirklichkeit zu übersetzen ist jetzt die Aufgabe. Die Bedingungen, die man heute Nachmittag den Franzosen übergab, verraten die Meisterhand des Führers.«[34]

Aber selbst in diesem Schreiben in einer Stunde der Begeisterung blieb innerer Vorbehalt spürbar. Den verbündeten Italienern warf er amüsiert »heroische Bundesgenossenschaft« vor, die sie am Tag der Waffenruhe dazu verführt hätte, den energischen Vormarsch auf die nicht länger verteidigten Alpenpässe anzutreten. Vor allem jedoch erkannte er, dass die Waffenstillstandsbedingungen, so »elastisch« sie auch der – gewiss ironisch so beschriebenen – »Meisterhand des Führers« entflossen sein mochten, »allen Spielraum zu einem vernichtenden Frieden« enthielten und insofern den Keim künftiger Revanche in sich trugen. Ernst von Weizsäcker blieb gespalten in seinen Empfindungen, aber nüchtern in seinen Einschätzungen und Erwartungen: »Bleibt England. Es wird wohl darauf hinauskommen, dass wir den Engländern anbieten werden, mit einem blauen Auge sich vom europäischen Festland definitiv zu entfernen und dieses uns zu überlassen. [...] Immer unter der Voraussetzung eines solchen überwältigenden Sieges im Westen liegt es ja nahe, auch im Osten, wo Raum ist und flüssige Grenzen, eine Ordnung herzustellen, die hält. Ob nun England gleich nachgibt oder ob man sich mit Bomben zur Friedensliebe bewegt – im Osten wird es wohl noch eine weitere Abrechnung geben.«[35]

Was indes »die Zivilaufgabe der Neuordnung von Europa« anging, glaubte Weizsäcker im Juni 1940, zumindest nach dem Krieg nicht mehr gebraucht zu werden: »Da ich aber nicht unter den Erfindern dieses Krieges war und auch diesen Ausgang nicht vorhersah, fehlt mir etwas die Phantasie zur Beteiligung an der Neukonstruktion. Ich werde auch nicht zu denen gehören, die man dazu konsultiert. Irgendwie werde ich bei Kriegsende meinen jetzigen Posten aufzugeben haben.«[36]

Da Ribbentrop bereits im Sommer 1940 den Sieg im Westen zum Anlass einer personellen »Säuberung« im Auswärtigen Amt machen wollte, sah Weizsäcker seine Verabschiedung dann schon sehr viel schneller auf sich zukommen. Weizsäcker in einem Schreiben an Ribbentrop: »Auf der von Ihnen in Aussicht genommenen Verabschiedungsliste […] steht eine Serie von ca. 10 aktiven Missionschefs und etwa einem Dutzend sehr nützlicher Beamten in aktiver Funktion. Diese sozusagen bei dem ersten Glockenschlag des Sieges wegzuschicken, ähnelt einer Abrechnung, wie man sie vornehmen würde, wenn Deutschland soeben den Krieg nicht gewonnen, sondern verloren hätte.«[37] Weizsäcker forderte, das beabsichtigte Revirement auf eine gewisse Zeit nach dem tatsächlichen Friedensschluss zu verschieben. Andernfalls müsse er auch um seinen Abschied bitten: »Liegt es nun aber so, dass meinem Vorschlag nicht entsprochen werden kann, dann fehlt auf dieser Liste mein eigener Name. Ich bin nun einmal auf dem Schiff, das Sie kommandieren, der erste Offizier. […] Es wäre einfach nicht anständig und nicht sachgemäß, wenn ich in dieser Lage nicht darum bäte, [auch] im Posten des Staatssekretärs einen Wechsel vorzunehmen.«

Da Hitler indes einen solchen Personalwechsel im Auswärtigen Dienst während des Krieges für unklug hielt, kam es zu diesem Zeitpunkt weder zu der Verabschiedung der nicht parteifrommen Botschafter noch zu der Entlassung Ernst von Weizsäckers.

Die zukünftige Haltung Großbritanniens und der Sowjetunion bestimmte die Überlegungen Weizsäckers in den folgenden Monaten. »Schlagen wir Frankreich, so muss England ja nachgeben, so war die Parole«, erinnerte er in einer Niederschrift im Juli 1940.[38] Doch darin hatte »man« – und mit »man« bezeichnete er in seinen Aufzeichnungen aus der Kriegszeit durchweg Hitler, wenn er ihn nicht deutlicher ansprechen wollte oder konnte – sich getäuscht: »Man möchte aber doch abschließen, England die Germanenhand reichen u. damit auch eine stärkere Drohung gegen die Russen gewinnen, die den Moment – indirekt gegen uns – nützen.«[39]

Der britische Premierminister Winston Churchill aber, seit dem 10. Mai 1940 im Amt, hatte alle deutschen Friedensangebote strikt zurückgewiesen, während Stalin die Gelegenheit nutzte, die ihm von Hitler zugesprochenen baltischen Randstaaten und darüber hinaus einen Teil Litauens und Bessarabien zu besetzen. Ernst von Weizsäcker warnte Ribbentrop, sich über den Durchhaltewillen Churchills zu täuschen: »Ich selbst sage sehr einfach: Churchill gibt nicht nach. Mit einer (geplanten) Reichstagsrede allein hebt man ihn nicht aus dem Sattel.«[40] Hitler wollte Churchill in einer dann doch verschobenen Rede vor dem Reichstag am 8. Juli 1940 weitreichende Friedensangebote machen und erhoffte sich, dass das britische Kriegskabinett aufgrund der vermeintlich aussichtslosen militärischen Lage eine solche Offerte nicht würde ablehnen können. Weizsäcker war da skeptischer: »Es muss noch ein Keulenschlag dazukommen. Dann ist vielleicht ein Nachfolger kompromissbereit. Lehnt man [also Hitler] diesen Kompromiss ab, dann tritt man in den Zustand permanenten Nichtfriedens mit Amerika ein. Wer die See beherrscht, könnte das vielleicht versuchen, u. vielleicht der, der die Erdkugel in eine völlig neue Ideenwelt zwänge. Bietet sich aber ein Abschluss, so ist er dem Schritt ins Dunkle vorzuziehen.«[41]

Ein Abschluss bot sich nicht, der Schritt ins Dunkle folgte mit dem Überfall auf die Sowjetunion am 22. Juni 1941. Ernst von Weizsäcker hatte es bereits im Herbst des Vorjahres aufgegeben,

»den jetzigen Ablauf für einen beeinflussbaren zu halten«. Diese Einschätzung teilten nicht wenige konservative Regimegegner, denen jedoch der Schritt zum aktiven Widerstand jedenfalls während der Dauer des Krieges unzulässig erschien. Einer der prominentesten Vertreter dieser in Ethos und Traditionen befangenen preußisch-deutschen Spezies obrigkeitsgläubiger Offiziere, Beamter und Politiker war sicherlich der 1938 von Hitler schändlich um Amt und Ansehen gebrachte Oberbefehlshaber des Heeres, Generaloberst Werner von Fritsch. Er hätte allen Grund gehabt, gegen die NS-Führung entschlossen vorzugehen. Doch selbst nach seiner von Generalskameraden erzwungenen Rehabilitierung verzichtete er auf öffentliche Genugtuung und ließ sich mit der Ernennung zum Ehrenkommandeur eines Artillerieregiments abfinden. Während des Polen-Feldzugs suchte er in der Warschauer Vorstadt Praga den Tod, weil es ihm nicht zulässig schien, jene Vorgesetzten und Befehlshaber in die Schranken zu weisen, die seinen Ruf vorsätzlich oder doch grob fahrlässig ruiniert hatten. Zuvor hatte er über Hitler geschrieben: »Dieser Mann ist Deutschlands Schicksal, im Guten und im Bösen, und dieses Schicksal wird seinen Weg zu Ende gehen; geht es in den Abgrund, so reißt er uns alle mit – zu machen ist da nichts.«[42]

Auch Weizsäcker resignierte auf ganz ähnlich fatalistische Weise: »Es kommt, wie es kommen muss. Zivilistenarbeit hat erst später wieder ihren Platz.«[43] Dennoch zögerte er, etwa nach der Niederschlagung Polens im Oktober 1940, sein Amt von sich aus zur Verfügung zu stellen: »Wenn ich meinen Morgengang durch den Tiergarten mache, so wünsche ich mir immer Kraft und Gnade, dahin zu kommen, dass ich mit gutem Gewissen einstens vor den Heinrich treten kann.«[44] Oder, im folgenden Jahr 1941: »Zum heutigen 2. Februar habe ich die Betrachtung angestellt, welches Erbgut man hinterlässt, wenn man seinen Schild blank gehalten hat. Es vergeht wohl kein Tag, an dem ich mir nicht überlege, wie ich selbst es machen soll, um ohne Fleck auf dem Namen der Familie zu enden.«[45] Doch ein eigentümliches Verständnis von Pflicht und Pflichterfüllung, von Staatstreue und

Vaterlandsliebe hielt nicht nur Männer wie Fritsch und Weizsäcker davon ab, wenn schon nicht zur Tat – dem klassischen »Tyrannenmord« – zu schreiten, dann sich doch wenigstens aus der unmittelbaren Verantwortung der Mittäterschaft zurückzuziehen.

Diese seltsame Ambivalenz weist aber noch zwei weitere Facetten auf, nämlich zumindest die bei Ernst von Weizsäcker nachweisbare Begeisterung des ehemaligen Berufsoffiziers über die anfänglichen militärischen Erfolge der Wehrmacht sowie, im Osten, über die lange herbeigesehnte Niederlage des Kommunismus, der von ihm als die potenteste Bedrohung der bürgerlichen Welt und abendländischen Kultur verstanden wurde. So argumentierte Weizsäcker in einer Denkschrift aus dem März 1941 noch ganz auf der Linie Hitlers – wenn auch ohne dessen ideologische Implikationen: »Der Gedanke ist verlockend, jetzt bei dem großen Aufräumen in Europa der Sowjetunion, diesem letzten imperialistischen Gegner Deutschlands auf dem Kontinent, den Garaus zu machen. [...] Ehe es uns über Jahr und Tag gefährlich werden könnte, würde die deutsche Überlegenheit jetzt ausreichen, um die kommunistischen Heere zu schlagen und vielleicht sogar dem kommunistischen System den Todesstoß zu geben.«[46] Weil aber ein solcher Vorstoß England entlasten und damit den Krieg insgesamt verlängern sowie in seinem Ausgang unberechenbar machen würde, stellte sich Weizsäcker gegen den »Plan Barbarossa«: »Ich benütze heute einen Anlass, um H. v. Ribbentrop zu sagen, dass ich den Krieg gegen Russland für ein Unglück halten würde.«[47]

Nicht der Krieg gegen die Sowjetunion an sich galt ihm als Unglück, sondern der Entschluss, ihn nach einer strategischen Abwägung zu beginnen, die Weizsäcker in ihren Annahmen und Folgerungen für leichtfertig und fehlerhaft hielt. Insofern entsprang seine oppositionelle Haltung 1941 weniger einer prinzipiellen Kriegsgegnerschaft wie 1938 während der Sudetenkrise als einer kühlen Kräfteabwägung. Ribbentrop, notierte Weizsäcker, habe ihm Anfang Mai den Vorwurf gemacht, »auch bei dieser großen Entscheidung wieder negativ zu sein«. Es treffe zu, schrieb Weizsäcker, dass er »diesen russischen Krieg nicht entfesseln würde u. dass ich mich dazu bekenne, während die meisten Gegner dieses Entschlusses nicht wagen, den Mund aufzumachen«.[48]

Für ihn gefahrlos war diese nach außen getragene Überzeugung allein, weil seine Loyalität gegenüber Hitler außer Frage stand. Ribbentrop hielt ihn für »negativ« und schwächlich, doch nicht für einen politischen Gegner. Und tatsächlich, Mitte Juni 1941 hielt Ernst von Weizsäcker für sich fest: »Nachdem nun einmal der russische Krieg beschlossen ist und in drei Tagen beginnen soll, lasse ich auch meine Kritik ruhen.«[49] Der Mutter schrieb er einen Tag vor dem Überfall auf die immerhin verbündete Sowjetunion: »Nun ist es also so weit. Wenn dieses an dich gelangt, ist der Marsch nach dem Osten angetreten und die Nemesis an der Arbeit, um fünfundzwanzigjährige Schuld des kommunistischen Wütens zu sühnen. [...] Ob gerade wir zum Richter bestimmt waren oder ob wir den russischen Krater nicht auch allein hätten ausbrennen lassen können, wird ja verschieden beurteilt. Ich stelle aber meine eigene Meinung ab heute zurück und besinne mich, ob nicht etwa im September eine Geneigtheit zum Frieden im Westen dämmern könnte, nachdem das deutsche Gesicht dem Osten zugewandt ist.«[50]

Der schnelle Zusammenbruch der sowjetischen Verteidigungsstellungen sowie die darauf folgenden Vorstöße gegen Leningrad und Kiew machten Hitler im September 1941 »Hoffnung auf den russischen Kollaps«. Sofern Stalin Waffenstillstand oder Frieden anbiete, war Hitler, so eine Notiz Ernst von Weizsäckers, dazu bereit: »Man mag Stalin dann in Asien am Leben lassen, vielleicht auch ihn gegen Mesopotamien ansetzen, d. h. also ihn umdrehen gegen England. Stalin hat das Zeug zum Dschingis Khan; er und Churchill sind die Einzigen, die wir [also Hitler] respektieren oder fast lieben.«[51]

Solche global ausgreifenden machtpolitischen Phantasmagorien waren, zumal angesichts des ungebrochenen Widerstands

Großbritanniens und des sich abzeichnenden Kriegseintritts der Vereinigten Staaten, Weizsäckers Sache nicht mehr. Am 29. September 1941 bot er Ribbentrop an, ihn nach dem Ausscheiden des Botschafters Carl-Ludwig von Bergen in den Vatikan zu schicken – neben Bern, Stockholm, Lissabon und Ankara der letzte deutsche Auslandsposten auf neutralem Boden von einigem Gewicht, dem besondere Bedeutung noch dadurch zukam, dass Papst Pius XII. zwischen 1920 und 1929 als Nuntius in Berlin und nach seinem Amtsantritt als Kirchenoberhaupt 1939 keine Gelegenheit ausgelassen hatte, seine Deutschfreundlichkeit einerseits und seinen heftigen Antikommunismus andererseits zu unterstreichen.[52] Die Besetzung der diplomatischen Vertretung im Vatikan mit einem vertrauenswürdigen Mann war sowohl für die NS-Führung wie für die innerdeutsche Opposition von erheblicher Bedeutung. Weizsäcker konnte in dieser Hinsicht als geradezu idealtypisch gelten, hatte er doch bisher uneingeschränkt die Unterstützung Hitlers gefunden und hielt umgekehrt, etwa über Admiral Wilhelm Canaris, den Chef des Amtes Ausland/Abwehr im Oberkommando der Wehrmacht, auch Verbindung zu den konservativen Widerstandskreisen innerhalb der Wehrmacht. Daher hätte Weizsäcker eine auf seinen eigenen Wunsch zurückgehende Abordnung nach Rom auch nicht als Degradierung empfunden. Neben der ihn gelegentlich deprimierenden Tatsache, dass Diplomaten in Kriegszeiten weniger gefragt sind als Militärs – wobei im Übrigen für den neunundfünfzigjährigen Staatssekretär eine erneute Verwendung bei der Marine nicht mehr infrage kam –, bewegten ihn bei seinen Gedanken über eine Versetzung in den Vatikan auch ganz private Gründe: »Für mich persönlich hätte es den Vorzug geringerer Arbeit, so dass ich meinen etwas mitgenommenen Geist und Körper wiederherstellen könnte. Da ich ja nie oder fast nie an der entscheidenden Stelle bin, um mitzusprechen, würde der Wechsel sachlich keine Nachteile bringen. Trotzdem wäre ich [...] nicht ganz aus der Welt. Natürlich forciere ich das nicht.«[53]

Es waren also nicht in erster Linie politische Überlegungen, die

Ernst von Weizsäcker einen Abschied aus Berlin nahe legten. Aber natürlich spielten sie dabei eine nicht unerhebliche Rolle, wenn auch die Gespaltenheit, die Unentschlossenheit Weizsäckers eine merkwürdige Konstante seiner Persönlichkeit ausmacht. So war es ihm möglich, innerhalb von nur einer Woche vollkommen gegensätzliche Positionen zu vertreten. Am 5. Oktober 1941 schrieb er seiner Mutter durchaus angetan von der selbstherrlichen Entscheidungskraft Hitlers und Stalins: »Romantisch in unserer Zeit ist, dass an der Spitze mehrerer im Kampf beteiligter Großmächte Diktatoren stehen, die, ohne Skrupel und ohne auf ihre Völker zu hören, imstande wären, das Ruder schnell herumzuwerfen. Warum sollten wir nicht mit Stalin paktieren, *wenn* er uns genügend bietet. Wir haben ihm vor 2 Jahren schon einmal Treue geschworen, und schließlich ist er doch ein Kerl!«[54]

Sieben Tage später dagegen forderte er in seinen Notizen zu einem Vortrag, den er vor dem Völkerrechtsausschuss der »Akademie für deutsches Recht« über die gegnerischen Kriegsziele gehalten hatte, wenngleich verschlüsselt, nichts weniger als die Absetzung Hitlers: »Der Satz, auf den es ankommt in dem Vortrag, hieß etwa, dass *eine* Voraussetzung unerlässlich sei, wenn wir jemals mit England verhandeln wollen, nämlich, dass wir *militärisch* unerschüttert dastehen. Das richtet sich gegen die Leute, die meinen, ohne Hitler haben wir gleich Frieden. Solche Stimmen gibt es. Man kann so sagen: *Ohne* Wehrmacht sind wir verloren, mit u. ohne Hitler; *mit* Wehrmacht werden wir weniger leicht ins Gespräch mit den anderen kommen, falls diese ihren Schwur aufgeben müssen, nie mit Nazideutschland zu reden. D. h.: Opposition handle!«[55]

Festhalten wollte Weizsäcker in dieser kryptischen Niederschrift, dass Verhandlungen mit England nur aus einer Position militärischer Stärke erfolgreich zu führen seien. Als Verhandlungsführer würden dann aber von den Kriegsgegnern im Westen weder Hitler noch Wehrmachtskommandeure hingenommen werden, weil sich die englischen Kriegsziele nicht nur gegen das nationalsozialistische, sondern auch gegen ein altpreußisch-militaristisches Großdeutschland richteten. Gefordert sei mithin eine zivile Opposition, die Hitler beseitige und sich das Militär unterordne, um auf diesem Wege zu dem allein möglichen Ausgleich mit England zu kommen.

Doch wo war diese zivile, bürgerliche Opposition und wie hätte sie sich, ohne schlagkräftige Organisation, ohne eigene Machtmittel und – zu diesem Zeitpunkt der Siege – ohne breiten Rückhalt in Bevölkerung und Militär, gegen den Machtapparat von Partei und SS durchsetzen können? Es gab sie nicht. Daher vermochte Ernst von Weizsäcker einen trotz alledem erfolgversprechenden Weg zu einem baldigen Kriegsende nicht zu erkennen. Daher blieb er, als Ribbentrop seinem Versetzungsangebot (noch) nicht entsprach, weiter in seinem Amt, in dem für ihn politisch nichts mehr zu bewirken war: »Der Krieg ist bereits über uns hinausgewachsen. Wir haben ihn nicht mehr in der Hand. Das ›Gesetz des Handelns‹, das der Generalstäbler nach guter alter Lehre nicht dem Gegner überlassen darf, scheint mir zwar noch nicht beim Gegner, wohl aber in den geschaffenen Tatsachen zu liegen.«[56]

Weizsäcker verfolgte den Vormarsch der deutschen Truppen, zu denen von Anfang an auch sein jüngster Sohn Richard gehörte, mal mit stolzer, mal mit sorgenvoller Aufmerksamkeit und erteilte strategische Ratschläge, die niemand mehr hören wollte. »In der Frage Atlantikschlacht oder Mittelmeerkrieg halte ich es zur Ersteren. Man sollte England ins Herz treffen u. nicht an den Gliedern«, notierte er Ende Oktober 1941 als Empfehlung für die Marineführung.[57] Mitte Januar 1942 schlug er dem Chef des Generalstabes vor: »Bezüglich Russland. Erfreut, dass Frontlage sich konsolidieren werde. Einnahme von Baku wäre Schlag auf den Kopf der Russen, da ihre Hauptölquelle. Man solle militärisch unter keinen Umständen erlahmen.«[58]

Die Amerikaner imponierten dem Staatssekretär nach ihrem Kriegseintritt im Dezember 1941 nicht sonderlich: »Den Amerikanern [...] fehlt der fighting spirit. [...] man hält sich doch gerne auch einmal die Schwächen des Gegners vor.«[59] Und auch die spätestens im Herbst 1942 – seit dem von der Roten Armee erzwungenen Halt vor Stalingrad – erkennbare Umwandlung des Eroberungsfeldzuges im Osten zum Vernichtungskrieg erschütterte Ernst von Weizsäcker nicht erkennbar: »Unser Plan ist also, den Bolschewismus *und* das russische Reich zu vernichten. Dazu sollen Stalingrad und Leningrad rasiert werden. [...] Die Verwaltung von den besetzten Gebieten ist ganz auf diese Linie zu stellen, auch in der Ukraine, wo der Reichskommissar [Erich Koch] rigorose Instruktionen ausgibt.«[60] Diese »Instruktionen« sahen die restlose Ausplünderung des Landes, die Ermordung seiner Intelligenz, der Geistlichkeit und der kommunistischen Funktionäre sowie die Verschleppung von Millionen Zwangsarbeitern in die deutsche Rüstungsindustrie vor.

Ernst von Weizsäcker erfuhr von dieser Vernichtungspolitik und ihrer blutigen Praxis schon lange vorher. In seinen *Erinnerungen* schrieb er, dass er bereits »im Herbst 1941 [...] durch den Admiral Canaris von Massenmorden an Juden und anderen Bewohnern Russlands« gehört habe.[61] Canaris war seit einem Gespräch mit dem Chef des Sicherheitsdienstes der SS, Reinhard Heydrich, am 8. September 1939 darüber im Bilde, mit welcher Absicht die Nazi-Führung den Zweiten Weltkrieg begonnen hatte: »Die kleinen Leute wollen wir schonen, der Adel, die Popen und Juden müssen aber umgebracht werden. Nach dem Einzug in Warschau werde ich mit der Armee vereinbaren, wie wir diese Kerle alle herausdrücken.«[62] Von ihm hatte Canaris erfahren, dass sich SS-Führer rühmten, täglich 200 Polen ohne jedes Urteil und Verfahren erschossen zu haben. Generalleutnant Carl-Heinrich von Stülpnagel, Oberquartiermeister I im Generalstab des Heeres, den Canaris umgehend informierte, war längst unterrichtet: »Er sagt, es sei die Absicht des Führers und Görings, das polnische Volk zu vernichten und auszurotten.«[63] Dass Canaris diese erschütternde Nachricht auch an seinen Freund Weizsäcker weitergab, liegt nahe, ist aber nirgends dokumentiert. Belegt hingegen ist Weizsäckers Verstrickung in die Deportierung von

90 000 westeuropäischen Juden im Sommer 1942 in das Konzentrationslager Auschwitz.[64]

Nach dem Krieg beschwichtigte Weizsäcker allerdings sich und andere mit dem Hinweis, diese Aktenvorgänge, die ihm damals auf den Tisch kamen, hätten nur von einem »Arbeitseinsatz in Auschwitz« gesprochen. Von »Massentötungen« in Auschwitz sei ihm nichts bekannt gewesen. »Tatsache ist«, versicherte er als Kommentar zu einem Beweisdokument des amerikanischen Anklägers während seines Gerichtsverfahrens in Nürnberg – wobei er von sich in der dritten Person spricht –, »dass W. von solchen Gräueln nichts wusste und nichts ahnte. Die Schriftstücke betr. Auschwitz hätten sonst seinen Schreibtisch nicht verlassen, obgleich das A A das Prinzipielle des Arbeitseinsatzes von Juden im Osten gar nicht zu erörtern hatte.«[65] Seine Kenntnis der wirklichen Vorgänge dort, verteidigte er sich, sei »unvollkommen« gewesen: »Ich habe viel gewusst, manches geahnt, vieles aber weder gewusst noch geahnt noch auch für möglich gehalten. *Wissentlich* habe ich mich an keinem Akt, auch nicht als Durchgangsstelle, beteiligt, der auf Vernichtung des Lebens der Betreffenden hinauslaufen musste. Nie habe ich vorsätzlich an Akten mitgewirkt, die Gewaltmaßnahmen in sich schlossen.«[66]

Diese Angabe ist zumindest zweifelhaft. Denn im Politischen Archiv des Auswärtigen Amtes findet sich auf einem Vorblatt eines Berichtes der SS-Einsatzgruppe Nr. 6 eine Datumsangabe und die mit braunem Stift geschriebene Paraphe »W« des Staatssekretärs. In diesem »Tätigkeits- und Lagebericht« der Sicherheitspolizei wurde die Ermordung von 46 000 Juden gemeldet. Zwei Sätze daraus mögen genügen: »In Shitomir wurden mehr als 3000 Juden zur Vermeidung der Anstiftung von Sabotage [...] erschossen.« Und: »In der Ukraine wurden als Vergeltungsmaßnahmen für die [angeblichen] Brandstiftungen in Kiew dortselbst sämtliche Juden verhaftet und im September d. J. insgesamt mehr als 33 000 Juden hingerichtet.«[67] Weizsäcker zeichnete diesen Einsatzbericht am 12. Dezember 1941 ab, bestritt jedoch nach dem Krieg, ihn vor der Paraphierung wenigstens überflogen zu haben: »›Einsatz-Kommando‹/Berichtskenntnis unnötig, da ich von Canaris unterrichtet war.« Damit räumte Weizsäcker zwar seine allgemeine Kenntnis der Massenmorde im Osten ein, nicht aber eine konkrete Mitwisserschaft einer einzelnen Tötungsaktion.

Das Protokoll der »Wannsee-Konferenz« vom 20. Januar 1942, während der Heydrich den Vertretern der obersten Reichsbehörden die Deportation und Vernichtung der Juden in dem von Deutschland beherrschten Europa verkündete, müsste Ernst von Weizsäcker ebenfalls vorgelegen haben – auch wenn er selbst nach dem Krieg feststellte, es sei ihm »nicht erinnerlich«.[68] Der angesehene Holocaust-Forscher Gerald Reitlinger verwies Mitte der fünfziger Jahre des vergangenen Jahrhunderts in seiner bahnbrechenden Untersuchung über die »Endlösung der Judenfrage« auf ein heute im Politischen Archiv des Auswärtigen Amtes nicht mehr vorhandenes Anschreiben zur sechzehnten Ausfertigung dieses Protokolls, das die »Initialen Weizsäckers« getragen habe.[69] Nun ist dies fraglos eine fehlerhafte Darstellung insofern, als Weizsäcker nie mit seinen »Initialen«, sondern immer nur mit der Paraphe »W« gezeichnet hat, doch spricht die Logik des Verwaltungshandelns dafür, dass ein Staatssekretär, der über das Stattfinden einer Konferenz nachweislich unterrichtet worden ist[70], auch das anschließend ausgefertigte Ergebnisprotokoll einsehen konnte. In ihm fasste der SS-Obersturmbannführer Adolf Eichmann zusammen: »Unter entsprechender Leitung sollen nun im Zuge der Endlösung die Juden in geeigneter Weise im Osten zum Arbeitseinsatz kommen. In großen Arbeitskolonnen, unter Trennung der Geschlechter, werden die arbeitsfähigen Juden straßenbauend in diese Gebiete geführt, wobei zweifellos ein Großteil durch natürliche Verminderung ausfallen wird. Der allfällig endlich verbleibende Restbestand wird, da es sich bei diesem zweifellos um den widerstandsfähigsten Teil handelt, entsprechend behandelt werden müssen, da dieser, eine natürliche Auslese darstellend, bei Freilassung als Keimzelle eines neuen jüdischen Aufbaues anzusprechen ist.« Im Zuge »der praktischen Durchführung der Endlösung« werde Europa »vom Westen nach Osten durchgekämmt«.[71]

Da offener Widerstand in Form von Landes- oder Hochverrat sich für Ernst von Weizsäcker quasi von selbst verbot, andererseits aber eine anhaltende, wenn nicht gar zunehmende Verstrickung in die Kriegs- und Völkerverbrechen des Dritten Reiches in seiner Funktion als Staatssekretär des Auswärtigen Amtes absehbar war, erschien die Versetzung auf einen Außenposten in einem neutralen Land als einzige Möglichkeit, weitere Verwicklungen zu begrenzen. Ribbentrops Offerte Ende März 1943, Weizsäcker könne als Botschafter an den Vatikan gehen, stimmte dieser daher sofort zu. Sein Nachfolger im Ministerium wurde der sehr viel jüngere Gustav Adolf Baron Steengracht von Moyland, von dem sich Ribbentrop einen bereitwilligeren Vollzug nationalsozialistischer Außenpolitik versprach.[72] In seinen nach dem Krieg niedergeschriebenen *Erinnerungen* wies Weizsäcker mögliche Kritik an den von ihm während seiner Amtszeit eingegangenen Zugeständnissen harsch zurück: »Als ich Berlin im Frühjahr 1943 verließ, da rechnete ich nur bei wenigen Vertrauten auf wirkliches Verständnis für meine Arbeit. Warum ich bei völligem inneren Widerspruch gegen die herrschenden Menschen, Maximen, Methoden und Motive meinen Namen zu einer fast aussichtslosen Arbeit hergegeben habe, das musste ich mit mir allein abmachen. Ich konnte nicht danach fragen: ›Che dir à la gente?‹ [Was soll ich den Leuten sagen?] Missverstanden zu werden, das gehört zu den Risiken des diplomatischen Berufs. Wer mich nicht von selbst verstand, dem hatte ich auch nichts mitzuteilen.«[73]

Mitte April 1943 reiste Ernst von Weizsäcker mit seiner Frau nach Rom ab und verständigte bei dieser Gelegenheit seine Mutter, dass seine »Briefe an Dich von nun an noch sprödere Form als sonst« bekämen, da sie »ohne Ansehen der Person von Beamten unseres Auswärtigen Dienstes zensiert« würden. Dies gelte im Übrigen auch für die einlaufende Post. Die privaten Aufzeichnungen Weizsäckers lassen aus diesem Grunde bis zum Kriegsende kaum mehr von den amtlichen Sprachregelungen abweichende Auffassungen erkennen. Dies gilt sowohl für den Sturz des faschistischen Regimes in Italien Ende Juli 1943, für den Beginn der sowjetischen Generaloffensive im selben Monat, für die Landung britischer und amerikanischer Streitkräfte im September auf dem italienischen Festland, für die alliierte Invasion in Nordfrankreich Anfang Juni 1944, aber auch für den gescheiterten Offiziersaufstand um Oberst Claus Schenk Graf von Stauffenberg am 20. Juli jenes Jahres. Weizsäcker wagte verständlicherweise zu alledem in keinem seiner Briefe mehr eine persönliche Stellungnahme. Selbst als das deutsche Botschaftspersonal angesichts der heranziehenden Alliierten im September 1943 nach Berlin zurückbeordert worden war, war von Erleichterung nichts zu spüren: »Seit dem Aufbruch der deutschen Botschaft am Quirinal war ich die einzige deutsche Behörde am Platz. Natürlich ist mein Hauptanliegen, dass der Vatikan [von den deutschen Truppen, die sich noch in der Stadt befanden] fein säuberlich behandelt wird. Unberufen ist das bisher so ziemlich nach Wunsch gegangen.«[74]

Die Ermordung von 335 italienischen Zivilisten bei den Ardeatinischen Höhlen in Rom am 24. und 25. März 1944 durch die SS nach einem Bombenanschlag auf deutsche Soldaten konnte Ernst von Weizsäcker gleichwohl nicht verhindern. Andere Gefahren für die Zivilbevölkerung deutete er in seinen Briefen nur vorsichtig an: »Von irgendwelchen nennenswerten Zerstörungen, die von den Deutschen beim Abzug in Rom begangen worden wären, habe ich nichts erfahren. Auch die italienischen Zeitungen, die sich jetzt neu in Rom auftun, haben Mühe, Vergehungen zusammenzukratzen, die unseren Truppen vorzuwerfen wären. Nur unsere Polizei, die hier das Gegenteil von Sympathie genoss, ist das Ziel heftiger Anklagen. Aus ihren Handlungen wird man für die kommenden Tage alles antideutsche Hetzmaterial entnehmen.«[75]

Die Besetzung Roms zögerte sich wegen des langsamen Vormarsches der Alliierten noch bis in den Juni 1944 hinaus. Zu einer Schlacht um die Hauptstadt kam es jedoch nicht, da sich die deutschen Truppen rechtzeitig aus ihr zurückzogen, um die Kulturgüter und nicht zuletzt den Vatikan zu schützen. Denn der Papst wurde zu einem der letzten Hoffnungsträger des in den Abgrund taumelnden Nazi-Reichs. Über die grundsätzliche Haltung Pius' XII. verständigte Ernst von Weizsäcker zum Jahresende 1943 seine Familie in Deutschland: »Der Wunsch und die Hoffnung des Papstes ist noch immer, dass sich die Kulturmächte des Abendlandes zusammentun, um dem Ansturm von Osten zu begegnen.«[76] Die Deutschfreundlichkeit des Kirchenoberhauptes stand für den Botschafter außer Frage: »Im Buch eines Schweden lese ich gestern über den Papst Pius XII.: ›Sechs Tage arbeitet er für die Deutschen, am siebten Tage betet er für die Alliierten.‹ Das ist ziemlich richtig.«[77] Freilich muss bei der Bewertung dieser Haltung des Vatikans berücksichtigt werden, dass ein offen deutschfeindlicher Kurs des Papstes bis zum Einmarsch der Alliierten in Rom das Risiko einer Besetzung des Kirchenstaates durch deutsche Truppen – vielleicht sogar einer Internierung des Papstes – erheblich vergrößert hätte.

Kurz vor Beginn des letzten Kriegsjahres 1945 wurde Weizsäcker von einer resignativen Stimmung ergriffen. Seiner Mutter schrieb er: »Man darf sich nicht täuschen, wir sind im Übergang in ein Zeitalter weit ab von dem, was meine Generation von der deinigen und der deiner Eltern erbte. Begriffe wie Besitz, Sicherheit, wohlerworbene Rechte gehen über Bord. [...] Ganz gleichgültig wie der Krieg weitergeht, wir alle werden äußerlich arm und wie ich hoffe innerlich reicher sein. Meine Freude an der Politik ist schon lange nicht mehr groß. Solange ich hier bin, mache ich natürlich weiter. Was wird, wenn es einmal aufhört?«[78]

Ernst von Weizsäcker machte weiter, pflichtgemäß und zuverlässig, wenn er auch Wert darauf legte, dass ihn seine römischen Gesprächspartner lediglich als den Boten schlechter oder aberwitziger Nachrichten verstanden, nicht aber als deren Verfasser oder geistigen Urheber.[79] So übermittelte er dem Papst-Vertrauten Pater Robert Leiber zur Weitergabe an Pius XII. am 19. Februar 1945 einen Drahterlass Ribbentrops, in dem dieser fern jeder Wirklichkeit und auch entgegen den ihm sehr wohl bekannten Vereinbarungen zwischen den Alliierten, den Krieg gemeinsam bis zur bedingungslosen Kapitulation Hitler-Deutschlands fortzusetzen, feststellte: »Deutschland kann nicht demokratisch werden. Nach Nazi nur Kommunismus. Weicht die Ostfront, kann engl.-amerik. Kriegspolitik sich nicht mehr umstellen. Englands Krone, kons. Partei und USA-Führerschichten sollten den einen Wunsch haben, dass Adolf Hitler nichts passiert. Auch in angelsächsischen Besatzungszonen würde Kommunismus triumphieren und kein Deutscher dem entgegentreten.«[80]

Am 20. Februar 1945 setzte Weizsäcker bei Monsignore Domenico Tardini, dem Sekretär der Kongregation für außerordentliche kirchliche Angelegenheiten, noch einmal nach und bestärkte Ribbentrop anschließend mit bemerkenswerter inhaltlicher Übereinstimmung in dessen Absicht, ein Bündnis mit den Westmächten herbeizuführen, um danach gemeinsam gegen die Sowjetunion antreten zu können: »Das Heranrücken einer deutschen Option zwischen Ost und West entspricht der Erwartung, die ich als meine persönliche hier seit längerem in Kurs gesetzt habe. Natürlich haben solche Gedanken nun ein (ganz) anderes Gesicht, wo sie als maßgebende deutsche Auffassung erscheinen. [...] Gegenüber dem Papst kann ich in diesem Punkt deutlicher werden, wenn ich ihn sehe.«[81]

Fünf Tage darauf machte er auftragsgemäß Domenico Tardini erneut deutlich: »Westmächte und Vatikan müssen wissen, dass nur nat.soz. Deutschland [sie] selbst retten kann. [...] Hält D. nicht stand, Folgen katastrophal für England und USA. [...] Entweder Bolschewisierung Deutschlands, Europas, Chaos oder: allmähliche Einstellung Westkriegs (und Luftkriegs), Abwehr des Bolschewismus von Europa und USA, Verhandlungsfriede, Gleichgewichtslösung, kein III. Weltkrieg. Militärisch sind wir zuversichtlich.«[82]

Erst am 1. März 1945 funkte Ernst von Weizsäcker nach Berlin, dass weder mit dem Papst noch mit einem Seitenwechsel der Westmächte zu rechnen sei: »Der Papst erklärte dann mit sichtbarem Ernst: jetzt, nach der Jalta-Konferenz [4.–11.2.1945], sei der Entschluss der Anglo-Amerikaner, unter politischen Opfern mit Sowjetrussen bis zum Ende, nämlich bis zur totalen Niederringung Deutschlands, zusammenzugehen, unabänderlich. [...] Warnungen vor dem Vordringen des Bolschewismus und dessen Charakter schlügen sie in den Wind. Sie seien also nicht zu überzeugen. Der Papst wollte mir über diese ihn selbst tief enttäuschende Erkenntnis keinen Zweifel lassen.«[83]

Die letzte Nachricht Weizsäckers aus dem Vatikan war ein verschlüsseltes Telegramm an Ribbentrop vom 19. April 1945: »Über unaufhörliche Verwüstung Deutschlands herrscht hier Entsetzen. Völlige Okkupation Deutschlands durch Alliierte ist unabwendbar. Es kann sich daher nur noch um die Größe des Sektors handeln, der den Russen zufällt. Nachrichten über Zustände in den von den Russen besetzten Gebieten machen tiefen Eindruck.«

Unbegründete Hoffnung auf eine Spaltung der gegnerischen Allianz in letzter Sekunde mochte Ribbentrop aus dem Zusatz Weizsäckers ziehen: »Soeben erlassenen Befehl an Truppe und Bevölkerung, Ostfront unbedingt zu halten, möchte man als stillschweigende Preisgabe des Widerstandes gegen Angloamerikaner auslegen; also Barriere im Osten und Vermeidung nutzloser Opfer von Menschen und Städten im Westen. Solch ein Vorgehen würde passen zu der hier wohlbekannten Spannung zwischen anglo-amerikanischen Militärs und ihren russischen Alliierten sowie zu günstigen Urteilen über neuen USA-Präsidenten« Harry S. Truman nach dem plötzlichen Tod von Franklin D. Roosevelt am 12. April 1945.[84]

Doch ein Allianzwechsel wie im Siebenjährigen Krieg, als nach dem Tod der Zarin Elisabeth 1762 deren Nachfolger Peter III. mit dem Preußenkönig Friedrich dem Großen überraschend Frieden schloss und so das »Mirakel des Hauses Brandenburg« bewirkte, blieb ein Traum von Goebbels und Hitler. Für die wirkliche Entscheidungsfindung in Berlin hatten Ernst von Weizsäcker und seine diplomatischen Vorstöße, Manöver, aber auch politischen Fehleinschätzungen keine Bedeutung mehr. Am 16. April 1945 setzte die Rote Armee an der Lausitzer Neiße und an der Oder zum Großangriff auf die Reichshauptstadt an. Neun Tage später trafen amerikanische und sowjetische Truppen in Torgau an der Elbe zusammen. Hitler beging am 30. April Selbstmord in seinem Bunker unter der Reichskanzlei. Berlin kapitulierte am 2. Mai. Am 7. Mai unterschrieb Generaloberst Alfred Jodl im Hauptquartier der westalliierten Streitkräfte in Reims die deutsche Gesamtkapitulation, am 9. Mai, um 0.16 Uhr, wiederholten Generalfeldmarschall Wilhelm Keitel, Generaladmiral Hans-Georg von Friedeburg und Generaloberst Hans-Jürgen Stumpff für die Luftwaffe im sowjetischen Hauptquartier in Berlin-Karlshorst die Unterzeichnung. Der Zweite Weltkrieg war nach fünfeinhalb Jahren zu Ende, über sechzig Millionen Tote zählten zu seinen Opfern.

Verurteilt in Nürnberg

»Wer mich nicht versteht,
der lasse es bleiben«

Mit der bedingungslosen Kapitulation der deutschen Wehrmacht am 7. beziehungsweise 9. Mai 1945 und der »Berliner Deklaration« der Siegermächte, in der sie am 5. Juni die Übernahme der Regierungsgewalt in Deutschland durch ihre Militärbefehlshaber verkündeten, hatte die Tätigkeit Weizsäckers als Botschafter des Deutschen Reiches im Vatikan ihre Grundlage eingebüßt. Eine Rückkehr nach Deutschland oder die – völkerrechtlich allerdings unzulässige – Übergabe der Botschaft und ihres Personals an die Alliierten wäre naheliegend gewesen. Doch hätte dies für die Diplomaten ein höchst ungewisses Schicksal bedeutet. Also nahmen die Vertreter des »Dritten Reiches«, aber auch die des verbündeten Japans, Ungarns und der Slowakei die Gastfreundschaft der römischen Kurie gern so lange in Anspruch, bis ihnen ihre weitere Zukunft geklärt schien. Ernst von Weizsäcker: »Wir waren von da ab private Gäste des Vatikans und erfreuten uns dort weitesten persönlichen Entgegenkommens.«[1]

Nachdem Weizsäcker und seine Frau erfahren hatten, dass die beiden Söhne Richard und Carl Friedrich den Krieg überstanden hatten und auch die übrigen Angehörigen wohlauf waren – der älteste Sohn Heinrich allerdings war im September 1939 und der Schwiegersohn Botho-Ernst Graf zu Eulenburg im August 1944 gefallen –, konnte Ernst von Weizsäcker sehr viel unbeschwerter die Verhandlungen »über eine ungestörte, freie Heimreise unserer Botschaftsmitglieder« führen.² Sie alle wünschten so schnell wie möglich heimzukehren, doch nicht, »wie das nun Brauch wurde, in Deutschland in ein Lager eingesperrt zu werden, nur deswegen, weil wir Diplomaten waren«³. Wegen dieser Befürchtung zogen sich die Gespräche in die Länge. Denn in ihnen stellte sich zum Verdruss Weizsäckers sehr bald heraus, dass für die Sieger des Zweiten Weltkriegs »jedermann verfemt war, der mit diesem [nationalsozialistischen] Regime zu tun gehabt hatte, sei es als Anhänger, Mitläufer oder auch in stiller und noch so rühriger Opposition«⁴. In das Schema der Alliierten, beschwerte sich Weizsäcker, hätte »der Begriff eines anständigen Deutschen damals« nicht hineingepasst.⁵

Bis Ende August 1946 blieben die Weizsäckers daher in ihrer Bewegungsfreiheit auf die wenigen Quadratkilometer des Vatikanstaates beschränkt. Dennoch vertrieb sich Ernst von Weizsäcker die Zeit auf denkbar angenehme Weise: »Vormittags pflegte ich viel in der unerschöpflichen Bibliothek des Vatikans zu sein.«⁶ Dort arbeitete er im Privatstudium die Grundlagen einer neuen Reichsverfassung aus, die freilich außer ihm selbst niemanden interessierten. Er untersuchte ferner, um sich abzulenken und um die wachsende Unruhe zu bekämpfen, »das Verhältnis von Kirche und Staat mit dem Ergebnis, dass unter den heutigen Verhältnissen in Deutschland die Trennung vom Staat für die Kirche wahrscheinlich vorzuziehen wäre«⁷. Ansonsten erfreute er sich »beim Aquarellieren an den zahlreichen malerischen Objekten in unserem Bereich«⁸. Doch draußen, »außerhalb der vatikanischen Mauern«, monierte Weizsäcker, »war man nicht am Werke der Versöhnung«⁹. Die Alliierten nämlich »schickten sich an, in Nürnberg mit der gerichtlichen Verfolgung der deutschen Spitzen von Partei und Staat ernst zu machen«¹⁰.

Im September 1945 ließ Ernst von Weizsäcker seine Mutter wissen: »Es könnte sein, dass man mich im Kriegsschuldprozess als Zeugen hören will. Erinnerst du dich an Papas Abneigung, nach dem letzten Krieg die von ihm ja stets kritisierten deutschen Kunstfehler breitzutreten? Ähnlich geht es jetzt mir, freilich à moins forte raison [aus weniger gewichtigem Grund]. Für den Papa bedeutete die zurückgetretene Monarchie einen schweren Verlust und eine zu pflegende Tradition. Für mich ist jetzt nur der deutsche Name pflegebedürftig.«[11] Und, nebenbei bemerkt, auch der eigene.

Also verfasste er eine weitere Denkschrift, die er dem amerikanischen Hauptankläger des am 8. August 1945 eingerichteten Internationalen Militärtribunals gegen die inhaftierten Hauptkriegsverbrecher in Nürnberg, Robert H. Jackson, zukommen ließ. Weizsäcker rügte mit nicht geringer Anmaßung, die aber gleichwohl seine eigene Unschuldsüberzeugung unterstrich: »Ich sagte darin, das Gericht laufe Gefahr, durch Vermischung Wohlgesinnter mit anderen die Schuldigen auch noch zu Märtyrern zu stempeln.«[12] Jackson hatte keinen Bedarf an solcher Aufklärung, antwortete jedoch freundlich, Weizsäcker könne sein Papier gern den Verteidigern übergeben. Und die wiederum luden ihn im April 1946 als Zeugen im Prozess gegen die Angeklagten Großadmiral Erich Raeder und Konstantin von Neurath, den früheren Außenminister, nach Nürnberg.

Nachdem ihm von den Amerikanern freies Geleit, also Verzicht auf jegliche Internierung oder Verhaftung, zugesichert worden war, flog Ernst von Weizsäcker nach Frankfurt/Main und konnte vor seinem Zeugenauftritt seine Verwandten in Lindau nach dreijähriger Abwesenheit erstmals wiedersehen. Nach seiner Vernehmung in Nürnberg sagten ihm sowohl die amerikanische wie die französische Militärregierung freien Aufenthalt in ihren Besatzungszonen zu, so dass Ende August 1946 die Familie Weizsäcker nach Deutschland zurückkehren konnte: »Meine Frau und ich fuhren in einem bequemen vatikanischen Auto über Livorno, Genua, Nizza, Lyon, Straßburg an den Bodensee, höflich begleitet von einem französischen und einem amerikanischen Offizier. Auf unserem bescheidenen Grundbesitz fing ich an, mich als ›Landwirt‹ zu betätigen.«[13]

Zu Jahresbeginn 1947 forderten amerikanische Ermittler Weizsäcker zur Mitarbeit an einer geplanten Aktenpublikation zur auswärtigen Politik Hitler-Deutschlands auf. Weizsäcker wies die Historiker auf die Gefahr einer solchen unkommentierten Veröffentlichung offizieller Papiere hin, weil »man auf diese Weise vielleicht Tatsachen, sicher aber nicht die Motive zutage fördere«[14]. Selbst private Notizen aus der Zeit des Dritten Reiches trügen »den Stempel der Sorge vor der Geheimen Staatspolizei« oder wären sogar zu deren Täuschung angefertigt worden.[15] Man laufe daher Gefahr, mit derartigen Publikationen »die Geschichte zu verwirren, statt sie aufzuklären«[16]. Aufgrund dieser Vorbehalte, die Weizsäcker allerdings mit seinen persönlichen oder dienstlichen Aufzeichnungen nicht überzeugend belegen konnte, kam es zu keiner Zusammenarbeit.

Stattdessen wurde er im März 1947 als »freiwilliger Zeuge« nach Nürnberg geladen und von amerikanischen Ermittlern, die nicht selten deutsche Emigranten waren, über den Inhalt von Dokumenten verhört, die man in den Aktenbeständen des Auswärtigen Amtes gefunden hatte. Weizsäcker war sich über den tatsächlichen Hintergrund dieser Vernehmung nicht im Klaren: »Ich wusste nicht, ob ich potentieller Angeklagter oder doch nur Zeuge war.«[17] Jedenfalls wurde ihm vorgehalten, er sei »Kriegstreiber gewesen, an der Plünderung in Frankreich beteiligt, als Mitglied der SS Teilhaber an den Verbrechen des Sicherheitsdienstes usw.«[18] Das eigentliche Thema aber war »die Behandlung der Juden im Dritten Reich«[19]. »Die Beamten«, stellten die amerikanischen Vernehmer fest, »hätten die eigentliche Schuld am Hitler-Regime; denn ohne sie wäre Hitler hilflos gewesen. Auch ich hätte mich so zum Komplizen gemacht.«[20] Diesen Vorwurf wies Weizsäcker entschieden zurück und wurde nach einer Woche wieder nach Lindau entlassen, »gegen meine selbstverständliche Zusage, wenn man mich brauche, wieder zu erscheinen, ›even if it were to go to the gallows‹ [selbst wenn es zum Galgen ginge]«.[21]

Ernst von Weizsäcker nahm diese straf- und völkerrechtlichen Vorwürfe der Alliierten nicht ernst. Er hatte, schrieb er in seinen

Erinnerungen, »seinen Schülerglauben an die Herrschaft der Vernunft noch immer nicht verloren«[22]. Und der beruhigte ihn: »Wie könnte man mir einen Prozess dafür machen, dass ich, um Krieg zu vermeiden und ihn abzukürzen, im Amt geblieben war?«[23] Doch Weizsäcker sollte sich täuschen. Am 24. Juli 1947 holte ihn in Lindau in amerikanischem Auftrag ein französischer Begleitoffizier ab. Nach einem Zwischenaufenthalt in Baden-Baden, »wo ich mit einer Flasche Wein bewirtet wurde«, wurde Weizsäcker nach Nürnberg gebracht und dort am folgenden Tag festgenommen: »In Gegenwart amerikanischer Beamter sagte ein deutscher Polizist zu mir, ich sei unter dem Verdacht von Kriegsverbrechen verhaftet. Ich fragte ihn: ›Sind Sie Deutscher?‹, was er verschämt bejahte.«[24] Weizsäcker musste sich entkleiden, seine Wäsche wurde durchsucht, dann fiel hinter ihm die Tür seiner Zelle ins Schloss.

Zwei Tage nach seiner Verhaftung beruhigte er seine Frau in einem Brief: »Mir geht es gut, Verpflegung reichlich, gern würde ich Euch von meinem Weißbrot etwas abgeben; ich lerne die von Carl Friedrich gerühmten Vorzüge des Eremiten kennen, schlafe und wohne z. Zt. allein, lustwandle aber in großem Kreis. Vorläufig lese ich meist bei Großpapas [Neuem] Testament die Paulusbriefe, daneben Schiller. Die Bibliothek ist einseitig, ich fragte nach Aristoteles, Thomas, Leibniz usw., ohne Erfolg, muss also meinen eigenen Geist anstrengen.«[25] Am selben Tag teilte Weizsäcker seiner Frau mit, dass er die Zeit nutzen wolle, um eine Abhandlung über »Private Moral, öffentliche Moral« zu schreiben, dafür aber keine geeignete Literatur zur Hand habe: »Das tut aber nichts. Ich habe gar keinen Anhaltspunkt dafür, dass irgendetwas eile oder akut wäre. Jedermann sollte so disponieren, als ob ich auf eine Nordpolreise gegangen wäre.«[26]

Den weiteren Verfahrensgang gab Weizsäcker in seinen *Erinnerungen* nur kursorisch wieder. Sein persönliches Schicksal, meinte er, sei einer Schilderung nicht mehr wert. »Ich hätte es eher einer Hitler-Staatsanwaltschaft gegönnt, mich vor einen Volksgerichtshof zu ziehen«, schrieb er mit dem Mut des späten

Helden, »denn dort hätten sie und ich in der richtigen Front gestanden.«[27]

Vier Bücher waren den Gefangenen zugestanden worden. Ernst von Weizsäcker wählte ein englisches Lexikon, ein Werk von Platon, von Laotse und das Neue Testament in der Übersetzung des Großvaters aus: »In der einsamen Zelle wurde es mir bald wohl.«[28] Weizsäcker versank in eine dissoziative Stimmungslage: »Ich hatte Mitleid mit denen draußen, den Wächtern, den Mitgefangenen, zum Teil schon Verurteilten, mit dem Gerichtspersonal, ja mit der Anklagebehörde selbst.«[29] Es scheint ihn vieles nicht mehr erreicht, zumindest nicht mehr bedrückt oder aufgeregt zu haben. In gewisser Weise mag er mit sich und seiner Vergangenheit abgeschlossen haben, wusste er doch, dass seine Haltung während des »Dritten Reiches« vor Gericht nicht auf Verständnis stoßen würde.

Im so genannten »Ärzte«-Prozess hatte soeben der I. Amerikanische Militärgerichtshof in Nürnberg wegen Kriegsverbrechen und Verbrechen gegen die Menschlichkeit sechzehn Mediziner verurteilt, darunter sieben zum Tod, fünf zu lebenslangen Freiheitsstrafen und die übrigen zu zehn und zwanzig Jahren Haft. Zu den »Lebenslänglichen« gehörte ein Bekannter der Weizsäckers: Siegfried Handloser, Generaloberstabsarzt, Chef des Wehrmachts-Sanitätswesens und Heeres-Sanitäts-Inspektor. Nach dem Urteil am 20. August 1947 schrieb Ernst von Weizsäcker seiner Frau voll böser Vorahnung: »Es scheint, dass der dir auch bekannte H. im Ärzte-Prozess eine schwere Strafe erhalten hat. Das macht mich sehr stutzig, wenn ich mich an seine Persönlichkeit erinnere, der ich nie etwas Schlechtes zutraute. Auch bei anderen war ich überrascht und glaube, man muss da zwischen Mensch und Schicksal völlig trennen. Der Blitz schlägt ein, wo er will, man muss nur so gehandelt haben, dass man sich keiner Vorwürfe mangelhafter Schutzvorkehrung bewusst wird.«[30]

Am 4. November 1947 wurde den einundzwanzig Angeklagten des so genannten »Wilhelmstraßen«-Prozesses die Anklageschrift überreicht. Minister, Beamte, Wirtschaftsvertreter, Parteimitglieder und Parteigegner sollten, wie Ernst von Weizsäcker feststellte und damit wohl sich selbst meinte, für die gewaltförmige Außenpolitik des NS-Regimes die Verantwortung übernehmen. Weizsäcker widerstrebte die ihm abgeforderte öffentliche Rechtfertigung seines Tuns, mehr aber womöglich noch belasteten ihn die öffentlichen Angriffe wegen seiner Unterlassungen, seines fehlenden aktiven Widerstandes gegen die Zwangsmaßnahmen der Nazi-Diktatur. Am 29. November berichtete er seiner Frau, dass wenigstens ein Mitgefangener verstehe, »dass mir an der uns zugedachten Prozedur am wenigsten zusagt, mit meiner Gesinnung hausieren zu gehen und dem Publiko zu erklären, warum ich so und nicht anders handelte. Schon immer sagte ich ja, wer mich nicht versteht, der lasse es bleiben.«[31]

Ernst von Weizsäckers Name stand an der Spitze der Angeklagtenliste. Am Ende der Beweisaufnahme, am 18. November 1948, durften sie ihr Schlusswort sprechen. Weizsäcker betonte dreierlei: »Ich habe nicht versucht, die Stelle der Gefahr zu verlassen, sondern an ihr auszuharren und zu kämpfen. [...] Mein Ziel war der Friede. Der Friede für meine Heimat und für meine Mitwelt. Ich diente ihm zuerst mit Erfolg, danach erfolglos. Die Gefahr, von beiden Seiten missverstanden zu werden, ließ sich dabei nicht vermeiden. [...] Eine Grenze gibt es, jenseits deren auch der gute Wille die Tat nicht rechtfertigt. Sie liegt da, wo der Eingriff bewusst Menschenleben opfern würde. Ich weiß, dass ich diese Grenze nicht überschritten habe.«[32]

Das amerikanische Gericht war anderer Überzeugung. Nachdem die Anklage an einundfünfzig Tagen 4372 Belastungsdokumente und 123 Zeugen in das Verfahren eingebracht hatte, stellte die Verteidigung – zu der neben dem noch jungen Anwalt Hellmut Becker die deutschen Juristen Sigismund von Braun, Karl Arndt und, als Assistent, der Jurastudent Richard von Weizsäcker gehörten – diesem Beweismaterial an 110 Tagen 4695 Entlastungsdokumente und 200 eigene Zeugen entgegen. Unter ihnen waren so herausragende Persönlichkeiten wie der spätere

Bundespräsident Theodor Heuss, der Schweizer Historiker und ehemalige Völkerbundskommissar in Danzig, Carl Jacob Burckhardt, die evangelischen Theologen Karl Barth und Theophil Wurm, der frühere Reichskanzler Heinrich Brüning, der dänische Kernphysiker Niels Bohr, der Chef der amerikanischen Militärregierung, Lucius D. Clay, sowie der englische Politiker Edward Frederick Lord Halifax und der französische Vorkriegsbotschafter in Berlin, André François-Poncet. Sie alle bescheinigten Ernst von Weizsäcker übereinstimmend, auch dann in gutem Glauben für den Frieden gehandelt zu haben, wenn sein Tun tatsächlich kriegerischen Zielen des NS-Regimes diente.

Aber auch Weizsäcker griff die Anklage scharf an. Für seine Verteidiger notierte er, wie häufig in der dritten Person, über sich selbst: »Erschwerend kam für Weizs. hinzu, dass die Anklagebehörde von vornherein darauf verzichtete, auf der Grundlage gemeinsamen guten Willens die tatsächlichen geschichtlichen u. persönlichen Vorgänge aufzuhellen, deren Erkenntnis ohne weiteres dazu geführt hätte, von einer Anklage gegen Weizs. abzusehen.«[33] Denn »was in diesem meinem Rahmen sich vollzog, war zwangsläufig, und was ich nicht hindern konnte, war Schicksal und von mir eben nicht zu beherrschen«.[34] Belastende »Dokumente«, schrieb sich Weizsäcker auf, »können mich nicht beunruhigen, weil ich den Sinn meiner Arbeit kenne. Bin nicht nach Dokumenten zu beurteilen, sondern Dokumente nach mir. Passt das nicht, dann Dokumente ungenau.«[35]

War diese Haltung Hochmut oder Ausdruck von Verdrängung? Sie war jedenfalls Selbstschutz, denn natürlich bedrückte es ihn auch, nicht mutiger, nicht entschlossener gegen Hitler und seine Vasallen vorgegangen zu sein. Im Sommer 1948 rechnete er es sich unter dem Eindruck der erschreckenden Aussagen über den Völkermord an den europäischen Juden durchaus »als einen Mangel an Konsequenz an, nicht noch energischer auf Tyrannizidium [Tyrannenmord] gedrängt zu haben«. Wenn ihm nun der »Vorwurf mangelnden Temperaments oder übermäßigen Verstecken-Spielens« gemacht werde, so würde er diesen »Vorwurf gar nicht a limine [grundsätzlich] abweisen«. Er würde lediglich zu fragen wagen, ob denn »die Temperamentvolleren und einfacher Handelnden weiter gekommen« seien. Weizsäcker: »Vorwürfe, die ich mir mache, liegen außerhalb des Gerichtssaals.«[36]

Im eigentlichen und aktiven Sinne während des Zweiten Weltkriegs Widerstand geleistet zu haben, nahm Ernst von Weizsäcker für sich nicht in Anspruch. Er habe »mitgemacht«, räumte er gegenüber seinen Verteidigern ein – »ja, im *Wagen*, um Chauffeur hinauszusetzen«[37]. Und seinem Anwalt Becker teilte er mit: »Ich rechnete mich nicht zum ›Widerstands‹-Kreis im engeren Sinn, bestimmt aber auch nicht unter die ›Verbrecher‹. [...] Dem ›Verbrechertum‹ wird der ›Widerstand‹ entgegengesetzt. So wird mein Fall mehr ins Prinzipielle gesteigert, als er es im Grund verdient.«[38] Von den einen, den Nazis, wollte sich Weizsäcker so fern wie möglich halten, jedenfalls im Inneren verband ihn mit diesen nichts. Sich den anderen anzuschließen – etwa den Männern des 20. Juli – fehlte ihm wohl nicht der Mut. Es mangelte ihm vielmehr an der Überzeugung, dass ein Attentat auf Hitler moralisch eindeutig gerechtfertigt sei, ferner geeignet, das Volk in seiner Mehrheit gegen den »Führer« zu mobilisieren, und schließlich von größerer Bedeutung überhaupt für eine Neujustierung der alliierten Politik gegenüber Deutschland.

Weizsäcker rechnete mit einem harten Urteil: »Die Kläger möchten mich hängen sehen, die Verteidigung mich in Freiheit wandeln. Also: Man sperre ihn fünf Jahre ein. So ist die Welt. [...] Es wäre erbärmlich, wenn ich in meinem Alter das tragisch nähme. Wer darf mit sechsundsechzig Jahren überhaupt noch Ansprüche ans Leben stellen? Welche Schicksale haben und hatten unendlich viele andere, Ungenannte, und wer kann von einer solchen Summe von Lebensglück zehren wie ich?«[39] Die Anklage, resignierte Weizsäcker, habe ihn »so wenig verstanden wie die Spitzen des Dritten Reiches«, und der Prozess habe erwiesen, dass er sich »für den Frieden eine Aufgabe zugemutet« hatte, die »sehr schwer und kunstvoll« gewesen sei. Er habe sich »nicht dazu gedrängt, aber sich auch nicht davor gedrückt«.[40]

Trotzdem verurteilten Richter William C. Christianson (Richter am Obersten Gericht von Minnesota) und Robert F. Maguire (Bezirksgericht von Oregon) Ernst von Weizsäcker am 14. April 1949 wegen »Verschwörung gegen den Frieden« und »Verbrechen gegen die Menschlichkeit« zu sieben Jahren Freiheitsstrafe. Der dritte Richter, Leon W. Powers (Oberstes Gericht von Iowa), wollte sich diesem Spruch nicht anschließen. Er sprach den Angeklagten von allen Vorwürfen frei. Als Weizsäcker das Urteil hörte, fiel ihm der Kopfhörer aus der Hand auf den Boden. Der Journalistin und Schriftstellerin Margret Bovari berichtete er: »Ich verschwand im Lift hinter meinem Stand und wurde in den Keller gefahren. Ich stelle mir das im Krematorium ähnlich vor. Ganz ohne meine Leistung befiel mich eine Art von Hilarität [Heiterkeit] und innerer Ruhe, von der ich bis heute lebe.«[41] Und auch seiner Frau schrieb Weizsäcker am Tag der Urteilsverkündung beinahe entspannt: »Nun beginnt ein neues Leben. Das hält jung. [...] Ich bin für mich ganz ruhig. Bleibt gesund. Behüte Euch Gott alle miteinander. Die Karwoche gibt den Gedanken von selbst die gute Richtung. Fast schäme ich mich, wie gelassen ich die Dinge ansehe. Etwas Gutes wird auch daraus erwachsen. Man darf sich nur nicht verhärten.«[42]

Da Berufung oder Revision gegen die verhängte Strafe in einem höchstinstanzlichen Verfahren nicht möglich war, stellte Weizsäcker am 10. Mai 1949 einen »Abänderungsantrag« bezüglich der Urteilsgründe wie der Strafhöhe bei demselben Gericht. Die inzwischen wieder in die Vereinigten Staaten zurückgekehrten Richter überprüften den Sachverhalt erneut und kamen zu dem Ergebnis, dass ihm die Beteiligung an einer »Verschwörung gegen den Frieden« für eine Verurteilung doch nicht schlüssig genug nachzuweisen gewesen sei. Sie reduzierten deshalb das Strafmaß am 12. Dezember 1949 auf fünf Jahre. Richter Christianson indes schloss sich dieser Neubewertung nicht an, wurde allerdings von seinen beiden Kollegen überstimmt.[43]

Nach seiner Verurteilung wurde Ernst von Weizsäcker in das Kriegsverbrechergefängnis Landsberg am Lech eingewiesen, in dem auch Adolf Hitler nach dem gescheiterten Putschversuch vom November 1923 seine Festungshaft verbüßt hatte. Weizsäcker fühlte sich dort keineswegs unter Verbrechern, »weder menschlich noch juristisch gesehen. Ich fühle mich vielmehr mit dem Gros solidarisch.«[44] Er wollte und konnte wohl auch nicht verstehen, dass bloße Pflichterfüllung oder selbst Handeln zu gutem Zweck dann, wenn sie in verbrecherischem Zusammenhang geschehen, keine hinreichenden Entschuldigungsgründe abgeben. Seinen Selbstschutz übertrug er logischerweise auf einen großen Teil seiner Mitgefangenen: »Überhaupt, welche Ansammlung von Menschen, die von Haut und Haar keine Verbrecher sind, nur durch Krieg und Umstände in bedenkliche Lagen geraten.«[45] Wer, fragte er seine Frau und sich selbst im Andenken an einen zum Tode verurteilten Mitgefangenen, »würde diesem liebenswerten Menschen todeswürdige Dinge zutrauen«?[46] Nein, es konnte und durfte für ihn kein Verbrecher sein, wer im »Dritten Reich« ausgehalten hatte, um Schlimmeres zu verhüten, selbst wenn er Schlimmeres nicht verhüten konnte und auch seine tatsächliche Motivation nicht zweifelsfrei nachzuweisen war.

Vor seiner Begnadigung durch den »Moran-Ausschuss«, der eine Überprüfung der von amerikanischen Kriegsgerichten nach dem Zweiten Weltkrieg in Deutschland ausgesprochenen Urteile vorzunehmen hatte, wurde Ernst von Weizsäcker auf Anordnung des amerikanischen Hochkommissars John McCloy am 16. Oktober 1950 nach insgesamt drei Jahren und drei Monaten aus der Haft entlassen. Sein Anwalt Hellmut Becker hatte am 12. Mai 1950, unterstützt von zahlreichen Appellen bundesdeutscher Politiker und von Rechtsgutachten amerikanischer Juristen, um eine Aufhebung des Urteils des amerikanischen Militärtribunals VI im »Wilhelmstraßen«-Prozess ersucht.

Weizsäcker, der von seiner Ehefrau aus Landsberg abgeholt wurde, beklagte sein Schicksal nicht: »Diese Zitrone ist ausgepresst. Ich sehe alles nur noch historisch, quasi unbeteiligt, ironisch, traurig, temperamentlos, wie ein schlechtes Theaterstück, bei dem die Pointe getötet ist und nur noch das gute Spiel der

Mimen und Akteure interessiert.«[47] Diese letzte Rolle seines Lebens wollte er anständig zu Ende bringen. »Wenn in der Nordsee bei hartem Wind das Boot auf einer steilen See reitet und schwer gerüttelt wird«, so schloss er seine Autobiographie 1950 ab, »dann sagt der Seemann lachend: ›Die armen Leut' an Land!‹ Das ist Seefahrt.«[48] Was heißt: Der brave, der tapfere Mann denkt an sich selbst zuletzt. Das sollte dem »Publiko« in Erinnerung bleiben.

Ernst von Weizsäcker starb am 4. August 1951 nach einem Schlaganfall in Lindau und wurde auf dem Stuttgarter Friedhof neben seinem gefallenen Sohn Heinrich begraben. Seine Ehefrau Marianne überlebte ihren Mann um zweiunddreißig Jahre und starb im Alter von vierundneunzig Jahren Anfang 1983, ebenfalls in Lindau.

Teil II
Carl Friedrich von Weizsäcker

Prolog

»Wenn wir gewollt hätten,
dass Deutschland den Krieg gewinnt,
hätte es uns gelingen können«

Eine Stimme fragt: »Ich würde gerne wissen, ob die hier Mikrophone eingebaut haben?« Eine andere antwortet lachend: »Eingebaute Mikrophone? Oh nein, so raffiniert sind die nicht. Ich glaube nicht, dass sie Gestapo-Methoden anwenden. In dieser Hinsicht sind sie ein bisschen altmodisch.« Ein kurzer Wortwechsel zwischen deutschen Wissenschaftlern, die nach ihrer Gefangennahme im Frühjahr 1945 acht Monate lang im Landhaus Farm Hall bei Cambridge interniert wurden. Auf Tonband mitgeschnitten vom britischen Geheimdienst. So kann man sich täuschen.

Denn natürlich wurden in alle Zimmer Abhöranlagen eingebaut, in denen die zehn führenden deutschen Kernphysiker zwischen dem 1. Mai 1945 und dem 3. Januar 1946 untergebracht waren: Erich Bagge, Kurt Diebner, Walther Gerlach, Otto Hahn, Paul Harteck, Werner Heisenberg, Horst Korsching, Max von Laue, Carl Friedrich von Weizsäcker und Karl Wirtz. Jedes Gespräch wurde belauscht, nichts blieb den Mitarbeitern des englischen Geheimdienst-Majors T. H. Rittner verborgen, die im Rahmen der »Operation Epsilon« auf die Wissenschaftler angesetzt waren. Schließlich wollten die Alliierten herausfinden, weshalb die Deutschen, die in der Atomphysik nach der Entdeckung der Kernspaltung Ende der dreißiger Jahre des vergangenen Jahrhunderts weltweit führend gewesen waren, im Rennen um die Atombombe letztlich von den Amerikanern geschlagen worden sind.

Nach Auswertung dieser erst im Februar 1992 freigegebenen Abhörprotokolle und aufgrund etlicher neuer Untersuchungen in den Vereinigten Staaten, aber auch in Deutschland ist jetzt die Antwort zulässig: Hätten sich die Wissenschaftler um Otto Hahn – allen voran der Nobelpreisträger Werner Heisenberg und Carl Friedrich von Weizsäcker – nicht im Winter 1941 nach dem Kriegseintritt der USA und nach der Kriegswende im Osten vor Moskau entschlossen, die Waffenentwicklung zugunsten der friedlichen Nutzung der Kernenergie aufzugeben, hätte Hitler bei Einsatz der erforderlichen technischen, finanziellen und personellen Mittel wahrscheinlich um die Jahreswende 1944/45 über eine Atombombe verfügen können.

Als die deutschen Kernphysiker am 6. August 1945, kurz vor dem Abendessen, vom Abwurf der amerikanischen Atombombe über der japanischen Stadt Hiroshima erfuhren, reagierten sie entsetzt. Sie waren wie vor den Kopf geschlagen. Zunächst wollten sie diese Nachricht nicht glauben. Schließlich erklärten sie sich ihre Niederlage im wissenschaftlichen wie waffentechnischen Wettlauf mit den Amerikanern durch deren offenkundig überlegene Ressourcen. Und am Ende fanden sie zu einer Rechtfertigung, die ihnen trotz allem wenigstens den moralischen Sieg zusprach.[1]

Major Rittner informierte seine »Gäste« – so bezeichnete er die Internierten in seinen Geheimdienstberichten – über den Abwurf der amerikanischen Atombombe: »Die Gäste waren über die Nachricht äußerst verblüfft. Zuerst wollten sie sie nicht glauben und waren der Meinung, es handle sich um einen Bluff unsererseits, um die Japaner zur Kapitulation zu bewegen. Nachdem sie die offizielle Bekanntgabe gehört hatten, wurde ihnen bewusst, dass es sich um eine Tatsache handelte. Ihre erste und, wie ich glaube, aufrichtige Reaktion waren Äußerungen des Entsetzens darüber, dass wir diese Erfindung zum Zwecke der Zerstörung eingesetzt hatten.«

Professor Hahn, der von Rittner als Erster unterrichtet worden war, reagierte auf diese Nachricht, so der britische Major, »wie vernichtet und sagte, er persönlich fühle sich verantwortlich für den Tod von Hunderttausenden, weil es seine Entdeckung gewesen sei, die die Atombombe möglich gemacht habe«. Rittner: »Er sagte mir, dass er sich, als er die schreckliche Tragweite seiner Entdeckung [die Kernspaltung des Atoms im Jahr 1938] erkannt habe, ursprünglich mit Selbstmordgedanken getragen habe und dass jetzt, wo die Möglichkeit Wirklichkeit geworden sei, ihn die volle Schuld treffe. Mit Hilfe einer nicht unbeträchtlichen Menge Alkohol beruhigte er sich, und wir gingen hinunter zum Abendessen, wo er die Nachricht den versammelten Gästen bekannt gab.«

Das heimlich aufgezeichnete Protokoll der folgenden, vermeintlich unbelauschten Unterhaltung der deutschen Kernphysiker ist ein entlarvendes Dokument. Es zeigt, wie sich Angeklagte binnen Stunden zu Entlasteten wandeln können und wie Mittäter in ihrer Selbstwahrnehmung zu Widerständlern werden.

»Hahn: [...] Wenn die Amerikaner eine Uranbombe haben, dann sind Sie alle zweitklassig. Armer Heisenberg!
Laue: Der Ahnungslose!
[...]
Heisenberg: Ganz Ihrer Meinung.
Hahn: Die sind fünfzig Jahre weiter als wir.
Heisenberg: Ich glaube kein Wort von der ganzen Sache. Sie müssen ihre ganzen 500 Millionen Pfund Sterling für die Isotopentrennung ausgegeben haben; dann ist es möglich.
[...]
Hahn: Ich hätte nicht gedacht, dass es in den nächsten zwanzig Jahren möglich sein würde.
Weizsäcker: Ich glaube nicht, dass es was mit Uran zu tun hat.
[...]
Heisenberg: Ich bin bereit zu glauben, dass es eine Hochdruckbombe ist, aber ich glaube nicht, dass es etwas mit Uran zu tun

hat, sondern dass es ein chemisches Zeug ist, wodurch sie die Reaktionsgeschwindigkeit und die ganze Explosion ungeheuer beschleunigten.
[...]
Weizsäcker: Ich meine, es ist schrecklich von den Amerikanern, das getan zu haben. Ich meine, es ist Wahnsinn.
Heisenberg: Das kann man nicht sagen. Ebenso gut könnte man sagen: Es ist der schnellste Weg, den Krieg zu beenden.
Hahn: Das ist es, was mich tröstet.
Heisenberg: Ich glaube noch immer kein Wort von der Bombe, aber ich kann mich irren. Ich halte es für durchaus möglich, dass sie etwa zehn Tonnen angereichertes Uran haben, aber nicht, dass sie zehn Tonnen reines U [Uran] 235 haben können.
Hahn: Ich dachte, dass man nur sehr wenig U 235 braucht.
Heisenberg: Wenn sie es nur geringfügig anreichern, können sie eine Maschine [Reaktor] bauen, die geht, aber damit können sie keinen Sprengstoff herstellen, der –
Hahn: Aber wenn sie, sagen wir mal, dreißig Kilogramm reines [Uran] 235 haben, könnten sie damit nicht eine Bombe herstellen?
[...]
Heisenberg: Ich möchte mich da im Augenblick nicht festlegen.
[...]
Weizsäcker: Ich meine, dass wir es in dem Tempo, das wir damals vorlegten, während dieses Krieges nie geschafft hätten.
Hahn: Ja.
Weizsäcker: Es ist ein sehr schwacher Trost, wenn man sich vorstellt, dass man persönlich in der Lage ist, etwas zu machen, was andere Leute eines Tages sowieso machen.
[...]
Heisenberg: Wenn es mit Uran 235 gemacht worden ist, dann sollten wir imstande sein, es richtig herauszubekommen. [...] Wir können davon ausgehen, dass sie über eine Methode zur Trennung von Isotopen verfügen, von der wir keine Ahnung haben.

[...]

Wirtz: Wir hatten nur einen Mann, der daran arbeitete, und die haben vielleicht zehntausend gehabt.

Weizsäcker: Halten Sie es für unmöglich, dass sie das [radioaktive] Element 93 [Neptunium] oder 94 [Plutonium] aus einer oder mehreren laufenden Maschinen [Reaktoren] gewinnen konnten?

Wirtz: Ich halte das für nicht sehr wahrscheinlich.

[...]

Hahn: Schön, ich glaube, wir setzen auf Heisenbergs Meinung, dass es ein Schwindel ist.

Heisenberg: [...] Die Sache ist doch ein bisschen seltsam, nachdem wir fünf Jahre daran gearbeitet haben.

Weizsäcker: [...] Es war gerade das Problem der Isotopentrennung, das wir teils wissentlich, teils unwissentlich völlig vernachlässigten, von den Zentrifugen einmal abgesehen.

Heisenberg: Ja, aber nur weil es keine vernünftige Methode gab. Das Problem, [Uran] 234 von 238 oder 235 von 238 zu trennen, ist so eine extrem schwierige Sache.

Harteck: [...] Es war uns natürlich klar, wie es gemacht werden musste. Doch das würde die Einstellung von hundert Leuten bedeutet haben, und das war unmöglich.

[...]

Heisenberg: Man kann sagen, dass in Deutschland größere Mittel zum erstenmal im Frühjahr 1942 zur Verfügung gestellt wurden, nach der Sitzung mit [Reichsbildungsminister Bernhard] Rust, als wir ihn überzeugten, dass wir den absolut sicheren Beweis dafür hätten, dass die Sache machbar sei.

Bagge: Es war auch hier [bei den Alliierten] nicht viel früher.

Harteck: Wir wussten tatsächlich schon vorher, dass die Sache machbar war, wenn wir genügend Material bekommen konnten. Nehmen Sie [zum Beispiel] das schwere Wasser [D_2O]. [... Da] haben sie dauernd darum gestritten, was zu tun sei, weil niemand bereit war, zehn Millionen auszugeben, wenn man es für drei Millionen machen konnte.

Heisenberg: Andererseits kann die ganze Sache mit dem schweren Wasser, die ich, soweit es mir möglich war, unterstützt habe, keinen Sprengstoff erzeugen.

Harteck: Erst wenn die Maschine [Reaktor] läuft.

Hahn: Die scheinen einen Sprengstoff gemacht zu haben, bevor sie die Maschine machten, und jetzt sagen sie: ›In Zukunft werden wir Maschinen bauen.‹

Harteck: Wenn es stimmt, dass ein Sprengstoff mittels des Massenspektrographen hergestellt werden kann, hätten wir das nie gemacht, da wir nie 56 000 Arbeiter [wie die Alliierten] hätten beschäftigen können.

[...]

Weizsäcker: Wie viel Leute haben an der V 1 und V 2 [einer von den Deutschen entwickelten Rakete] gearbeitet?

Diebner: Tausende haben daran gearbeitet.

Heisenberg: Wir hätten gar nicht den moralischen Mut aufgebracht, im Frühjahr 1942 der Regierung zu empfehlen, 120 000 Mann einzustellen, nur um die Sache aufzubauen.

Weizsäcker: Ich glaube, es ist uns nicht gelungen, weil alle Physiker im Grunde gar nicht wollten, dass es gelang. Wenn wir alle gewollt hätten, dass Deutschland den Krieg gewinnt, hätte es uns gelingen können.

Hahn: Das glaube ich nicht, aber ich bin dankbar, dass es uns nicht gelungen ist.

[...]

Korsching: Die Amerikaner konnten es eben besser als wir, das ist mal klar.

Heisenberg: Die Beziehungen zwischen Wissenschaftler und Staat waren in Deutschland derart, dass wir einerseits nicht hundertprozentig dazu entschlossen waren und dass andererseits der Staat uns so wenig Vertrauen entgegenbrachte. Selbst wenn wir gewollt hätten, wäre es nicht leicht gewesen, die Sache durchzukriegen.

Diebner: Weil die offiziellen Leute nur an Sofortergebnissen interessiert waren. Sie wollten nicht auf einer langfristigen Basis arbeiten, wie es Amerika gemacht hat.

Weizsäcker: Selbst wenn wir alles bekommen hätten, was wir wollten, ist es keinesfalls sicher, ob wir so weit gekommen wären, wie die Amerikaner und Engländer jetzt gekommen sind. Es geht nicht darum, dass wir fast so weit wie sie waren, vielmehr ist es eine Tatsache, dass wir alle davon überzeugt waren, dass die Sache während des Krieges nicht zu Ende gebracht werden konnte.

Heisenberg: Nun, das stimmt nicht ganz. Ich würde sagen, ich war absolut von der Möglichkeit überzeugt, dass wir eine Uranmaschine [Reaktor] machen, aber ich habe nie gedacht, dass wir eine Bombe machen würden, und im Grunde meines Herzens war ich wirklich froh, dass es eine Maschine sein sollte und nicht eine Bombe. Das muss ich zugeben.

Weizsäcker: Wenn Dein Ziel wirklich eine Bombe gewesen wäre, hätten wir uns wahrscheinlich mehr auf die Isotopentrennung beim Uran konzentriert und weniger auf das schwere Wasser. Wenn wir die Sache rechtzeitig genug angefangen hätten, hätten wir es irgendwie schaffen können. Wenn die die Sache im Sommer 1945 zum Abschluss bringen konnten, hätten wir vielleicht das Glück gehabt, damit schon im Winter 1944/45 fertig zu werden.

Wirtz: Die Folge wäre gewesen, dass wir London ausgelöscht, aber noch immer nicht die Welt erobert hätten, und dann hätten sie die Dinger auf uns abgeworfen.

Weizsäcker: Ich meine, wir sollten uns jetzt nicht in Rechtfertigungen ergehen, weil es uns nicht gelungen ist, vielmehr müssen wir zugeben, dass wir gar nicht wollten, dass die Sache gelingt.

[...]

Heisenberg: Ich meine, wir sollten vermeiden, uns über eine verlorene Sache zu streiten. Außerdem dürfen wir Hahn die Dinge nicht zu schwer machen.

[...]

Wirtz: Ich halte es für typisch, dass die Deutschen die Entdeckung gemacht und sie nicht eingesetzt haben, während die Amerikaner sie zum Einsatz brachten. Ich muss sagen, ich dachte nicht, dass die Amerikaner es wagen würden, sie einzusetzen.
[...]
Hahn: Ich bin dankbar, dass wir nicht die Ersten waren, die die Uranbombe abwarfen.
Gerlach: [...] Sagen Sie, Harteck, ist es nicht schade, dass es die anderen geschafft haben?
Hahn: Darüber bin ich froh.
Gerlach: Ja, aber wofür haben wir dann gearbeitet?
Hahn: Um eine Maschine [Reaktor] zu bauen, um Elemente [Neptunium und Plutonium] herzustellen, Atomgewichte zu bestimmen, einen Massenspektrographen zu haben und radioaktive Elemente, die die Stelle des Radiums einnehmen.
Harteck: Die Bombe hätten wir nicht herstellen können, wohl aber eine Maschine [Reaktor], und das tut mir leid. Wenn Sie, Gerlach, ein Jahr eher gekommen wären, hätten wir es schaffen können.[2] [...] Doch als Sie kamen, war es bereits zu spät. Die Luftüberlegenheit des Feindes war zu groß, und wir konnten nichts mehr machen.
[...]
Gerlach: Wir dürfen vor diesen [...] Engländern nicht sagen, dass wir in dieser Sache mehr hätten tun sollen. Wirtz sagte, dass wir mehr an der Isotopentrennung hätten arbeiten sollen. Es ist etwas anderes, wenn man sagt, dass wir nicht genügend Mittel hatten, aber man kann vor einem Engländer nicht sagen, dass wir uns nicht genügend Mühe gegeben hätten. Sie waren unsere Feinde, obwohl wir den Krieg sabotierten. Es gibt einige Dinge, die man weiß und über die man gemeinsam diskutieren kann, aber die man nicht in Gegenwart von Engländern erörtern kann.«

Der Kernphysiker

»Ich ließ mit sehendem Aug' in dunklen Jahren
schweigend gescheh'n Verbrechen«

Zwei Jahre vor dem Ausbruch des Ersten Weltkrieges kam am 28. Juni 1912 Carl Friedrich Weizsäcker als Sohn eines – noch – bürgerlichen Vaters in Kiel zur Welt. Das erbliche Adelsprädikat und den Freiherren-Titel erhielt die Familie erst 1916 zugesprochen, wiederum zwei Jahre vor dem Ende jenes Krieges, in dem das alte Europa seine politische Gestalt und Zukunft verlor. Carl Friedrich war das erste Kind seiner Eltern, die 1911 geheiratet hatten. Der Vater tat damals als junger Kapitänleutnant Dienst im Flottenstab, die Mutter war gerade dreiundzwanzig Jahre alt. Seinen Vornamen erhielt der Junge nach den beiden Großvätern.

Bereits wenige Monate später wurde Ernst Weizsäcker zum kaiserlichen Marinekabinett nach Berlin abgeordnet, und damit begann auch für den Sohn eine Vielzahl von Umzügen, die dafür sorgten, dass er sich letztlich nirgendwo wirklich zu Hause fühlen konnte. Nach dem Kriegsausbruch 1914 zog die Mutter auf die Stuttgarter Solitude, wo Carl Friedrich später regelmäßig in den Sommermonaten bei beiden Großeltern ein gut Teil seiner Ferien verbrachte. Im Frühjahr 1915 folgte die Familie Ernst Weizsäcker nach Wilhelmshaven und fand eine Wohnung in dem heutigen Stadtteil Rüstringen.

Nachdem der Anfang 1915 geborene zweite Sohn Ernst Viktor

im Alter von nicht einmal zwei Wochen gestorben war, kamen die weiteren Kinder im Abstand weniger Jahre zur Welt: im April 1916 die nach dem Kaisersohn Adalbert benannte Tochter Adelheid, im August 1917 der Bruder Heinrich Viktor und im April 1920 als Jüngster schließlich Richard Karl.

Seine Mutter beschrieb Carl Friedrich von Weizsäcker in einem Fernsehinterview als »willensstark, leise, eigentlich sehr leidenschaftlich, unglaublich beherrscht«. Sie habe ihren Kindern Raum zu eigenständiger Entwicklung gelassen, jedes für sich gesehen. Ihr starker Familiensinn indes, brachte Weizsäcker als einzigen Einwand vor, habe sie dazu verführt, die eigenen Kinder gegenüber anderen »ein bisschen zu sehr« zu verherrlichen. Gleichzeitig aber sei sie auf ihre Weise streng gewesen, habe die Kinder sehr wohl gefordert und »ließ uns nichts durchgehen«. Insgesamt blickte Weizsäcker mit Freude auf seine Kindheit und Jugend zurück: »Ich bin glücklich aufgewachsen in der vollendeten Liberalität meines Vaters und der heißen Liebe meiner Mutter.«[1]

Der Vater, urteilte der Sohn in demselben Gespräch, sei ein Mensch »mit einem sehr einfachen und eigentlich vollkommen durchsichtigen Charakter und einem sehr guten Verstand« gewesen. Er war ein Mann eher konservativer Prägung, der sich von »präzisen Prinzipien« steuern ließ. Die Grundstruktur seiner Persönlichkeit sei liberal gewesen, »liberal im Sinne einer natürlichen menschlichen Haltung«. Gleichzeitig aber galt: »Er war immer Autorität. Undenkbar, dass er nicht Autorität gewesen wäre, eben darum hatte er es wenig nötig, Autorität hervorzukehren.« Den Vater betrachtete der Sohn als einen »politischen, noblen Menschen«, dem es ganz selbstverständlich war, »sich anständig zu verhalten«. Diese Haltung sei keine Frucht seiner Religiosität gewesen, sondern »natürlich« angelegt, denn »das Religiöse« sei dem Vater erst später »im Leiden voll zugewachsen«. Es war eine »anständig sittlich politische Welt«, in der die vier Kinder aufwuchsen, »das bekennerhaft Protestantische gehörte eigentlich nicht zum Stil bei uns«.[2]

Der Vater, aber auch dessen Vater gingen mit dem offenbar aufgeweckten und am vertieften Gespräch interessierten Jungen gern spazieren und unterhielten sich mit ihm vorzugsweise über Geschichte und Politik. Wegen der beruflich bedingten häufigen Ortswechsel des Vaters besuchte Carl Friedrich viele Schulen – zunächst die Volksschule in Rüstringen, danach das Stuttgarter Karlsgymnasium, dann die Deutsche Schule in Den Haag, das Eberhard-Ludwigs-Gymnasium in Stuttgart, die Basler Missionsschule, das dortige Gymnasium am Münsterplatz, die deutsche Petri-Realschule in Kopenhagen und schließlich das Bismarck-Gymnasium in Berlin, wo er 1929 seine Abiturprüfung mit sehr guten Noten bestand. In den Schulen galt sein Interesse vor allem den naturwissenschaftlichen Fächern. Daneben saugte er »den historischen Stoff auf und indoktrinierte damit [die] jüngeren Geschwister«.[3]

Die Grundmuster seines politischen Denkens verdankte Weizsäcker nach eigenem Zeugnis im Wesentlichen dem Vater, der in seinen Überlegungen insbesondere außen- und machtpolitischen Kategorien folgte: »Geschichte, die wir miteinander besprachen, war außenpolitische Geschichte.« Diese Geschichte freilich wurde vom Vater mit einer »selbstverständlichen Moralität« bewertet, wobei stets darauf geachtet wurde, »die Realitäten der Macht im Blick zu haben«.[4] Eine weitere Maxime im politischen Denken des Vaters übernahmen sämtliche Weizsäcker-Kinder, weil ihnen Parteienstreit und interessengebundene Partikularkonflikte gleichermaßen überflüssig, hinderlich, ja verachtenswert erschienen: »Man dient einem Ganzen!«[5] Früher, so Carl Friedrich von Weizsäcker, sei dies wohl die Nation oder das Vaterland gewesen, heute dagegen könne man es im Zeitalter der Massenvernichtungswaffen und Umweltzerstörung die Bewahrung des Friedens oder die Sicherung der ökologischen Grundlagen unseres Planeten nennen.

Ein selbst erfundenes Spiel, nämlich die Übernahme politischer Rollen in dem fiktiven Staat »Piklön«, diente dem Jungen zur Erprobung politischer Phantasien und eigener Überzeugungskraft.

In diesem Spiel, an dem Freunde und Familie sich beteiligten, wurden Kriege geführt und außenpolitische Ränke gesponnen, es gab große Intrigen und kleinlichen Verrat, »und der führende Staatsmann trug, nicht im Geschmack meines Vaters, gewisse Züge von Mussolini (von dem ich faktisch kaum viel mehr als die Existenz wusste)«.[6]

Zum Ergebnis hatte dieser spielerische Schlagabtausch immerhin, dass Weizsäcker schon in sehr jungen Jahren über »die beste Staatsform« nachdachte und damals, ebenso wie sein Vater und Großvater, der konstitutionellen Monarchie den Vorzug einräumte. Nicht der demokratisch verfasste Staat mit gleichen Rechten und Pflichten für jedermann war sein Ideal, sondern die verantwortlich wahrgenommene Herrschaft weniger, die sich nicht in Wahlen den Stimmungen und Tagesinteressen wechselnder Mehrheiten auszusetzen hatten, die dem Wohl des Landes verpflichtet waren und seinem ebenfalls dem Ganzen verpflichteten Monarchen zuarbeiteten.[7]

Die Berufswünsche des Jungen unterschieden sich zunächst kaum von denen seiner Alterskameraden: Mit vier Jahren wollte er Lokomotivführer und zur Zeit seiner Einschulung Forschungsreisender werden.[8] Aber dann wurde doch bald der sehr viel größere Ernst erkennbar, mit dem Carl Friedrich von Weizsäcker sein Leben wahrnahm. »Ich unterhielt mich eigentlich lieber mit Erwachsenen als mit Kindern«, entsann er sich im Alter. Und weiter: »Ich war außerdem ein Einzelgänger und ein Träumer, habe mich um meine Geschwister nicht so sehr gekümmert.«[9] Die Eltern abonnierten für den Sohn die populärwissenschaftlichen Jugendzeitschriften *Kosmos* und *Die Sterne*, so dass für den Zehnjährigen der Berufswunsch bereits feststand: Er wollte Astronom werden. Seine einzige, etwas frühreife Sorge war ausweislich eines Gedichtes, das er zu dieser Zeit seiner Mutter übergab, ob er denn mit dieser Beschäftigung hinreichend Geld würde verdienen können:

»Wenn ich hätt' genügend Geld,
Um zu leben sicher,
Würd' am liebsten auf der Welt
Ich ein Sternkundicher.«[10]

Ein Jahr danach las der Junge im Neuen Testament die Bergpredigt und wurde von diesen Seligpreisungen jener Menschen, die ihr Leben nach den göttlichen Geboten unter Verzicht auf Besitz, Gewalt und die Durchsetzung eigener Rechtsansprüche auszurichten bereit waren, im Innersten berührt: »Die Wahrheit der Bergpredigt traf mich und beunruhigte mich tief.« Sollte der Bericht des Evangelisten Matthäus über eine Rede Jesu dieser Forderung nach unbedingter Nächstenliebe tatsächlich entsprochen haben, sagte sich Carl Friedrich von Weizsäcker, dann »war mein Leben falsch und vielleicht unser aller Leben«. Der Junge geriet in seine erste Lebenskrise: »In einem langen Gespräch mit meiner Mutter« – die ihm den Tod von drei Onkeln während des Ersten Weltkrieges ins Gedächtnis rief und deren Einsatz als Offiziere zu achten mahnte – »verteidigte ich bis zu Tränen die Pflicht, den Kriegsdienst zu verweigern, denn es ist geboten: Du sollst nicht töten. In einer nächtlichen Stunde tiefer religiöser Bewegung hatte ich versprochen, dem Dienst Gottes mein Leben zu weihen.« Doch vorsichtig fügte Carl Friedrich von Weizsäcker die Einschränkung hinzu: »Wenn er mich rufen würde.«[11]

Sollte er nun Pfarrer oder Theologe werden, wie einige seiner Vorfahren, oder nicht doch lieber – Astronom? Zu seinem zwölften Geburtstag wünschte sich Carl Friedrich von Weizsäcker eine drehbare, auf Tag und Stunde einstellbare Sternenkarte. Bald darauf fuhr die Familie von Basel, wo der Vater als deutscher Konsul eingesetzt war, während der Sommerferien in die einsam gelegene »Pension Mont Crosin« im Berner Jura. Am Abend des 1. August begingen die Gäste dort ausgelassen mit Feuerwerk, Raketen und Tanz den Schweizer Nationalfeiertag. Eine Polonäse durch die Sommernacht vereinte Einheimische und Besucher. Der von diesem Auftrieb nicht eben begeisterte, eher in sich gekehrte Junge nutzte eine »der Trennungen der Schlange, meine etwa gleichaltrige Dame zu verlieren«. Mit seiner Sternenkarte entwich er in die klare Nacht und machte dort, abseits der anderen, eine bewegende Erfahrung: »In der unaussprechbaren Herrlichkeit des Sternhimmels war irgendwie Gott gegenwärtig. Zugleich aber wusste ich, dass die Sterne Gaskugeln sind, aus Atomen bestehend, die den Gesetzen der Physik genügen. Die Spannung zwischen diesen beiden Wahrheiten kann nicht unauflöslich sein. Wie aber kann man sie lösen? Wäre es möglich, auch in den Gesetzen der Physik einen Abglanz Gottes zu finden?«[12]

Es war keine religiöse Schwärmerei, die Carl Friedrich von Weizsäcker erfasst hatte. Sowohl die Bergpredigt wie das Naturerlebnis in der Schweiz bedeuteten für ihn Gotteserfahrungen, die ihn nicht nur aufwühlten, sondern denen er sich nach seinem Selbstverständnis zu stellen, mit denen er sich auch rational auseinander zu setzen hatte. Das konnte ihm in diesem jungen Alter nicht wirklich befriedigend gelingen. »Ich musste noch lernen«, schrieb er Jahrzehnte danach, »dass, wenn wir zu hören begonnen haben, Gott immer ruft, und, später, dass Gott nicht über mir ist, auch nicht in mir, sondern ich in Gott.«[13]

Trotz dieser Bekenntnisstärke löste sich Weizsäcker bereits als Jugendlicher aus überkommener Kirchenfrömmigkeit. Der vor allem in der katholischen Kirche anzutreffende Wunderglaube oder die nur infolge unzureichender naturwissenschaftlicher Kenntnisse möglichen vielfältigen »Gottesbeweise« forderten den Widerspruchsgeist des Jungen heraus. Der Glaube durfte seiner Überzeugung nach kritischer Nachfrage nicht den Weg verstellen. Der Schüler wollte wissen und nicht glauben. Kategoriale Unterschiede sollten nicht verwischt werden. Mehr aber noch verstörte ihn die politische Indienstnahme der Kirchen durch weltliche Herrschaft seit dem Hochmittelalter, die sich die Kirchenführungen andererseits nicht selten gern hatten gefallen lassen, weil sie eigene und profitable Einflussmöglichkeiten im Diesseits zu öffnen schienen. Oft genug wurden so die

Carl Heinrich von Weizsäcker,
Tübinger Theologe und Universitätskanzler (1822–1899).

Karl Hugo von Weizsäcker (1853–1926),
königlich-württembergischer Kultusminister,
Außenminister und – von 1906 bis 1918 – Ministerpräsident.

*Karl Hugo von Weizsäcker mit seiner Frau Viktorie
und den Kindern (von links) Carl, Paula,
Ernst und Viktor, um 1895.*

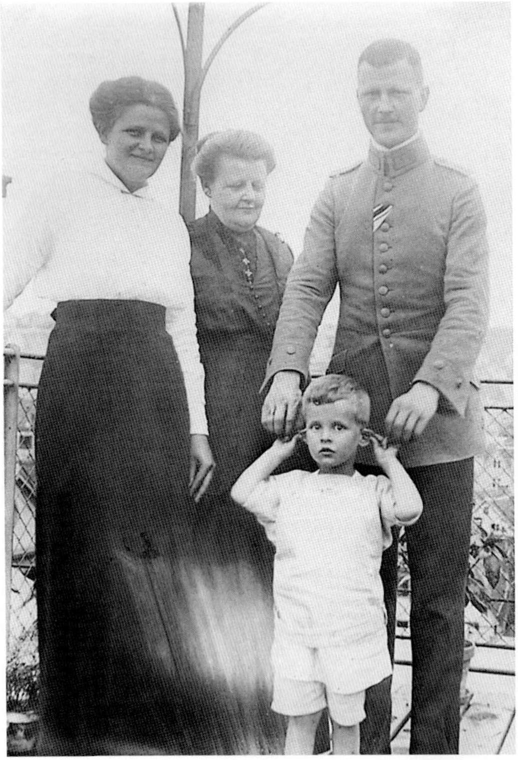

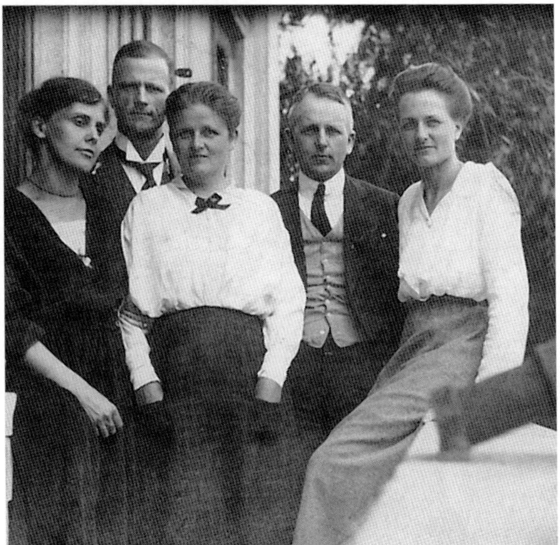

linke Seite, oben:
*Der dreijährige Carl Friedrich von Weizsäcker
mit seiner Tante »Ulla«, Großmutter Paula und auf
Heimaturlaub Onkel Viktor von Weizsäcker im Sommer 1915.*
linke Seite, unten:
*Die Ehepaare Ernst und Marianne sowie Olympia und Viktor
von Weizsäcker (links), in der Mitte Paula (»Ulla«) von Weizsäcker,
um 1924.*
oben:
*Ernst von Weizsäckers Kinder zu Weihnachten 1921:
der vierjährige Heinrich, die fünfjährige Adelheid,
der neunjährige Carl Friedrich und der
20 Monate alte Richard (von links).*

oben: *Der fünfjährige Richard im Matrosenanzug.*
unten: *Ernst von Weizsäcker (1938).*

oben: *Während der Münchener Konferenz im September 1938 im »Führerbau« am Königsplatz, vorne (von links): der britische Premierminister Neville Chamberlain, sein französischer Amtskollege Edouard Daladier, Adolf Hitler, der italienische Staatschef Benito Mussolini (links dahinter Staatssekretär Ernst Freiherr von Weizsäcker) und Außenminister Galeazzo Graf Ciano.*
unten: *Deutsch-sowjetischer Grenzvertrag 1939: Reichsaußenminister Joachim von Ribbentrop (rechts) erstattet Adolf Hitler nach seiner Rückkehr aus Moskau in der Reichskanzlei Bericht; rechts neben Ribbentrop Staatssekretär Ernst Freiherr von Weizsäcker.*

oben: *Der deutsche Außenminister Joachim von Ribbentrop gibt am 22. Juni 1941 vor der in- und ausländischen Presse den Kriegsbeginn gegen die Sowjetunion bekannt. Neben ihm in der ersten Reihe ganz links, sitzend: der Staatssekretär im Auswärtigen Amt Ernst von Weizsäcker.*
unten: *Richard von Weizsäcker als Hauptmann (ganz rechts) mit Kameraden des Infanterieregiments 9, Potsdam, in Russland (Ostern 1944).*

oben: *Ernst von Weizsäcker bei der Eröffnung des Verfahrens im »Wilhelmstraßen«-Prozess gegen ehemalige Mitglieder des Auswärtigen Amts (Nürnberg, 1947).*
unten: *Die Anklagebank im Nürnberger Justizpalast während der Verlesung der Urteilsbegründung, erste Reihe links: Ernst Freiherr von Weizsäcker (1949).*

oben:
Der Jurastudent Richard von Weizsäcker als Mitverteidiger seines Vaters im »Wilhelmstraßen«-Prozess (1948).
links: *Ernst von Weizsäcker verlässt in Begleitung seiner Frau Marianne das Gefängnis in Landsberg am Lech (16. Oktober 1950).*

oben links: *Carl Friedrich von Weizsäcker (1949)*.
oben rechts: *Carl Friedrich von Weizsäcker (1973)*.
unten: *Anlässlich des 80. Geburtstages seines Bruders Carl Friedrich von Weizsäcker gibt Richard von Weizsäcker ihm zu Ehren ein Abendessen im Bundespräsidentenamt (1992).*

oben: *Vereidigung Richard von Weizsäckers als sechster Bundespräsident der Bundesrepublik im Deutschen Bundestag (1984).*
unten: *Richard von Weizsäcker (1987).*

christlichen Kirchen zu bloßen Erfüllungsgehilfen oder Legitimatoren politischer Gewalt.

Am Ende entscheidender jedoch war für Carl Friedrich von Weizsäcker, dass nur selten befragte Grundwahrheiten der Kirchen seiner kritischen Einrede nicht standhielten: »Dass ich als Lutheraner erzogen bin, kann kein Argument für die Richtigkeit des Luthertums sein; dass ich als Christ getauft bin, beweist nicht die Falschheit der asiatischen Religionen; dass ich aus einer religiösen Tradition komme, beweist nicht die Wahrheit der Religion. Es hat mich seitdem, bis heute, gewundert, dass es gebildete religiöse Menschen gibt, die diese einfachen Denkschritte nicht vollzogen haben und damit den bequemsten Argumenten der antireligiösen Aufklärung hilflos gegenüberstehen.« Er, so begriff Weizsäcker seinen religiösen Auftrag seither, war »nun auf der hohen See, religiöse Erfahrung selbst wiedergewinnen und selbst buchstabieren zu müssen«.[14] Nicht kirchliche Lehrsätze und Dogmen gaben ihm auf diesem Weg Sicherheit, sondern das in seiner Familie von Generation zu Generation weitergereichte Selbstverständnis, dass er wie jeder andere Mensch auch in Gott sei und damit aufgehoben, wenn er sich dieser Erfahrung öffnen könne.

Nach dreijährigem Auslandsdienst in Basel wurde Ernst von Weizsäcker Ende 1924 nach Kopenhagen versetzt. Der dreizehn Jahre alte Sohn erschloss sich die Schönheiten der Stadt und der hügeligen Landschaft Seelands in den folgenden beiden Sommern durch ausgedehnte Radpartien. Dabei meinte der hochempfindsame Junge »im sommerlichen dänischen Buchenwald das geheime Leben in der Natur rings um mich gleichsam bis in die kreisenden Atome hinein wahrzunehmen«[15]. Er begann bei diesen Radtouren – durchaus ungewöhnlich für einen Jungen seines Alters – über das Verhältnis von Wahrheit und Schönheit nachzudenken. Wahrheit galt ihm als objektive Schönheit, Schönheit dagegen als subjektive Wahrheit. Das Erlebnis des dunklen und feuchtkalten dänischen Herbstes allerdings stellte diese Formel auf eine harte Probe. Da auch die unfreundliche Witterung

Wahrheit und damit objektive Schönheit sei, rätselte der Schüler, müsste es ihm doch gelingen, durch eine entsprechende Wahrnehmung das unzweifelhafte Missvergnügen in einen Zustand subjektiver Schönheit zu verwandeln: »Nun entdeckte ich in einem Sonnenfleck auf einem grünen Kupferdach und im Fischgeruch aus einem halbversenkten Lebensmittelgeschäft die Schönheit des Seins.«[16] Tatsächlich hielt diese philosophische Konstruktion nicht die Belastung durch jedes ebenso denkbare Beispiel subjektiv-freudvoller wie objektiv-düsterer, unveränderlicher Wahrheit aus, so dass Weizsäcker, wohlgemerkt im Alter von gerade vierzehn Jahren, diese rudimentäre Dialektik verwarf und sich stattdessen bei einem Ausflug nach Lund »im gleißend klaren Licht eines Dezember-Sonnentags« eine physikalische Grundannahme zurechtlegte, nach der »für die Atome Naturgesetze gelten [müssten], die nicht die für sichtbare Körper gültigen sind, diese aber zur Folge haben«[17].

Gewann Carl Friedrich von Weizsäcker durch solche Einsicht, der nichts altersentsprechend Kindgemäßes mehr eigen war, bereits in frühen Jahren eine erhebliche intellektuelle Selbstsicherheit, weil es ihm unter dem Beifall der Erwachsenen gelang, scheinbar Unvereinbares zusammenzuführen, bahnte ihm die Begegnung mit einem jungen Physiker kaum später den Weg in die berufliche Zukunft. Anfang Dezember 1926 hatte Marianne von Weizsäcker bei einem Musikabend in Kopenhagen den fünfundzwanzigjährigen Werner Heisenberg kennen gelernt, der seit zweieinhalb Jahren zunächst als Assistent, später als Dozent bei Niels Bohr, dem dänischen Nestor der Kernphysik, arbeitete. Heisenberg spielte Klavier und unterhielt sich mit der Frau des Gesandtschaftsrates über gemeinsame Erfahrungen aus der Jugendbewegung der Vorkriegszeit. Die Mutter erzählte dem Sohn von dieser Begegnung, und der Vater lud den Landsmann zu einem Besuch Anfang Februar 1927 ein.

Das Zusammentreffen zwischen dem schon damals angesehenen Physiker und dem jungen Adepten dieser durch die bahnbrechenden Forschungen von Albert Einstein, Max Born, Wolfgang Pauli, Max Planck und Erwin Schroedinger revolutionierten Wissenschaft begründete eine lebenslange Zusammenarbeit und Freundschaft. Bereits der erste Eindruck brachte beides auf den Weg. Carl Friedrich von Weizsäcker beschrieb seinen zehn Jahre älteren Lehrmeister aus Anlass von Heisenbergs fünfundsiebzigstem Geburtstag: »Ein bescheidener, fast schüchterner junger Mann, mit leicht bayrischem Akzent, mittelgroß, schlank, körperlich gewandt. Das aschblonde, etwas widerstrebende Haar glatt aus der höckerigen Stirn nach hinten gekämmt. Ein manchmal träumend denkendes Auge unter fast weißen, buschigen Augenbrauen. Ein freundlicher Mund, dessen Lippen sich in den häufigen Momenten absoluter Konzentration zu zwei schmalen parallelen Strichen zusammenzogen. Kräftige, zum Klavierspielen präzis erzogene Hände. Eine einfache, anspruchslose, das Gesagte instinktiv eher herunterspielende Sprechweise. Er hatte einen elementaren agonalen Ehrgeiz, das, was er tat, besser zu machen als die andern, und er hätte sich geschämt, sich jemals auf den Erfolg dieses Ehrgeizes etwas zugute zu tun. Diese Scheu, sich darzustellen, machte ihn übrigens im späteren Leben gegen übelwollende Kritik fast wehrlos; er war unfähig, in gleicher Münze heimzuzahlen.«[18]

Werner Heisenberg kam in den folgenden Wochen häufiger zu den Weizsäckers. Er sprach mit dem Jungen über seine Arbeiten an der »Unbestimmtheitsrelation«, ging mit ihm Ski laufen und spielte Schach. »Seine Überlegenheit in jedem Können«, schrieb Carl Friedrich von Weizsäcker später, waren »meinem maßlosen Ehrgeiz und Hochmut gesund«. Denn natürlich hatte der Schüler an der Kopenhagener Petri-Schule längst wahrgenommen, dass kaum einer der Mitschüler seine weitgespannten und ungewöhnlich tief greifenden Interessen teilte. Er maß sich daher in erster Linie an Erwachsenen, am Vater und am Großvater, an Lehrern und an den Verfassern populärwissenschaftlicher Aufsätze, deren Ungenügen er zuweilen heftig kritisierte. Heisenberg dagegen beeindruckte den Jungen uneingeschränkt, nicht zuletzt durch die Selbstverständlichkeit, mit der er ihn in seine eigenen wissenschaftlichen Überlegungen einbezog.«Er testete mein mathematisches Können«, berichtete Weizsäcker fünf Jahrzehnte danach, »und fand es wohl gerade ausreichend. Im Handumdrehen überzeugte er mich, dass die theoretische Physik die Wissenschaft sei, die meine Fragen in der Astronomie beantworten könne.«[19]

Im Februar 1927 wurde Ernst von Weizsäcker nach Berlin versetzt. Die Familie folgte ihm einen Monat später. Im April erhielt Carl Friedrich von Weizsäcker, der noch auf seine Einschulung am Bismarck-Gymnasium wartete, eine Postkarte von Heisenberg, mit der ihm dieser mitteilte, er reise in den nächsten Tagen nach München. Der Junge könne ihn am Stettiner Bahnhof abholen und in der Taxe zum Anhalter Bahnhof begleiten, von dem die Züge Berlin in Richtung Süden damals verließen.

Weizsäcker folgte diesem Vorschlag gern und lauschte seinem Mentor fasziniert, als dieser ihm im Auto die noch nicht veröffentlichte »Unbestimmtheitsrelation« vortrug, eine aus der Quantenmechanik abgeleitete Beziehung, die aussagt, dass Ort und Impuls subatomarer Teilchen nicht zugleich mit beliebiger Genauigkeit festgelegt werden können. Während die klassische Physik beziehungsweise Mechanik stetige Bewegungsabläufe beschreibt, erläutert die Quantentheorie die Gesetzmäßigkeiten mikrophysikalischer Systeme, deren Geschehen nicht stetig, sondern sprunghaft abläuft. Ohne diese im ersten Drittel des 20. Jahrhunderts entwickelten mathematischen Hilfsmittel wären kernphysikalische Vorgänge nicht zu erklären gewesen.

Die Bereitschaft Werner Heisenbergs, nicht publizierte Forschungsergebnisse einem noch nicht fünfzehnjährigen Freund vorzutragen, beschreibt nicht nur die Offenheit und das enge Vertrauensverhältnis der beiden, sondern auch die erstaunlichen Fähigkeiten des Jungen, der jedenfalls nachzuvollziehen vermochte, was vielen Fachwissenschaftlern kaum begreifbar erschien. »Dann stieg er in den Zug und war fort«, beschrieb Carl Friedrich von Weizsäcker in seiner Festschrift für den fünfundsiebzigjährigen Heisenberg nüchtern die von diesem ausgelöste und lebenslang andauernde tiefe Verwunderung über die Abweichung physikalischer Gesetzmäßigkeiten in Makro- und Mikrosystemen, in der er sich zwar allein, aber nicht hilflos zurückgelassen fühlte: »In den folgenden Tagen lief ich in den Straßen von Berlin herum und dachte darüber nach.« Dabei führte er auch auf ganz anderer, gleichwohl verwandter Ebene einen längeren Disput mit der Mutter, die entgegen seinem physikalisch bestimmten Determinismus die Willensfreiheit als moralisches Postulat aufrechterhielt. Weizsäcker: »Den Ausweg, Natur und Person zu trennen, konnte ich nie ernstlich in Betracht ziehen. Nun sah ich, dass vielleicht beide auf eine mir noch geheimnisvolle Weise vereint werden könnten. Aber dazu musste ich erst die Physik verstehen.«[20] Der Junge hatte eine Spur aufgenommen, die ihn bis ins hohe Alter nicht mehr losließ: die Suche nach der Einheit des Ganzen.

Als Carl Friedrich von Weizsäcker im Winter 1928/29 schwankte, ob er nach dem Abitur Physik oder nicht doch lieber das vermeintlich leichtere Fach, Philosophie nämlich, studieren sollte, gab der Ratschlag Werner Heisenbergs den Ausschlag. Der stellte apodiktisch fest, »um fürs zwanzigste Jahrhundert relevante Philosophie zu machen, müsse man Physik können«. Physik könne man aber nur lernen, indem man sie ausübe. Außerdem erreiche man in der Physik die beachtlichsten Leistungen vor dem dreißigsten, in der Philosophie dagegen nach dem fünfzigsten Lebensjahr. »Ich folgte dem Rat, studierte theoretische Physik und habe das nie bereut«, fasste Carl Friedrich von Weizsäcker den Ertrag dieser Entscheidungshilfe für sich im Alter zusammen.[21]

Der Abiturient begann, kaum siebzehnjährig, sein Studium im Sommersemester 1929 an der Berliner Friedrich-Wilhelm-Universität (heute: Humboldt-Universität). Sein eigentliches Anliegen, die philosophische Durchdringung der theoretischen Physik, das heißt die Zusammenführung natur- und geisteswissenschaftlicher Denksysteme zur Ausdeutung der einen Welt, konnte er dort freilich nicht wesentlich vorantreiben. Weder unter den Philosophen noch unter den Physikern der Hochschule fand er die Bereitschaft zur fachübergreifenden Fragestellung. Hinzu kam, dass nach seinem eigenen Urteil seine technischen Neigungen und mathematischen Begabungen schwach entwickelt waren, so dass er in beiden Bereichen viel Zeit und Kraft aufwenden musste, um sich die erforderlichen Voraussetzungen befriedigender wissenschaftlicher Arbeit aneignen zu können.[22]

»Dass ich Physik studierte, um die Quantentheorie philosophisch zu verstehen, war offensichtlich«, trug er am fünfundsiebzigsten Geburtstag Werner Heisenbergs vor: »Aber vorerst scheiterte ich an der Aufgabe. Die Grenzen meines mathematischen Talents machten mir das Technische schwerer als den meisten theoretischen Physikern.«[23]

Nicht nur in Berlin standen unter den Physikern die zwanziger Jahre des vergangenen Jahrhunderts im Bann der von Max Planck bei der Ableitung des Gesetzes der Wärmestrahlung eines schwarzen Körpers im Jahr 1900 in ersten Ansätzen entwickelten Quantentheorie. Deren Aneignung setzte auch bei dem überdurchschnittlich interessierten Carl Friedrich von Weizsäcker Erhebliches an physikalischem Verständnis voraus. Alle Formen der Materie bis zu den Atombausteinen (Elektronen, Neutronen sowie Protonen) und Elementarteilchen (Korpuskeln) zeichnen sich durch unterschiedliche Werte von Energie, Masse, Impuls, Drehimpuls und Ladung aus. Die Ausbreitung ihrer Strahlung im Raum geschieht wellenförmig, so dass von einem »Welle-Korpuskel-Dualismus« gesprochen werden kann. Andererseits folgen manche Teilchenphänomene (etwa der Photoeffekt) nicht der klassischen Wellentheorie oder, so die Beugung der Korpuskularstrahlung, nicht der klassischen Mechanik. Die theoretische Erfassung dieser neuartigen Phänomene brauchte also eine eigene Begründung, an der nach Planck so hervorragende Gelehrte wie Albert Einstein, Niels Bohr und Louis-Victor de Broglie jahrelang forschten, bevor ihnen die systematische Erklärung der Wellen- und Teilchenphänomene im atomaren Bereich gelang.

Von der klassischen Physik unterscheidet sich die Quantentheorie insofern, als in ihr beide Seiten des »Welle-Korpuskel-Dualismus« gleichzeitig bedeutsam sind und auch durch gemeinsame Prinzipien beschrieben werden müssen. Diesen Ansatz aus seiner Begrenzung auf die Elementarteilchen und Atombausteine herauszuführen und mit den Gesetzen der klassischen Mechanik und Wellenlehre zu einer letztgültigen physikalischen Grundformel zu verbinden überforderte den jungen Carl Friedrich von Weizsäcker selbstverständlich. Daher konzentrierte er sich zunächst stärker auf den konkreten Teil der Kernphysik, den ihm Heisenberg bereits in Kopenhagen nahe gebracht hatte: »Ich wich für fünfundzwanzig Jahre, nur leise über die Quantentheorie weitermeditierend und von depressiven Selbstvorwürfen geplagt, in unphilosophische, konkrete Physik aus. Diese war freilich nahrhaft und erquickend wie gesundes Brot.«[24]

Werner Heisenberg war 1927 auf den Lehrstuhl für theoretische Physik der Universität Leipzig berufen worden und forderte Carl Friedrich von Weizsäcker auf, als Student im Wintersemester 1929/30 in die Stadt an der Pleiße zu wechseln. Weizsäcker folgte dieser Einladung gern, zumal sich in dem kleinen Seminar in der Linnéstraße – fünf Zimmer im Erdgeschoss eines alten Backsteinbaus – ein internationaler Kreis von Mitarbeitern und Studenten versammelte, der damals schon auf sich aufmerksam machte und aus dem später einige der bedeutendsten Kernphysiker hervorgehen sollten: Felix Bloch, Peter Debye, Friedrich Hund, Rudolf Peierls, Edward Teller, Bartel van der Waerden, Gregor Wentzel. Der Umgangston war familiär, Lehrveranstaltungen fanden in den Sommermonaten nicht selten im Freien statt. Durch Tischtennisturniere, die regelmäßig dienstags angesetzt waren und meist von Heisenberg gewonnen wurden, entschieden sich »die ungelöst gebliebenen wissenschaftlichen Kontroversen«[25]. Die Studenten fühlten sich auf eine damals ungewöhnliche Weise herausgefordert und gefördert, der Professor spendierte während der gemeinsamen Teestunden den Kuchen. Vor allem Heisenberg und Weizsäcker verbrachten viel Zeit zusammen: mit Wanderungen in ihrer Freizeit, beim Wintersport in den bayerischen Alpen oder auch während einiger Besuche in Norwegen, wohin Ernst von Weizsäcker im Sommer 1931 als Gesandter versetzt worden war.

Im Sommer 1931 veröffentlichte Carl Friedrich von Weizsäcker seine erste wissenschaftliche Arbeit in der angesehenen *Zeitschrift für Physik:* »Ortsbestimmung eines Elektrons durch ein Mikroskop«.[26] Das Sommersemester verbrachte er in Göttingen. Danach kehrte er nach Leipzig zurück.

Über den Jahreswechsel 1931/32 kam Werner Heisenberg ebenfalls nach Oslo. Auf der gemeinsamen Rückreise stellte er in Kopenhagen Carl Friedrich von Weizsäcker dem Physik-Nobelpreisträger Niels Bohr vor. Weizsäcker war von dem sehr zurückhaltenden, beinahe scheuen Wissenschaftler begeistert: »Ich wurde Zeuge eines dreistündigen Gesprächs der beiden über die philosophischen Probleme der Quantentheorie. Danach notierte ich mir: ›Ich habe zum erstenmal einen Physiker gesehen.‹ Das war tief ungerecht gegen Heisenberg und gegen viele. Aber es hieß: einen Mann, der Physik so betreibt, wie man es tun müsste.«[27] Ganz besonders beeindruckte Weizsäcker, wie vorsichtig, wie zögernd, wie umständlich, sich selbst immer wieder aufs Neue besinnend und korrigierend Bohr vortrug: »Er war der einzige Physiker, dem man in jedem Wort anspürte, wie er am Denken litt. Vielleicht litt er besonders am Sprechen. In seinen späteren Jahren sagte er: Wir hängen in der Sprache. Man muss sprechen, man kann nichts anderes tun als sprechen, aber das sagen, was man sagen müsste, das kann man nicht.«[28]

Bevor Weizsäcker im Herbst 1932 mit seiner Doktorarbeit über den »Durchgang schneller Korpuskularstrahlen durch ein Ferromagnetikum« begann, nahm er im Sommer zum ersten Mal in Kopenhagen an einem der »Kinderseminare« von Niels Bohr teil, bei denen junge Wissenschaftler ihre Projekte und Forschungsergebnisse ungeschützt vortragen und zur Diskussion stellen konnten. Der Däne, dem 1922 der Nobelpreis zuerkannt worden war, hielt ein Einführungsreferat über aktuelle Probleme der Kernphysik. »Mit leidendem Gesicht, schräg gehaltenem Kopf stammelte er unvollständige Sätze – nicht einmal die Sprache, die er benutzte, blieb konstant, sie schwankte zwischen deutsch, englisch und dänisch – und wenn es ganz wichtig wurde, murmelte er, die Hände vors Gesicht gepresst«, berichtete Weizsäcker. »Aber sobald dann ein anderer [...] ein Referat hielt, unterbrach ihn Bohr mit Fragen. [...] Und dann wurde im Laufe mehrerer Stunden erbarmungslos alles klar.« Diese Konferenzen, an die sich Weizsäcker als »die wissenschaftlich fruchtbarsten und im Verlauf humansten« erinnerte, besuchte er bis 1938 jedes Jahr.[29] Seine Promotion schloss Weizsäcker im Sommer 1933 ab. Er dankte Werner Heisenberg, dem 1932 der Nobelpreis wegen seiner Erkenntnisse über die Unschärferelation verliehen worden war, für dessen »bergführerisches Ziehen und Schieben«, weil er andernfalls die Arbeit nicht rechtzeitig hätte abschließen können.[30]

Nach seinem Doktorexamen ging Carl Friedrich von Weizsäcker einige Monate als Gast an das Universitets Institut for Teoretisk Fysik nach Kopenhagen zu Niels Bohr, wo er etlichen der herausragenden Wissenschaftler wiederbegegnete, die er in Leipzig bei Heisenberg kennen gelernt hatte, die aber als Juden nach dem Machtantritt der Nationalsozialisten Deutschland verlassen hatten und, wie Hans Bethe und Edward Teller, später in den Vereinigten Staaten – so wie er selbst in Deutschland – an der Entwicklung von Atombomben beteiligt waren. Zu Jahresanfang 1934 kehrte Weizsäcker nach Deutschland zurück, um von Februar bis Mai seinen Einsatz beim Reichsarbeitsdienst im sächsischen Frankenberg abzuleisten. Die Wehrmacht war zu diesem Zeitpunkt noch eine Berufsarmee, und die allgemeine Wehrpflicht wurde erst ein Jahr später eingeführt.

Während dieser Zeit lernte Carl Friedrich von Weizsäcker die Journalistin Gundalena Wille kennen, eine 1908 geborene Schweizer Historikerin, die sich als Berlin-Korrespondentin für die *Basler Nachrichten* ihr Geld verdiente. Für eine Reportage über den Arbeitsdienst hatte sie den deutschen Gesandten in

Bern, Ernst von Weizsäcker, um die Vermittlung von Kontakten gebeten und war von ihm an den Sohn verwiesen worden. Eine für den Abend des 30. Juni 1934 abgesprochene Verabredung der beiden wurde allerdings durch die von Hitler angeordnete und von der SS vollzogene blutige Niederschlagung des angeblichen »Röhm-Putsches« der obersten SA-Führung verhindert. Andere Treffen folgten aber, und die Tochter des Schweizer Oberstkorpskommandanten fand den jungen Physiker – schlank, großgewachsen, mit hoher Stirn – so sympathisch, dass sie ihn am 30. März 1937 auf dem elterlichen Gut Mariafeld am Zürichsee heiratete. Ihr ältester Sohn Carl Christian kam 1938 zur Welt, 1939 folgte Ernst Ulrich und 1940 Berta Elisabeth. Der jüngste Sohn Heinrich Wolfgang wurde 1947 geboren. »Ich weiß nicht«, dankte ihr Weizsäcker in höherem Alter, »wie ich die Spannungen eines Lebens im Schatten der Politik von damals bis heute ohne sie ausgehalten hätte.«[31]

Nach dem Arbeitsdienst erhielt Carl Friedrich von Weizsäcker eine Assistentenstelle bei Werner Heisenberg in Leipzig. Dort habilitierte er sich mit noch nicht einmal vierundzwanzig Jahren. Seine nur dreißig Druckseiten starke, gleichwohl wegweisende Arbeit »Über die Spinabhängigkeit der Kernkraft«, eine Untersuchung über die Eigendrehung atomarer Teilchen, veröffentlichte die *Zeitschrift für Physik* 1936.[32] Im Sommer und Herbst 1936 vertrat Weizsäcker an dem von Otto Hahn geleiteten Kaiser-Wilhelm-Institut für Chemie in Berlin-Dahlem den Biologen und späteren Nobelpreisträger Max Delbrück als Assistent von Lise Meitner. Diese herausragende österreichische Physikerin war die engste Mitarbeiterin Otto Hahns und musste 1938 als Jüdin nach Schweden emigrieren. Nachdem 1936 der niederländische Physiker Peter Debye von der 1911 zur Förderung der Wissenschaften ins Leben gerufenen Kaiser-Wilhelm-Gesellschaft zum Direktor des neu gegründeten Kaiser-Wilhelm-Instituts für Physik in Berlin-Dahlem berufen worden war, bot er Weizsäcker eine Stelle als wissenschaftlicher Mitarbeiter an. Weizsäcker zog von Leipzig nach Berlin und übernahm bis 1942 zusätzlich eine Privatdozentur für theoretische Physik an der Friedrich-Wilhelm-Universität.

Inzwischen hatten die Nationalsozialisten längst die Maske fallen lassen. Das »Großdeutsche Reich« war gleichgeschaltet worden. Politische Gegner oder Menschen, die wegen ihrer »Rasse« ins Visier der Nazis gerieten, verloren jeden Rechtsschutz und mussten um ihr Leben fürchten. »Konzentrationslager« als Folter- und Vernichtungsstätten für alle, die anderen Sinnes waren, wurden schon wenige Monate nach der »Machtergreifung« am 30. Januar 1933 eingerichtet. Den Abend dieses Tages erlebte Carl Friedrich von Weizsäcker mit Werner Heisenberg in seinem Studentenzimmer in der Leipziger Kaiserin-Augusta-Straße. Der Doktorvater war zu einem seiner gelegentlichen Besuche vorbeigekommen. Aus dem Fenster beobachteten beide einen vorüberziehenden Fackelzug der SA. Weizsäcker fragte Heisenberg: »Kannst du das verstehen, dass diese netten jungen Leute, die da gehen – denen man doch ansieht, dass es nette Leute sind –, diesem Scharlatan nachlaufen?« Heisenberg, der 1919 mit achtzehn Jahren wie viele Studenten in den Wirren nach dem Ende des Ersten Weltkrieges für kurze Zeit einem nationalistischen Freikorps beigetreten war und bereits 1923 den fehlgeschlagenen Hitler-Putsch in München miterlebt hatte, antwortete: »Man muss doch hoffen, dass hinter ihm bessere Leute stehen, sonst hätte er es doch nie so weit gebracht.«[33]

Bis zu diesem Zeitpunkt hatte Carl Friedrich von Weizsäcker »den Hitler einfach verachtet«[34]. Er und seine Politik erschienen ihm zu plump, zu laut, zu dumm: »Ich war damals zwanzig Jahre alt und habe ihn einfach einen Idioten gefunden.«[35] Doch dann – nach der »Machtergreifung« und ohne das Wissen von 1945 – erlebte er die besinnungslose Begeisterung der Nazis und ihrer Anhänger: »Am 1. Mai gab es diese Aufmärsche, und da bin ich auch einmal mitgegangen. Ich hatte auf einmal das Gefühl, der Hitler, der bringt was zustande! Die Arbeitslosigkeit nimmt sehr schnell ab, sehr viele Leute sind hell begeistert, der muss doch einfach was können!«[36] Der Vater jedoch, der damals noch deutscher Gesandter in Oslo war, mahnte den Sohn in einem Gespräch: »Fall auf den Mann nicht rein!«[37] Von Anfang an, versicherte Weizsäcker, habe ihn der Vater »immer gewarnt«, denn aufgrund seiner Informationen als Diplomat sei ihm klar gewesen, dass »Hitler eine Politik machen wollte, die zum Krieg führen würde«.[38] Er dagegen hatte seit einer Wanderung durch große Teile Deutschlands im Jahr 1932 die Menschen »voller Verzweiflung [und die] riesige Arbeitslosigkeit« noch lebhaft in Erinnerung »und fand, wo ich hinkam, dass die Leute eigentlich ihre Hoffnung verloren hatten«.[39] Und nun dieser Aufbruch, »auf einmal hatten sie alle wieder Hoffnung«[40]. Das war, was der junge Weizsäcker wahrnahm und was einzuordnen ihm schwer fiel.

Ein Eintritt in die NSDAP kam für ihn dennoch nicht infrage. Es war nicht nur der Vater, der ihn warnte, sondern vor allem der parteioffizielle Antisemitismus, der ihn abstieß. Er hatte am Bismarck-Gymnasium in Berlin einen guten Schulfreund gehabt, Hans Friedensohn, der Jude war und 1931 mit seinen Eltern nach Israel auswanderte. Und er begegnete im Kreis um Niels Bohr und Werner Heisenberg einer Vielzahl jüdischer Physiker, denen er sich eng verbunden fühlte: »Da waren von den besten mindestens die Hälfte Juden, also Edward Teller, Victor Weisskopf und so weiter. Dass man gegen die Juden war, das war mir also fremd.«[41] Diese Judenfeindschaft der Nationalsozialisten, die in weniger als einem Dutzend Jahren zur fast vollständigen Vernichtung der deutschen und europäischen Juden führte, ist Weizsäcker in ihrer verbrecherischen Potenz damals »überhaupt nicht im Traum in den Sinn gekommen«. Das war »so fremdartig, dass man eben überhaupt nicht auf die Idee kam«.[42]

Als Carl Friedrich von Weizsäcker dann im April 1933 von dem Boykott jüdischer Geschäfte erfuhr, von der Drangsalierung jüdischer Hochschullehrer und der Entlassung jüdischer Beamter aus dem Staatsdienst und im Oktober 1933 in einem Kopenhagener Café im Radio die Nachricht über den Austritt Deutschlands aus dem Völkerbund hörte, wurde ihm deutlich, dass »Hitlers

Politik zum Krieg führte«[43]. Dass er kurz zuvor »hinter der Liturgie der Vorbeimärsche, der Faszination der Macht, den Ekstasen des Führers noch eine unenthüllte Möglichkeit eines höheren Inhalts« vermeinte spüren zu können, hielt er danach für seinen »wohl größten politischen Irrtum«.[44]

In seiner 1975 veröffentlichten autobiographischen Studie beschrieb Carl Friedrich von Weizsäcker seinen Weg durch die politischen Irrungen des vergangenen Jahrhunderts.[45] Zu »politischem Bewusstsein« habe ihn sein Vater erweckt. Dessen Bemühen, durch »vernünftige Außenpolitik« Kriege zu verhindern, habe dem Sohn unmittelbar eingeleuchtet. Dieser Grundsatz habe deshalb auch sein eigenes politisches Denken dauerhaft geprägt, zumal nach seinen Erinnerungen an den Ersten Weltkrieg: »Gesehen habe ich ihn nicht, aber aus den Sorgen der Erwachsenen mit allen Fasern eingesogen. Die Welt ist voller Morden.« Diese Kindheitserfahrungen sowie die Wahrnehmung der wirtschaftlichen Not und der Verzweiflung der Menschen in den ersten fünf Nachkriegsjahren haben in dem Jugendlichen – wie in vielen Angehörigen seiner Generation, die sich extremistischen Parteien auf der Rechten oder Linken des politischen Spektrums anschlossen – den »Glauben an die Berechtigung der bürgerlichen Gesellschaft erschüttert«. Er konnte ihn offenbar auch später »nie ganz wieder herstellen«, obwohl er »als instinktiver Konformist« in ihr fortlebte und sich um Anpassung bemühte.

Die Zeit, die Herrschaft, das Faktum des Nationalsozialismus hat er, so seine eigene Darstellung, nie bewältigt, »sondern überlebt«. Nach seiner Herkunft gehörte Carl Friedrich von Weizsäcker ganz zweifellos zu jener »gesellschaftlichen Schicht, der die Nazis in allen ihren Instinkten ein Gräuel sein mussten und die gleichwohl mit ihnen zusammenarbeitete, als sie einmal an der Macht waren, zusammenarbeiteten um der Bewahrung des Bestandes und der Hoffnung auf eine Änderung willen«. Als diese Zähmung des Nationalsozialismus nicht gelang, als sich vielmehr seine Gewaltförmigkeit immer deutlicher enthüllte, haben sich etliche aus dieser Schicht des deutschen Bürgertums und Adels

»zum aktiven Widerstand entschlossen, bis zum Opfer der eigenen Person«. Diese Menschen – mit nicht wenigen von ihnen verbanden ihn persönliche Beziehungen – habe er hoch geachtet, doch sich ihnen anzuschließen habe ihm der Mut und das Zutrauen in ein erfolgversprechendes Konzept politischen Widerstandes gefehlt. Seine Erklärung für diese passive Haltung: »Die Fähigkeit zum widerstrebenden Konformismus gehört in allen Gesellschaften zu den Mitteln des Überlebens.«

Die Absicherung familiärer Interessen vor äußerem Druck, vor allem aber der Schutz des eigenen Lebens geht in aller Regel dem Einsatz zugunsten anderer vor. Dies mag moralisch fragwürdig sein, doch entspringt eine solche Verhaltensweise dem natürlichen Überlebenswillen des Individuums unmittelbar. Es ist darum ohne weiteres nachvollziehbar, wie Carl Friedrich von Weizsäcker dieses eigene Verhalten im Nationalsozialismus nachträglich gedeutet hat: »Viele, die, ohne sich zu belügen, so handelten, trifft kein Vorwurf außer den Vorwürfen, die sie sich, weil sie moralisch sensibel waren, selbst gemacht haben. Freilich gehört es dann zweitens zur moralischen Klärung, einzugestehen, dass es Fälle gibt, in denen sich das Ungenügen der üblichen politischen Moral nicht nur für den Sehenden erweist, sondern in den Folgen zuletzt für jeden fürchterlich offenbart; und dass dies ein solcher Fall war.«

Sich diesem Dilemma von Schuld und Verstrickung nicht öffentlich, womöglich aber auch gar nicht gestellt zu haben, hielt Carl Friedrich von Weizsäcker einem Großteil der Politiker, ja der gesellschaftlichen Elite der Adenauer-Ära insgesamt vor: »Dieselbe Schicht lenkte jetzt Staat und Wirtschaft, die zuvor in widerstrebendem oder auch nicht widerstrebendem Konformismus mitgewirkt hatte. Sich zu dieser Tatsache frei zu bekennen war leider, aber begreiflicherweise, tabu, und eben darum schützte sich ein stilles Einverständnis, man habe ja eigentlich damals wie jetzt richtig gehandelt, gegen die Selbstkritik, die das Heilsame gewesen wäre, und verbannte die Kritik nach außen, zu den Gegnern des Systems, wo sie schrill und wirkungslos blieb.«

Carl Friedrich von Weizsäcker nahm nie eine Heldenrolle für sich in Anspruch. Er bestritt zu keinem Zeitpunkt, in diesem widerstrebenden Konformismus überlebt zu haben, weil er Hitler und dessen Verbrechen überleben wollte. Den eigenen Vater indes, den ähnliche Motive bestimmten, überhöhte er im Nachhinein zweifellos. Er wollte ihn zumindest von seinen Antrieben her unbeschädigt sehen. Der Sohn stellte über Ernst von Weizsäcker fest: »Er hat Hitler und seine Gefolgsleute immer verabscheut, und er blieb im Amt, um den Krieg, den er kommen sah, womöglich zu verhindern, am Ende, um vielleicht eine Chance wahrzunehmen, ihn glimpflicher zu beenden. Dies war die Aufgabe, die ihm zufiel und an der er gescheitert ist.«

Dass der Vater daneben auch anderen Interessen folgte, persönlichen wie politischen, mochte der Sohn nicht realisieren. Die ihm zuvor, während der Weimarer Republik, verschlossene Möglichkeit des beruflichen Aufstiegs in höchste Ämter etwa, die weitgehende Übereinstimmung in außenpolitischen Zielsetzungen mit den Nationalsozialisten jedenfalls in den Vorkriegsjahren und nicht zuletzt die Bedenken des Vaters, diese, wenn schon nicht gewaltfrei, dann aber doch nichtkriegerisch eingefahrene politische Ernte – die Besetzung des entmilitarisierten Rheinlandes sowie der Anschluss des Saarlandes, Österreichs, des Sudeten- und des Memellandes – um ethischer Werte willen aufs Spiel zu setzen, konnte Carl Friedrich von Weizsäcker entweder nicht erkennen oder wollte dies doch jedenfalls nicht öffentlich einräumen. Den Vater nach dem Zweiten Weltkrieg als Kriegsverbrecher zu verurteilen sei ein »entsetzlicher Irrtum« der Siegermächte und ihrer Richter gewesen, allein »erklärlich aus der mit dem amerikanischen Idealismus oft verbundenen Unfähigkeit, politische Wirkungsbedingungen in anderen Systemen als dem eigenen zu begreifen«.

Bis zur nationalsozialistischen Machtübernahme 1933 hatte Carl Friedrich von Weizsäcker Adolf Hitler zumindest unterschätzt, ja er gab an, ihn verachtet zu haben. Danach veränderte sich diese Haltung: »Mein Unglaube an die Legitimität des bürgerlichen Systems – in meiner Generation damals weit verbreitet – und eine unklare chiliastische Erwartung machten mich Zwanzigjährigen empfänglich für den seelischen Vorgang, den ein tiefblickender Kritiker die Pseudo-Ausgießung des Heiligen Geistes von 1933 genannt hat. Nicht der gedankenlose Inhalt der Parolen imponierte mir, aber das Faktum, dass zahllose Menschen, die verzagt und verzweifelt gewesen waren, einen gemeinsamen Lebensinhalt empfanden.« Hinter der Machtentfaltung, hinter der ekstatischen Zustimmung von Millionen Menschen, die noch Monate zuvor ohne jede Hoffnung gewesen waren und sich gegenseitig aus politischer Verblendung bis aufs Blut bekämpft hatten, glaubte der junge Student die Umrisse einer neuen Zeit, einer Volksgemeinschaft zu erkennen, die den Klassenhass überwinden und in gemeinsamer Anstrengung die Zukunft sichern könnte – »die noch unenthüllte Möglichkeit eines höheren Inhalts« eben.

Die Warnungen des Vaters und seine freundschaftlichen Beziehungen zu jüdischen Mitschülern und Kommilitonen, vermutete Carl Friedrich von Weizsäcker, hätten ihn vor der Versuchung bewahrt, sich »der Bewegung anzuschließen« und Mitglied der NSDAP zu werden, so dass er 1945 eigentlich mit einem »unverdient sauberen Fragebogen aus ihrer Herrschaft« entlassen wurde. Ausdruck dieses inneren Konflikts, aus Schwäche davongekommen zu sein, während andere, nicht minder Hellsichtige, die aktiven Widerstand leisteten, ihr Leben verloren – und damit als Schuldiger Richter zu sein über Schuldige –, ist ein Gedicht, das Weizsäcker im Herbst 1945 schrieb:

> O bricht denn niemals der Dämonen Kraft?
> Sieht niemand denn: die Schuld ist in uns allen?
> Wo Unrecht fiel, seh' ich sich Unrecht ballen,
> und Schuldige von Schuldigen bestraft.
>
> Wer Schuld geduldet, ist in ihrer Haft.
> Wer Schuld mit Schuld vergilt, ist ihr verfallen.

O wollen wir, der Finsternis Vasallen,
den Himmel nicht, den nur die Liebe schafft?

Ich ließ mit sehendem Aug' in dunklen Jahren
schweigend gescheh'n Verbrechen um Verbrechen.
Furchtbare Klugheit, die mir riet Geduld!

Der Zukunft durft' ich meine Kraft bewahren,
allein um welchen Preis! Das Herz will brechen.
O Zwang, Verstrickung, Säumnis! Schuld, o Schuld!

Keine Atombombe für Hitler

»Nach seiner Veranlagung ist kaum mit einem
aktiven Einsatz für die Partei zu rechnen«

Die Geschichte der deutschen Atombombe begann Mitte Dezember 1938. Die Chemiker Otto Hahn und Friedrich Strassmann hatten im Kaiser-Wilhelm-Institut für Chemie in Berlin-Dahlem ein Partikel Uran mit Neutronen beschossen, weil sie durch die Abtrennung von Teilen des Urankerns Radium zu erzeugen hofften, ein von seiner Masse her dem Uran benachbartes Element. Tatsächlich machten sie aber eine andere Beobachtung. Hahn schrieb seiner früheren Mitarbeiterin Lise Meitner, die als Jüdin im Sommer das Land hatte verlassen müssen, am 19. Dezember nach Stockholm: »Immer mehr kommen wir zu dem schrecklichen Schluss: Unsere Ra[dium]-Isotope verhalten sich nicht wie Ra[dium], sondern wie Ba[rium]. Vielleicht kannst du uns irgendeine phantastische Erklärung vorschlagen.«[1] Die Physikerin beriet sich mit ihrem Neffen Otto Frisch, der zu einem Weihnachtsbesuch nach Schweden gekommen war, und fand als Lösung des Problems heraus, dass die Neutronen den Urankern offenbar in zwei Teile halber Masse gespalten hatten, so dass unter Freisetzung von 200 Millionen Elektronvolt (MeV) kinetischer Energie Barium entstanden war.

Hahn und Strassmann veröffentlichten die aufsehenerregenden Ergebnisse ihres Laborversuchs bereits Anfang Januar 1939 in der Wochenzeitschrift *Die Naturwissenschaften*.[2] Damit war dreierlei aufgedeckt: Die Spaltung des Atomkerns ist prinzipiell möglich; durch den Spaltungsprozess wird Energie freigesetzt; sofern dabei schnelle Neutronen in genügend großer Zahl erzeugt werden, erscheint eine exponentiell zunehmende Kettenreaktion von Spaltungsvorgängen möglich. Schon ein halbes Jahr später stellte der Physiker Siegfried Flügge in derselben Zeitschrift die naheliegende Frage: »Kann der Energiegehalt der Atomkerne technisch nutzbar gemacht werden?« Der Autor schätzte in diesem Beitrag, dass ein Kubikmeter Uranoxid ausreichend Energie enthalte, um einen Kubikkilometer Wasser siebenundzwanzig Kilometer hoch in die Luft zu schleudern. Oder: Die Energiefreisetzung aus vier Tonnen Uranoxid entspreche der Gesamtleistung aller deutschen Kohlekraftwerke in einem Zeitraum von elf Jahren.[3]

Bereits am 24. April 1939 hatten der Chemiker Paul Harteck und sein Assistent Wilhelm Groth das Reichskriegsministerium auf den militärischen Nutzen dieser Erkenntnisse aufmerksam gemacht. In einem Brief wiesen sie darauf hin, dass »unter geeigneten Bedingungen eine Explosion von unvorstellbarer Wirkung eintreten« könne. Die Energie einer derartigen Kernreaktion übertreffe die »einer gewöhnlichen Explosionsreaktion rund um den Faktor einer Million«. Nach Auffassung der Wissenschaftler lag es daher auf der Hand, dass, »wenn die oben skizzierte Möglichkeit der Energieerzeugung sich verwirklichen lassen sollte, was durchaus im Bereich des Möglichen liegt, dasjenige Land, welches von ihr zuerst Gebrauch macht, den anderen gegenüber ein kaum einholbares Aktivum aufzuweisen hat«.[4]

Als Carl Friedrich von Weizsäcker zu Kriegsbeginn im September 1939 von den waffentechnischen Potenzen der Kernenergie und deren geplanter Nutzanwendung für Hitlers Arsenal erfuhr, ging ihm vielerlei durch den Kopf. Er meinte – »etwas naiv«, wie er später einräumte –, Wissenschaftler, die sich zum Herrn des Verfahrens machen, ihre Forschungsvorhaben selbst bestimmen und Erkenntnisse nur nach eigener Entscheidung den Militärs und Politikern öffnen würden, könnten den Gang der Dinge steuern. Sie könnten besser als im Verweigerungsfall beeinflussen, wie weit ihre Arbeit primär einer friedlichen Nutzung der Atomkraft dienen oder der militärischen Anwendung ausgeliefert würde: »Die technische Seite interessierte mich überhaupt nicht. Wissenschaftlich fand ich andere Themen viel interessanter. Aber ich hielt Politik für wichtig. Und ich glaubte, ich könnte politischen Einfluss gewinnen, wenn ich jemand war, mit dem sogar Adolf Hitler sprechen musste.«[5]

Deshalb drängte er Otto Hahn ebenso wie Werner Heisenberg, sich an einem derartigen Forschungsprojekt zu beteiligen. Nur so könnten sie auf eine Entwicklung einwirken, die andernfalls ihre eigene Dynamik entfalten werde. Außerdem verschaffe die Teilnahme an kriegswichtiger Forschung den Instituten die Möglichkeit, ihre Mitarbeiter von der Einberufung zur Wehrmacht zurückstellen zu lassen. Widerstrebend, berichtete Weizsäcker 1988 in einem Interview, habe sich Hahn schließlich zur Mitwirkung an derartigen Forschungsvorhaben bereit erklärt. »Aber wenn meine Arbeit zu einer Kernwaffe führen sollte«, habe er ohne Umschweife angekündigt, »bringe ich mich um.«[6]

Schon im Februar 1939 hatte sich Carl Friedrich von Weizsäcker mit seinem Jugendfreund Georg Picht (1913–1983), einem Theologen und Philosophen, der an der Preußischen Akademie in Berlin griechische Philosophie lehrte, über ein Gespräch mit Otto Hahn ausgetauscht, in dem die beiden Wissenschaftler den Bau einer Atombombe erörtert hatten, von der ein Exemplar genügen würde, ganz London zu zerstören. Drei Konsequenzen, erläuterte Weizsäcker 1996 einem Hamburger Physiker, habe er damals mit Picht aus diesem Katastrophenszenario entwickelt. »Erste Konsequenz: Wenn Atombomben möglich sind, wird es – so wie die Menschheit heute beschaffen ist – jemanden geben, der sie baut. Zweitens: Wenn Atombomben gebaut sind, wird es – so wie die Menschheit heute beschaffen ist – jemanden geben, der sie militärisch verwendet. Drittens: Wenn das so ist, dann hat die Menschheit nur die Wahl, entweder sich selbst zugrunde zu richten oder den Krieg als Institution abzuschaffen.«[7]

Weizsäcker wollte also nicht aus wissenschaftlichem oder persönlichem Ehrgeiz heraus am Bau einer Atombombe beteiligt sein, sondern weil er meinte, dann ein Druckmittel gegenüber Politikern in der Hand zu haben, in Zeiten atomarer Bewaffnung auf Kriege als Formen politischer Auseinandersetzung zu verzichten. Das Risiko, von Politikern nicht ernst genommen zu werden oder aber in einem auf die Spitze getriebenen Konflikt die Verfügungsmacht über die eigene wissenschaftliche Arbeit am Ende doch zu verlieren, sah Weizsäcker allerdings durchaus: »Wir waren überzeugt, dass, wenn man selber sich davor zurückhält, man nur die Genugtuung hat, eine reine Weste behalten zu haben, aber überhaupt nichts dafür getan hat, dass die Menschheit dieses Problem löst. Also fand ich damals, und das ist ein Entschluss, den ich nachher doch kritisch betrachtet habe und wo ich dann später sagte, ein solches Risiko würde ich nicht noch mal laufen, ich muss jetzt an dieser Sache mich beteiligen, damit ich einer von den Leuten bin, die was davon verstehen und die dann auf die Politiker den Einfluss üben können, den ein Sachverständiger üben kann.«[8]

Am 16. September 1939, zwei Wochen nach Ausbruch des Zweiten Weltkrieges, lud das Heereswaffenamt Otto Hahn und einen kleinen Kreis deutscher Kernphysiker zu einer ersten Konferenz in seine Berliner Dienststelle in der Hardenbergstraße ein, um sich über den inzwischen erreichten Forschungsstand in Deutschland und über vergleichbare Projekte im Ausland unterrichten zu lassen. Es wurde beschlossen, eine kernphysikalische Forschungsgruppe – von ihren Mitgliedern als »Uranverein« bezeichnet – einzurichten, der sich Wochen später auch Werner Heisenberg und Carl Friedrich von Weizsäcker als die wohl begabtesten theoretischen Physiker ihrer Zeit anschlossen. Mit der administrativen Leitung des Projekts wurde der Physiker Kurt Diebner beauftragt, der bis dahin im Heereswaffenamt für Forschungsarbeiten über Sprengstoffe verantwortlich war. Das Heereswaffenamt verfügte außerdem im Oktober 1939 die Beschlagnahme des Kaiser-Wilhelm-Instituts für Physik aus Gründen kriegswichtiger Forschung, vertrieb den bis dahin amtierenden holländischen Institutsdirektor Peter Debye in die Vereinigten Staaten und setzte Diebner als neuen Verwaltungsdirektor ein. Otto Hahn und Werner Heisenberg wurde die wissenschaftliche Erforschung des sowohl wirtschaftlichen wie militärischen Anwendungspotentials der Kernenergie übertragen.

Bereits im Februar 1940 kamen Werner Heisenberg und Carl Friedrich von Weizsäcker durch ihre theoretischen Überlegungen zu der Überzeugung, dass eine »Uranmaschine« mit Hilfe einer spezifischen Anordnung von natürlichem Uran 238 und schwerem Wasser oder reinem Kohlenstoff als Bremssubstanz Energie erzeugen könnte. Erheblich beschleunigt würden diese Kernspaltungsprozesse durch Verwendung leichterer Isotopen vom Typ Uran 235, die einerseits als Kernsprengstoff geeigneter erschienen, andererseits aber im natürlichen Uran nur in Spuren vorhanden waren. Über industrielle Techniken zur Trennung dieser Isotopen verfügte man damals noch nicht.

Als Weizsäcker im Sommer 1940 erkannte, dass bei der Spaltung von Uran 238 durch thermische Neutronen auch ein Uran 239 (er nannte dieses Element »239 Eka Re«) entstehe, das wiederum zu einem »Transuran«-Element 93 zerfalle, das noch ungleich effizienter spaltbar sei als das schwierig abzutrennende Uran 235, war der Weg zur Herstellung einer Atombombe von seinen theoretischen Anforderungen her klar gewiesen. »Dieses Eka Re«, berichtete er dem Heereswaffenamt am 17. Juli 1940, »kann dann in dreifacher Weise verwendet werden: 1. zum Bau sehr kleiner [Uran-]Maschinen, 2. als Sprengstoff, 3. durch Beimischung zur Umwandlung anderer Elemente in großen Mengen.«[9]

Man brauchte also eine funktionsfähige »Uranmaschine«, um – als »erbrütetes« Abfallprodukt gewissermaßen – Kernwaffen auf der Grundlage von »Transuranen« herstellen zu können, oder aber ein Verfahren, das im natürlichen Uran 238 nur zu 0,7 Prozent angesiedelte Uran 235 herauszulösen und so anzureichern, dass es seinerseits als Betriebsstoff für einen Atomreaktor oder als Sprengmittel einzusetzen war.

Im Sommer 1940 begegneten sich Carl Friedrich von Weizsäcker und der Physiker Manfred von Ardenne in der Berliner Wohnung der Weizsäcker-Eltern. Sowohl ein Bruder Ardennes wie der Bruder Heinrich von Weizsäcker gehörten dem Potsdamer Infanterieregiment 9 an und waren beide gefallen. Der Vater, Ernst von Weizsäcker, gab bei diesem Treffen zu verstehen, dass er nach dem Kriegsausbruch nur noch im Amt geblieben sei, um »schlechte Entscheidungen in gute umzuwandeln«. Deshalb auch habe er seinen Vorgesetzten, Außenminister Joachim von Ribbentrop, nicht über die militärischen Aspekte der kernphysikalischen Forschungen unterrichtet, von denen er selbst durch seinen Sohn erfahren habe.[10]

Ardenne wiederum wollte die beiden Weizsäckers bei diesem Treffen von Überlegungen seines künftigen Mitarbeiters Friedrich Houtermans in Kenntnis setzen, der als überzeugter Nazi-Gegner Deutschland 1933 verlassen hatte, nach Cambridge gegangen war, 1935 in die Sowjetunion zog, dort zwei Jahre später verhaftet wurde und im April 1940 in der Grenzstadt Brest-Litowsk von sowjetischen Sicherheitspolizisten der deutschen Gestapo übergeben wurde, die ihn in das Gefängnis am Berliner Alexanderplatz einwies. Erst als der Physiker Max von Laue von dieser erneuten Inhaftierung erfuhr, gelang es durch einen energischen Vorstoß des Nobelpreisträgers, Houtermans nach vier Wochen zu befreien und ihm eine Stelle bei Ardenne zu vermitteln, der in Berlin-Lichterfelde ein privates Laboratorium betrieb und von seinen Einnahmen aus zahlreichen Patenten zur Funk- und Fernsehtechnik und Elektronenoptik lebte.

Nach der Entdeckung der Kernspaltung durch Hahn und Strassmann 1938 hatte sich Ardenne auch Fragen der Kernphysik zugewandt, insbesondere der elektromagnetischen Isotopentrennung. Houtermans' Mitarbeit erschien ihm dabei vor allem deshalb von Bedeutung, weil dieser auf ähnlichem Weg wie Carl Friedrich von Weizsäcker zur Auffassung gekommen war, dass durch Neutronenabsorption im Uran 238 ein neues spaltbares Element mit der Ordnungszahl 94 entstehen würde. Friedrich

Houtermans erkannte, »dass dies die Forschungs- und Entwicklungsrichtung war, die es einzuschlagen galt, wollte man ernsthaft darangehen, eine Atombombe herzustellen«[11].

In seinem 1956 erschienenen Buch *Heller als tausend Sonnen* schrieb der Publizist Robert Jungk unter Berufung auf Werner Heisenberg und Carl Friedrich von Weizsäcker, dass es im Winter 1940 »abermals zu einer vertraulichen Unterredung mit von Weizsäcker« gekommen sei. Dabei berichtete Houtermans über seine Forschungen bei Ardenne und erklärte, dass er diesem die »sich daraus für den Bau einer Atomwaffe ergebenden Möglichkeiten« verschwiegen habe. Nach längerer Unterhaltung sei man sich darüber einig geworden, dass »es die erste und wichtigste Aufgabe der ›Uranpolitik‹ sein müsse, die Regierungsstellen nicht auf die nun recht nahe gerückte Möglichkeit einer Bombenkonstruktion aufmerksam zu machen«. Heisenberg wie Weizsäcker hätten Houtermans zugesichert, dass sie seine Arbeit, »falls sie ihnen auf dem Dienstweg bekannt werden sollte, in ›entsprechendem Sinne‹ behandeln würden«.[12]

Dies war der Kenntnisstand, als Heisenberg und Weizsäcker im September 1941 nach Kopenhagen reisten, wo beide an einer astrophysikalischen Tagung des Deutschen Wissenschaftlichen Instituts (DWI) in der dänischen Hauptstadt teilnehmen sollten. Weizsäcker schrieb Niels Bohr und lud ihn und weitere dänische Wissenschaftler ein, diese Veranstaltung zu besuchen. Bohr und seine Mitarbeiter lehnten dies wie bereits mehrfach in der Vergangenheit ab, sie wollten selbst den Anschein von Kollaboration mit den deutschen Besatzern vermeiden. Bohr bat im Gegenzug Weizsäcker, in seinem Institut zu sprechen. Dies tat Weizsäcker gern, nahm aber bei dieser Gelegenheit den deutschen Leiter des DWI mit, um ihn mit Bohr bekannt zu machen. Bohr fühlte sich nach Auffassung enger Mitarbeiter von diesem Entschluss Weizsäckers überrumpelt und kompromittiert.[13] Heisenberg hingegen nutzte den Besuch, um in einem Gespräch mit Bohr zwei für ihn außerordentlich wichtige Fragen zu erörtern: Sollen Physiker in ihren Ländern Beiträge zur Kriegsforschung leisten? Und: Soll das zerstörerische Potential der Kernenergie als Waffe eingesetzt werden?

Der amerikanische Physiker Rudolf Ladenburg gab im Oktober 1946 in einem Brief an seinen holländischen Kollegen Samuel Goudsmit wieder, wie Niels Bohr nach eigenen Erzählungen diese Begegnung mit seinen beiden deutschen Schülern angeblich verstanden hatte. Bohr selbst hat sich dazu nie eindeutig geäußert. Bohr, schrieb Ladenburg, habe ihm berichtet, dass Heisenberg und Weizsäcker damals übereinstimmend »die Hoffnung und die Überzeugung« ausgedrückt hätten, Deutschland werde den Krieg bald gewinnen, womöglich durch den Einsatz von Kernwaffen.

Werner Heisenberg dagegen verständigte seinen Freund und Kollegen aus Leipziger Jahren, Bartel van der Waerden, im April 1947 von einem völlig anderen Gesprächsinhalt. Er habe Bohr gefragt, ob ein Physiker »das moralische Recht« habe, im Krieg an kernphysikalischen Problemen zu arbeiten. Bohr habe gefragt, ob Heisenberg denn glaube, dass »eine kriegerische Verwendung der Atomenergie« überhaupt möglich sei. Nachdem Heisenberg dies bejaht hatte, habe Bohr resigniert festgestellt, dass die Mobilisierung der Physiker auf beiden Seiten dann unvermeidlich und, wie die Dinge lägen, wohl auch gerechtfertigt sei. Seine Überlegung, ob Bohr sich nicht weltweit für eine Weigerung aller Physiker stark machen wolle, an der kriegstechnischen Umsetzung der Kernphysik zu arbeiten, gab Heisenberg an, habe er dann nicht mehr vorgetragen.[14]

Carl Friedrich von Weizsäcker immerhin nahm an der technischen Entwicklung einer »Uranmaschine« oder einer Atombombe nicht mehr teil. Für ihn als theoretischen Physiker war die Aufgabenstellung mit seinem Hinweis auf die Entstehung von »Eka Re« im Verlauf eines thermischen Spaltungsprozesses abgeschlossen. Die weitere theoretische Begleitung der Experimente, die schließlich im Sommer 1942 in Leipzig durch Robert Döpel den Nachweis erbrachten, dass »eine Vergrößerung dieser Modellanordnung auf rund fünf Tonnen schweres Wasser und zehn

Tonnen Uranmetall zu einer Maschine führen [würde], die durch Kernspaltung hervorgerufene Kettenreaktion über einen beträchtlichen Zeitraum aufrechtzuerhalten imstande war«, übernahmen im Wesentlichen die Weizsäcker-Schüler Karl-Heinz Höcker und Paul Müller.[15]

Obwohl sich das Heereswaffenamt die Kernforschung seit Kriegsbeginn zugeordnet hatte, übte es auf die daran beteiligten Wissenschaftler – insgesamt nicht mehr als drei Dutzend – keinerlei Druck aus. Erklärlich ist diese Haltung in erster Linie durch den Kriegsverlauf. Bis zur Wende vor Moskau im Winter 1941 und dem wenig zuvor erfolgten Kriegseintritt der Vereinigten Staaten setzte die deutsche Militärführung auf eine Serie von »Blitzkriegen«, die zu einem baldigen Sieg führen sollten – was den Einsatz von Kernwaffen sinnlos machte oder doch jedenfalls nicht aufdrängte, weil das Kriegsende vor deren Fertigstellung erwartet wurde. Als danach aber zumindest den Einsichtigeren erkennbar wurde, dass der Krieg in nicht allzu ferner Zukunft mit einer deutschen Niederlage werde enden müssen, lag es auf der Hand, dass die noch nicht abgeschlossenen Entwicklungsarbeiten sowohl erhebliche materielle und personelle Reserven in Anspruch nehmen wie einen derartigen Zeitaufwand erfordern würden, dass mit einem für die deutsche Kriegsführung auswertbaren Ergebnis nicht mehr zu rechnen war.

Im Dezember 1941 unterrichtete Erich Schumann, Physiker, höherer Offizier und Leiter der Forschungsabteilung im Heereswaffenamt, die an den Versuchen beteiligten Wissenschaftler darüber, dass eine weitere Unterstützung ihrer Arbeiten durch das Oberkommando der Wehrmacht davon abhänge, ob in naher Zukunft deren militärische Anwendung zu erwarten sei. Während einer Tagung am 16. Dezember in Berlin wies Werner Heisenberg zwar darauf hin, dass Uran 235 oder das Element 94 – verwendet als Sprengstoffe – »die millionenfache Sprengwirkung der gleichen Gewichtsmenge Dynamit« hätten. Aber weder seien bis zu diesem Zeitpunkt die Eigenschaften des Transurans 94 im Einzelnen bekannt noch sei es technisch möglich, Uran 235 in der für die »kritische Masse« einer Atombombe nötigen Reinheit und Menge zwischen zehn und hundert Kilogramm aus dem Natururan 238 zu trennen. »Über die Möglichkeit der Herstellung von ›Kernsprengstoffen‹« sei deshalb »erst nach Anlaufen der ersten Uranmaschine beziehungsweise nach erfolgter Isotopentrennung in technischem Maßstab« zu entscheiden.[16]

Damit hatten die Arbeiten der Kernphysiker für das Heereswaffenamt ihre vordringliche Förderungswürdigkeit verloren. Im Februar 1942 trat es daher seine Federführung an die Kaiser-Wilhelm-Gesellschaft beziehungsweise an den Reichsforschungsrat ab und konzentrierte sich stattdessen auf die schnellere Ergebnisse versprechende Entwicklung von Raketen. Zu einer anderen Entscheidung wäre die Militärführung zweifellos gelangt, wenn sie über die gleichzeitigen Anstrengungen zur Herstellung von Kernwaffen informiert gewesen wäre, die in Großbritannien und den Vereinigten Staaten auf sehr viel breiterer Grundlage und mit unvergleichlich höherem Personal- und Finanzaufwand unternommen wurden.

Drei Konferenzen der an den Forschungsarbeiten beteiligten Kernphysiker, die im Februar und Juni 1942 in Berlin stattfanden, führten zu keiner Neubewertung durch das Heereswaffenamt beziehungsweise durch den neu ernannten Rüstungsminister Albert Speer. Zu vage hatte sich Werner Heisenberg über den noch erforderlichen Zeitbedarf geäußert und zu wenig auf technische Details der Waffenentwicklung eingelassen: »Sobald eine solche Maschine einmal in Betrieb ist, erhält auch, nach einem Gedanken von v. Weizsäcker, die Frage nach der Gewinnung des Sprengstoffs eine neue Wendung. Bei der Umwandlung des Urans in der Maschine entsteht nämlich eine neue Substanz (Element der Ordnungszahl 94), die höchstwahrscheinlich wie reines 235/92 U[ran] ein Sprengstoff der gleichen unvorstellbaren Wirkung ist.«[17]

Propagandaminister Joseph Goebbels hatte sich am 21. März 1942 in sein Tagebuch notiert: »Mir wird Vortrag gehalten über die neuesten Ergebnisse der deutschen Wissenschaft. Die Forschungen auf dem Gebiet der Atomzertrümmerung sind so weit gediehen, dass ihre Ergebnisse unter Umständen noch für die Führung dieses Krieges in Anspruch genommen werden können. Es ergeben sich hier bei kleinstem Einsatz derart immense Zerstörungswirkungen, dass man mit einigem Grauen dem Verlauf des Krieges, wenn er noch länger dauert, und einem späteren Krieg entgegenschauen kann. Die moderne Technik gibt dem Menschen Mittel der Zerstörung an die Hand, die unvorstellbar sind. Die deutsche Wissenschaft ist hier auf der Höhe, und es ist auch notwendig, dass wir auf diesem Gebiet die Ersten sind; denn wer eine revolutionäre Neuerung in diesen Krieg hineinbringt, der hat eine um so größere Chance, ihn zu gewinnen.«[18] Albert Speer dagegen ging aufgrund des Vortrages der Wissenschaftler am 4. Juni im Harnack-Haus der Kaiser-Wilhelm-Gesellschaft davon aus, dass während des Krieges über Grundlagenforschung hinaus keine konkreten waffentechnischen Entwicklungen erreicht werden würden.[19]

Zwar verwies Werner Heisenberg auch an dieser Stelle auf die militärische Verwertbarkeit von Kernenergie, blieb aber bei seiner Linie, dass »in absehbarer Zukunft vom Uranvorhaben kein greifbares Ergebnis zu erwarten sei«[20]. Auf die Frage von Albert Speer, um welchen Betrag der Projektetat aufgestockt werden müsse, um zielorientiert weiterarbeiten zu können, erbat sich Heisenberg nach längerem Nachdenken eine Erhöhung des Budgets um 75 000 Mark auf die Gesamtsumme von 350 000 Mark – Kleingeld, wenn man bedenkt, dass allein die Vereinigten Staaten in ihr »Manhattan Project« zur Entwicklung der Atombombe bis 1945 zweieinhalb Milliarden Dollar (im heutigen Gegenwert von etwa fünfzig Milliarden Euro) steckten und 120 000 Menschen unter großindustriellen Bedingungen daran arbeiten ließen.

Albert Speer schrieb noch Jahrzehnte später voller Verwunderung über die ihm rätselhafte Zurückhaltung der Wissenschaftler in seinen *Erinnerungen*: »Wenige Wochen später wurden einige Hunderttausend Mark beantragt und Stahl, Nickel und andere kontingentierte Metalle in unbedeutenden Größenordnungen angefordert; notwendig sei auch der Bau eines Bunkers, die Aufstellung einiger Baracken sowie die Entscheidung, alle Versuchsanordnungen sowie das bereits im Bau befindliche erste deutsche Zyklotron in die höchste Dringlichkeit einzustufen. Eher befremdet über die Geringfügigkeit der Forderungen in einer so entscheidend wichtigen Angelegenheit, erhöhte ich die Geldsumme auf ein bis zwei Millionen und sagte entsprechende Materialmengen zu. Mehr jedoch konnte augenscheinlich zunächst nicht verarbeitet werden, und jedenfalls gewann ich den Eindruck, dass die Atombombe für den voraussichtlichen Verlauf des Krieges nicht mehr von Bedeutung sein werde.«[21]

Carl Friedrich von Weizsäcker war inzwischen nach einer infolge seines mangelnden politischen Engagements gescheiterten Bewerbung auf den Münchener Lehrstuhl für theoretische Physik dank Interventionen seines Vaters und befreundeter Wissenschaftler im Herbst 1940 auf ein Extraordinariat für theoretische Physik an der neu gegründeten »Reichsuniversität« Straßburg berufen worden. Er verließ das Kaiser-Wilhelm-Institut in Berlin, als Werner Heisenberg dort im Januar 1942 die Direktorenstelle übernahm.

Das im Kriegsverlauf besetzte und dem Reich angeschlossene Elsass sollte mit der dem Reichsbildungsminister unmittelbar zugeordneten Straßburger Universität eine nationalsozialistische Paradehochschule erhalten, bestens ausgestattet und mit Wissenschaftlern besetzt, die allen Anforderungen parteiamtlicher Linientreue zu genügen hatten. Der Anatom August Hirt, der sich 1942 an den Reichsführer-SS Heinrich Himmler mit der Bitte wandte, ihm für seine »Sammlung von Schädeln jüdisch-bolschewistischer Kommissare« 115 Häftlinge aus Auschwitz zu überlassen, die im Konzentrationslager Natzweiler auftragsgemäß vergast und skelettiert wurden, war sicherlich der übelste Vertreter dieser Spezies deutscher Hochschullehrer, die das überlieferte Ansehen deutscher Forschung in Straßburg zugrunde richteten.[22]

In diese Riege passte Carl Friedrich von Weizsäcker keinesfalls hinein. Ihn wollte die Universität wegen seines herausragenden Rufes als Physiker haben, auch wenn ihn Parteidienststellen – wie zuvor in München – zunächst mit der Begründung ablehnten, er sei offenbar am politischen Geschehen völlig uninteressiert und es sei auch für die Zukunft »nach seiner ganzen Veranlagung kaum mit einem aktiven Einsatz für die Partei zu rechnen«[23]. Nach einem Einspruch des Dekans der Fakultät und des Vaters, der als Staatssekretär im Auswärtigen Amt eine Person von einigem Gewicht war, überprüfte die Parteikanzlei den Fall erneut. Auch der Nationalsozialistische Deutsche Dozentenbund (NSDDB) sprach sich für Weizsäcker aus, weil dieser – obwohl an NS-Mitgliedschaften lediglich die Zugehörigkeit zum NS-Lehrerbund vorzuweisen war – »wissenschaftlich und auch menschlich zweifellos, soweit es die theoretische Physik betrifft, einer der Fähigsten unter dem jüngeren Nachwuchs ist«[24]. Und selbst das Außenpolitische Amt des Parteiideologen Alfred Rosenberg stimmte der Berufung des politisch indifferenten Kandidaten zu, »wenn für die Besetzung des Lehrstuhls kein wissenschaftlich gleichwertiger Bewerber infrage steht, der zugleich politische Sicherheit und Aktivität besitzt«[25].

Eine Rückberufung der Friedrich-Wilhelm-Universität Berlin allerdings scheiterte ein halbes Jahr später. Aufgrund eines Votums der Fakultät, der vom Dozentenbund nicht widersprochen wurde, kam Weizsäcker auch hier auf Platz eins der Berufungsliste. Am Ende ausgewählt wurde aber der Kandidat auf Platz drei, dem neben ordentlichen fachlichen Leistungen bescheinigt wurde, ein »guter Nationalsozialist« zu sein.[26]

Nach der Flucht von Niels Bohr aus Dänemark – er traf am 6. Dezember 1943 in New York ein – wurde Carl Friedrich von Weizsäcker die Leitung des angesehenen Bohr-Instituts in Kopenhagen angetragen. Kurt Diebner informierte den Heisenberg-Mitarbeiter Karl Wirtz über diesen Plan Berliner Dienststellen, und der wiederum gab die Nachricht an Weizsäcker in einem Brief weiter. Weizsäcker war außer sich und wandte sich am 18. Januar 1944 an den Bohr-Schüler Werner Heisenberg: »Obwohl es praktisch selbstverständlich ist, möchte ich Ihnen doch die eindeutige Versicherung geben, dass ich alles andere als erfreut sein würde, einen derartigen Posten zu übernehmen. Falls dieser Plan noch immer beabsichtigt ist, wäre ich Ihnen sehr dankbar, wenn Sie Ihren Einfluss geltend machen könnten, um ihn zu ändern.«[27] Heisenberg und Diebner reisten Ende Januar nach Kopenhagen und überzeugten die deutschen Besatzungsbehörden, das Institut unter dänischer Leitung zu belassen.

Im Mai 1943 trug Heisenberg in einem Vortrag in der Deutschen Akademie für Luftfahrtforschung vor, was bis zum Kriegsende seine mit Weizsäcker abgestimmte Haltung in Sachen Uran-Isotopen bleiben sollte. Er sprach nicht mehr von ihrem Einsatz als Waffe, sondern nur mehr als sauerstoffunabhängiges Antriebsmittel etwa für Unterseeboote oder eben als Energieträger der Zukunft in einer »Uranmaschine«: »Zusammenfassend kann gesagt werden, dass hier der erste Schritt zu einer sehr wichtigen technischen Entwicklung getan ist und dass nach den vorliegenden Experimenten kaum mehr an der Möglichkeit gezweifelt werden kann, die Atomenergie für technische Zwecke in großem Umfang freizumachen. Andererseits stößt die praktische Durchführung dieser Entwicklung in der gespannten Wirtschaftslage des Krieges naturgemäß auf große äußere Schwierigkeiten.«[28] Von Kernwaffen war weder in diesem Vortrag noch später je wieder die Rede. An einer von Abraham Esau, seit Dezember 1942 »Bevollmächtigter für Kernphysik« des Reichsmarschalls und Luftwaffenoberbefehlshabers Hermann Göring, einberufenen »Kernphysikalischen Tagung 1943« nahmen Heisenberg und Weizsäcker schon nicht mehr teil.

Wegen der zunehmenden Luftangriffe auf die Hauptstadt war Werner Heisenbergs Institut im Laufe des Jahres 1944 von Berlin nach Hechingen in Baden-Württemberg ausgelagert worden. Im Felsenkeller des nahe gelegenen Dorfes Haigerloch wurde experimentell die letzte deutsche »Uranmaschine« aufgebaut. In einen zylindrischen Behälter aus einer Magnesium-Aluminium-Legierung wurde ein in schweres Wasser getauchtes Gitter aus

700 Würfeln Uran 238 abgelassen. Um die Strahlungsintensität zu erhöhen, war der Behälter mit einem Reflexionsmantel aus reinem Kohlenstoff umgeben worden. Am 1. März 1945 meldete Heisenberg nach Berlin, es sei bei dem Versuch eine Neutronenvermehrung um das Zehnfache erreicht worden, man stehe kurz vor einer sich selbst erhaltenden Kettenreaktion. Dafür sei nur noch eine weitere Lieferung von Uran und schwerem Wasser vonnöten – die freilich vor dem Kriegsende die Wissenschaftler nicht mehr erreichte.

Am 23. April 1945 nämlich trafen stattdessen Angehörige der amerikanischen Geheimdienstformation »Alsos« unter dem Kommando von Oberst Boris Pash und begleitet vom holländischen Kernphysiker Samuel Goudsmit in Hechingen ein. Einen Tag zuvor hatte sich Werner Heisenberg mit seinem Fahrrad in Richtung Bayern abgesetzt, um angesichts des nahen Kriegsendes seiner Familie in Urfeld am Walchensee beizustehen. Die Leitung des Instituts hatte er Karl Wirtz übertragen und dem im August 1944 kurz vor dem Heranrücken der Amerikaner aus Straßburg geflohenen Carl Friedrich von Weizsäcker. Wirtz verriet den »Alsos«-Angehörigen nach kurzem Zögern die Verstecke des eilig vergrabenen Urans und schweren Wassers, während Weizsäcker preisgab, dass die Arbeitsunterlagen in einem versiegelten Metallkanister in eine Abortgrube versenkt worden waren.

Die Amerikaner stellten diese Materialien sicher, bauten die »Uranmaschine« ab und internierten alle deutschen Wissenschaftler, auf die sie in Hechingen und Haigerloch getroffen waren, aber auch in dem in das benachbarte Tailfingen verlegten Institut Otto Hahns. Nachdem Walther Gerlach, ab Jahresanfang 1944 der Nachfolger Esaus als Bevollmächtigter Görings für Kernphysik, Kurt Diebner und Werner Heisenberg in den ersten Maitagen in Bayern aufgegriffen werden konnten, war die »Alsos«-Mission am 30. Juli 1945 beendet. Samuel Goudsmit berichtete nach Washington, dass die internierten Wissenschaftler ihm und den Amerikanern eher feindselig gegenüberstünden, mitunter »trotzig und herausfordernd«. Im Übrigen seien sie der

Auffassung, dass sie in ihren Forschungen zur Kernenergie weiter als ihre Fachkollegen bei den Siegermächten vorangekommen seien. Sie waren überzeugt, dass »die Kernenergie ein deutsches Monopol« darstelle.[29]

Mit dieser Auffassung lagen sie falsch, wie der Abwurf amerikanischer Atombomben auf die japanischen Städte Hiroshima und Nagasaki im August 1945 auf schaurige Weise bewies. Von Interesse bleibt allerdings die Frage, wie deutsche Wissenschaftler, die ja bis zum Kriegsausbruch 1939 Teil der internationalen »scientific community« waren und bis zum Kriegseintritt der Vereinigten Staaten 1941 die Veröffentlichungen amerikanischer Kollegen studierten, zu dieser Fehleinschätzung gelangen konnten. Sicherlich spielt dabei eine Rolle, dass die Kernphysik in den ersten Jahrzehnten des 20. Jahrhunderts wenn schon keine Domäne der deutschen Wissenschaftler, dann doch ganz wesentlich von ihnen bestimmt worden war. Dies schuf ein Überlegenheitsgefühl, das trotz der wegweisenden Publikationen von Niels Bohr, Enrico Fermi, Frédéric Joliot-Curie, Peter Kapitsa, Robert Oppenheimer, Leo Szillard und Victor Weisskopf eine veränderte, angemessenere Lagebeurteilung verhinderte. Hinzu kam zweifellos der Gedanke, dass amerikanische und britische Forscher mit den gleichen Schwierigkeiten technischer Umsetzung physikalischer Erkenntnisse konfrontiert waren und ähnliche Kosten-Nutzen-Überlegungen anstellen würden wie deutsche Rüstungsstrategen während des Krieges. Dass aber Physiker in den Staaten der Kriegsgegner gerade aus einem solchen Gefühl von Hochachtung gegenüber ihren deutschen Vorbildern alles in Bewegung setzen würden, diese vermeintliche Unterlegenheit durch Mobilisierung aller Ressourcen auszugleichen, diese psychologisch naheliegende Schlussfolgerung zogen die deutschen Physiker nicht.

Immerhin ist es allein deutschen Wissenschaftlern zu verdanken, dass Hitler keine deutsche Atombombe in sein Waffenarsenal aufnehmen und – bei rechtzeitiger Fertigstellung – damit eine kriegsentscheidende Wirkung erzielen konnte. Denn an der Förderung durch das Heereswaffenamt oder das Rüstungsministerium hätte es zu keinem Zeitpunkt gefehlt. Hätten die Männer des »Uranvereins« eine Kernwaffe wirklich herstellen wollen, dann wäre ihrem Unternehmen zweifellos die Unterstützung zuteil geworden, die Wernher von Braun mit seiner Entwicklung der Raketen V 1 und V 2 fand. Zehntausende von Zwangsarbeitern und KZ-Häftlingen, Tausende Facharbeiter und etliche Hundert Wissenschaftler wurden bis in die letzten Kriegstage hinein, in großindustriellen Produktionsanlagen über und unter Tage, in den Dienst dieser »Vergeltungswaffen« gestellt.

Ganz anders bei den Kernphysikern. Sie haben aufgrund eigener Entscheidung das Stadium des Laborversuchs nie verlassen. Als ihnen 1940 durch die Arbeiten Carl Friedrich von Weizsäckers und Friedrich Houtermans' klar geworden war, dass mit Hilfe einer »Uranmaschine« hochexplosive neue Sprengstoffe wie das angereicherte Uran 235 oder das Plutonium-Element 94 zu erzeugen waren, setzten sie eben nicht alle Kraft in die technische Entwicklung und den Bau einer solchen »Uranmaschine«, organisierten keine staatliche Unterstützung für dieses Vorhaben, sondern bastelten in ihren Instituten in denkbar kleinstem Maßstab weiter vor sich hin. Ihr Ziel war es, wenigstens was Heisenberg und Weizsäcker anging, die technischen Voraussetzungen für eine funktionsfähige »Uranmaschine« zu entwickeln, nicht aber diese Arbeiten so weit voranzutreiben, dass sie zu militärischen Zwecken hätten genutzt werden können. Heisenberg hatte im Sommer 1942 dem durchaus an der Sache interessierten Rüstungsminister Albert Speer zu verstehen gegeben, dass mit Kernwaffen noch lange nicht zu rechnen sei. Speer kam zur Auffassung, »die Entwicklung sei noch sehr am Anfang; offenbar wollten selbst die Physiker nur wenig hineinstecken«[30]. Und Weizsäcker zog sich im selben Jahr auf seinen Lehrstuhl für theoretische Physik an der Universität Straßburg zurück, ohne weiter über kernphysikalische Fragen zu arbeiten.

Insofern ist grundsätzlich der Bewertung zuzustimmen, die Werner Heisenberg 1946 in einem Bericht für die Wochenzeitschrift *Die Naturwissenschaften* vortrug: »Die deutschen Physiker hatten von vornherein bewusst darauf hingearbeitet, die Kontrolle über das Vorhaben in der Hand zu behalten, und sie haben den Einfluss, den sie als Sachverständige hatten, darauf verwendet, die Arbeiten in dem in diesem Bericht geschilderten Sinne zu lenken.«[31] Es mag sein, dass dieser Vorsatz nicht von jedem einzelnen Wissenschaftler in gleicher Weise mitgetragen wurde, für Heisenberg und Weizsäcker galt diese Einschätzung aber zweifelsfrei.

Von der Physik zur Philosophie

»Wir tragen die Sünden der Vergangenheit
an unserem Leib«

In den Morgenstunden des 7. August 1945 saßen die in dem britischen Gutshaus Farm Hall bei Cambridge internierten deutschen Kernphysiker beim Frühstück zusammen und verschlangen nach den Beobachtungen der englischen Geheimdienstoffiziere förmlich die für sie ausgewählten Zeitungen, die über den Abwurf der amerikanischen Atombombe auf die japanische Stadt Hiroshima berichteten. Im Gespräch erörterten sie unterschiedliche technische Möglichkeiten, wie es den Amerikanern gelungen sein könnte, eine Kernwaffe herzustellen. Carl Friedrich von Weizsäcker beendete die Unterhaltung nach einiger Zeit und brachte sie für sich auf den Punkt: »Die Geschichte wird festhalten, dass die Amerikaner und die Engländer eine Bombe bauten und dass zur selben Zeit die Deutschen unter dem Hitler-Regime eine funktionsfähige Maschine [einen Reaktor] herstellten. Mit anderen Worten, die friedliche Entwicklung der Uranmaschine fand in Deutschland unter dem Hitler-Regime statt, während die Amerikaner und die Engländer diese grässliche Kriegswaffe entwickelten.«[1]

Diese Bilanz der eigenen Verwicklung in das deutsche Atombombenprojekt war in der Sache nicht gerechtfertigt. Zum einen verfügten die Amerikaner seit 1942 über funktionsfähige Kernreaktoren, während die deutsche »Uranmaschine« selbst bei

Kriegsende noch keine selbstläufigen Spaltungsprozesse unterhalten konnte. Vor allem aber verschweigt dieses Resümee Carl Friedrich von Weizsäckers, dass die Entwicklung einer »Uranmaschine« nicht ausschließlich friedlichen Zwecken diente, sondern eben auch – hauptsächlich oder als Nebenprodukt wird mangels überzeugender Nachweise nicht zu entscheiden sein – angereichertes, waffenfähiges Uran beziehungsweise Plutonium für den Bau einer Atombombe liefern sollte. Anders hätten sich die beteiligten Wissenschaftler bis zum Zusammenbruch des Hitler-Regimes die Förderung ihrer Forschungsvorhaben nicht sichern können, und anders wäre auch ihre Befreiung und die ihrer Mitarbeiter vom Frontdienst nicht möglich gewesen. Dass nach der Niederlage diese eine, freundlichere Seite der Medaille stärker als die andere ins Licht gerückt wurde, ist verständlich und nachvollziehbar. Gleichwohl darf der zweite, dunkle Teil der Verstrickung dieser internierten Physiker nicht übersehen werden.

Sehr viel differenzierter als öffentlich vor seinen Kollegen in Farm Hall ließ sich Carl Friedrich von Weizsäcker im August 1945 in eigenen, damals unveröffentlichten Aufzeichnungen aus: »Heute tragen wir, und zwar jeder von uns, der geholfen hat, die Kenntnis des Atomkerns zu fördern, mit an der Schuld am Tode von 90 000 Männern, Frauen und Kindern, an der Verwundung und der Heimatlosigkeit von Hunderttausenden. Und keiner von uns kann sich der Frage entziehen, ob es durch die Arbeit, der wir unser Leben gewidmet haben, noch zu unseren Lebzeiten geschehen wird, dass nicht 90 000, sondern neunzig Millionen denselben Tod erleiden.«[2] Sich und den übrigen Wissenschaftlern, die sich aus Forscherehrgeiz am deutschen Atomprojekt beteiligt hatten, ohne die Folgen solchen Engagements überblickt zu haben, warf er vor: »Wir haben wie Kinder mit dem Feuer gespielt, und es ist emporgeschlagen, ehe wir es erwarteten.«[3]

Während des Krieges, stellte Weizsäcker fest, seien die Kernphysiker in allen Ländern in eine Situation geraten, der sie menschlich nicht gewachsen waren. Freilich: Nie zuvor befanden sich Wissenschaftler in einer vergleichbaren Lage, kein ähnlicher

Vorgang, kein historisches Ereignis konnte ihnen als Vorbild für das eigene Verhalten dienen. Noch niemals in der Menschheitsgeschichte war eine Waffe derartiger Zerstörungsgewalt entwickelt worden. Nun aber standen sie durch eigenes Zutun vor der Frage: »Was sollen Menschen tun, die das größte Machtmittel ihrer Zeit besitzen, aber nicht die Macht, über seine Anwendung zu entscheiden?«[4] Den deutschen Physikern blieb diese Entscheidung letztlich erspart. Doch dies nicht, weil sie etwa wirksame Sicherungen gegen einen politischen Missbrauch, gegen Fremdbestimmung ihrer wissenschaftlichen Erkenntnisse gefunden hatten, sondern – so Weizsäcker – allein deshalb, weil sie aus vielfach begründetem Zögern »keinen technisch gangbaren Weg [fanden], mit den in Deutschland verfügbaren Mitteln während des Krieges eine Atombombe herzustellen«[5].

Dieses Eingeständnis, nicht politisch verantwortlicher und nicht moralisch sensibler als die amerikanischen und britischen Forscher gehandelt zu haben, sondern es der Gunst des Schicksals und schmalen Ressourcen verdanken zu dürfen, dass ihm die moralische Mitverantwortung am Bau einer Atombombe erspart blieb, fiel Carl Friedrich von Weizsäcker sicherlich nicht leicht. Denn es stellte ihn im Grunde – wenn auch aus unterschiedlichen Antrieben – auf eine Stufe mit jenen deutschen Wissenschaftlern, die aus politischer Überzeugung am Erfolg dieses Waffenprogrammes gearbeitet hatten, weil sie alle im Erfolgsfall ohne Rücksicht auf ihre Motive Adolf Hitler ein Mittel verschafft hätten, seine ingesamt verbrecherischen Ziele durchzusetzen.

Als Schlussfolgerung kam Weizsäcker im Sommer 1945 zur Überzeugung, dass für den Wissenschaftler politische Enthaltsamkeit nicht zu rechtfertigen sei. Forschung im Elfenbeinturm, selbstbestimmtes Nachsinnen und Experimentieren im Schutzraum von Universitäten und Laboratorien, erkannte er, sei mindestens trügerisch, weil immer dem Zugriff der Macht ausgesetzt. Wer sich davor schützen wolle, dürfe der politischen Auseinandersetzung nicht aus dem Weg gehen: »Der einzelne Physiker, der einen Einfluss auf die Politik ausüben will, muss dazu auch die Mittel der Politik benützen wie jeder andere Politiker auch.«[6] Denn »der Wissenschaftler, der auf das Streben nach eigener Macht verzichtet, kann nicht zugleich damit die Verantwortung für die Verwertung seiner Erkenntnisse durch die Machthaber ablegen«[7]. Niemals in der Geschichte sei es gelungen, »den Dämon der Macht zu töten«. Daher frage es sich nach den Erfahrungen der nationalsozialistischen Gewaltherrschaft allein, welches Gewicht ihm künftig entgegenzustellen sei.[8]

Am 6. Oktober 1945 wurde vor dem Internationalen Militärtribunal in Nürnberg Anklage gegen Hermann Göring und dreiundzwanzig weitere NS-Führer und Militärs erhoben, nachdem sich Adolf Hitler, Joseph Goebbels, Heinrich Himmler und etliche andere Nazi-Größen ihrer Verantwortung durch Selbstmord entzogen hatten. Die Tatvorwürfe waren Verbrechen gegen den Frieden, also die Planung und Durchführung eines Angriffskrieges, Kriegsverbrechen, Verbrechen gegen die Menschlichkeit und Mitgliedschaft in verbrecherischen Organisationen. Zwölf weitere Verfahren folgten, doch keines richtete sich gegen Wissenschaftler, die ihre Disziplin in den Dienst des Regimes gestellt hatten. Sie fühlten sich unschuldig, missbraucht und verfolgt, von eigener Mittäterschaft wollte kaum einer etwas wissen. Zeitgleich mit dem Zusammentritt des Militärtribunals gegen die Hauptkriegsverbrecher notierte der für die Betreuung der internierten Physiker in Farm Hall zuständige britische Geheimdienst-Major T. H. Rittner, »allgemein scheint man die Einstellung zu vertreten, dass der deutsche Krieg ein Missgeschick gewesen sei, das den Deutschen durch die Arglist der Westmächte aufgezwungen wurde«[9]. Die Wissenschaftler dort seien der Überzeugung, dass »die Vereinten Nationen in hohem Maße daran interessiert sein sollten, Deutschland wieder auf die Beine zu verhelfen«[10].

Diese schiefe Optik zu einem Zeitpunkt, als längst offenbar war, dass Millionen Juden ermordet, eroberte Länder geplündert, deren Einwohner als Zwangsarbeiter entführt und alle Kriegsregeln von deutscher Seite vorsätzlich missachtet und gebrochen worden waren, verführte zu eigentümlichen Wahrnehmungen. Noch Jahrzehnte später klagte Carl Friedrich von Weizsäcker in einem Gespräch mit dem Wissenschaftshistoriker Dieter Hoffmann Anfang der neunziger Jahre über die einseitigen Schuldzuweisungen der Siegermächte nach dem Ende des Zweiten Weltkrieges: »Wenn nun die Amerikaner plötzlich sagen, der Krieg, den wir gewonnen haben, rechtfertigt, dass wir unser Verhalten für das richtige erklären und die Leute verurteilen, die es nicht so machen wie wir, dann sind sie fast so schuldig wie die Leute, die von ihnen verurteilt werden.«[11] Auf den Einwand des Interviewers, dass es nicht die Amerikaner gewesen seien, die den Krieg begonnen hatten, antwortete Weizsäcker einigermaßen selbstgerecht, »aber die Amerikaner waren es, die 60 000 Japaner mit der Bombe umgebracht haben«. Daher würden nun Schuldige von Schuldigen bestraft: »Ich leugne nichts von der Schuld der Bestraften. Aber ich sage, die anderen, die die Strafe aussprechen, sind nicht mehr im Zustand der Unschuld.«[12]

Nach einem halben Jahr ging für die deutschen Wissenschaftler die Zeit ihrer Internierung in dem britischen Gutshaus zu Ende. Am 3. Januar 1946 wurden sie in das vom Krieg nicht gezeichnete Städtchen Bückeburg in Schaumburg-Lippe geflogen und danach in einem ehemaligen Geschäftshaus in dem nahe gelegenen Dorf Alswede untergebracht. Nach und nach durften sie in Universitätsstädte der amerikanischen und britischen Zone reisen, sobald dort für sie Unterkunft und Arbeit gefunden war, denn nichts wäre den Westalliierten unangenehmer gewesen, als wenn die deutschen Forscher von Franzosen oder Russen, die damals ja in der nuklearen Forschung nicht viel vorzuweisen hatten, in ihre Verfügungsgewalt gebracht und ausgefragt worden wären.

Göttingen, an dem die Zerstörungen des Krieges gleichfalls kaum zu erkennen waren, kam auf diese Weise in den ersten Nachkriegsjahren zu etlichen herausragenden deutschen Forschern: Max Planck, Otto Hahn, Max von Laue und Werner Heisenberg. Letzterem folgte Carl Friedrich von Weizsäcker am 12. März 1946. In dem von Werner Heisenberg geleiteten physikalischen Institut der 1948 gegründeten Max-Planck-Gesellschaft (Nachfolgerin der von den Alliierten aufgelösten Kaiser-Wilhelm-Gesellschaft), dem vorsorglich ausgeräumte Labors der Aerodynamischen Versuchsanstalt der Luftwaffe zugewiesen und sämtliche kernphysikalischen Versuche und Entwicklungsarbeiten untersagt worden waren, übernahm Weizsäcker die Abteilungsleitung für theoretische Physik. Zusätzlich erteilte ihm die Universität eine Honorarprofessur, so dass er bereits im Sommersemester 1946 eine zwölfstündige Vorlesung über »Die Geschichte der Natur« anbieten konnte, in der er Hörer aller Fakultäten mit physikalischen, kybernetischen und biochemischen Forschungsergebnissen, aber auch mit seinen philosophischen Reflexionen darüber vertraut machen konnte. Er bezog mit seiner Familie und seinem Schwiegervater eine Wohnung in der Bunsenstraße 16, in der er auch seinen inzwischen sechsundzwanzig Jahre alten Bruder Richard und dessen beinamputierten Freund, den Widerstandskämpfer Axel von dem Bussche aufnahm, die beide zum Jurastudium nach Göttingen gekommen waren.

Wie viele Angehörige seiner Generation musste Carl Friedrich von Weizsäcker nach dem eigenen Kriegserlebnis und angesichts der von Deutschen oder in deutschem Namen begangenen Verbrechen einen verlässlichen Standort der Selbstbestimmung finden. Er hatte, wie er drei Jahrzehnte später schrieb, »einen Nachholbedarf an Vollzug des Common Sense der Aufklärung«[13]. Er wollte überhaupt einen unverstellten Zugang finden zum intellektuellen Diskurs seiner Zeit, der in den zwölf Jahren des Nationalsozialismus aus Deutschland vertrieben worden war.

Es war schließlich vor allem das Erlebnis der Nachkriegsjahre, das ihn sowohl in wirtschaftlicher wie in politischer Hinsicht zum Liberalismus führte. Die nationalsozialistische Staatswirtschaft hatte zwar durch Rüstungsaufträge und Kriegsgewinne den Großunternehmen ansehnliche Zuwächse beschert, die vielfältigen Initiativen kleinerer und mittlerer Betriebe aber rigoros beschnitten und in ein Korsett von Planungsvorgaben und engster Überwachung gepresst. Was in der unmittelbaren Nachkriegszeit in der sowjetischen Besatzungszone an wirtschaftlicher Neuordnung zu beobachten war, stimmte den nüchternen Betrachter nicht zuversichtlicher: auch dort Auflagen und Kontrolle, Enteignung und Verstaatlichung, wo der Einzelne in freier Initiative sehr viel bessere Ergebnisse hätte erzielen können. In den drei Westzonen dagegen überließen die Siegermächte nach halbherzigen Eingriffen die wirtschaftliche Versorgung der Bevölkerung sehr bald den Deutschen und damit den alten Eliten.

Der Wiederaufbau in den Zeiten des »Wirtschaftswunders« bewies, dass freies Unternehmertum dann am besten floriert, wenn nahezu unbegrenzte Bedürfnisse auf ein qualitativ hochwertiges Waren- und Dienstleistungsangebot stoßen, das auf niedrigem Lohnniveau bereitgestellt werden kann. Da andererseits auch der Produzent Kunde ist, müssen die Einkommen sinnvollerweise so bemessen sein, dass die Produktivität der Wirtschaft insgesamt keinen Schaden nimmt und dennoch eine stabile Binnennachfrage gewährleistet bleibt. Der Regelungsmechanismus einer solchen Wirtschaftsordnung ist der Markt in seinen unterschiedlichen Funktionen. Weizsäcker kam in diesem gigantischen Alltagsversuch in den frühen Jahren der Bundesrepublik zu einer simplen, aber folgenreichen Einsicht, die er mit den meisten seiner Zeitgenossen teilte: »Wenigstens in Elementarbedürfnissen, also im Ökonomischen, ist jeder Mensch fähig genug, sein eigenes Interesse zu beurteilen; und der Mechanismus eines transparenten Marktes mit freien Tauschbeziehungen sorgt dafür, dass, genau wenn jeder sein Eigeninteresse am besten verfolgt, dem Gesamtinteresse am besten gedient ist.«[14]

Der Staat, erkannte Carl Friedrich von Weizsäcker, habe sich aus den wirtschaftlichen Abläufen jenseits seiner Garantenpflichten für Minderprivilegierte am besten herauszuhalten. Er habe stattdessen dreierlei zu leisten: den Schutz der Gesellschaft nach außen, die Garantie der Rechtsordnung und den Betrieb nichtprofitbringender Dienste etwa im Sozial- und Gesundheitswesen oder im Natur- und Umweltschutz. Das »moralische Pathos«

dieser These, meinte Weizsäcker, sei das »Vertrauen zur Freiheit jedes Einzelnen«.[15] Insofern gehe zwar die marxistische Kritik nicht fehl, dass die fundamentale Ungleichheit der Güterverteilung durch eine liberale Wirtschaft nicht aufgehoben werde. Zumindest empirisch falsch aber erschien ihm die marxistische Prognose fortschreitender Verelendung der Massen in voll industrialisierten Gesellschaften und damit wenigstens fragwürdig, wie weit ein System fortdauernder Ungleichheit als Klassengesellschaft verstanden werden dürfe, die allein mit revolutionären Mitteln zu verändern und zu überwinden wäre. Weizsäcker vermutete daher und hielt dies für eine jedenfalls erträgliche Lösung, dass »sich in freier Konkurrenz mit überwiegender Wahrscheinlichkeit eine ›begrenzte Ungleichheit‹ herstellt, also weder Gleichheit noch extreme Ungleichheiten, wie Letztere in Übergangsphasen und in machtstabilisierten Systemen vorkommen«[16].

Das politische wie ökonomische Ziel Carl Friedrich von Weizsäckers wurde nach der Erfahrung von Rechtlosigkeit und Gleichschaltung im Nationalsozialismus ein Interessenausgleich in Freiheit. Darunter verstand er ein in erlebbaren Zeiträumen ausbalanciertes System gleich- und gegenläufiger Interessen, das sein Gleichgewicht selbst bestimmt, während dem Staat – neben der Außen- und Sicherheitspolitik – das Gewaltmonopol, die Durchsetzung des Rechtsfriedens und der Minderheitenschutz überlassen bleiben.

Zwei sich nur scheinbar ausschließende Thesen beschrieben dabei für ihn den Kern liberaler Theorie: Sachgerechte Politik sei nur möglich in Erkenntnis der wahren Verhältnisse, wobei niemand dogmatisch beanspruchen dürfe, im Besitz der Wahrheit zu sein. Noch pointierter formulierte Weizsäcker das so: »Wahrheit muss intolerant sein, denn sie ist lebenswichtig; aber Wahrheit muss tolerant vertreten werden, denn sie wird nur in einer Haltung freier Diskussion gefunden.«[17] Mit Bezug auf den Königsberger Philosophen Immanuel Kant leitete Weizsäcker aus dieser Grundannahme für sich ab: Bedingung des Daseins der Wahrheit in der Zeit sei die Freiheit; Schranken der Freiheit des Einzelnen seien die Freiheit des anderen und die Wahrheit. Was freilich die Wahrheit ausmache, wollte er ideologisch nicht festgelegt sehen, sondern stets aufs Neue dem freien Austausch verantwortlich Denkender und Handelnder zuweisen.[18]

Dennoch verstand sich Weizsäcker in engerem Sinn nicht als Liberaler, eher »als Konservativer, der Reformen will, um den stets gefährdeten Kern der Menschlichkeit zu bewahren«[19]. Die Mitgliedschaft in einer Partei kam für ihn allerdings nicht infrage, denn sie hätte ihn eingebunden. Eine von keiner Organisationsdisziplin eingeengte Kommunikation zur Bestimmung eigener und fremder Standorte erschien ihm förderlicher. Die Grundmuster seines Denkens beschrieb Weizsäcker als »naturwissenschaftlich-religiös und nicht politisch«[20]. Abzulesen war dies für ihn daraus, dass es ihn in physikalischen und religiösen Fragen nie Mühe gekostet hätte, andere Positionen zu vertreten als seine Umgebung, während er »in der Politik, wenngleich lernbegierig und kritisch, den Zeitbewegungen gefolgt« sei.[21] Wo indes religiös-ethische Motive und naturwissenschaftlicher Sachverstand ihn zwangen, politische Entwicklungen oder Entscheidungen zu kritisieren, ist dies mit Härte und Konsequenz geschehen.

Die Atomdebatte Mitte der fünfziger Jahre forderte Carl Friedrich von Weizsäcker in der Geschichte der Bundesrepublik dazu erstmals heraus. Der CSU-Politiker Franz Josef Strauß war 1955 mit vierzig Jahren im zweiten Kabinett Adenauer zum Atomminister ernannt worden. Weizsäcker war von Beginn an Mitglied des auch die Bundesregierung beratenden »Arbeitskreises Kernphysik« deutscher Hochschullehrer. Als in diesem Gremium nach dem Koreakrieg, nach der Niederschlagung des Volksaufstandes in der DDR im Juni 1953 durch sowjetische Truppen und im Zusammenhang mit der geplanten Wiederbewaffnung Westdeutschlands die Befürchtung laut wurde, Strauß werde sich einer Ausrüstung der Bundeswehr mit atomaren Waffen nicht verschließen, begann Weizsäcker über die Konsequenzen eines solchen atomaren Szenarios für ein kleines und geteiltes Land an der Grenze der Blockkonfrontation zwischen den Supermächten nachzudenken. Die Ernennung von Strauß zum Verteidigungsminister im Herbst 1956 alarmierte die Kernphysiker, gingen sie doch nun davon aus, die Bundesrepublik könne wie Frankreich und England nicht nur Aufmarschgelände, sondern eben auch Zielobjekt nuklearer Waffen werden. Trotz unterschiedlicher politischer Positionen in anderen Fragen einigten sich die Mitglieder des »Arbeitskreises Kernphysik« Ende November 1956 darauf, einen gemeinsamen Protest gegen eine nationale Atomrüstung Westdeutschlands zu formulieren.

Vor dessen Veröffentlichung baten sie freilich aus Gründen der Loyalität um ein Gespräch mit Strauß, das Ende Januar 1957 in Bonn stattfand. Weizsäcker berichtete über dessen turbulenten Verlauf mit dem aufs Äußerste erregten Bayern: »In der ersten Viertelstunde zerschlug er alles Porzellan, das wir etwa für ihn bereitgehalten hatten. Dann legte er uns in zweieinhalb Stunden mit überlegenem Detailwissen dar, unser Einwand ziele falsch; Amerika werde sich aus Europa zurückziehen, und dann bedürfe Westeuropa (und nicht die Bundesrepublik für sich) einer der russischen gleichwertigen Atomstreitkraft. Wir standen nachher wie verregnete Hühner beisammen, ohne Konzept für eine öffentliche Äußerung.«[22]

Als Konrad Adenauer jedoch wenig später taktische Atomwaffen als eine bloße Fortentwicklung der Artillerie bezeichnete und mit dieser offenkundigen Verniedlichung eine über die etwaige atomare Aufrüstung der jungen Bundeswehr zunehmend verunsicherte Bevölkerung beruhigen wollte, veröffentlichten achtzehn Atomwissenschaftler am 12. April 1957 ihre im Wesentlichen von Carl Friedrich von Weizsäcker vorformulierte »Göttinger Erklärung«. In ihr stellten die Unterzeichner, zu denen u. a. Max Born, Walther Gerlach, Otto Hahn, Werner Heisenberg, Max von Laue, Heinz Maier-Leibnitz, Fritz Strassmann und Karl Wirtz gehörten, mit aller Deutlichkeit fest: »Taktische Atomwaffen haben die zerstörende Wirkung normaler Atombomben. [...] Jede einzelne taktische Atombombe oder -granate hat eine ähnliche Wirkung wie die erste Atombombe, die Hiroshima zerstört hat.« Für die noch um vieles weiter reichende Zerstörungskraft strategischer Atomwaffen, etwa der inzwischen sowohl von den Vereinigten Staaten wie der Sowjetunion entwickelten Wasserstoffbomben, mahnten die Professoren, sei »keine natürliche Grenze bekannt«. Durch die Verbreitung von Radioaktivität könnte man mit solchen Waffen die »Bevölkerung der Bundesrepublik wahrscheinlich heute schon ausrotten«.[23]

Die Wissenschaftler gestanden die Schwierigkeit politischer Konsequenzen angesichts der Weltlage und anhaltender Spannungen zwischen den beiden Supermächten durchaus zu. Sie nahmen aber für sich als Forscher und Hochschullehrer in Anspruch, auf ihre besondere Verantwortung für den Fall eines militärischen Missbrauchs ihrer wissenschaftlichen Arbeitsergebnisse hinweisen zu müssen: »Deshalb können wir nicht zu allen politischen Fragen schweigen.« Die Unterzeichner der »Göttinger Erklärung« unterstrichen ferner ihre eigene Skepsis gegenüber dem menschenfeindlichen System des »real existierenden Sozialismus«, um nicht im politischen Tageskampf missverstanden zu werden: »Wir bekennen uns zur Freiheit, wie sie heute die westliche Welt gegen den Kommunismus vertritt. Wir leugnen nicht, dass die gegenseitige Angst vor den Wasserstoffbomben heute einen wesentlichen Beitrag zur Erhaltung des Friedens in der ganzen Welt leistet.« Doch dann wiesen sie auf ihre Bedenken hin, die durch bündnispolitische Rücksichtnahmen welcher Art auch immer nicht aufgehoben werden konnten: »Wir halten aber diese Art, den Frieden und die Freiheit zu sichern, auf die Dauer für unzuverlässig, und wir halten die Gefahr im Falle des Versagens für tödlich.«

Die Unterzeichner beanspruchten für sich nicht die Kompetenz, den Großmächten konkrete politische Vorschläge zu machen. Der Bonner Regierung hingegen wollten sie die eigene Überzeugung nicht verheimlichen: »Für ein kleines Land wie die Bundesrepublik glauben wir, dass es sich heute noch am besten schützt und den Weltfrieden noch am ehesten fördert, wenn es ausdrücklich und freiwillig auf den Besitz von Atomwaffen jeder Art verzichtet.« Die Kernphysiker jedenfalls erklärten sich außerstande, »sich an der Herstellung, der Erprobung oder dem Einsatz von Atomwaffen in irgendeiner Weise zu beteiligen«. Um jedoch in ihrem Anliegen nicht von falscher Seite vereinnahmt zu werden, betonten sie gleichzeitig, wie wichtig es sei, »die friedliche Verwendung der Atomenergie mit allen Mitteln zu fördern«, und versicherten, dass sie »an dieser Aufgabe wie bisher mitwirken wollen«.

Am 17. April 1957 lud Konrad Adenauer die Hochschullehrer zu einer Aussprache ins Bonner Kanzleramt ein. In Anwesenheit zweier kommandierender Generale der jungen Bundeswehr, Adolf Heusinger und Hans Speidel, wurden sie vom Verteidigungsminister Franz Josef Strauß ohne jede disziplinare Zuständigkeit gemaßregelt und aufgefordert, sich in ihren Äußerungen zu bündnispolitisch begründeten Handlungen der Bundesregierung zurückzuhalten. Adenauer dagegen ermahnte die Wissenschaftler, sich nicht in dem beginnenden Bundestagswahlkampf oder gar vom außenpolitischen Gegner im Osten instrumentalisieren zu lassen. Dieses Gespräch hinterließ bei Carl Friedrich von Weizsäcker einen »tiefen Eindruck«. Adenauers Sorge vor der weltweiten Atomrüstung und die »Aufrichtigkeit seines Strebens nach Abrüstung« imponierten ihm. Dennoch blieb ein tiefer Dissens. Weizsäcker: »Der Unterschied seiner Auffassung von der unsrigen war, dass er in dem harten politischen Handel um eine Abrüstung, die unsere Freiheit nicht zum Opfer bringt, in einem einseitigen deutschen Verzicht eine Vorausleistung sieht, die der Gegner nicht honorieren, sondern zum Anlass erhöhten Drucks nehmen werde.«[24] Die Wissenschaftler indes verwiesen darauf, dass »es Dinge gibt, die nicht zum Gegenstand politischen Kalküls gemacht werden« dürften. Gleichwohl, gab sich Weizsäcker versöhnlich, wäre doch nichts falscher, als diese auf beiden Seiten wohl begründete Meinungsverschiedenheit »heute zu einer Kluft zu erweitern«. Im Gegenteil, der Kanzler hatte eine außenpolitische Initiative zur atomaren Abrüstung angekündigt, und Weizsäcker versicherte: »Was wir zu ihrem Erfolg beitragen können, tun wir mit Freuden.«[25]

Zweieinhalb Wochen nach Veröffentlichung der »Göttinger Erklärung« sprach Carl Friedrich von Weizsäcker vor der Mitgliederversammlung des Verbandes Deutscher Studentenschaften in Bonn. In seinem Vortrag über »Die Verantwortung des Wissenschaftlers im Atomzeitalter« setzte er sich mit der Verflochtenheit des Naturwissenschaftlers und Technikers in gesellschaftliche, wirtschaftliche und politische Zusammenhänge auseinander: »Er will wohl Leben fördern und nicht gefährden; aber erlaubt es ihm die Struktur der Welt, in der er lebt?«[26] Am Beispiel der Atombombe – ihrer Entwicklung, aber auch ihres Einsatzes – zeigte er die Begrenztheit von Verfügungsmacht auf, sofern Wissenschaftler auf die politische Kontrolle dessen verzichten, was ihre Forschungen in die Welt gesetzt haben: »Im Krieg blieb den deutschen Physikern die letzte Härte der Entscheidung erspart. Wir erkannten, dass wir keine Bomben machen konnten. […] Andererseits überschätzten wir die Schwierigkeiten und unterschätzten die Hilfsmittel Amerikas. So glaubten wir, auch auf der Gegenseite werde man keine Atombomben machen. Das war ein folgenschwerer Irrtum. […] Tatsächlich haben in Amerika die Physiker durchgesetzt, dass die Bombe gebaut wurde, weil sie fürchteten, Deutschland baue Atombomben.«

Den militärisch unsinnigen und menschlich unverantwortlichen Einsatz dieser Waffe Monate nach der deutschen Kapitulation und Tage vor der längst erkämpften Niederlage Japans konnten die amerikanischen Wissenschaftler nicht mehr verhindern. Was sie zum Zweck der Selbstverteidigung entwickelt hatten, war ihnen aus der Hand genommen worden und wurde zum Instrument politischer Demonstration. Es sollte nicht zuletzt den verbündeten Sowjets zeigen, wo in Zukunft globale Entscheidungen über »freedom and democracy« und eine neue Weltwirtschaftsordnung getroffen würden.

Weizsäcker zeichnete seine Problemskizze ohne Anflug von Überlegenheit. Das billige Glück des zufällig nicht unmittelbar

Betroffenen nahm er für sich nicht in Anspruch: »Ich wünsche, dass Ihnen klar ist, dass ich über diese Vorgänge keine moralischen Urteile fälle. Das steht mir nicht zu.« Weizsäcker wies in seiner Ansprache sogar ausdrücklich darauf hin, dass »alle Mitspieler dieses schrecklichen Stücks nicht nur im Bewusstsein, sondern unter dem schweren Druck der auf ihnen lastenden Verantwortung gehandelt« haben: »Amerika führte einen Krieg für die Freiheit, die eigene Freiheit und die Freiheit der Welt.« Doch dann stellte er die Frage, die ihn selbst als Wissenschaftler und als Mitbeteiligten an der Entwicklung der deutschen Nuklearwaffe während des Zweiten Weltkrieges lebenslang beschäftigt hat: »Durfte, musste man zu den schrecklichen Waffen, die es gab, diese noch schrecklichere hinzufügen?«

Er beantwortete diese Frage nicht, weil es ihm unzulässig erschien, aus der Gelassenheit und mit dem Wissen des friedlichen Nachhineins über Menschen zu urteilen, die in Kriegszeiten und abgeschnitten von jeglicher Kommunikation zu solcher Entscheidung sachgerecht nicht imstande waren: »Man wählte den einfacheren Weg, als man sich entschloss, die Bombe zu bauen, und als man sich entschloss, sie abzuwerfen.« Für die Nachkriegsjahre allerdings ließ Carl Friedrich von Weizsäcker trotz aller politischen Spannungen und der regionalen Konflikte in aller Welt, die unverändert mit kriegerischen Mitteln ausgefochten wurden, eine solche Entschuldigung, auch seiner selbst, nicht mehr gelten: »Ich glaube aber, die Weiterentwicklung hat gezeigt, dass man einmal diesen einfacheren Weg verlassen muss. Das heißt aber, dass man das ganze politisch-militärische Konzept verlassen muss, innerhalb dessen dieser Weg der einfachere ist.«

Damit betrat Weizsäcker einen Weg, der ihn notwendig aus der reinen Physik hinausführen musste, und zwar hinein in eine vielschichtigere Wahrnehmung der Welt mit nicht selten gegensätzlichen Interessen, höchst widersprüchlichen Abhängigkeiten und schwer entwickelbaren Bewusstheiten. Er kam an in der Politik und in der Philosophie, in der Gesellschaft und in dem Erfordernis, auf sie in einer Weise einzuwirken, die Zukunftsfähigkeit nachhaltig öffnen sollte. Er begann, in aller Öffentlichkeit politische Fragen strategischen Zuschnitts zu stellen, und verließ damit den geschützten Raum akademischer Diskurse. »Ist die große atomare Rüstung des Westens eine Garantie des Friedens und der Freiheit?« lautete die erste dieser sehr grundsätzlichen Problemstellungen, die er in den folgenden Jahren aufwarf. Als Mann, der sich bisher politisch nicht exponiert hatte, beantwortete er diese nur auf den ersten Blick simple, bei weiterer Analyse aber höchst komplexe Frage mit einer logischen Ableitung, die ihn wie seine Zuhörer am 29. April 1957 aufs Äußerste beunruhigte: »Die großen Bomben erfüllen ihren Zweck, den Frieden und die Freiheit zu schützen, nur, wenn sie nie fallen. Sie erfüllen diesen Zweck auch nicht, wenn jedermann weiß, dass sie nie fallen werden. Eben deshalb besteht die Gefahr, dass sie eines Tages wirklich fallen werden.«

Dieser gedankliche Dreischritt enthüllte so wenig Geheimes, wie die »Göttinger Erklärung« zuvor offenbart hatte. Dennoch geriet Carl Friedrich von Weizsäcker dadurch, weil der Beifall, wie nicht anders zu erwarten, zunächst aus dem Osten kam, in den Ruch zumindest geistigen Landesverrats. Doch derart unredliche Ausgrenzung durch rechtslastige Regierungsmitglieder im zweiten Kabinett Adenauer, wie Theodor Oberländer (CDU) und Hans Christoph Seebohm (Deutsche Partei), schreckte ihn nicht: »Die Gefahr, mit einer öffentlichen Erklärung den Osten zu ermutigen, kannten wir genau. Die östlichen Beifallshymnen zu unserer Erklärung haben uns nicht überrascht. Durfte diese Rücksicht uns davon abhalten, die Wahrheit, so wie wir sie zu sehen glauben, wenigstens einmal öffentlich zu sagen? Es ist das Große der westlichen Freiheit, dass sie das Aussprechen der Wahrheit erlaubt. Und ich glaube, selbst wenn das gelegentlich taktische Nachteile mit sich bringt, ist gerade dies auch auf die lange Sicht die politische Stärke des Westens; denn er vermag sich infolge dieser Freiheit selbst zu korrigieren.«

Sozialdemokraten und Deutscher Gewerkschaftsbund (DGB), die mit ihrer Kampagne »Kampf dem Atomtod« bis dahin unbekannte Massenproteste gegen Wiederbewaffnung und Rüstungswettlauf initiiert hatten, nahmen diese Erklärungen der deutschen Kernphysiker gern auf. Schriftsteller wie Heinrich Böll und evangelische Theologen um Professor Helmut Gollwitzer und den Kirchenpräsidenten Martin Niemöller schlossen sich dem Widerstand an. Ein drohender Appell von Franz Josef Strauß im Bundestag am 10. Mai 1957, die Bundesregierung warne »angesichts der gewaltigen Militärmacht der Sowjetunion vor jedem Nachlassen der praktischen und psychologischen Verteidigungsbereitschaft«, sowie sein inhaltsleeres Versprechen, zum Schutz der Bevölkerung vor den tödlichen Folgen des Atomwaffengebrauchs seien längst »wirksame Maßnahmen geplant«, bestärkten die Gegner der Atomrüstung eher, als dass sie diese schwächten – tatsächlich wurde den Menschen empfohlen, sich bei einem Nuklearangriff auf den Boden zu legen und den Kopf durch eine Aktentasche vor dem radioaktiven Niederschlag zu schützen.

Carl Friedrich von Weizsäcker jedenfalls zeigte sich in seiner Rede vor den Vertretern der deutschen Studentenschaft von Bonner Rügen unbeeindruckt: »Der Westen schützt seine eigene Freiheit und den Weltfrieden durch die atomare Rüstung auf die Dauer nicht; diese Rüstung zu vermeiden ist in seinem eigenen Interesse ebenso wie in dem des Ostens.« Weil aber »die Mittel der Diplomatie und des politischen Kalküls« offenbar nicht ausreichen, um dieser Einsicht Geltung zu verschaffen, »müssen auch wir Wissenschaftler reden und sollen die Völker selbst ihren Willen bekunden«. Neben der atomaren Abrüstung sei eine Verringerung der konventionellen Waffen erforderlich und damit einhergehend die Stabilisierung einer politischen Friedensordnung. Die Menschheit müsse jenseits aller politischen Blockbildungen zu ihrem eigenen Besten Distanz zu dem eigenmächtigen Apparat atomar-militärischen Planens und Denkens gewinnen: »Die äußerste Anstrengung des Menschlichen im Menschen ist nötig, um uns zu diesem Entschluss zu bringen. Noch ist ungewiss, ob es gelingen wird.«

Dies waren nicht mehr Überlegungen eines Wissenschaftlers,

die ohne weiteres dem Bereich der Kernphysik zuzuordnen waren. Und in der Tat hatte sich Weizsäcker inzwischen beträchtlich von ihr entfernt. Er verfolgte noch mit großem Interesse die Bemühungen seines Freundes Werner Heisenberg, über eine einheitliche Feldtheorie zu einer Formel vorzustoßen, um die klassische Physik mit Kern- und Quantenphysik zu verklammern, doch sein eigentliches Anliegen war seit seiner Berufung auf einen Lehrstuhl für Philosophie an der Universität Hamburg 1957, zu einem neuen Verständnis der Quantenlogik beizutragen: Er wollte durch Übertragung des in der Atomphysik inzwischen etablierten mathematischen Ansatzes der dynamischen Quantentheorie auf den philosophischen Erkenntnisprozess die Verortung des Einzelnen und seiner Wahrnehmung von Geschichte und Wirklichkeit zwischen faktischer Vergangenheit und offener Zukunft entwickeln. Auch dabei ging es ihm letztlich um die Definition einer »Grundgleichung« oder eines »Grundgesetzsystems«, über das hinaus »für das, was wir Physik nennen, nichts mehr zu finden ist«.[27]

Präsente Wirklichkeit waren für Carl Friedrich von Weizsäcker Vorgänge, die in ihrem tatsächlichen Eintreten eine größere oder geringere Wahrscheinlichkeit für sich beanspruchen können, also Möglichkeiten darstellen und dabei in sich unbestimmt lassen, welche von diesen Wirklichkeit wird. Nicht ihr Erscheinen entscheidet letztlich über ihre Wahrnehmung durch das Subjekt, sondern umgekehrt die Wahrnehmung über ihr Erscheinen. Während die Kybernetik das Leben mit der objektivistischen Denkweise der klassischen Physik – gewissermaßen von außen – zu begreifen suchte, führte die Quantentheorie das Subjekt insofern ein, als nur durch dessen Wahrnehmung in Raum und Zeit ein Ding zum Objekt wird. Es geht also um die Frage nach der Einheitlichkeit der Welt aus ihrer grundlegendsten Beobachtung heraus. Weizsäcker: »In einer einheitlichen Physik, wie sie sich heute anbahnt, gibt es keine besonderen Gesetze. Die Quantentheorie als allgemeine Theorie indeterministischer Wahrscheinlichkeitsprognosen für entscheidbare Alternativen ist eine vermutlich noch vorläufige Fassung der einzigen Gesetze, die überhaupt gelten. Alle besonderen Gesetze müssen Anwendungen dieser Gesetze auf Spezialfälle sein, deren Möglichkeit selbst aus der allgemeinen Theorie folgt. In diesem Sinn ist der Raum selbst die durch die Quantentheorie der Alternative festgelegte Form der Gleichzeitigkeit.«[28]

Weizsäcker wurde zu einem Grenzgänger zwischen Physik, Philosophie und Politik. Seinen Studenten forderte er einiges an physikalischem Verständnis ab, weil sie sonst von seinen Vorlesungen nicht profitieren konnten. Seine Fachkollegen im philosophischen Fachbereich irritierte er durch sein Eingeständnis, sich die Grundlagen der klassischen Philosophie zunächst selbst aneignen zu müssen – durch Learning by Doing gemeinsam mit seinen Studenten: »Das viersemestrige Seminar über die Kritik der reinen Vernunft, 1960–62, war wohl der Gipfel gemeinsamen Philosophierens, gerade weil ich selbst alles erst zu lernen hatte.«[29]

Und die Politiker der Adenauer-Ära verunsicherte nach wie vor, dass sich mit ihm ein international hoch angesehener, von seiner Herkunft eher konservativer Wissenschaftler zu Fragen der Sicherheits- und Außenpolitik erstens überhaupt und zweitens in einer für die damalige Zeit derart provokanten Weise äußerte, dass seine Stellungnahmen und öffentlichen Anfragen nicht stillschweigend übergangen werden konnten.

Schon bald war Carl Friedrich von Weizsäcker einer der beliebtesten und renommiertesten Hamburger Professoren. Seine Vorlesungen zu besuchen war für zahlreiche Studenten weit über die philosophische Fakultät hinaus Pflicht und Genuss. Seine regelmäßigen Beiträge in der Hamburger Wochenzeitung *Die Zeit* stießen zum Missvergnügen etablierter Bedenkenträger bundesweit Debatten an, die überkommene Politik vollendet höflich in der Form, aber konsequent respektlos in der Sache gründlich infrage stellten.

In einer Artikelfolge, die im Mai 1958 unter dem Titel »Mit der Bombe leben« veröffentlicht wurde, ging Weizsäcker noch einen entscheidenden Schritt weiter, und zwar in Richtung einer Aufforderung zu konkreter Veränderung von Politik. Es genügte ihm nicht mehr, auf die Gefahren atomarer Rüstung hinzuweisen. Vielmehr wollte er die Anforderungen an verantwortliche Politik in Zeiten nuklearer Waffen und gegenseitiger Vernichtungspotenz neu bestimmen. In diesem Zusammenhang beschwor er die Sinnhaftigkeit und Notwendigkeit von Entspannung und Zusammenarbeit zwischen den Führungsmächten der beiden politischen Lager. Im Wissen um die Unmöglichkeit eines militärischen Kräftemessens sollte, so Carl Friedrich von Weizsäcker, eigentlich der politische Wille zu einem friedlichen Wettbewerb unmittelbar begründet sein. Dabei bezog er sich auf einen Gedanken Edward Tellers, der in der amerikanischen Monatszeitschrift *Foreign Affairs* im Januar 1958 vorgeschlagen hatte, der Westen solle sich mit den Sowjets auf Schritte gemeinsamen Handelns verständigen, aber wegen der offenkundigen Kontrollproblematik auf Vereinbarungen über wechselseitiges Unterlassen verzichten. Weizsäcker zog aus dieser Überlegung die in Zeiten des Kalten Krieges noch aufsehenerregende Schlussfolgerung: »Aktive Zusammenarbeit schafft Bedingungen, unter denen eine gewisse Entspannung von selbst eintritt; koordinierte Arbeit kann einen Krampf lösen.«

Als gemeinsamer Ort internationaler Vereinbarungen und Kooperationen boten sich für Carl Friedrich von Weizsäcker die Vereinten Nationen an: »Wir mögen über ihre Effektivität mit noch so guten Gründen gering denken, trotzdem können wir die Anstrengung nicht vermeiden, an diesem Haus weiterzubauen.« Denn nur in dessen Schutz schien ihm eine zukunftsfähige Weiterentwicklung der bisherigen Konfrontations- und Abschreckungspolitik möglich. Die Teilung Europas in zwei Blöcke garantierte nach seiner Auffassung nicht nur die fortdauernde Spaltung Deutschlands, sondern – ins Positive gewendet – eben auch eine zumindest zeitweilige Waffenruhe auf diesem Kontinent, weil die beiderseitige atomare Bewaffnung eine Stabilisierung dieses Verhältnisses erzwang. »Ob wir uns mit einem solchen Zustand zufrieden geben dürfen, nur weil wir keinen anderen zu schaffen wissen, ist eine schwere Gewissensfrage an jeden von uns«, schrieb Weizsäcker und stellte die Frage, ob es irgendeine Möglichkeit gebe, diesen Zustand erzwungener Waffenruhe in Richtung eines friedlichen Miteinanders zu verändern.

»Durch einseitige Gewalt oder Drohung können wir es nicht«, hielt Carl Friedrich von Weizsäcker fest, ohne mit Widerspruch rechnen zu müssen. Seine Konsequenz aus dieser weithin unbestrittenen Lagebeurteilung dagegen stieß auf heftigen Protest im deutschnationalen und konservativen Lager, das noch immer auf eine Politik des »Rollback« setzte, das heißt nicht nur einer erzwungenen Eindämmung, sondern ausdrücklichen Schwächung der Sowjetunion: »Jede Lösung wird der Zustimmung der Sowjetunion bedürfen, wird daher auch ein echtes Interesse der Sowjetunion selbst befriedigen müssen.«

Um Verständnis für sowjetische Lageeinschätzungen öffentlich zu werben war Ende der fünfziger Jahre wenig populär. Zu unverrückbar schienen die Feindbilder nach der blutigen Niederschlagung des ungarischen Freiheitskampfes 1956, nach der von Moskau erzwungenen Liquidierung der polnischen Unabhängigkeitsbewegung im selben Jahr und angesichts der von Chruschtschow in steter Folge angekündigten Verschärfung der sowjetischen Haltung gegenüber Westberlin – einer von den früheren Westmächten entschlossen verteidigten Stadt, die der sowjetische Staats- und Parteichef und seine Ostberliner Vasallen wegen der von ihr geradezu naturwüchsig ausgehenden politischen Propaganda und der steil anwachsenden Flüchtlingszahlen als Pfahl im eigenen Fleisch empfanden.

Carl Friedrich von Weizsäcker, der die imperiale sowjetische Politik gleichfalls verurteilte, bezog nach Gesprächen mit russischen Wissenschaftlern dennoch eine Position, die sowjetische Sicherheitsinteressen nicht übersah: »Ohne Zweifel fühlt sich die Sowjetunion durch das weltweite amerikanische Stützpunktsystem bedroht. Es [fiel] [...] sehr schwer, meinen russischen Gesprächspartnern den Gedanken nahe zu bringen, es handele sich bei diesen Stützpunkten nicht um Angriffsabsichten; der Westen habe vielmehr die Sowjetunion aus Angst eingekreist. Ohne Zweifel ist auch gerade ein stark gerüstetes Deutschland für die Russen ein Alptraum. Wir mögen völlig Recht haben mit unserer Überzeugung, dass ein paar deutsche Divisionen, selbst mit taktischen Atomwaffen, die mächtige Sowjetunion nicht bedrohen können – wir können damit aber die Tatsache nicht aus der Welt schaffen, dass jeder Russe, der heute in einer verantwortlichen Stelle ist, als eines der tiefsten Erlebnisse seines Lebens den verzweifelten Verteidigungskampf seines Volkes gegen den deutschen Angriff von 1941 in seiner Erinnerung eingebrannt trägt.«

Die harte Konfrontation der beiden Machtblöcke längs eines »eisernen Vorhangs« in Europa und eine etwaige Trennung beider durch ein neutralisiertes, von beiden Seiten unabhängiges Westeuropa erschienen Carl Friedrich von Weizsäcker »wie zwei verschiedene Erscheinungsformen desselben Fehlers«. Seine zu dieser Zeit revolutionäre Forderung lautete: »Das, was wir heute zur Überwindung dieses Fehlers anstreben können, ist die Verflechtung der Machtblöcke.« Diese Vorstellung setzte nicht länger auf hochriskante Konfrontation, sondern nahm die von Sozialdemokraten Mitte der sechziger Jahre formulierte These eines ideologischen »Wandels durch Annäherung« vorweg: »Gegen eine wirtschaftliche Verflechtung West- und Osteuropas meldet sich bei uns und auch in Amerika vielfach der Einwand, damit befestige man ja gerade das kommunistische System. Die Antwort dürfte sein, dass wir hier eine Entscheidung zu treffen haben. Wünschen wir den Kommunismus zu stürzen, so müssen wir die dazu geeigneten Mittel wählen. Sie würden nach allem, was wir heute wissen können, den großen Krieg erfordern. Wollen wir den Krieg nicht, so müssen wir den Wunsch, den Kommunismus zu stürzen, dem Frieden opfern.« Dann aber, argumentierte Weizsäcker, sei es nicht konsequent, eine Politik zu betreiben, die den Kommunismus nicht stürzt, aber dessen ungeachtet das Zusammenleben mit ihm erschwert, wo nicht unmöglich macht: »Wir müssen vielmehr denjenigen Zustand herzustellen suchen, der den Menschen unter kommunistischer Herrschaft das Leben möglichst erträglich macht und den kommunistischen Machthabern ein friedfertiges und liberales Verhalten ihres eigenen Lagers so wünschenswert wie möglich erscheinen lässt.«

Bezogen auf Deutschland, erkannte Carl Friedrich von Weizsäcker, hatte eine Fortsetzung der hegemonialen Machtpolitik von USA und Sowjetunion eine Zementierung der Teilung zur Folge. Nur ein mutiges Aufbrechen dieser Konfrontation – etwa durch eine Anerkennung der 1945 in Jalta und Potsdam festgelegten Oder-Neiße-Linie als Westgrenze Polens – war nach Weizsäckers Auffassung geeignet, die undurchdringliche »graue Wand« zu spalten, die sich durch Europa zog: »Dass die Wiedervereinigung den Russen nicht abgetrotzt, sondern allenfalls abgehandelt werden kann, sieht jedermann. Dass der Preis nicht geringer sein kann als eine drastische Beschränkung der deutschen Rüstung und Räumung Westdeutschlands von westlichen Truppen, erscheint heute fast selbstverständlich.« Denn: »Ein stark gerüstetes wiedervereinigtes Deutschland würden auch viele unserer westlichen Freunde als eine Gefahr für den Weltfrieden ansehen, und die Frage nach der Oder-Neiße-Linie enthüllt den ersten konkreten Anlass dieser Sorge.«

Es war kaum verwunderlich, dass solche Überlegungen damals nicht nur für eine produktive geistige Unruhe in der liberalen Öffentlichkeit sorgten, sondern zunächst ebenso auf den erbitterten Widerstand der politischen und sonstigen Besitzstandswahrer stießen. Doch Carl Friedrich von Weizsäcker beharrte auf seiner Forderung nach Offenheit und Veränderung. Er gestand zu, dass »man in der Politik oft Entscheidungen treffen« müsse, »ohne zu wissen, was das Richtige ist«. Aber er verwies auf die davon nicht berührte Verpflichtung des Bürgers, notwendige Entscheidungen durch redliches Nachdenken vor- und nachzubereiten: »Wenn uns das Denken Entscheidungen nicht abnimmt, so werden uns doch auch die Entscheidungen das Denken nicht abnehmen.«

Politische Entscheidungen wie physikalische Erkenntnisse oder auch technische Neuerungen waren für Weizsäcker nach der Erfahrung des Nationalsozialismus nicht mehr vorstellbar außerhalb eines Moralkodex, der den ethischen Rahmen individuellen oder gesellschaftlichen Handelns verbindlich abstecken sollte. Die damals weithin gebilligte Deutung, im technischen Zeitalter sei das Weltgeschehen ein weitgehend unpersönlicher Prozess, der in seinem Fortgang nicht durch Einzelaktionen aufgehalten werden könne, ließ er nicht gelten: »Wissen bedeutet Macht, und Macht bedeutet Verantwortung. Verantwortung bedeutet, dass wir den Gebrauch unserer eigenen Macht durch unsere Erkenntnis der Folgen des Gebrauchs dieser Macht begrenzen.«[30] So gehöre zum Sinn der Technik die Selbstbeschränkung, technische Mittel nicht bis zum Letzten auszunutzen: »Es gibt technische Möglichkeiten und wird sie immer geben, vor deren Anwendung wir uns zurückhalten müssen, um nicht die Ziele der Technik selbst zu zerstören.«

Für Carl Friedrich von Weizsäcker leitete sich diese Einschränkung aus der eigenen Lebensgeschichte ab: »Ich war während des Krieges Atomwissenschaftler, und zu jener Zeit habe ich über das Problem der nuklearen Energie gearbeitet. Es ist wahr, dass dann unsere deutsche Gruppe zu der klaren Erkenntnis kam, dass wir nicht imstande sein würden, Bomben herzustellen, und das erleichterte unsere Gewissen, ohne uns zur Entscheidung zu zwingen. […] Aber als ich vor einigen Jahren erkannte, dass ich vielleicht bald gebeten werden könnte, Bomben herzustellen, da wusste ich, dass nun eine Entscheidung unvermeidlich war, und ich fand mich außerstande, mich an einer solchen Arbeit auf irgendeine Weise zu beteiligen.«[31] Fraglos war dabei für Weizsäcker, dass er auch für die negativen Folgen dieser Entscheidung einzustehen haben würde, soweit davon er selbst, seine Familie oder sein Land betroffen wären. Bei dieser Entscheidung, nicht am Bau, geschweige denn am Einsatz von Kernwaffen mitzuwirken, konnte sich Weizsäcker zu seinem Bedauern nicht auf einen von ihm gewünschten Moralkodex stützen, der sich etwa aus dem Kriegseinsatz von Atombomben 1945 hätte entwickeln können. »Solch ein Kodex in Bezug auf die Probleme der Technik, einschließlich der technischen Waffen, existiert bislang nicht«, klagte er im Sommer 1958 und fügte bedauernd hinzu: »Während meine eigene Entscheidung nicht länger aufgeschoben werden konnte, kann mein Urteil über mögliche allgemeine Verhaltensregeln nicht schneller reifen als der Prozess des Durchdenkens der konkreten Tatsachen und Möglichkeiten unseres Zeitalters.«[32]

Besonderen Dank für dazu notwendige Sensibilisierung drückte Weizsäcker in den so genannten »Heidelberger Thesen« der Evangelischen Studiengemeinschaft im April 1959 – gemeinsam mit weiteren Theologen, Historikern und Philosophen – den häufig genug als »Drückeberger« verunglimpften Wehrdienstverweigerern aus.[33] Diese Erklärung über den »Weltfrieden als Lebensbedingung des technischen Zeitalters« räumte ein, die Atombewaffnung halte, allerdings »auf eine äußerst fragwürdige Weise«, den Raum offen, in dem auch Rüstungsgegner nach ihrer Überzeugung leben könnten. Diese jedoch hielten umgekehrt »in einer verborgenen Weise den geistlichen Raum offen, in dem neue Entscheidungen vielleicht möglich werden«. Wer könne schon wissen, »wie schnell ohne sie die durch die Lüge stets gefährdete Verteidigung der Freiheit in nackten Zynismus umschlüge«? Weizsäcker und Helmut Gollwitzer, Günter Howe, Karl Janssen, Richard Nürnberger, Georg Picht, Klaus Ritter, Ulrich Scheuner, Edmund Schlink und Wilhelm-Wolfgang Schütz, allesamt evangelische Christen und in ihren jeweiligen Fachdisziplinen hoch angesehene Wissenschaftler, gestanden ein, was nicht wenige ihrer Alters- und Schicksalsgenossen lieber verschwiegen: »Wir tragen die Sünden der Vergangenheit an unserem Leib. Das Kollektivbewusstsein ist nur zu wenigen und groben Bewegungen fähig. Das Gewissen und die Disziplin Einzelner müssen ihm stets vorangehen. Diese zu entfalten ist der Sinn unserer letzten These: Jeder muss wissen, was er tut.«

Der Mahner aus Starnberg

»Politik ist die bittere Pflicht des
Naturwissenschaftlers«

Zweieinhalb Jahre nach seinem Aufruf für Toleranz und Besinnung in den »Heidelberger Thesen« im April 1959 verständigte sich Carl Friedrich von Weizsäcker mit dem Kressbronner Rechtsanwalt und Jugendfreund Hellmut Becker, der den Vater in Nürnberg verteidigt hatte, mit Kirchenpräses Joachim Beckmann aus Düsseldorf, dem WDR-Intendanten Klaus von Bismarck, seinem Freund Georg Picht aus Hinterzarten, den Theologen Günter Howe aus Heidelberg und Ludwig Raiser aus Tübingen sowie mit Werner Heisenberg auf einen neuerlichen Appell.

In Berlin war am 13. August 1961 die Mauer errichtet worden, um den für die Existenz der DDR bedrohlich angestiegenen Flüchtlingsstrom zu bremsen. Bei der Bundestagswahl hatte die CDU/CSU ihre absolute Mehrheit verloren und war auf 45,3 Prozent der Stimmen zurückgefallen. Die SPD hatte um knapp fünf Prozentpunkte auf 36,2 Prozent zugelegt, und die FDP, die zunächst versprochen hatte, unter Konrad Adenauer keine neue Koalition mehr einzugehen, vergaß diese Zusage prompt nach dem erheblichen Stimmengewinn auf 12,8 Prozent und trat wiederum in die Bundesregierung ein. Die Parteien waren über Wochen mit sich selbst beschäftigt, das parlamentarische Leben lag brach, und immer mehr Menschen fragten sich nach dem Mauerbau und angesichts von Stacheldraht und zahlreicher Todesschüsse an der innerdeutschen Grenze, ob sich die auf strikte Abgrenzung bedachte Bonner Deutschlandpolitik der vergangenen zwölf Jahre nicht selbst blockiert und jegliche Zukunftsperspektive vernichtet hätte.

In dieser Situation verfassten die Wissenschaftler ihr »Tübinger Memorandum«, in erster Linie gedacht als Diskussionsgrundlage für Parlamentarier im Bund und in den Ländern.[1] Mit dem Wohlstand, glaubten die Unterzeichner beobachtet zu haben, habe sich in breiten Kreisen der Bevölkerung, aber nicht minder in der politischen Führung der Bundesrepublik die Neigung entwickelt, den Blick vor gesellschaftlichen und politischen Übelständen zu verschließen und harten Entscheidungen auszuweichen. Daher könnten durchaus Situationen entstehen, in denen Politiker darauf angewiesen seien, dass Bürger, die nicht selbst aktiv im politischen Leben stehen, auf vordringliche politische Notwendigkeiten hinweisen. Insbesondere eine an deutschen Interessen orientierte Außenpolitik dürfe nicht Fiktionen verpflichtet bleiben, die jeden Bezug zur politischen Wirklichkeit längst eingebüßt hätten.

Die Wissenschaftler markierten die Ausgangslage in doppelter Hinsicht. Erstens: »Wir stehen im Kampf um die Freiheit von West-Berlin; wir stehen darüber hinaus im Kampf um das Selbstbestimmungsrecht der Deutschen in der DDR.« Und zweitens: »Von unseren westlichen Verbündeten erwarten wir, dass sie im Kampf um die Freiheit von West-Berlin das Risiko eines nuklearen Krieges auf sich nehmen und dass auch sie die Selbstbestimmung der Deutschen in der DDR langfristig als eines der wichtigsten Ziele der westlichen Politik festhalten.« Erschwert werde diese grundsätzliche Position allerdings dadurch, dass »das Vertrauen auch der westlichen Welt zu Deutschland durch Hitlers Machtpolitik und durch den Krieg gänzlich zerstört« worden sei. Das Misstrauen gegenüber einem wiedererstarkten Deutschland sei in der Politik der Westmächte ein zwar latenter, aber darum nicht weniger wichtiger Faktor geblieben.

In dieser Lage sei es ein mindestens »bedenklicher Weg«, die auf die Menschenrechte gegründete Forderung nach Aufrechterhaltung der Freiheit in West-Berlin und nach der Selbstbestimmung der Deutschen in der DDR mit dem nationalen Anliegen nicht nur der Wiedervereinigung, sondern darüber hinaus der Wiederherstellung der Grenzen von 1937 zu verbinden, wie die alte und die neue Bundesregierung dies tue. Denn die deutsche Position in der damaligen Krise Anfang der sechziger Jahre sei insbesondere dadurch geschwächt gewesen, dass »wir an Ansprüchen festgehalten haben, die auch bei unseren Verbündeten keine Zustimmung finden«. Konkret: »Wir sagen nichts Neues, wenn wir die Ansicht aussprechen, dass zwar die Freiheit der in Berlin lebenden Menschen ein von der ganzen Welt anerkanntes Recht ist, dass aber das nationale Anliegen der Wiedervereinigung in Freiheit heute nicht durchgesetzt werden kann und dass wir den Souveränitätsanspruch auf die Gebiete jenseits der Oder-Neiße-Linie werden verloren geben müssen.«

Eine so klare Position ohne jede salvatorische Klausel zu vertreten war ein Dutzend Jahre nach Gründung der Bundesrepublik jedenfalls im bürgerlichen Lager höchst riskant. Der Vorwurf des ideologischen Hochverrats, der Kumpanei mit dem Osten wurde in Zeiten des Kalten Kriegs schnell erhoben und in der öffentlichen Diskussion nicht selten zum Totschlagargument. Wer wollte sich schon diesen Attacken aussetzen, völkerrechtliche Ansprüche zu verschenken und nationale Positionen ohne Not und ohne Gegenleistung aufzugeben? Die Unterzeichner des »Tübinger Memorandums« ängstigten solche Angriffe nicht. Im Gegenteil. Sie schrieben: »Wir glauben zu wissen, dass politisch verantwortliche Kreise aller Parteien die von uns ausgesprochene Ansicht teilen; aber aus innenpolitischen Rücksichten scheuen sie sich, die Erkenntnis, die sie gewonnen haben, öffentlich auszusprechen. Eine Atmosphäre, die es der politischen Führung unmöglich macht, dem Volk die Wahrheit zu sagen, ist vergiftet. Wir werden den Krisen der kommenden Monate nicht gewachsen sein, wenn es nicht möglich ist, die Öffentlichkeit auf eine

Entwicklung vorzubereiten, die schon im Gange ist und die Schritte erfordert, die unser Volk binnen kurzem wird anerkennen und gutheißen müssen.«

Ohne die längst überfällige Normalisierung des politischen Verhältnisses zu den östlichen Nachbarstaaten war nach der zutreffenden Einschätzung der Wissenschaftler jede aktive deutsche Außenpolitik in ihrem Spielraum massiv eingeschränkt und eine dauerhafte Lösung der Grundprobleme deutscher Politik überhaupt nicht vorstellbar. Der Preis einer solchen Entspannung gegenüber der Tschechoslowakei war ein Verzicht auf Entschädigungsleistungen für die drei Millionen nach dem Kriegsende vertriebenen Sudetendeutschen und gegenüber Polen die Anerkennung der Oder-Neiße-Linie als endgültige polnische Westgrenze. Während die Männer um Carl Friedrich von Weizsäcker das tschechoslowakische Problem für minder wichtig erachteten, weil es allein die Bundesrepublik betraf, galt dies für die Frage der deutsch-polnischen Grenzziehung nicht. Hier sollten nicht nur die Erwartungen der Polen befriedigt, sondern auch der DDR-Regierung die Möglichkeit genommen werden, sich gegenüber Warschau als alleinigen Garanten polnischer Sicherheit darzustellen – zumal auch unter den westlichen Verbündeten keiner zu finden war, der deutsche Ansprüche auf Pommern, Ost- und Westpreußen sowie Schlesien hätte durchsetzen helfen. Deshalb forderte das Memorandum: »Die Anerkennung der Oder-Neiße-Grenze mag in vergangenen Jahren außenpolitisch ein denkbares Handelsobjekt gewesen sein. Heute schließen wir uns der Meinung jener Sachverständigen an, die glauben, dass die öffentliche Anerkennung dieser Grenze, im Rahmen eines umfassenden Programms [...], unseren westlichen Verbündeten das Eintreten für unsere übrigen Anliegen erleichtern und der Sowjetunion die Möglichkeit nehmen würde, Deutschland und Polen gegeneinander auszuspielen.«

Neun Jahre allerdings sollte es noch dauern, bis Bundeskanzler Willy Brandt (SPD) in der polnischen Hauptstadt den »Warschauer Vertrag« unterzeichnen konnte, dem bei der parlamentarischen Ratifizierung am 17. Mai 1972 nach heftigsten innenpolitischen Auseinandersetzungen (»Brandt an die Wand!«) und persönlichen Anwürfen gegen den Kanzler wegen dessen unehelicher Geburt (»Willy Brandt alias Herbert Frahm«) die Oppositionsabgeordneten ihre Zustimmung verweigerten. Erst mit den Ostverträgen – dem »Moskauer Vertrag« vom 12. August 1970, dem »Vier-Mächte-Abkommen« über Berlin am 3. September 1971 und dem »Transitabkommen« zwischen der Bundesrepublik und der DDR am 17. Dezember 1971 – trug eine Politik Früchte, deren Samen auch Carl Friedrich von Weizsäcker gelegt hatte. Ohne diese Initiativen wären die festgefahrenen innenpolitischen Frontlinien nicht in Bewegung geraten, hätte es den »Grundlagenvertrag« über eine gesetzliche Regelung der »Beziehungen zwischen der Bundesrepublik Deutschland und der Deutschen Demokratischen Republik« am 21. Dezember 1972 nicht gegeben, wäre eine von den Vorgaben Washingtons und Moskaus freiere deutsche Politik nicht möglich geworden.

Die Emanzipation der kleineren und mittleren Staaten von den beiden Vormächten der zwei ideologisch und machtpolitisch fixierten Blöcke war eine alte Kernforderung Carl Friedrich von Weizsäckers. Der damit möglicherweise verbundene Schritt aus der gegnerischen Bipolarität der Großen in einen ungesteuerten Polyzentrismus der Vielen erschien ihm jedoch nicht ohne Gefahren. Denn in geschichtlicher Vergangenheit waren vergleichbare Auseinandersetzungen konkurrierender Ordnungs- und Machtsysteme niemals friedlich geführt, sondern am Ende durchweg mit kriegerischen Mitteln ausgefochten worden. Insofern hatte die Entwicklung von Kernwaffen nach 1945 für eine historisch neue Situation gesorgt. Die Kriegführung drohte sich durch die Vernichtungsqualität der Angriffswaffen und durch das Fehlen einer zuverlässigen Verteidigungsmöglichkeit zur Wahrscheinlichkeit der gegenseitigen Vernichtung, »also praktisch zum gemeinsamen Selbstmord der Gegner auszuwachsen«[2].

Aus diesem strategischen Patt erwuchsen aber nicht nur erfreuliche Chancen für die nachgeordneten Bündnismächte zu neuer

Beweglichkeit, die gelegentlich von Washington und Moskau auch bewusst operativ eingesetzt wurden, vielmehr entwickelte sich – so Weizsäcker – auch das Risiko einer »Ordnung der Welt durch eine Pax Russo-Americana«. In einem Vortrag über weltpolitische Prognosen vor der Studiengruppe für Rüstungsbeschränkung und Rüstungskontrolle der Deutschen Gesellschaft für Auswärtige Politik verwies Weizsäcker im Dezember 1965 darauf, dass der beiderseitigen Einsicht in diese Lage eine globale Entspannung zu verdanken sei, »die seit 1954 unter vielen Rückschlägen doch ständig langsame Fortschritte macht«. Doch darüber hinaus werde in einem »weltpolitischen Zyklus« eben auch der allmähliche Übergang von gegnerischer Bipolarität der Supermächte – über eine Zwischenphase der eingehegten Multipolarität in ihren Bündnissystemen – hin zu einer friedenssichernden kooperativen Bipolarität der Sowjetunion und der Vereinigten Staaten vorstellbar: »Der Machtkampf der beiden Hegemonie-Kandidaten ist damit weder entschieden noch vergessen, sondern vorübergehend partiell gelähmt. Die Frage, ob die Welt liberal oder kommunistisch geordnet werden wird, ist ebenso wenig entschieden; die Möglichkeit, sie auf lange Zeit unentschieden zu lassen, deutet sich unter dem Titel ›Koexistenz‹ ungewiss an.« Eine »vernünftig den Polyzentrismus einbauende kooperative Bipolarität wäre«, meinte Weizsäcker wenig enthusiastisch, aber gleichwohl zuversichtlich über diese neue Dimension politischen Nebeneinanders, »wohl bei weitem die gefahrloseste vorläufige Ordnung«.

Nur in diesem Rahmen einer von den beiden Großmächten aus nationalem Eigeninteresse und Gründen des Spannungsabbaus auf den Weg gebrachten Wiedervereinigung Europas war nach der frühen Analyse Carl Friedrich von Weizsäckers Mitte der sechziger Jahre eine Chance zur Überwindung der deutschen Teilung zu sehen. 1965 formulierte er achtunddreißig Thesen zu diesem Thema, die 1981 erstmalig veröffentlicht wurden.[3] In ihnen nahm er weithin vorweg, was vierundzwanzig Jahre danach tatsächlich die Koordinaten des Vereinigungsprozesses ausmachte:

»Es gibt keine objektiven vitalen Interessen einer europäischen Nation, die durch eine [...] Wiedervereinigung Europas verletzt würden, wohl aber viele, die dadurch gefördert würden.« Die Bundesrepublik, argumentierte Weizsäcker, müsste einem solchen Plan zwar einige der zentralen Thesen ihrer bisherigen Deutschland-Politik opfern, aber doch nur jene, deren Unhaltbarkeit auf die Dauer allen Ausländern und vielen Deutschen ohnehin klar geworden sei. Im Gegenzug würde sie dafür »die mutmaßlich einzige reale Chance einer Annäherung an die Wiedervereinigung Deutschlands eintauschen«. Die DDR ihrerseits würde die jedenfalls vorläufige Anerkennung ihrer staatlichen Existenz erhalten, wenn auch wohl um den Preis einer weitgehenden Isolierung ihres nicht von der eigenen Bevölkerung in freien Wahlen etablierten Regierungssystems. Es sei anzunehmen, dass sich der allmächtige Parteiapparat einer derartigen Regelung widersetzen, die Mehrzahl der Bevölkerung ihr hingegen begeistert zustimmen werde.

Ein wiedervereinigtes Europa, forderte Carl Friedrich von Weizsäcker, müsste im engeren Sinn vom Atlantik bis zur russischen Westgrenze, im weiteren Sinn aber von San Francisco bis Wladiwostok reichen: Ohne Billigung der beiden Weltmächte sei es nicht vorstellbar. Daher, sagte Weizsäcker voraus, »ist es ohne eine stärkere Annäherung der beiden unmöglich«. Innenpolitisch dagegen forderte er keineswegs eine Angleichung der Systeme, weil er davon ausgig, dass sie sich selbstläufig annähern würden: »Vorbedingung ist also nur gegenseitige Duldung.« Darin sah Weizsäcker kein unüberwindliches Hindernis, denn de facto gebe es sie, trotz aller wechselseitigen Beschimpfungen, doch bereits seit Jahren. »Es ist zu hoffen, dass ebendies die Motive der beiderseitigen Verhärtung, die in der gegenseitigen Angst bestehen, unwirksamer machen und so insbesondere die Liberalisierung der osteuropäischen Länder fördern würde.«

Keine europäische Nation außer der deutschen, fasste Weizsäcker seine weitsichtigen Überlegungen zusammen, habe ein unmittelbares Interesse an der deutschen Wiedervereinigung. Für viele Europäer bedeute der Gedanke an einen einheitlichen deutschen Staat viel eher einen Alptraum. Selbst »die Kommunisten der osteuropäischen Länder sind heute weniger am Fortbestand der jetzigen Regierung der DDR als am Fortbestand der deutschen Teilung interessiert«. Andererseits hätten alle europäischen Nationen ein objektives Interesse an einer Entschärfung des deutschen Problems, um Kriegsrisiken an der Nahtstelle der Militärblöcke zu verringern. Beiden Gesichtspunkten, schlug Weizsäcker vor, würde folgende Regelung Rechnung tragen: »Die Bundesrepublik und die DDR treten als souveräne Partner in das europäische Bündnis ein. Ihre gegenseitigen Beziehungen unterstehen denselben liberalisierenden Regelungen wie die Beziehungen aller Bündnispartner untereinander. Außerdem verpflichten sich beide deutschen Staaten, unter der Garantie und Kontrolle aller Bündnispartner, zehn Jahre nach Abschluss des Bündnisvertrages eine freie und geheime Abstimmung ihrer Bürger darüber durchzuführen, ob sie sich wieder zu einem Staat vereinigen sollen.«

Dass die Völker Osteuropas die Wiedervereinigung des Kontinents ein Vierteljahrhundert später in die eigene Hand nehmen würden, vermochte Carl Friedrich von Weizsäcker nicht vorherzusehen. Dass sie aber nur auf friedlichem Wege, also mit der Zustimmung der Sowjetunion und der Vereinigten Staaten möglich sein würde, hatte er lange zuvor erkannt und Schritte zu diesem Ziel gewiesen. Ob es für die deutsche Einheit nicht förderlicher gewesen wäre, eher in einem Prozess allmählichen Zusammenwachsens als durch eine Sturzgeburt zustande zu kommen, mag je nach Standpunkt bestätigt oder bestritten werden. Am Ende ist es als historischer Vorgang der faktischen Vergangenheit in weizsäckerschem Sinn unerheblich und von Bedeutung allein hinsichtlich der Folgerungen, die daraus für eine politisch offene Zukunft gezogen werden sollten.

Carl Friedrich von Weizsäcker litt weniger unter politischen Konflikten im Einzelfall als an der Friedlosigkeit der Welt insgesamt, die nach seinem Verständnis aus der Friedlosigkeit des einzelnen Menschen erwuchs. Der Weltfriede, zu dem es angesichts des Vernichtungspotentials der Kernwaffen keine Alternative gebe, sei darum auch nicht das »goldene Zeitalter der Konfliktlosigkeit«, er stelle vielmehr eine Kanalisierung von Konflikten im Rahmen einer neuen »Weltinnenpolitik« dar. Die Abschaffung der Institution des Krieges hielt Weizsäcker dabei für überlebenswichtig. Doch der Weltfriede bedarf nach seiner Auffassung nicht nur einer globalen Einsicht und supranationalen Überwachung, sondern ebenso einer zusätzlichen moralischen Anstrengung, »damit wir Menschen zum Frieden fähig werden«. In einem Vortrag über »Friedlosigkeit als seelische Krankheit« führte Weizsäcker im September 1967 bei der 100-Jahr-Feier der Bodelschwinghschen Anstalten in Bethel seine Überlegungen zu diesem Thema aus.[4] Er bezog sich dabei auf Grunderkenntnisse aus der Heilung seelischer Erkrankungen, die hier im Zusammenhang zitiert seien, weil sie auch vermitteln, auf welchem gedanklichen Weg Weizsäcker zu sich selbst finden wollte.

»Der Psychotherapie gelingt es manchmal, einen neurotischen Zwang zu lösen, indem sie dem Patienten hilft, einer verdrängten Wirklichkeit ansichtig zu werden. Das Ansichtigsein einer Wirklichkeit nennen wir Wahrheit. Solche seelische Heilung, wo sie gelingt, ist Heilung durch Wahrheit, und zwar durch Wahrheit, die nicht der Arzt dem Kranken autoritativ auferlegt – das ist nutzlos, denn für den Patienten ist sie dadurch noch nicht Wahrheit –, sondern durch Wahrheit, die der Kranke selbst entdeckt. Entdeckte Wahrheit löst einen zuvor unlösbaren Konflikt des Kranken mit sich selbst, sie löst ein Stück Friedlosigkeit auf; sie gewährt einen Raum inneren Friedens. So, meine ich allgemein, ist Wahrheit Seele des Friedens, und jeder Friede Leib einer Wahrheit. Die moralische Anstrengung, von der ich sprach, ist nicht die Befolgung eines vorgeformten Moralkodex. Sie ist nur der nicht ruhende Versuch, der Wahrheit ansichtig zu werden, die unsere innere Friedlosigkeit löst, und dieser Wahrheit gemäß zu leben, auch und gerade angesichts der dauernden Friedlosigkeit um uns und in den unerlösten Schichten unseres eigenen Selbst.«

Diesem abstrakten Schema fügte Weizsäcker die sehr persönliche Frage hinzu: »Warum hassen wir einander und uns selbst, weit über das Maß hinaus, in dem wir es uns bewusst eingestehen?« Eine erste Antwort, die er in Bethel gab, fußt auf der Verhaltensforschung bei Tieren: Dem Tier ist die Wirklichkeit, in der es lebt, vertraut, und es verhält sich ihr gegenüber angepasst, weil sonst das eigene Überleben und das der Art nicht gesichert wäre; beim Menschen dagegen ist die Aggression außer Kontrolle geraten; insofern erscheint der Mensch »als das kranke, als das im Herzen verrückte Tier«. Wenn Friede aber letztlich Bedingung menschlichen Lebens ist, dann ist Friedlosigkeit seelische Krankheit und bedarf der Heilung.

Diese Einsicht verdankte Carl Friedrich von Weizsäcker seiner Selbsteinschätzung als in der Anlage konservativer Mensch, der in der Auseinandersetzung mit konkreten Problemen Schritt für Schritt genötigt worden war, einschneidende Änderungen zu fordern, weil ohne sie alles, was er bewahren wollte, dem sicheren Untergang anheim gefallen wäre. In dieser durch sein Naturell und durch seine Lebenserfahrung geprägten Perspektive betrachtete er den Konflikt von Bewahrung und Veränderung mit Blick auf das dynamische Spannungsverhältnis zur Wahrheit, das heißt zu der sich historisch durchsetzenden Wirklichkeit: »Beide Parteien nehmen ja Wahrheit in Anspruch, der Konservative die längst entdeckte und verwirklichte, der Revolutionär die neu gefundene oder bisher unterdrückte.« Der Traditionsschatz, den der Konservative bewahren wolle, sei selbst das Erbe gelungener Revolutionen. Andererseits müsse der Revolutionär eine Sprache sprechen, die die Menschen verstehen, mithin eine Sprache, die vor ihm da war. Der revolutionäre Traum des Neubeginns auf einer Tabula rasa, meinte Weizsäcker, sei ein Selbstmissverständnis, das zur Barbarei führe, wenn man ihm tatsächlich folge.

Bezogen auf den Frieden, bedeutete das, so Weizsäcker, in der Zeitfolge von wenigen Jahrtausenden die Anpassung an sich ständig verändernde politische, wirtschaftliche und soziale Wirklichkeiten zu leisten, in denen der Mensch lebte und die seine Anpassung, um des Überlebens der Art willen, erzwangen. Jede neue Stufe dieser Wirklichkeit brauchte andere Strukturen des inneren Friedens, forderte neue Loyalitäten. Die in erster Linie innere Friedlosigkeit der zweiten Hälfte des 20. Jahrhunderts – bei der durch die Kernwaffen erzwungenen äußeren Waffenruhe – erschien ihm daher als ein Mangel an Anpassung an die neue Wirklichkeit unserer Welt. Friedlosigkeit war für ihn in diesem Sinn »eine Krankheit, ein Unvermögen, die Anpassung an die Notwendigkeit des Friedens zu leisten«. Friedfertig dagegen sei, leitete Weizsäcker ab, wer Frieden um sich herum entstehen lassen könne und – notwendige Voraussetzung dafür – im Frieden mit sich selbst lebe.

Wie aber, fragte er, »sollen wir Kranken helfen, solange wir nicht das Kranke in uns selbst erkannt und gelernt haben, die anderen und uns selbst als Kranke anzunehmen«? Wies ihm bei der Selbsterkundung die Psychoanalyse Sigmund Freuds den Weg, griff er bei deren gesellschaftlicher Nutzanwendung auf die Rechtfertigungs- und Gnadenlehre Martin Luthers zurück: »Kein Mensch wird durch gute Werke selig, denn der entscheidende Schritt ist die Entdeckung, dass er das Gute, das er will, nicht kann. Gerechtfertigt, also eines inneren Friedens fähig, werden wir nicht durch unser Verdienst, sondern weil wir geliebt sind und weil wir darum Gott und in Gott die Menschen lieben dürfen.« Viele seiner Zuhörer und Leser werden Weizsäcker Ende der sechziger Jahre bei dieser religiös-meditativen Selbstprüfung nicht gefolgt sein. Aber er bot ja noch einen zweiten, damals sicher eher mehrheitsfähigen Weg der Friedensarbeit an: »Nur die Kraft des Friedens erzeugt den Frieden. Jeder von uns hat sich selbst zurechtzuschaffen. Dies geschieht nicht in der Introversion, sondern in der praktischen Arbeit am Frieden in derjenigen Umwelt, die er zu erreichen vermag.«

Zur gleichen Zeit wurde Weizsäcker angetragen, den Aufbau eines neu einzurichtenden Max-Planck-Instituts zu übernehmen, das durch Beiträge verschiedener Zweige der Wissenschaft die Lebensbedingungen der technisch-wissenschaftlichen Welt erhellen sollte. Dies war ein außerordentlich anspruchsvolles Programm, sollten doch unter der Leitung zunächst eines Mannes Natur- und Sozialwissenschaftler, Philosophen und Theologen, Psychologen und Anthropologen auf eine Weise fachübergreifend zusammenarbeiten, die nicht nur in der Bundesrepublik der damaligen Zeit ungewöhnlich, sondern vordem auch anderswo auf diese Weise noch nie erprobt worden war. Zentrale Aufgabenstellung des am 1. Januar 1970 in Starnberg eröffneten Instituts sollte es sein, jene Lebensbedingungen zu erforschen, die von der Wissenschaft selbst geschaffen wurden: etwa gesellschaftliche Veränderungen durch technisch erzeugten Wohlstand, Bevölkerungswachstum durch Fortschritte der Medizin, Umweltzerstörung durch technisch-industrielle Ausbeutung der Natur, Einflüsse auf die Außen- und Sicherheitspolitik durch nukleare Waffen. Vor allem dieses letzte Thema, das Carl Friedrich von Weizsäcker seit dem Zweiten Weltkrieg nicht mehr losließ, veranlasste ihn, seine »voll befriedigende und ausfüllende Professur für Philosophie« in Hamburg aufzugeben, um dieses »Institut für unangenehme Fragestellungen« zu gründen.[5]

Die inhaltlichen Schwerpunkte des Instituts waren erkennbar kontrovers. Die Stabilisierung der beiderseitigen Militärpotentiale in Ost und West durch Rüstungskontrolle galt einvernehmlich als Voraussetzung zukünftiger Abrüstung. Doch als Carl Friedrich von Weizsäcker nun darauf hinwies, es sei dadurch wohl zu einer Stabilisierung der Abschreckung auf strategischer Ebene gekommen, während das Wettrüsten im operativ-taktischen und konventionellen Bereich unvermindert angehalten habe, wurde er zum Störenfried der großen Politik. Als er dann auch noch in den Blick nahm, dass politische Strukturen, soziale Konflikte und ökonomische Prozesse seit jeher jene Spannungen verursachen, die mit Rüstungsanstrengungen beantwortet werden und in Kriegen enden, stieß er nicht nur auf ähnliche Fragestellungen wie die neue Linke, sondern wurde, denkbar unsinnig, von Konservativen zu deren Bündnispartner erklärt. Dabei war diese Koinzidenz nach Weizsäckers Auffassung – gänzlich außerhalb seiner eigenen politischen Neigungen – einer den beiden Supermächten inhärenten Tendenz zu globaler Suprematie geschuldet, »welche politisch oder systemanalytisch denkende Wissenschaftler zu einer Analyse in der Breite und Tiefe aufforderte und welche die engagierten, aber machtlosen jungen Intellektuellen im Zorn gegen sie [sich] wenden ließ«. Hinzu kam, dass Weizsäcker deren antiautoritäre Denkweise so anregend und produktiv fand, dass er sie aus dem handwerklichen Repertoire seines Instituts nicht ausschließen wollte.

Dennoch wahrte Weizsäcker Abstand zur rebellierenden Studentengeneration der »außerparlamentarischen Opposition« (APO), denn antiautoritäres Benehmen war seine Sache nicht, wenn es die Grenzen der Achtung vor dem anderen überschritt, Anmaßung und Distanzlosigkeit zeigte, wo er Respekt, ganz einfach »gute Kinderstube« erwartete. »Ein guter Gesprächspartner wäre ich erst für in der Tiefe enttäuschte Linke«, sagte er 1968, weil seine Skepsis das Bestehende ebenso traf wie die Hoffnungen der Linken: »Sie erlaubten sich den Zorn gegen das Bestehende, wo ich nicht zornig war, weil ich nichts Besseres danach erwartete.«[6]

Zwei »aufeinander gehäufte Erstickungsgefühle« bescherte ihm die Studentenrevolte, der er zunächst zugute gehalten hatte, dass sie womöglich über die intendierte Gesellschaftsveränderung das erreichen könnte, was außenpolitisch offenkundig nicht durchzusetzen war: einen Verzicht auf die Anwendung von Krieg als politischem Mittel.[7] Sehr schnell aber erkannte er, dass die von den Jungen geforderte Basisdemokratie als Bedingung einer solchen Politik der Gewaltlosigkeit in sich keinerlei Sicherheit bedeutete, den verkündeten Zweck auch tatsächlich zu erreichen, geschweige denn dauerhaft zu gewährleisten. Deshalb konnte er in den Sit-ins und Teach-ins, in den Vorlesungsstreiks und Gegenseminaren, »so wie ich nun einmal geprägt bin, auch nur mit äußerster Selbstbeherrschung den ruhigen Atem behalten«.

Zumal nach seinem Verständnis schon nach kurzer Zeit klar war, dass die Studentenbewegung in ihrer amorphen Struktur und mit ihren diffusen Zielsetzungen politisch nichts Grundlegendes werde verändern können, was – nach innen gewendet – als »Qual für die Jungen« ihm nicht weniger als diesen den Atem raubte.[8]

Hohe Anerkennung fand Carl Friedrich von Weizsäcker vor allem unter jüngeren Menschen, als er sich 1974 in einer Berliner Rede aus Anlass des 20. Juli 1944 nicht auf das Gedenken an die Männer beschränkte, die versucht hatten, in einer damals schon aussichtslosen Lage Hitler in einem letzten Akt des Widerstandes zu töten, sondern auch das eigene Verdrängen nicht verschwieg: »Man hat die Erinnerung an die Verschwörung gegen Hitler verdrängt, weil man die Erinnerung an Hitler selbst verdrängte. Hitler als das Symbol unseres moralischen und politischen Scheiterns ist in den halbbewussten seelischen Schichten aller von uns, die ihn noch erlebt haben, so gegenwärtig, er ist zugleich so widerlegt und so unbewältigt, dass wir alle eine Glocke des Schweigens über ihn gesenkt haben.«[9] Anders als viele seiner Generation forderte Weizsäcker ein Ende dieses lähmenden Schweigens. Die eigene Verstrickung wahrhaftig anzunehmen war nach seiner Überzeugung die Voraussetzung für erlösende Trauer und vor allem für die Überwindung vielfältiger Sublimierungen von Schuld in Sekundärtugenden und gesellschaftlich anerkannten Ersatzhandlungen. Dadurch werde nicht zuletzt der Jugend der seelische Zugang zur Geschichte des eigenen Volkes versperrt, stellte er fest, denn zu dieser gehören auch die zwölf Jahre des »Hitlerreichs«: »Wir können die Geister der Vergangenheit nicht verabschieden, ohne sie noch einmal zu beschwören.« Es handele sich nicht darum, »uns unsere Schuld abermals einzubleuen«, wodurch innerer Widerstand gegen ihre Anerkennung nur verfestigt würde: »Im Gegenteil, wir müssen uns unbefangen als die sehen lernen, die wir waren. Es wäre gesund für uns, wenn es keine Schande wäre, zu bekennen, dass wir Hitler gefolgt sind, dass wir, jeder vielleicht in anderem Grade und in einer anderen Phase, Glieder eines nationalsozialistischen Volkes waren.« Erst durch dieses Eingeständnis könnte der Schuldkomplex fallen und aus bisher unterdrückter Tiefe »die verspätete Trauer über uns kommen«. Denn, so Weizsäcker, diese Unfähigkeit zu trauern sei es ja, die eine ganze Generation »von wahrer Freude abschließt und uns in die Ersatzbefriedigungen der Tüchtigkeit, des materiellen Erfolgs und der billigen Genüsse jagt«.

Dieser Aufruf blieb bei den in erster Linie Angesprochenen ungehört. Zu unüberwindbar waren noch die Barrieren, die Täter und Mittäter, tatenlose Beobachter und Wegschauende bewusst und unbewusst aus vermeintlichem oder tatsächlichem Selbstschutz im eigenen Inneren errichtet hatten. Die politische Verdächtigung aller, die Fragen stellten, als Agenten Moskaus oder Ost-Berlins, die allein aus dem Altersunterschied und dem Vorsprung an Lebenserfahrung abgeleitete Verteidigung der Befragten sowie die Verweigerung von Wahrheit auf beiden Seiten überzeugten keinen von der Sinnhaftigkeit eines vorbehaltlos offenen Gesprächs. Und auch Carl Friedrich von Weizsäcker beließ es wenigstens in der Öffentlichkeit bei diesem einen Appell. Doch der war wichtig genug, denn er bahnte anderen den Weg – etwa der dann weltweit gerühmten Ansprache des Bruders elf Jahre später aus Anlass des vierzigsten Jahrestages des Kriegsendes im Mai 1985.

So blieben die Schlachtordnungen noch etliche Zeit unverändert. Der Einmarsch der Warschauer-Pakt-Staaten in die Tschechoslowakei zur Niederschlagung des »Prager Frühlings« im August 1968 bestätigte Carl Friedrich von Weizsäcker, dass sowjetische Politik russischem Großmachtstreben galt, keineswegs aber der Entwicklung oder der Ausbreitung eines demokratischen Sozialismus. Diese militärische Durchsetzung eines Hegemonialanspruchs empfand Weizsäcker als »Todeserlebnis«.[10] Nun schien ihm der Ausbruch eines dritten Weltkrieges gewiss: »Die Mächte sind zu schwach, eine freie Entwicklung zu erlauben. Also greifen sie zu den Mitteln der Stärke, die zu den von jeher bekannten Folgen führen.«[11] Wenngleich Weizsäcker gerade unter diesem frischen Eindruck großrussischer Gewaltpolitik strategische und außenpolitische Analysen seines Instituts für unvermindert wichtig hielt, wollte er in ihnen »nicht die grundsätzliche Problemlösung, sondern nur eine begleitende Forschung« sehen. Viel mehr drängte er auf Untersuchungen jenseits aktueller Politik, bemühte sich um eine »Tieferlegung des Fragenniveaus«, zielte auf die »ökonomischen, sozialen, seelischen Wurzeln der ungelösten, in aller bisherigen Menschheitsgeschichte unlösbar gebliebenen Probleme«.

Carl Friedrich von Weizsäckers Losung angesichts beschränkter personeller und materieller Ausstattung wurde zum Leidwesen mancher überforderten Mitarbeiter »Leistung durch Überanstrengung«. Wenigstens drei Wissenschaftsdisziplinen, in die sich auch Weizsäcker neu einarbeiten musste, wurden durch diese Aufgabenstellung dem Institut zugewiesen: die Ökonomie, die Soziologie und die Anthropologie. Die »Gefahr des engagierten Dilettantismus« erkannte er bei diesem anspruchsvollen Programm durchaus. Daher setzte er durch, dass in den einzelnen Fachgebieten ausgewiesene Wissenschaftler an das Institut gebunden wurden, allerdings lediglich für die begrenzte Zeit einzelner interdisziplinärer Projekte. Zusätzlich gewann er den Sozialphilosophen Jürgen Habermas als zweiten gleichberechtigten Direktor, um eigene Defizite insbesondere in der Soziologie auszugleichen. Freilich: »Wichtiger noch war mir, dass er der gesellschaftskritischen Motivation eines Teils der jüngeren Wissenschaftlergeneration, mit der ich zu arbeiten hatte, spontan viel näher stand als ich und zugleich sowohl hinsichtlich der Rechtsstaatlichkeit, Gewaltfreiheit und Toleranz wie hinsichtlich der unnachsichtigen Forderung wissenschaftlicher Strenge niemals zu Kompromissen bereit gewesen ist.« Dem Wunsch, einen Ökonomen als dritten Institutsleiter zu berufen, kam die Max-Planck-Gesellschaft hingegen nicht nach. Beim altersbedingten Ausscheiden Weizsäckers 1980 nach zehn Jahren entschied sie sogar, auch für ihn keinen Nachfolger mehr zu benennen, sondern diesen Forschungsbereich auslaufen zu lassen.

Weizsäcker war enttäuscht. »Was gelungen ist«, schrieb er 1979, »ist ein meines Erachtens wichtiges Stück der Analyse der inneren Probleme des wirtschaftlichen Liberalismus oder Kapitalismus.« Eine entsprechende Analyse des »realen Sozialismus« konnte indessen, wesentlich aus Zeitmangel, nicht geleistet werden. »Erst auf dieser Ebene«, bedauerte Weizsäcker, »hätte eine inhaltliche Integration der Institutsarbeiten, so wie sie mir vorschwebte, beginnen können.« Rückblickend urteilte er, dass wahrscheinlich schon das von Anfang an weitgespannte Forschungsprogramm »eine Überforderung aller Beteiligten« gewesen sei. Dennoch bedauerte er nicht, dieses Ziel wenigstens im Auge gehabt zu haben, »denn ich kann mir nicht vorstellen, dass wir den Lebensproblemen unseres Zeitalters um einen geringeren Preis als diesem werden gewachsen sein können«.

Nach seinem Ausscheiden aus dem Max-Planck-Institut im Alter von achtundsechzig Jahren beschäftigte sich Carl Friedrich von Weizsäcker mit philosophischen Fragen nur noch gelegentlich. Die Aneignung des ethischen Idealismus von Platon und der praktischen Philosophie Kants und Poppers, eingebettet in die neuen Fragestellungen der Quantentheorie, beschreiben nicht die Grenzen seines Interesses, aber die Dimension seines Denkens: »Um legitim sein zu können, muss eine moralische Norm vernünftig sein, und um vernünftig zu sein, muss sie allgemein sein können.«[12] Dies sei die einzige stichhaltige Rechtfertigung des Egalitarismus der Aufklärung, erkannte er und provozierte vergnügt heftigen Widerspruch libertärer und neomarxistischer Fachkollegen. Solle Moral aber, wie auch diese – wenn auch mit anderer Begrifflichkeit – fordern, gesellschaftliche Kraft gewinnen, dann setzte dies nach seiner Überzeugung »den Übergang der Gesellschaft aus dem Urzustand in den bürgerlichen Zustand« voraus. In den Nationen sei das geschehen, zwischen ihnen stehe dieser Schritt noch aus: »Der kategorische Imperativ verlangt die ökonomische Gerechtigkeit, und erst diese ist eine mögliche gesellschaftliche Basis der vollzogenen politischen Gerechtigkeit, der Freiheit, welche die geschichtliche Präsenz der Vernunft ermöglicht.«

Wichtiger wurde es für Carl Friedrich von Weizsäcker freilich, zu jenen Arbeiten zurückzukehren, die ihn seit seiner Jugend wissenschaftlich und philosophisch in Anspruch genommen haben: »zu den Grundlagen der Physik und, anschließend daran, zu einer Meditation der Grundlagen unseres Bewusstseins«. Die Suche nach dem Einen hielt ihn gefangen, die Verpflichtung, das Denkbare in dem Wissen zu denken, dass »wir alle noch durch andere Tore gehen werden«.[13] Es lag ihm nicht mehr daran, »bestimmte Meinungen durchzusetzen – und wenn es meine eigenen wären«. Bedeutsamer erschien ihm, seine Reflexionen, seine Fragestellungen öffentlich zu vermitteln, die sich aus den Arbeiten seines Instituts ergaben: »Haben wir die Priorität der Energieeinsparung verstanden? Ist unser technisches System auf die Möglichkeit begrenzter Kriegshandlungen vorbereitet? Müssen wir unsere Daseinsangst in die Kernenergiepanik flüchten? Haben wir ernstlich eine Alternative zum Wettrüsten gesucht? Wissen wir, in welchem Mischungsverhältnis der Weltmarkt Entwicklung und Unterentwicklung produziert?«[14]

In älteren, stabilen Kulturen, argumentierte Carl Friedrich von Weizsäcker, befand sich das, was technisch zu leisten war, etwa im Gleichgewicht mit dem, was die gesellschaftlichen Gewohnheiten, die ethischen Normen, die politischen Entscheidungsmechanismen zu bewältigen vermochten. Dieses Gleichgewicht ist heute nicht mehr gegeben. Es besteht kein Zweifel, dass wir technisch bei weitem mehr ins Werk setzen können, als wir gesellschaftlich, ethisch und politisch bewältigen. Weizsäcker: »Die Hoffnung ist naiv, durch technische Selbstentmannung das Gleichgewicht wieder herzustellen.«[15] Also müssten Gesellschaft, Ethik und Politik so radikal weiterentwickelt werden, wie die Technik bereits entwickelt sei – »bei Strafe des Untergangs«.

Es ging und geht Carl Friedrich von Weizsäcker daher um eine Entfaltung des Menschen zur Vernunft und, damit verbunden, um einen gesamtgesellschaftlichen Bewusstseinswandel, denn keines der von ihm – in Hunderten von Veröffentlichungen und Vorträgen – benannten Probleme wäre unlösbar, »wenn eine zusammenwirkende Vernunft der Menschheit sich seiner annähme«[16]. Diese Vernunft, die in der Tat einer gemeinsamen Denkweise und Sittlichkeit bedarf, wenn sie politisch erträglich wirksam werden soll, brauchte, so Weizsäcker, eine Plattform, ohne dass einer der daran Beteiligten »darum den Rahmen seiner Kultur, seiner Interessengruppe, seiner Generation verlassen müsste«. Keine einzelne Partei könne dies leisten und auch sonst keine politische Organisation, sondern nur der Mensch in eigener Anstrengung. Die Gesamtheit dieses gebündelten Willens und Gewissens werde sich dann in Verantwortung vor sich und dem anderen die ihr gemäße politische Form schaffen. Einen Menschen verstehen, plädierte Weizsäcker in diesem Zusammenhang, heißt verstehen, »inwiefern er legitim anders ist als ich selbst«. In dieser Qualität des Wortes »legitim« liegt keine Einschränkung, sondern nach Weizsäckers Überzeugung das Gemeinsame, die Humanität.

»Die europäische Neuzeit«, fasst er seine Überlegungen zu diesem Thema zusammen, »hat an die Entfaltbarkeit der menschlichen Natur zur gemeinsamen Humanität geglaubt.«[17] Vielleicht sei dies ihr größter philosophischer und politischer Entwurf überhaupt gewesen. Eben darum sei aber auch das Versagen der Humanität zur tiefsten Enttäuschung dieser Epoche geworden. Die »unzureichende Wahrnehmung des Menschen für den Menschen, die Unfähigkeit zur Humanität« ist nach Weizsäckers Überzeugung der Grund des Scheiterns aller großen gesellschaftlichen Entwürfe. Schließlich wäre »jedes der politischen Probleme in zusammenwirkender Vernunft lösbar« – wenn nur wir Menschen uns nicht als emotional unfähig erwiesen, diese gemeinsam tätige Vernunft ernstlich zu wollen: »Denn wollten wir sie, so würden wir nach ihr handeln.«[18]

Zwar bejahte Carl Friedrich von Weizsäcker aus seiner eigenen Erfahrung, dass »die Politik die bittere Pflicht des Naturwissenschaftlers« sei, aber zur Übernahme politischer Ämter mochte er sich zeitlebens nicht entschließen.[19] 1957 hatte ihm nach der »Göttinger Erklärung« gegen die Atombewaffnung, erstaunlich genug, Eugen Gerstenmaier, evangelischer Theologieprofessor und CDU-Landesvorsitzender in Baden-Württemberg, ein Bundestagsmandat angeboten. Weizsäcker lehnte ab. Auch als ihm Sozialdemokraten 1964 antrugen, als gemeinsamer Kandidat von ihnen und den Liberalen gegen Heinrich Lübke (CDU) ins Rennen um das Amt des Bundespräsidenten zu gehen, konnten sie ihn nicht überzeugen, weil er sich »inzwischen die Entscheidung gegen die Berufspolitik grundsätzlich und nicht ohne innere Krisen klargemacht hatte«.[20]

Gleiches galt für ihn im Mai 1979, als die Nachfolge Walter Scheels (FDP) geregelt werden sollte, der nach fünfjähriger Amtszeit wegen der veränderten Stimmenverhältnisse in den Bundesländern nicht mit seiner Wiederwahl rechnen konnte. Die Unionsparteien erhofften sich durch ein Umfallen der FDP einen vorzeitigen Machtwechsel in Bonn, so wie die Liberalen 1969 den Sozialdemokraten Gustav Heinemann ins Amt gehoben hatten. Um dieses zu verhindern, wollten Willy Brandt und der FDP-Vorsitzende Hans-Dietrich Genscher den parteipolitisch unabhängigen Carl Friedrich von Weizsäcker nominieren, der womöglich sogar christdemokratische Wahlmänner in der Bundesversammlung von sich hätte überzeugen können. Doch wiederum holten sich die Politiker eine Abfuhr. Anders als 1964 jedoch war seine Ablehnung diesmal nicht prinzipiell gemeint. Wäre ihm die Bundespräsidentschaft »von einer Mehrheit der Wahlberechtigten offen angetragen« worden, hätte er – so sein Schreiben an Willy Brandt vom 20. Mai 1979 – das Amt angesichts der von ihm vorhergesehenen »schweren Krisen der Welt und daher unserer Nation« wohl angenommen.[21] Doch für eine bloße Zähl- oder Kampfkandidatur mochte er sich nicht zur Verfügung stellen, weil in diesem Fall sein Motiv der Überparteilichkeit nicht mehr zu erkennen gewesen wäre. Die Wahl entschied am 23. Mai 1979 Professor Karl Carstens (CDU) mit 528 Stimmen für sich, während Annemarie Renger (SPD) auf 431 Stimmen von SPD und FDP kam.

Konnten Sozialdemokraten und Liberale spätestens seit der Phase der neuen Ostpolitik Ende der sechziger Jahre mit der wohlwollenden Unterstützung Carl Friedrich von Weizsäckers rechnen, hatte er in den ersten Jahren der Bundesrepublik Konrad Adenauer (CDU) sehr viel näher gestanden. Dessen Politik der bedingungslosen Westintegration fand Weizsäckers Billigung selbst um den Preis, dass »er damit die deutsche Wiedervereinigung auf unabsehbare Zeit unmöglich machte«[22]. Die von Kurt Schumacher (SPD) angestrebte Neutralisierung Gesamtdeutschlands hielt Weizsäcker für höchst bedenklich. Sie hätte das nach dem Zweiten Weltkrieg etablierte europäische Gleichgewicht zerstört, in der Mitte des Kontinents ein Machtvakuum geschaffen und die Integration Deutschlands in ein größeres politisches System verhindert. Ein Wiedererwachen des deutschen Nationalismus fürchtete Weizsäcker als Konsequenz daraus ebenso sehr wie das dann wahrscheinliche Schicksal des Landes, im Hegemonialkampf der Großmächte zum Kriegsschauplatz zu werden.

Eine neue Weltfriedensordnung versprach sich Carl Friedrich von Weizsäcker nur von einer Verständigung der Vereinigten Staaten und der Sowjetunion. Insofern sah er zu einem festen Bündnis der Bundesrepublik mit den USA keine Alternative. Gab es in dieser Hinsicht zwischen ihm und den Unionsparteien keinen Dissens, irritierte ihn der gerade von diesen wegen ihres Rückhalts bei den Flüchtlingen und Vertriebenen eingenommene »Kirchturmstandpunkt der innerdeutschen Behandlung des Deutschlandproblems« jedoch erheblich.[23] Die Wiedervereinigung Deutschlands konnte er sich auf diesem Wege niemals, sondern »nur durch eine Wiedervereinigung Europas und diese nur unter dem Schirm einer Weltfriedensabsprache zwischen Amerika und Russland« vorstellen. »Die Deutschen in diesem Sinne zu weltpolitischem Denken zu erziehen« erschien ihm notwendig, war sein durchgängiges Anliegen und ist, wie der geschichtliche Fortgang gezeigt hat, am Ende auch erfolgreich gewesen.

Teil III
Richard von Weizsäcker

Prolog

»Der Bolschewismus ist der Todfeind
des nationalsozialistischen deutschen Volkes«

»Wir müssen von dem Standpunkt des soldatischen Kameradentums abrücken. Der Kommunist ist vorher kein Kamerad und nachher kein Kamerad. Es handelt sich um einen Vernichtungskampf. Wir führen nicht Krieg, um den Feind zu konservieren.«
*(Adolf Hitler am 30. März 1941
vor den Generalen der Wehrmacht)*

*

Treblinka am Bug. Ein Kiefernwald in der Heidelandschaft Ostpolens. Ein Feld voller Steine. Steine, die stolpern lassen, Steine, die bedrücken. Ein Feld des Grauens. Jeder Stein steht für eine polnische Stadt, erinnert an einen Transport in das Vernichtungslager an dieser Stelle, in dem 800 000 Juden vergast wurden, solange deutsche Truppen die Front im Osten hielten.

Zwischen diesen grob behauenen Steinen spielen Kinder Fangen. Es ist eine Schulklasse aus dem masurischen Suwałki, die einen Ausflug nach Treblinka macht. Kaum eine Trauer hält Jahrzehnte an, oft nicht einmal Stunden, und was vor mehr als sechzig Jahren geschah, ist, zumal Kindern, Geschichte und keiner Trauer wert.

Zehn Kilometer von diesem Ort entfernt, begann für die 23. Infanteriedivision am 22. Juni 1941 um 3.15 Uhr in der Frühe das »Unternehmen Barbarossa«, der Überfall auf die Sowjetunion. Auf einer Länge von 1600 Kilometern brachen drei Millionen deutsche Soldaten, Tausende Panzer, Geschütze und Flugzeuge ohne Kriegserklärung in das Land ein – und verließen es dreieinhalb Jahre später wieder, zerstört und ausgeplündert. Zwanzig Millionen Tote hatte dieses Unternehmen gefordert.

Die 23. Infanteriedivision, 1935 aus dem Potsdamer Infanterieregiment Nr. 9 entstanden und von den eigenen Soldaten als »Republik der freien Grenadiere« oder »Preußens letzte Garde« verklärt, war eine Elitetruppe. Ihr gehörten die Söhne altpreußischer Adelsfamilien an, aber auch Richard von Weizsäcker und sein Bruder Heinrich und, um das Panorama bis zu den Nationalsozialisten hin auszuleuchten, beispielsweise als Reserveoffizier Adolf Hitlers Münchener Rechtsanwalt Hans Frank, seit 1939 »Generalgouverneur« im besetzten Polen und für seine Verbrechen vom Nürnberger Tribunal 1946 zum Tode verurteilt und gehenkt.

Standen die Offiziere anfänglich zumindest loyal zu Hitler, so wuchs der Widerstand mit dem Kriegsverlauf: Zwölf Regimentsangehörige wurden nach dem Hitler-Attentat vom 20. Juli 1944 von den Nazis umgebracht.[1] »Harter Fronteinsatz mit hohen Blutopfern und das Ringen um geistige und moralische Integrität und Unabhängigkeit gehörten zusammen«, so beschreibt Wolfgang Paul in seiner Regimentsgeschichte den Kriegsalltag dieser Einheit. Die Offiziere hätten, versichert er, »im Widerspruch von Befehl und Gewissen während eines Weltanschauungskrieges, der ihnen in seiner extremen Form zuwider war«, nichts als ihre Pflicht getan.[2]

Damit kommt der Geschichte dieses Regiments nicht nur, wie dieser Autor meint, eine »herausragende Bedeutung in der deutschen Heeresgeschichte« zu, sie eignet sich auch in besonderer Weise zur Spurensuche – zu Nachforschungen nämlich, was denn regimekritische Offiziere der Wehrmacht während des Russlandkrieges als ihre Pflicht verstanden: was sie persönlich zu verantworten haben und was sie mit ansahen, ohne Widerstand zu leisten.

Exakt 1347 Kilometer muss veranschlagen, wer Jahrzehnte nach dem Ende des Zweiten Weltkrieges dem Vormarsch der 23. Infanteriedivision im Jahr 1941 folgen will, vom Dörfchen Biel im heutigen Ostpolen bis zum Flecken Oserezkoje nördlich von Moskau, damals gerade noch dreiunddreißig unbezwingbare Kilometer vom Kreml entfernt. Es geht über Landstraßen und Feldwege, durch Städte und Dörfer, die seit dem Krieg kein Deutscher mehr betreten hat. Wer Spuren sucht, der begegnet Menschen, denen Deutsche alles genommen haben und die ihn trotzdem willkommen heißen. Er stößt auf bislang unzugängliche Archive, die er jetzt ungehindert nach Dokumenten und Fotos durchsuchen kann. Er trifft noch immer sowjetische Veteranen und Opfer deutscher Besatzung.

Wer sucht, der findet das zweite, das wirkliche Gesicht des Krieges, das Richard von Weizsäcker wahrgenommen haben muss – und das ihn nicht mehr losgelassen hat.

*

»Der Krieg gegen Russland ist ein wesentlicher Abschnitt im Daseinskampf des deutschen Volkes. Es ist der alte Kampf der Germanen gegen das Slawentum, die Verteidigung europäischer Kultur gegen moskowitisch-asiatische Überschwemmung, die Abwehr des jüdischen Bolschewismus. Dieser Kampf muss die Zertrümmerung des heutigen Russland zum Ziele haben und deshalb mit unerhörter Härte geführt werden. Jede Kampfhandlung muss in Anlage und Durchführung von dem eisernen Willen zur erbarmungslosen, völligen Vernichtung des Feindes geleitet sein.«
(Befehl von Generaloberst Erich Hoepner vom 2. Mai 1941)

*

Biel ist ein kleines Dorf in Ostpolen, jenseits der Bahnlinie Ostrów–Siedlce, wenige Kilometer nördlich des Bug. Keine Kirche, kein Geschäft, keine Gaststätte. Ein paar Häuser beiderseits des Sandweges, Kreuze und Marienstatuen in den Vorgärten, aber auch Schweine mit ihren Ferkeln, Hühner und Kühe. Hinter den Holzhäusern und Gärten senken sich Getreidefelder einen Kilometer weit bis zum Rand des östlich gelegenen Kiefernwaldes, der 1941 die Grenze zwischen den von Deutschen und Russen besetzten Teilen Polens bildete. Heute wie damals eine ländliche Idylle unter blauem Himmel, weißen Wolken und warmer Sommersonne.

Vor einem Menschenalter notierte der Nachschubführer der 23. Infanteriedivision, Gehrke, in seinem Tagebuch: »Die Division ist, wie nicht anders anzunehmen war, in vorderster Linie an einer kriegsentscheidenden Stelle eingesetzt worden, so dass wir recht interessante Tage vor uns haben. Am 21. Juni, einem schönen warmen Sommerabend, erhielten wir den endgültigen Angriffsbefehl für Sonntagmorgen 3.15 Uhr. Pünktlich eröffnete die Artillerie den Feldzug gegen Sowjetrussland mit ihren Kanonenschüssen aller Kaliber. Wir sind auf dem Gefechtsstand, ein Schuss aus einer Champagnerflasche, und wir stoßen darauf an, dass es auch diesmal wieder so gut gehen möge. Es ist doch immer ein eigenartiges Gefühl, den Augenblick eines Kriegsbeginns zu erleben.«

*

»Behandlung der Straftaten von Angehörigen der Wehrmacht und des Gefolges gegen Landeseinwohner: Für Handlungen, die Angehörige der Wehrmacht und des Gefolges gegen feindliche Zivilpersonen begehen, besteht kein Verfolgungszwang, auch dann nicht, wenn die Tat zugleich ein militärisches Verbrechen oder Vergehen ist.«
(Adolf Hitler in einem Erlass vom 13. Mai 1941)

*

Stunden nach dem Beginn des Überfalls trug in Moskau der deutsche Botschafter dem sowjetischen Außenminister eine verlogene Note vor:

»Die Sowjetregierung ist im Begriff, Deutschland in seinem Existenzkampf in den Rücken zu fallen. Der Führer hat daher den Befehl erteilt, dieser Bedrohung mit allen zur Verfügung stehenden Machtmitteln entgegenzutreten.«

Wenige Tage darauf fürchtete der Neffe des Botschafters, der am 10. August 1944 wegen seiner Teilnahme am Hitler-Attentat hingerichtete Fritz-Dietlof Graf von der Schulenburg, zu spät zum Sieg zu kommen.

In seinen 1942 veröffentlichten Erinnerungen, *Ein Leutnant von der Infanterie*, berichtete der Reserveoffizier der 23. Infanteriedivision: »In uns brannte, wie in allen, eine Frage, ein Gedanke: Kommen wir Männer vom deutschen Fußvolke noch zum Kampfe? Oder gewinnen die Panzer den Krieg? Sind wir nur verurteilt, hinterherzumarschieren?«

»Wir schlürften gemeinsam Kognak wie Nektar aus einer Flasche«, schrieb Schulenburg, und »ein Fest war es, die vom Marsch geschundenen und steif gewordenen Glieder in einen Wasserlauf oder eine Torfkuhle zu tauchen. Wir nahmen die einfachen Genüsse des Lebens, die der Alltag schal macht, dankbar als wahre Geschenke hin. [...] Unsere Gedanken kreisten darum, wie viel deutscher Geist und deutsche Menschen in diesem Raume zu schaffen vermöchten, dass dieses Land nach der schöpferischen Kraft, der ordnenden Hand und dem rechtlichen Sinn der Deutschen geradezu verlange.«

*

»Der Bolschewismus ist der Todfeind des nationalsozialistischen deutschen Volkes. Dieser zersetzenden Weltanschauung und ihren Trägern gilt Deutschlands Kampf. Dieser Kampf verlangt rücksichtsloses und energisches Durchgreifen gegen bolschewistische Hetzer, Freischärler, Saboteure

und Juden und restlose Beseitigung jedes aktiven und passiven Widerstandes.«
(Richtlinien für das Verhalten der Truppe in Russland vom 19. Mai 1941)

*

Slonim ist ein Landstädtchen in Weißrussland, mit überwiegend jüdischer Bevölkerung vor dem Krieg. Die alte, große Synagoge am Marktplatz beherrscht das Stadtbild. Die Synagoge ist kein Gotteshaus mehr, sie zerfällt. Ein Teppichhändler benutzt sie als Lagerhalle, ein Barbesitzer als Tanzsaal und die Tauben als Nachtquartier. »Juden«, sagt die alte Frau auf der Straße, »gibt es in Slonim nicht.«

An die 30 000 lebten hier, als die Potsdamer Infanteristen kamen. Ende 1941, erzählt die Leiterin des örtlichen Museums, wurde das Ghetto in der Stadtmitte eingerichtet – und dies von regulären Soldaten der Wehrmacht: »SS war noch gar nicht hier.« Anschließend, berichtet die Frau, haben Einsatztruppen des Sicherheitsdienstes der SS insgesamt 42 000 Menschen vor der Stadt erschossen.

Der Ort dieser Massenhinrichtungen ist heute ein Espenhain. Und er ist zugleich ein Massengrab, eingezäunt, 100 mal 200 Meter groß. An einem übermannshohen Stein vertrocknen Blumengestecke. Die Inschrift auf einer Tafel lautet: »Hier ruhen die Gebeine von 30 000 friedlichen sowjetischen Bürgern, die zwischen 1941 und 1944 von den Faschisten an dieser Stelle erschossen wurden.«

Wohl jeder Besucher dieser Gedenkstätte rechnet unwillkürlich nach: 20 000 Quadratmeter, 30 000 Tote, kann das denn sein? Wo sind die Ermordeten begraben worden? Die Museumsleiterin antwortet hart: »Sie stehen hier auf einem Berg von Knochen.« Vor allem Deutsche, die selten genug den Weg nach Slonim finden, glauben ihr nicht – noch nicht.

*

»Das Gefangenenlager Minsk beherbergt auf einem Raum von etwa der Größe des [Berliner] Wilhelmplatzes circa 100 000 Kriegsgefangene und 40 000 Zivilgefangene. Die Gefangenen, die auf diesem engen Raum zusammengepfercht sind, können sich kaum rühren und sind dazu gezwungen, ihre Notdurft an dem Platz zu verrichten, an dem sie gerade stehen. Bewacht wird das Lager von einem Kommando aktiver Soldaten in Kompaniestärke. Die Bewachung des Lagers ist bei der geringen Stärke des Wachkommandos nur möglich unter Anwendung brutalster Gewalt. Die Kriegsgefangenen, bei denen das Ernährungsproblem kaum zu lösen ist, sind teilweise sechs bis acht Tage ohne Nahrung und kennen in einer durch den Hunger hervorgerufenen tierischen Apathie nur noch eine Sucht: zu etwas Essbarem zu gelangen. [...] In der Nacht fallen die Hungernden über die Versorgten her und schlagen sich gegenseitig tot, um zu einem Stück Brot zu gelangen.
Die einzig mögliche Sprache des schwachen Wachkommandos, das ohne Ablösung Tag und Nacht seinen Dienst versieht, ist die Schusswaffe, von der rücksichtslos Gebrauch gemacht wird. Eine Abhilfe dieser chaotischen Zustände seitens der Militärdienststellen ist bei dem durch den Vormarsch bedingten vorsorglichen Menschen- und Transportraumbedarf nicht möglich.«

(Bericht eines Ministerialrates namens Dorsch über das Gefangenenlager Minsk vom 10. Juli 1941)

*

Mitte Juli 1941 überschrit die 23. Infanteriedivision die Beresina östlich von Minsk bei Ossowo, an der gleichen Stelle, an der schon Napoleon 129 Jahre vorher übersetzte. Der Divisionskommandeur ließ paradieren, das Musikkorps spielte auf, und Divisionsnachschubführer Gehrke bedauerte, dass es in den Wäldern kaum noch Wild gab.

»Quartiermachen ist genauso leicht wie in Frankreich«, schrieb er, »nur etwas unterschiedlich. Dort fanden wir gut eingerichtete, leere Wohnungen, hier finden wir herrliche Felder und Wiesen, auf denen wir unsere Zelte aufschlagen. Wie viel abgebrannte Dörfer und Städte haben wir gesehen! Mit Ausnahme der größeren Städte bestehen die Dörfer und Städte aus armseligen Holzhäusern, deren Ritzen mit Moos verstopft und deren Dächer mit Stroh bedeckt sind. Brennt ein Haus, dann brennt ein Dorf ab – wenn es der Wind so will.«

In Ossowo stand der Wind für die Dorfbewohner günstig. In dem kleinen Weiler, erzählt Alla Iwanowna, die Gänsehirtin, wurden nur zwei Häuser niedergebrannt, der Ort blieb unversehrt. In Weißrussland hatten 186 andere Dörfer dieses Glück nicht. Sie wurden, nach sowjetischen Ermittlungen, »mit ihren Einwohnern gänzlich verbrannt«. 9200 weitere Dörfer und 209 Städte dieser Teilrepublik seien, so heißt es in einer neueren Veröffentlichung, von der Wehrmacht zerstört und jeder Vierte der knapp zehn Millionen Einwohner umgebracht worden.

Olga Jegorowa, eine Journalistin und Historikerin aus Minsk, klagt: »Das größte Verbrechen der Deutschen aber war, dass sie die einheimische Bevölkerung gezwungen haben, Partei zu ergreifen: Du musstest für sie arbeiten, als Polizist, als Spitzel, als Bauer, oder du musstest in die Wälder zu den Partisanen – ein Drittes gab es nicht.«

»Diese Zerrissenheit oft innerhalb einer Familie oder in den Dörfern«, erzählt die Tochter eines sowjetischen Offiziers, »dauert bis heute, bis in die dritte Generation.« Die bittere Ironie bei alldem sei, sagt die Journalistin, dass »es ja nicht die Partisanen waren, die den Krieg gewonnen haben. Das war ganz allein die Armee. Der Partisanenkampf, der so unermesslich viele Opfer gefordert hat, war also nicht mehr als eine von Stalin innenpolitisch gewünschte blutige Episode.«

*

»Bei den Wehrmachtsstellen besteht ein allgemeiner Ruf nach der Sicherheitspolizei. Man bedient sich gern unserer Hilfe, unserer Erfahrungen und Anregungen. Bei einzelnen größeren von uns durchgeführten Aktionen sind sogar ohne weiteres Truppeneinheiten unserer Führung unterstellt worden. Unsere Wünsche sind bisher jedesmal erfüllt worden.«
(Meldung UdSSR Nr. 90 des Sicherheitsdienstes der SS vom 21. September 1941)

*

Bereits Tage nach dem Durchmarsch deutscher Truppen sammelten sich ab Mitte Juli 1941 in den Wäldern um das weißrussische Städtchen Klitschew versprengte Rotarmisten in den ersten Partisaneneinheiten. Einer von ihnen war Stepan Andrejewitsch Sajaz aus Usakino. Er berichtet, weshalb er sich der Wehrmacht nicht gefangen gab: »Ich kam am 18. Juli in unser Dorf zurück und erfuhr, dass ein deutscher Soldat, der im Wald verwundet und von einem Bauern zu unserem alten Wundheiler gebracht worden war, trotz der Behandlung gestorben ist. Ein paar Tage später wurden zwei deutsche Soldaten, die im Nachbardorf als Luftraumbeobachter eingesetzt waren, von Partisanen bei einem ersten Überfall getötet. Dann kamen die Deutschen zu uns ins Dorf, und der Offizier ließ alle Männer antreten. Er fragte, wer keine Familie habe. Fünf von denen mussten vortreten und wurden erschossen, darunter der achtzehnjährige Sohn des Wundheilers. Als der Alte vom Tod seines Sohnes erfahren hatte«, erzählt Sajaz weiter, »ging er zu dem deutschen Offizier und weinte und schrie und sagte, wenn ihr schon Männer erschießt, dann nehmt alte und nicht die jungen, die ihr Leben noch vor sich haben. Da bedankte sich der deutsche Offizier und antwortete: ›Das ist eine gute Idee‹ und ließ im Nachbardorf zehn Großväter als Vergeltung für den Tod der beiden Soldaten erschießen.«

»Die einen verloren ihre Zukunft, die anderen ihre Vergangenheit. Welche Sünde«, fragt Sajaz, »wiegt schwerer?« Er jedenfalls nahm sich vor, sie alle zu rächen, die Opfer deutscher »Bandenbekämpfung« geworden waren. »Wälder müssen gesäubert werden«, heißt die euphemistische Umschreibung dieser Abschlachterei im offiziellen Kriegstagebuch der 23. Infanteriedivision.

*

»Das Janusgesicht des Zweiten Weltkrieges begann sich zu enthüllen. Alle in der Geschichte unseres Heeres erhärteten, überlieferten soldatischen Tugenden gerieten in die Gefahr eines geradezu dämonischen Missbrauchs. Auf der feinen Waage des Gewissens erfuhren einige unter uns, dass der Mensch in so entscheidenden Stunden des Lebens wie denen, in die wir damals gingen, wählen muss [...] zwischen Schuld und Schuld.«

*(Johannes Doehring,
Truppenpfarrer der 23. Infanteriedivision)*

*

Ende Juli 1941 stürmte die Division gegen erbitterten Widerstand die Stadt Mogilew am Dnjepr. Zehntausende sowjetische Soldaten wurden gefangen genommen. Ihr Schicksal war der Tod auf Raten. Pawel Jerimowitsch Koldwin gehörte zu den wenigen, die überlebten: »Im Kriegsgefangenenlager auf dem Flugplatz Lupolowo befanden sich in den ersten Tagen der Okkupation an die 70 000 Kriegsgefangene. Es gab Fälle des unmittelbaren Tötens einzelner Kriegsgefangener, weil sie versuchten, vom Boden einige Kartoffeln aufzuklauben. Die verwundeten Kriegsgefangenen erkrankten und starben. Täglich starben im Lager an die 400 Mann. Es gab Fälle, in denen noch lebende Kriegsgefangene auf einen Haufen geworfen und auf diese Art begraben wurden. Unter den Kriegsgefangenen kam es zu Kannibalismus, als nämlich hungernde Kriegsgefangene bei den Gestorbenen weiche Körperteile herausschnitten und diese aßen.«

Am 3. August besetzte die Division Roslawl, die erste Stadt auf zentralrussischem Gebiet – etwa 1000 Kilometer von der deutschen Grenze entfernt. Auch in Roslawl wurde ein Gefangenenlager eingerichtet, im städtischen Museum erinnert ein verblichenes Foto daran. Der Museumsdirektor ist ein Mittdreißiger, spärliches Haar, strenger Blick hinter dicken Brillengläsern. Er hält seinen Zeigestock wie eine Rute. Aus dem Keller hat er ein verstaubtes Aktenbündel der örtlichen Untersuchungskommission für deutsche Kriegsverbrechen zutage gefördert. Deren Ermittlungen haben ergeben, dass in Roslawl, das heute an die 40 000 Einwohner zählt, während der Besatzungszeit 130 000 Menschen umgekommen sind – umgebracht, an Seuchen gestorben oder ganz einfach verhungert: 700 allein jeden Tag in den Herbst- und Wintermonaten 1941. Bis Ende jenen Jahres, so die Aufzeichnung eines untergetauchten Parteifunktionärs, habe die Zahl der Toten bereits 73 000 betragen.

*

»Kollektive Gewaltmaßnahmen durch Niederbrennen. Erschießen einer Gruppe von Leuten usw. Truppe soll sich aber nicht ablenken lassen oder im Blutrausch handeln. Kein unnötiges Scharfmachen, also nur so weit, als zur Sicherung der Truppe und raschen Befriedung des Landes erforderlich.«

(Tätigkeitsbericht Nr. 2 der Panzergruppe 3
vom 19. August 1941)

*

In der zweiten Oktoberwoche erreichte die Division Wjasma. Von der Schnellstraße Smolensk–Moskau biegt dort, in Richtung Norden, eine Landstraße ab, die nach Rschew führt. Nach zwölf

Kilometern am linken Straßenrand ein Hinweisschild: Pekariowo 1000 Meter.

Doch Pekariowo gibt es nicht mehr. Der Feldweg endet nach einigen Hundert Metern im frisch umbrochenen Acker. Der Bürgermeister von Wjasma, Dimitri Dimitrijewitsch Iwanow, weist mit dem Arm voraus, auf eine Birkenallee: »Das war die Dorfstraße.« Diese 27 Birken, ein paar Ziegelsteine des niedergebrochenen Dorfbackofens und drei namenlose Gräber sind die Überreste von Pekariowo. Alles andere ist verschwunden, keine Mauer mehr, kein Schornstein und kein Balken. Die Sonne scheint warm, ein leichter Wind streicht über die Höhe und trägt den beißenden Geruch von Ammoniak mit sich, das die Bauern in viel zu großen Mengen als Dünger auf den umliegenden Feldern versprühen.

Die Wehrmacht hat dieses und zwei weitere Dörfer dem Erdboden gleichgemacht, Tschitowka und Pisotschnja, weil deren Bewohner angeblich mit Partisanen in Verbindung standen. Die Zahl der Opfer dieser Strafaktion ist unbekannt, da viele Menschen ihre Häuser vor dem Eintreffen der deutschen Truppen verlassen konnten, aber nur zu einem kleinen Teil nach Kriegsende zurückgekehrt sind.

In Pekariowo starben mindestens sechsundzwanzig Frauen und Kinder. Ihre Knochen wurden nach der Befreiung durch sowjetische Truppen im Sommer 1943 gefunden und unter einer in Brusthöhe gekappten Tanne beigesetzt. Doch die Tanne, die ein Erinnerungsschild tragen sollte, starb nicht, sondern trieb neue Äste nach allen Seiten und ist heute ein mächtiger Baum, der einem kleinen Gedenkstein Schatten gibt.

*

»Fern von allen politischen Erwägungen der Zukunft hat der Soldat zweierlei zu erfüllen: 1. die völlige Vernichtung der bolschewistischen Irrlehre, des Sowjetstaates und seiner Wehrmacht; 2. die erbarmungslose Ausrottung artfremder

Heimtücke und Grausamkeit und damit die Sicherung des Lebens deutscher Wehrmacht in Russland.«
(Generalfeldmarschall Walter von Reichenau am 10. Oktober 1941)

*

Am 29. November 1941 wurde in Petrischewo, einem Dörfchen einige Kilometer östlich von Wjasma, ein achtzehnjähriges Mädchen von deutschen Soldaten gehenkt. Als Partisanin, so die offizielle, die sowjetische Heldenlegende, habe Solja Kosmodenjanska mit einem Kameraden Feuer im Pferdestall des Ortes legen wollen, um der eigenen Artillerie das von Deutschen besetzte Dorf als Ziel zu markieren. Doch der Freund, heißt es, wurde von der Wehrmacht gefangen genommen und gefoltert. Er habe das Mädchen schließlich verraten. Sie wurde auf der Stelle verhaftet und getötet.

Es gibt noch eine zweite Wahrheit, eine menschlichere, wenngleich für Heldengeschichten weniger geeignet. Sie wird – heute erst – von einigen Dorfbewohnern leise und voller Scham erzählt. Die beiden jungen Partisanen seien nicht im eigentlichen Sinne Opfer der deutschen Soldaten gewesen. Sondern sie wurden verraten. Von den eigenen Leuten, aus dem eigenen Dorf.

Die Menschen von Petrischewo hatten Angst vor der Wehrmacht, die den Ort eingenommen hatte, und sie hatten Angst vor Vergeltungsmaßnahmen, wenn sie sich gegen das Militär zur Wehr setzen würden. Außerdem fürchteten sie um den Pferdestall und die Tiere – das Letzte, was ihnen an Eigentum noch geblieben war, nachdem die Deutschen alle Vorräte als Truppenverpflegung bereits beschlagnahmt hatten. Also gaben sie die beiden jungen Menschen preis, von deren mutigem Plan sie erfahren hatten. Das in Erz gegossene, gewaltige Standbild des Mädchens am Rande der Straße erinnert tonnenschwer an die eigene Schwäche, die alte Schuld.

*

»Gesamtzahl der Gefangenen: 10 940, davon 10 431 erschossen. Gemachte Beute: 13 Zelte, 11 leichte MG, 21 automatische Gewehre, 28 Inf. Gewehre, 8 MP, 19 Pistolen und Trommelrevolver, 2 Leuchtpistolen.«

(Bericht des Wehrmachtsbefehlshabers
vom 19. November 1941)

*

In der Hinterlassenschaft eines deutschen Soldaten, der mit der 23. Infanteriedivision gekämpft hatte, finden sich Fotos einer Hinrichtung: Vier Zivilisten, zwei Männer und zwei Frauen, werden auf einem Stadtplatz gehenkt – Soldaten schauen ohne erkennbare Gemütsregung zu, entweder weil ihre Anwesenheit befohlen wurde oder weil sich ihnen nichts Kurzweiligeres geboten hat.

In Wolokolamsk, neunzig Kilometer nordwestlich von Moskau, lebt Ludmilla Iwanowna Bachomenko. Die Frau ist Rentnerin, Witwe eines Offiziers. Sie erinnert sich: »Das war im November 1941. Da haben die Deutschen acht Komsomolzen gehenkt und vier weitere Leute, denen sie vorwarfen, mit den Partisanen Kontakt zu haben.«

Ludmilla Bachomenko erreicht einen oberhalb des Stadtplatzes gelegenen Ehrenhain: »Hier bei dem Denkmal sind sie begraben worden.« Aber nicht alle, die von den Deutschen ermordet wurden, fährt sie fort, lägen hier: »Im Stadthaus waren einige Hundert Gefangene. Vor ihrem Abzug haben die Deutschen die Fenster und die Türen des Hauses mit Stacheldraht versperrt und das Gebäude in Brand gesteckt. Diejenigen, die noch zu fliehen versuchten, wurden von außen abgeschossen. Die Übrigen sind mit dem Haus verbrannt.« Wie viele? »An die 600 Menschen.«

*

»Es ist noch nie vorgekommen, dass ein Verhörter auch nur eine Person belastet hätte, ohne dass er scharf angefasst worden wäre. Daher ist Folgendes zu beachten: Alle Verhörten sind schärfstens zur Wahrheit zu ermahnen. [...] Sie rechnen von vornherein mit Prügel. [...] 25 auf den Hintern, bei Frauen mit Gummischlauch, bei Männern mit Ochsenziemer und Gummiknüppel. [...] Die in strengstes Verhör genommenen Personen sowie bereits Überführte müssen am Ende des strengsten eingehenden Verhörs liquidiert werden.«

(Wehrmachtsrichtlinie für das Verhör vom 7. Dezember 1941)

*

Oserezkoje liegt dreiunddreißig Kilometer vom Kreml entfernt und ist, nördlich von Moskau, das der Hauptstadt nächstgelegene Dorf, das die 23. Infanteriedivision Anfang Dezember 1941 für eine Woche besetzt hielt.

Die siebzigjährige Jekaterina Stepanowna Latschina berichtet von den Kämpfen: »Zuerst kamen deutsche Flugzeuge und bombardierten den Ort. Dabei wurde mein Häuschen getroffen und mein siebzehnjähriger Bruder tödlich verletzt. Ich floh mit meinen zwei kleinen Töchtern, die damals drei und fünf Jahre alt waren, in die Wälder. Die meisten Dorfbewohner kamen mit. Für eine Woche, bis der Ort wieder befreit wurde, hausten wir bei bitterer Kälte in Erdhöhlen im Wald. Als wir zurückkamen, war das Dorf zerstört. Aber nicht im Kampf, die Deutschen hatten vielmehr die Häuser niedergebrannt, bevor sie den Ort verließen.«

Nina Wladimirowna Kusniezowa, eine alte Witwe, die den jungen Popen des Dorfes versorgt und die seit wenigen Jahren wieder geöffnete Kirche, sagt, dass sie nicht lügen will und deshalb nur das mitteilen wird, was sie mit eigenen Augen gesehen hat: »Die deutschen Soldaten waren junge Männer, Kinder beinahe, und sie hatten Angst vor dem Tod. Sie haben sich anständig benommen, soweit das in einem Krieg überhaupt möglich ist. Sie gaben uns von ihrem Essen ab und haben die verschlossene Kirche nicht betreten. Gut, sie haben in deren Keller und in der Schule auf der anderen Straßenseite ein Hospital eingerichtet und auch unsere Kühe geschlachtet. Aber wir hatten für die Tiere ja sowieso kein Futter mehr.«

Als sich die deutschen Truppen nach sieben Tagen aus dem Dorf absetzten, brannten sie die 360 Häuser nieder. Die Kirche blieb stehen, und an ihrer Südseite ist ein Gräberfeld, auf dem deutsche Soldaten und Offiziere beerdigt worden waren. Schlimmer als der Verlust des eigenen Hauses, erzählt Nina Kusniezowa, sei für sie allerdings gewesen, dass sie damals bei der von den Deutschen kurz vor dem Rückzug gesprengten Schule »Arme, Beine und andere zerfetzte Körperteile deutscher Soldaten« gefunden habe: »Die haben ihre Verwundeten aus dem Hospital nicht mitgenommen, sondern umgebracht, bevor sie abmarschieren mussten.« Es hat ihnen, vermutet Nina Kusniezowa, an Autos und Benzin gefehlt, um die eigenen Kameraden in Sicherheit zu bringen.

*

Am 5. Dezember 1941, um 17.45 Uhr, meldete der Divisionskommandeur, Generalmajor Heinz Hellmich, dem Armeeoberkommando, dass seine Soldaten bei dreißig Grad unter null nicht mehr kämpfen konnten: »Die Division muss bei dieser Kälte die Angriffe einstellen und zur Verteidigung übergehen.« Mit dieser Wende vor Moskau begann die Niederlage der deutschen Wehrmacht. Während des Vormarsches verlor die 23. Infanteriedivision 1415 Soldaten als Gefallene, 3377 wurden verwundet, 164 galten als vermisst.[3] Dreieinhalb Jahre später standen die sowjetischen Streitkräfte in Berlin.

Der Nachkömmling

»Man musste lernen, sich so energisch
wie möglich zu behaupten«

In den letzten Märztagen 1920 hatte das holländische Frachtschiff »Kinderdyk« auf seiner Fahrt von Nimwegen nach Mannheim neben der gewöhnlichen Ladung eine Familie an Bord. Gegen etliche Gulden, die ihm aus seiner letzten Gehaltszahlung noch zur Verfügung standen, konnte der aus Den Haag abberufene deutsche Marineattaché Ernst von Weizsäcker den Kapitän überzeugen, ihn selbst und seine hochschwangere Frau sowie die drei Kinder Carl Friedrich, Adelheid und Heinrich rheinaufwärts mitzunehmen. Eine Bahnfahrt durch das Ruhrgebiet, in dem sich zu dieser Zeit eine 60 000 Mann starke »Rote Ruhrarmee« unter kommunistischer Führung erbitterte und blutige Kämpfe mit der Reichswehr und eilig aufgestellten Freiwilligenverbänden lieferte, verbot sich von selbst.

Das Ziel dieser abenteuerlichen Reise war Stuttgart. Dort wollte die damals einunddreißig Jahre alte Marianne von Weizsäcker ihr viertes Kind gebären, und zwar in einer Mansarde des Neuen Schlosses, die zur Dienstwohnung ihres Vaters Friedrich von Graevenitz gehörte, bis Ende des Ersten Weltkrieges königlich-württembergischer Generalmajor und Militärbevollmächtigter in Berlin und trotz aller revolutionären Umtriebe noch immer unangefochtener Untermieter in der Residenz. Ernst von Weizsäcker, dem als abgemustertem Korvettenkapitän der kaiserlichen Marine kurz zuvor die probeweise Aufnahme in den Auswärtigen Dienst der Weimarer Republik zugesagt worden war, reiste sofort nach Berlin weiter. Am 15. April 1920 brachte Marianne von Weizsäcker ihren dritten Sohn daher allein zur Welt – so wie auch die anderen Kinder zuvor. Nach zwei Brüdern der Mutter, die im letzten Kriegsjahr gefallen waren, erhielt der Junge die Vornamen Richard und Karl.

Im Februar 1921 wurde der Vater an das deutsche Konsulat in Basel abgeordnet, doch die Familie zog erst nach seiner Ernennung zum Konsul am Jahreswechsel dort wieder zusammen. Häufige Ortsveränderungen oder Trennungen von den Eltern blieben wegen des väterlichen Berufs als Diplomat für den Sohn während seiner Jugendzeit bestimmend: Umzug nach Kopenhagen im Dezember 1924; Umzug nach Berlin im März 1927; zwischen Sommer 1931 und Frühjahr 1933 aus schulischen Gründen Trennung von den Eltern, als der Vater nach Oslo versetzt wurde; Nachzug in die norwegische Hauptstadt im April 1933; Umzug nach Bern im September 1933; Rückkehr nach Berlin Anfang 1937, dort aber getrennt vom Vater wohnend, der zur gleichen Zeit die Politische Abteilung des Auswärtigen Amtes kommissarisch leitete. Dann Sprachstudien im Sommersemester 1937 in Oxford und im folgenden Wintersemester in Grenoble. Anschließend ein halbes Jahr Arbeitsdienst am Werbellinsee in Brandenburg und danach Militärzeit in Potsdam.

Dass diese vielen Ortswechsel in kurzen Abständen und die längeren Trennungen von den Eltern den Jungen belastet haben müssen, steht außer Frage. Wieweit dieses bindungsschwache »Zigeunerleben quer durch Europa«[1] für seine Persönlichkeitsentwicklung prägend war, lässt sich nur mutmaßen. Richard von Weizsäcker selbst führt sein stets sichtlich um Kontrolle bemühtes, zumeist wenig Emotion verratendes Auftreten auf andere Ursachen zurück. Er beschreibt sich landsmannschaftlich im Einklang mit dem hohenlohischen Menschenschlag seiner Familie: »Man ist eher bedächtig als redselig, eher bewahrend als umstürzlerisch. Man hat starke Gefühle wie alle Menschen, behält sie aber vorzugsweise für sich, um nicht aufdringlich zu wirken.«[2]

Hinzu kommen generationenübergreifende Wertvorstellungen der Familie: »Es ging ohne Vererbung von Titeln, Höfen und Vermögen vor sich. Jede Generation hatte sich ihren Platz selbst zu erwerben. Entscheidend blieb die individuelle Qualifikation.«[3] Richard von Weizsäcker empfindet sich nicht als Aristokrat, sondern als Teil, womöglich auch als Repräsentant einer Bürgergesellschaft und einer Familie, die ihren geschichtlichen Ort eigenem Leistungswillen verdankt: »Selbständigkeit, Individualität und Autonomie anzustreben, sich niemandem zu verdingen, das war ihr berufliches Lebensprinzip. Nicht Objekt, sondern Subjekt sein zu wollen, frei zu sein und zu bleiben bedeutete aber notwendigerweise, sich aus den Angelegenheiten des Gemeinwesens nicht herauszuhalten, sondern eine bürgerliche Öffentlichkeit zu schaffen und mitverantwortlich auszufüllen.«[4]

Die Familie, die zeitweilig fernen Eltern und die älteren Geschwister waren für Richard von Weizsäcker wirkliche Kraftquelle und sehnsuchtsvolle Erwartung gleichermaßen. Der Vater war auch dann, wenn die Familie zusammenlebte, bedingt durch seine Auslandsreisen häufig abwesend, »aber als die hochgeachtete Autorität präsent, sobald er am allgemeinen Familienleben teilnahm«[5]. Der Sohn beschreibt ihn als guten Mathematiker, als Mann mit besonderem Interesse für Geschichte und Geographie und als Freund der klassischen deutschen Dichtung, wobei er, was angesichts seines militärischen Vorlebens kaum verwundert, »den engagierten Schiller dem sich immer wieder entrückenden Goethe« vorzog.[6] Gefühlsäußerungen fielen offenbar auch ihm schwer. Weizsäcker: »Man konnte an ihm beobachten, was die ganze Familie ein wenig kennzeichnete: Wir müssen offenbar erst innere Barrieren überwinden, bis wir zu glauben bereit sind, dass Gefühle bleiben, was sie sind, sobald wir sie vernehmbar aussprechen.«[7]

So wie Mitarbeiter des späteren Bundespräsidenten durchaus von schneidend kalten Zurechtweisungen zu berichten wissen, wenn sie nach Auffassung ihres Vorgesetzten nicht hinreichend vorbereitet zu den morgendlichen Lagebesprechungen erschienen oder zu leger gekleidet waren – wobei selbst im Hochsommer das Fehlen eines Jacketts gerügt wurde oder, bei anderer Gelegenheit, der gestreifte Schlips zum gestreiften Hemd –, so schmerzlich empfand umgekehrt der Sohn die Scheu des Vaters, seine Zuneigung deutlicher zu zeigen: »Die meisten Menschen wollen doch die Wärme und Anteilnahme spüren und hören, statt sie erraten zu müssen.«[8] Ernst von Weizsäcker jedenfalls »äußerte sich lieber in Kategorien des Verstandes«, es war ihm »ein Greuel, über sich selbst zu reden«. Seine »verborgene Seele« offenbarte sich, so der Sohn, stattdessen in seinen Aquarellen.[9] Zu den sonntäglichen Spaziergängen wurde der Jüngste anders als seine älteren Geschwister wie selbstverständlich heranbefohlen, und das Schwimmen brachte der Vater dem Sohn in einem See mit Blutegeln, wie es hieß, auf wenig einfühlsame Weise bei: »Er nahm mich ein paar Meter mit ins Tiefe, dann ließ er mich auf einmal mit dem Zuruf los, ich solle mich vor dem Gewürm ans Ufer in Sicherheit bringen.«[10]

Die Mutter dagegen war, und das sieht Richard von Weizsäcker ganz so wie auch sein ältester Bruder Carl Friedrich, »Mittelpunkt und Herz der Familie«.[11] In ihrer Hand lag die Erziehung, und »sie begleitete die Entfaltung eines jeden mit der tiefen Kraft ihrer Liebe«[12]. Laute Worte oder gar Schläge waren ihr fremd, sie spielte mit den Kindern oder musizierte mit ihnen. Sie versuchte, als Vorbild zu leiten, und ersetzte Verbote durch positive Verstärkungen, wobei diese in ihrer Doppelbödigkeit durchaus nicht immer überzeugten: »Wenn also ich armes Kind als Jüngster Abend für Abend zuerst ins Bett gehen musste, dann hieß es: ›Heute darfst du einmal den Reigen eröffnen.‹ Alles, was wir mussten, ›durften‹ wir.«[13] Dennoch war es zweifellos ihrer Persönlichkeit und ihrem Einsatz zu verdanken, dass die Familie auch unter extremer Belastung für alle Angehörigen zum Schutzraum wurde.

Das Verhältnis Richard von Weizsäckers zu seinem ältesten

Bruder Carl Friedrich war in Kindheit und Jugend schon allein wegen des großen Altersunterschiedes von acht Jahren nicht besonders eng. Und mit seinen herausragenden intellektuellen Begabungen »war er eine Klasse für sich, von den Geschwistern neidlos bewundert, von mir freilich auch oft nachhaltig in seinen Kreisen gestört, weil ich legitimerweise das Spielen dem Philosophieren deutlich vorzog«[14].

Gleichwohl gingen von ihm für die Geschwister die entscheidenden geistigen Anstöße aus, »er war und blieb eine maßgebliche Antriebskraft für uns alle«[15]. Die 1916 geborene Schwester Adelheid scheint in ihrer stillen und hilfsbereiten Art der Mutter ähnlich gewesen zu sein: »Eine Wohltat ist ihre Gabe, die Schwächen eines jeden Menschen zu übersehen und dafür seine guten Seiten als die maßgeblichen zu behandeln und zu entfalten, ihn dadurch zu verwandeln.«[16] Ihr rühmender Spitzname in der Familie war »Vernunftquelle«, weil sie Streitigkeiten nach Möglichkeit aus dem Wege ging und stattdessen Einvernehmen unter den Geschwistern herbeizuführen suchte: »Wenn ich wieder einmal lautstark gegen die lästige Geistigkeit der Älteren aufbegehrte, begütigte sie mich mit einem freundlichen Entgegenkommen und erklärte den anderen, das Haus habe Frieden, wenn es mir gutginge.«[17]

Besonders nahe stand dem Jüngsten der drei Jahre ältere Bruder Heinrich. Beide waren recht sportlich, und ihr gemeinsames Interesse galt weniger den Naturwissenschaften als der Geschichte in ihren Heldenepen und Legenden. »Rasch wuchs er heran«, erinnert sich Richard von Weizsäcker an den bewunderten Älteren, »und wurde ein schmaler Hüne, furchtlos und voller Ideale.«[18] Beide traten dem national-konservativen Großdeutschen Jugendbund (G.D.J.) bei, einer von dem ehemaligen Vizeadmiral Adolf von Trotha – einem Bekannten des Vaters aus Marinezeiten – geführten Gruppierung mit vordemokratisch-revanchistischen Zielen.[19] Juden wurden in den G.D.J. nicht aufgenommen. In dieser bündischen Jugendgruppe fand Heinrich von Weizsäcker »unter gleichgesinnten Jungen einen Kreis, dem er sich

327

mit seiner Gabe zur Freundschaft und Treue und mit seinem ritterlichen Wesen voller Hingabe zuwandte«[20]. Über eigene Erlebnisse und Erfahrungen in dieser Gemeinschaft berichtet Richard von Weizsäcker in seinen Lebenserinnerungen indessen nichts.

Worauf er hingegen ausdrücklich hinweist, das war die Beschwernis, als Jüngster »diesem gewichtigen Geschwisterkreis« hinterhergewachsen zu sein. Zu Hilfe gekommen sind ihm dabei sicherlich sein schauspielerisches Talent, sein Selbstbewusstsein und seine Sprachfertigkeit. »Man musste lernen, sich so energisch wie möglich zu behaupten«, resümiert Richard von Weizsäcker seine Bemühungen, Aufmerksamkeit zu finden. Manche Mittel jedoch, die er dazu ersann, veranlassten seinen Vater, in ihm »das größte ›Lümple‹ unter den vieren zu sehen«[21]. Die Geschwister hätten gewiss unter seinen »unerbetenen Wortmeldungen« mehr zu leiden gehabt als er unter »der Sorge, mit meinen Wünschen unbemerkt zu bleiben«[22]. Als er sechs Jahre alt war, sagte ihm »der seherische Carl Friedrich« eine Zukunft als Parlamentsredner voraus, was nicht schmeichelhaft gemeint war, und »eine spitzzüngige Bekannte meiner Eltern bezeichnete mich gar rundheraus als ›Kikeriki‹ – natürlich ohne dabei an Volksvertreter zu denken«[23].

Vermittelte der Vater seinen Kindern nach Einschätzung des Familienbiographen Martin Wein Werte wie Prinzipientreue und Verantwortungsbewusstsein, Beherrschung der eigenen Gefühle und einwandfreie Manieren als wesentliche Kennmarken eines erstrebenswerten Persönlichkeitsbildes, gelang es der Mutter, durch »ihre immer wache selbstlose Teilnahme am Weg und Schicksal des anderen« diese Strenge aufzuheben und ein wärmendes Familienbewusstsein zu schaffen.[24] Für Richard von Weizsäcker steht fest, dass ihm »das Schicksal mit der eigenen Familie einen Vorzug von unschätzbarem Wert geschenkt hatte«[25]. Denn »sie war und blieb für mich der entscheidende Rückhalt und Segen im Leben«[26].

Eingeschult wurde Weizsäcker Ostern 1926 in der Kopenhagener Petri-Schule. Die Familie war im Dezember 1924 nach der Übernahme Ernst von Weizsäckers in den diplomatischen Dienst und der damit verbundenen Ernennung zum Gesandtschaftsrat in die dänische Hauptstadt gezogen. Unter den sechsundzwanzig Mitschülern waren vierundzwanzig Dänen und zwei weitere Deutsche, so dass der neue Schüler fließend Dänisch sprechen lernte. Aber bereits ein Jahr darauf wechselte der Vater als Sachbearbeiter für Abrüstungsfragen in das Völkerbund-Referat des Auswärtigen Amtes nach Berlin und der Sohn in die Volksschule Nachodstraße im Stadtteil Wilmersdorf. Da er wegen guter Leistungen die dritte Grundschulklasse überspringen konnte, wurde er mit neun Jahren in das humanistische Bismarck-Gymnasium an der Nachodstraße aufgenommen. Über ein Drittel seiner Klassenkameraden waren jüdischen Glaubens.

Der Junge nahm von dem auch während der Weimarer Zeit virulenten, politisch und kulturell ausgrenzenden Antisemitismus nach eigener Erinnerung kaum etwas wahr: »Dennoch musste ich mich später fragen: Was hatte ich trotz dieses engen täglichen Zusammenlebens von jüdischer Religion, Geschichte und Identität schon gewusst oder wenigstens dabei gelernt? Fast nichts.«[27] Es gab offenbar eine den Schülern bewusste Verschiedenheit, je nach Religionszugehörigkeit und unterschiedlichen Lebensgewohnheiten und Alltagsritualen: »Man spürte, dass es Unterschiede gab. Aber man schloss sich gegenseitig nicht aus. Wir besuchten uns ungezählte Male in den Familien und diskutierten sogar gelegentlich untereinander, ob es ratsam sei, später die Schwester eines Mitschülers aus dem anderen Umfeld zu heiraten.«[28] Ungeachtet aller Gemeinschaft existierte eine erhebliche Fremdheit, die solche Gespräche anstieß, aber gleichzeitig eben auch eine enge Kameradschaft über alles womöglich Trennende hinweg nicht ausschloss: »Bis zum Abitur 1937 waren die jüdischen Mitschüler alle noch dabei. Wir Schüler standen in unserer Klasse gegen die Welt da draußen eng zusammen. Inzwischen hatten wir alle begriffen, wie sehr sich der Himmel über

Deutschland verfinstert hatte. Und doch ahnte keiner die ungeheuerlichen Folgen.«[29]

Zuvor allerdings, im Sommer 1931, war Ernst von Weizsäcker als Gesandter nach Oslo versetzt worden. Aus schulischen Gründen blieben Heinrich und Richard von Weizsäcker in Berlin, Carl Friedrich studierte bereits Physik in Leipzig. Lediglich die schulentlassene Schwester Adelheid zog mit den Eltern nach Norwegen. Die beiden jüngeren Brüder wohnten bei der mit ihren Eltern befreundeten Familie Batocky im Stadtteil Tiergarten, besuchten aber weiterhin das Bismarck-Gymnasium, an dem schon Carl Friedrich im Februar 1929 ein glanzvolles Abitur abgelegt hatte. Im April 1933 folgte Richard von Weizsäcker in die norwegische Hauptstadt und wurde dort fünf Monate lang von einem eigens zu diesem Zweck aus Tübingen übergesiedelten Vikar privat unterrichtet, um im Herbst die Aufnahmeprüfung für die Obertertia (die neunte Klasse) an der Berner Literarschule ablegen zu können. Denn dorthin war der Vater nach dem Machtantritt der Nazis und einer vertretungsweisen Übernahme der Personalabteilung des Auswärtigen Amtes in Berlin als Gesandter geschickt worden. Doch in vier von fünf Fächern fiel der gerade dreizehn Jahre alte und damit zwei Jahre unter dem Altersdurchschnitt liegende Bewerber, der in Berlin noch Klassenbester gewesen war, durch. Er wurde erst einige Monate später nach entsprechendem Nachhilfeunterricht und einer Wiederholungsprüfung aufgenommen.

»Weiz«, wie ihn seine Mitschüler nannten, war nach der Beschreibung seiner Klassenkameraden ein ganz und gar gewöhnlicher Pennäler mit ordentlichen Leistungen, aber ohne übermäßigen Ehrgeiz, der sich auf Herkunft und Amt des Vaters nichts einbildete. »Richard war stets zu Scherzen aufgelegt, aber nie aufdringlich«, erinnerte sich sein Banknachbar Ernest Vernier.[30] In vielen langweiligen Unterrichtsstunden hätten sie »Schiffeversenken« gespielt. In Abwesenheit seiner Eltern habe Richard seine Mitschüler zu Tanzabenden in die Gesandtschaft eingeladen und guten Wein oder teure Zigarren serviert. Bei einem Tanzstundenball habe er etliche Flaschen aus dem väterlichen Weinkeller eingeschmuggelt, »um einen billigen Abend zu verbringen und unsere Tänzerinnen zu verblüffen«. Doch leider sei das Depot unter dem Tisch von einem Kellner entdeckt und trockengelegt worden. Weitere Erinnerungen an den später prominenten Mitschüler? »Er konnte ganze Sätze sprechen, indem er jedes Wort mit dem letzten Buchstaben begann.«

Um einen zusätzlichen Jahrgang von Schulabgängern für die Wehrmacht zur Verfügung zu haben, verkürzte das Reichsbildungsministerium 1937 die Schulzeit an Gymnasien auf acht Jahre. Da Ernst von Weizsäcker zur gleichen Zeit zunächst kommissarisch die Leitung der Politischen Abteilung des Auswärtigen Amtes übertragen wurde, kehrten Vater und Sohn nach Deutschland zurück, bezogen aber in Berlin keine gemeinsame Wohnung. Richard von Weizsäcker lebte in diesen Monaten bei seinem entfernten Onkel Viktor Bruns im Stadtteil Zehlendorf und bestand wenige Tage vor seinem siebzehnten Geburtstag das Abitur mit insgesamt guten Noten. Auch am Bismarck-Gymnasium hinterließ er wegen seiner Geradlinigkeit und Hilfsbereitschaft nur angenehme Erinnerungen bei seinen Mitschülern. »Er hatte es nie nötig, sich streitend durchsetzen zu müssen«, berichtet Hans Freiherr von Godin, der mit ihm fünf Jahre lang dieselbe Klasse besuchte, »Rechthabereien waren ihm odios, für seine Ideen konnte er sich auch kämpferisch einsetzen.«[31]

Richard von Weizsäcker erinnert sich aus diesen letzten drei Monaten seiner Schulzeit vor allem an »eine veritable Konspiration« zwischen dem Biologielehrer und seinen Schülern.[32] Biologie war infolge der rassistischen Grundhaltung der Nationalsozialisten zum Pflichtprüfungsfach erklärt worden. Um den Schülern die offenkundige Unwissenschaftlichkeit der nazistischen Rassenideologie als Lehrstoff zu ersparen, sprach der Lehrer mit ihnen die vorgeschriebenen Fragen und Antworten ab. Mit gutem Erfolg, so Weizsäcker, denn »unsere jüdischen Mitschüler zählten zu den Klassenbesten, und unsere aufrechten Lehrer erkämpften für sie in den Zensurenkonferenzen einigermaßen faire

Abschlussnoten«[33]. Dies war freilich eine Ausnahme, denn von den meisten deutschen Oberschulen und Gymnasien waren Juden zu diesem Zeitpunkt bereits ohne jeden Anschein einer Rechtsgrundlage ganz einfach vertrieben worden.

Da Richard von Weizsäcker sowohl für den Arbeitsdienst wie für die Wehrmacht noch zu jung war und der Vater andererseits als Diplomat in der Schweiz sein Gehalt in Valuta erhalten und einiges davon zurückgelegt hatte, konnte der Sohn im Sommersemester 1937 nach Oxford gehen, um dort Englisch zu lernen. Er nahm an einem Austauschprogramm teil, wohnte bei einem Landarzt in Wiltshire, verliebte sich in dessen gleichaltrige Tochter Patricia, spielte viel Tennis und besuchte die Geschichtsvorlesungen am Balliol College, so dass er nach wenigen Monaten geläufig Englisch sprechen und verstehen konnte. Was ihn bei diesem Aufenthalt ganz besonders beeindruckt hat, war die durchaus nicht selbstverständliche Gastfreundschaft, mit der er aufgenommen wurde: »Man war dort auf dem Land [...] beinahe täglich in die Nachbarschaft zum Tee und Spielen eingeladen. Einige dieser Nachbarn bedeuteten dem Arzt, er sei mit seiner Familie wie stets willkommen, aber natürlich ohne jenen Jüngling aus dem deutschen Barbarenland. [...] Mein Wirt erklärte ebenso regelmäßig, es sei vollkommen selbstverständlich, dass seine Familie entweder mit dem Gast oder gar nicht kommen würde. Ohne geringstes Zögern und ohne es mir gegenüber je zu erwähnen, nahm er vorübergehende nachbarschaftliche Entfremdungen um der heiligen Gastfreundschaft willen in Kauf.«[34]

Das anschließende Wintersemester verbrachte Weizsäcker an der Universität von Grenoble, um seine – ihm in der Schule nur in Grundzügen vermittelten – Französischkenntnisse zu verbessern. Es waren für ihn »aufregende, freie Monate«[35]. Wenig berührt von der Politik, begab er sich »auf Entdeckungsreisen in das Erwachsenwerden, was nicht immer ein leichtes Unterfangen ist«[36]. Er setzte seine in England aufgenommenen Erkundungen fort, »das unheimliche Rätsel zu ergründen, das in der Aufteilung von Menschen in männlich und weiblich begründet ist«[37], und ließ sich auf Anordnung des deutschen Konsuls von einem französischen Arzt in Lyon auf seine Militärtauglichkeit hin untersuchen: »Was er also pflichtgemäß tat, war, mir zu bescheinigen, dass ich die körperliche Fähigkeit hatte, gegen Frankreich in den Krieg zu ziehen. So geordnet ging es zwischen zwei Staaten damals zu, die sich auf einen neuen Waffengang gegeneinander vorbereiteten.«[38]

Nach der Ernennung des Vaters zum Staatssekretär im Auswärtigen Amt im März 1938 kehrte Richard von Weizsäcker im Frühjahr nach Berlin zurück. Dort wehte politisch inzwischen ein sehr viel härterer Wind als in den ersten Jahren nach der »Machtergreifung«, in denen sich das Regime noch um internationale Anerkennung bemüht hatte. Im November 1937 hatte Hitler die Oberbefehlshaber der Wehrmacht und Außenminister Konstantin von Neurath davon unterrichtet, dass er seine Expansionspläne künftig gewaltsam durchsetzen werde. Neurath, Reichskriegsminister Werner von Blomberg und der Oberbefehlshaber des Heeres, Generaloberst Werner von Fritsch, warnten vor der damit verbundenen Gefahr eines Zweifrontenkrieges. Anfang Februar 1938 entließ Hitler alle drei Mahner aus ihren Ämtern und erzwang am 13. März den »Anschluss« Österreichs an das Deutsche Reich nach dem am Vortag erfolgten militärischen Einmarsch in die Alpenrepublik. Generaloberst Ludwig Beck, Chef des Generalstabes des Heeres seit 1935, wollte diese erkennbar zum Krieg treibende Gewaltpolitik nicht länger verantworten und trat Ende August 1938 zurück.

Ernst von Weizsäcker dagegen wies die ihm von Neurath-Nachfolger Joachim von Ribbentrop angetragene Beförderung zum Staatssekretär des Auswärtigen Amtes nicht zurück. Nach Überzeugung seines Sohnes waren es allerdings keine Karriereüberlegungen, die ihn zu diesem Schritt veranlassten, und schon gar nicht politische Übereinstimmung mit den Nationalsozialisten, sondern die Auffassung, dass er seinem Ziel einer friedlichen Revision der durch den Versailler Vertrag auferlegten Beschränkungen nur zuarbeiten konnte, wenn er diese Berufung annahm. Richard von Weizsäcker: »Mein Vater ging mit sich in der Tiefe seines Gewissens zu Rate. Die Frage trieb ihn in seiner ganzen Existenz um. Ehrgeiz hatte ihn nie entscheidend geprägt. [...] Er beriet sich mit seinen Vertrauten und Freunden. Zu ihnen zählte der Generaloberst Ludwig Beck, der ihm sagte: Ein Generalstabschef könne mit seinem Rücktritt nicht bis zu einem Kriegsausbruch warten, denn dann sei es zu spät. Der leitende Diplomat dagegen müsse sein Amt wahrnehmen und bis zum letzten Tag ausharren, um zu versuchen, das Unheil abzuwenden.«[39]

Tatsächlich war es eine Mischung vieler Motive – und darunter natürlich auch der Wunsch eines dem Staatsdienst aus tiefer Überzeugung verschriebenen Beamten, die höchstmögliche Verwendung zu erreichen –, die Ernst von Weizsäcker veranlassten, dem Angebot Ribbentrops zuzustimmen. Hinzu kam zweifellos, dass er die kommenden Verbrechen der Ausplünderung Europas, der Versklavung von Millionen Zwangsarbeitern, der Massenmorde in Polen und der Sowjetunion sowie der Vernichtung der Juden nicht vorhersah. »In seinem ganzen Weltbild«, schreibt Richard von Weizsäcker, »fehlte es an der Vorstellungskraft, die Dämonie des Bösen zu begreifen, wie sie bereits am Werk war. Umso zentraler konzentrierte er sich darauf, ob es wirklich noch eine Chance geben würde, das Gewicht des einigermaßen intakten Auswärtigen Amtes für den Frieden einzusetzen. Dies war in seinen Augen das einzige, zugleich am Ende das durchschlagende Argument, und so übernahm er die Aufgabe.«[40]

Der Verlauf der Sudetenkrise wenige Monate später mochte ihn in seiner Entscheidung bestätigen: Es gelang Ernst von Weizsäcker gemeinsam mit britischen und italienischen Diplomaten, auf Hitler und seinen Verbündeten Mussolini wie auch auf die englischen und französischen Regierungschefs so einzuwirken, dass die Münchener Konferenz am 29. September 1938 die zwar nicht friedliche, aber doch immerhin unkriegerische Abtretung der sudetendeutschen Gebiete durch die Tschechoslowakei beschloss. Dass der Nachbarstaat zu dem erzwungenen Verzicht auf ein Zehntel seines Territoriums von den Konferenzteilnehmern nicht einmal gehört wurde, scheint den Berliner Chefdiplomaten so wenig erregt zu haben, dass er die Erwähnung dieses völkerrechtswidrigen Tatbestandes in seinen sonst ausgesprochen detailfreudigen Tagebüchern unterließ. »In seiner damaligen Gegenwart«, meint Richard von Weizsäcker, »sah er das, was kommen sollte, nicht voraus. Zur Zeit der Sudetenkrise rechnete er mit dem unmittelbar bevorstehenden Krieg, und das war es, was er am allermeisten fürchtete. Mit jeder Faser seines Wesens empfand er im Gräuel und Leid eines Krieges das größte Unheil für die Menschen. Zu schrecklich hatte schon der Erste Weltkrieg im Lebensglück seiner Generation und Familie gewütet.«[41]

Richtig sei freilich auch, räumt Richard von Weizsäcker ein, dass der Vater eine Aufhebung der vielfältigen Beschränkungen des Versailler Vertrages wollte und »insoweit auch diplomatischen Druck als legitim ansah«[42]. Doch zu »keiner Sekunde« sei er bereit gewesen, für diese »Revisionspolitik Gewalt zu riskieren«[43]. Im Übrigen verweist der Sohn zu Recht auf die Fragwürdigkeit der Bewertung eines geschichtlichen Vorgangs aus dem besseren Wissen der Rückschau: »Weiß man denn in der jeweiligen historischen Situation immer so eindeutig wie die späteren, durch den Verlauf der Geschichte belehrten Generationen, was das Richtige ist, welche Folgen ein Standhalten oder Nachgeben haben wird, ob es überzeugende Mittelwege gibt?«[44]

Dieser Tag von München im September 1938 jedenfalls sei, so schließt sich Richard von Weizsäcker dem Urteil seines Vaters an, der letzte glückliche in dessen Leben gewesen: »Täglich spürten wir zu Hause, wie ernst und schweigsam er danach wurde.«[45] Doch die Kraft, seinen Weg in das Zentrum des Unrechts zu verlassen, den er mit der Beförderung zum Staatssekretär bewusst beschritten hatte, fand er nicht. Die von der Nazi-Führung inszenierten und auch in ihrem blutigen Verlauf gebilligten Pogrome der »Reichskristallnacht« vom 9. auf den 10. November 1938 hätten ihn eines Besseren belehren müssen. Seinen Sohn zumindest wühlten sie im Innersten auf: »Wer sie mit angesehen hat, wie ich damals als Achtzehnjähriger rund um die Gedächtniskirche in Berlin, der konnte die Fratzen organisierter Brutalität nicht vergessen. Die meisten Passanten gingen, wie ich, an den zertrümmerten Geschäftsauslagen stumm und fassungslos vorbei.«[46]

Über diese Beobachtungen und Erlebnisse ist im Familienkreis der Weizsäckers gesprochen worden, so wie auch über die zunehmende Verfolgung der Kirchen in den Vorkriegsjahren. Richard von Weizsäcker berichtet, wie seine Mutter mehrfach bei Himmler zugunsten von Pastor Martin Niemöller vorgesprochen habe, der während des Ersten Weltkrieges Marineoffizier gewesen war, seit 1931 national-konservativer Gemeindepfarrer in Berlin-Dahlem und nach der nationalsozialistischen Machtübernahme Gründer und aktiver Kämpfer des Widerstandskreises der Bekennenden Kirche. Am 8. Februar 1938 brachte ihn die Gestapo in das Konzentrationslager Sachsenhausen. Aber der »Reichsführer-SS« wies Marianne von Weizsäcker nach der Erinnerung ihres Sohnes kalt zurück: »Wir werden nicht ruhen, bis das Christentum vernichtet ist. Es ist eine Krankheit.«[47]

Die Entwicklung trieb auf den Krieg zu. Richard von Weizsäcker, der von April bis September 1938 beim Reichsarbeitsdienst in der Schorfheide nördlich von Berlin Waldschonungen angelegt hatte, wurde am 1. Oktober als Rekrut in eine Maschinengewehrkompanie des Potsdamer Infanterieregiments 9 eingezogen. Der Bruder Heinrich war nach seinem Abitur 1935 und einem enttäuschenden Orientierungsstudium im Fach Geschichte bereits 1936 als Offiziersbewerber in diese Traditionseinheit preußischer Garderegimenter eingetreten und mittlerweile zum Leutnant befördert worden. Richard von Weizsäcker zog die Laufbahn als Reserveoffizier vor.

Im Kasino, erinnert er sich, sprachen die jungen Offiziere »offen miteinander, offener als draußen«[48]. Über vulgäre Parteibonzen wurde gelästert. Dennoch entkamen die Soldaten einem fatalen Widerspruch nicht: »Auf der einen Seite wurde das Regiment für viele zum Refugium vor der Propaganda und Infiltration durch die verpönte Partei. [...] Andererseits aber bekannte man sich zur Wiederherstellung der Wehrmacht und zu einem Soldatentum als Leitbild der Gesellschaft, geprägt durch das Pflichtgefühl für den Staat und gebunden durch den Eid, den Hitler mit sicherem Instinkt sofort nach Hindenburgs Tod auf sich hatte leisten lassen.«[49] Der Glockenschlag der Potsdamer Garnisonkirche intonierte »Üb immer Treu und Redlichkeit«. Treue wozu, fragten sich die Hitler-Gegner im Regiment. Zur preußischen Tradition und ihrer Staatsidee, zur Heimat, zum Vaterland oder doch zu Adolf Hitler, dem im August 1934 der Eid geleistet worden war?

Sie wussten keine Antwort, noch nicht. Richard von Weizsäcker schildert beispielhaft die Verlegenheit, in die sein Kompaniechef, Oberleutnant Ekkehard von Ardenne, geriet, als er befehlsgemäß seine Einheit am 9. November 1938 zum Gedenken an den Hitler-Putsch 1923 antreten lassen musste. Ardenne sprach über den 9. November, aber nicht über das Datum jenes Jahres in München, sondern über den Tag des Kriegsendes fünf Jahre vorher – und fügte am Ende seiner Ansprache hinzu: »Was sich am 9. November 1923 zugetragen hat, das können Sie den Zeitungen entnehmen.«[50]

Diese Form von Verweigerung hatte für den Offizier damals noch keine Folgen. Doch auch umgekehrt hatten die Bemühungen Ernst von Weizsäckers nach dem deutschen Einmarsch in die Rest-Tschechoslowakei Mitte März 1939, Ribbentrop und Hitler in Gesprächen und Denkschriften auf die Unausweichlichkeit einer britischen und französischen Kriegserklärung im Fall eines militärischen Konfliktes mit Polen hinzuweisen, kein friedenssicherndes Ergebnis. »Das Unheil«, schreibt Richard von Weizsäcker, »brach herein.«[51] Um seines während der Sudetenkrise noch erfolgreichen Einflusses willen habe der Vater in den Monaten bis zum Kriegsbeginn Anfang September 1939 »vergeblich das Odium auf sich genommen, im Amt der Machthaber geblieben zu sein«[52]. In Wahrheit löste er sich aus dieser Verstrickung bis zum Ende des Krieges nicht.

So wenig wie die Mutter, die einen Tag vor Kriegsausbruch Ende August 1939 ahnungsvoll niederschrieb: »Kann Gott zulassen, dass *ein* Mensch diese Katastrophe über Deutschland und ganz Europa bringt? Und unsere Söhne? Keinen, keinen bin ich bereit für diesen Krieg zu opfern. Der Ring der Familie, der unendliche Reichtum in den Kindern, unser ganzer Stolz – ich weiß es doch vom letzten Krieg, was das Wort heißt: Vergangen. Dann geht das Leben weiter, und nie, nie mehr kommt zurück, was unser war.«[53]

Offizier im Zweiten Weltkrieg

»Sie werden Ihren Kopf nicht weiter
für dieses Schwein hinhalten wollen«

In seiner »Weisung Nr. 1 für die Kriegführung« hatte Adolf Hitler die Angriffszeit für den Überfall auf Polen am 1. September 1939 auf die frühe Morgenstunde festgelegt. Um 4.45 Uhr drangen die deutschen Truppen bei erstem Tageslicht in das Nachbarland ein. Sie waren an Zahl und Ausrüstung ihren Gegnern weit überlegen. Das Potsdamer Infanterieregiment 9 gehörte zur 23. Infanteriedivision und hatte im Rahmen der 4. Armee unter Generaloberst Hans Günther von Kluge den Befehl, den polnischen Korridor zwischen Pommern und Ostpreußen zu durchstoßen. Das Regiment zählte einundneunzig Offiziere sowie 2969 Soldaten und Unteroffiziere, gegliedert in drei Bataillone und vierzehn Kompanien. Richard von Weizsäcker war Schütze in der 4. Kompanie, der mit Pferden bespannten Maschinengewehreinheit des Regiments. Sein Bruder Heinrich diente als Leutnant und Zugführer in der 1. Kompanie. Das Bataillon wurde von Jonas Graf zu Eulenburg kommandiert, dem Onkel des Weizsäcker-Schwagers Botho-Ernst, der im Sommer 1938 Richards und Heinrichs Schwester Adelheid geheiratet hatte. Der Kommandeur war für seine Strenge gefürchtet, so dass keiner der beiden Weizsäcker-Brüder wegen der entfernten Verwandtschaft auf irgendwelche Sonderrechte hätte hoffen dürfen.

Das Regiment überschritt als Teil der zweiten Welle vormittags um zehn Uhr nordöstlich der Kreisstadt Flatow bei Sepolno die polnische Grenze und stieß Richtung Pruszcz vor. Wenige Kilometer östlich von Pruszcz versteifte sich am folgenden Tag der polnische Widerstand in der Tucheler Heide hinter einer Bahnlinie bei der Ortschaft Klonowo. Die 1. Kompanie trat gegen vier Uhr nachmittags zum Sturm auf den Bahndamm an und kämpfte die gegnerischen Stellungen nieder. Dabei durchschlug ein polnisches Geschoss den Hals Heinrich von Weizsäckers und tötete ihn als ersten Offizier des Regiments auf der Stelle.

Richard von Weizsäcker, der an diesem Nahkampf nur wenige hundert Meter entfernt teilgenommen hatte, erfuhr vom Tod des Bruders und blieb bei ihm bis zum nächsten Morgen. Dann wurde Heinrich von Weizsäcker am Flüsschen Brahe begraben, bevor er zwei Wochen später nach Stuttgart umgebettet wurde und auf dem Soldatenfriedhof an der Solitude seine letzte Ruhe fand. »In der Nacht wachte ich bei ihm, dem heiß geliebten Bruder, bis wir ihn morgens zusammen mit den anderen Gefallenen am Waldrand begruben«, schreibt Richard von Weizsäcker in seinen Erinnerungen und gibt seine Gefühle eher wortkarg, aber darum nicht weniger nachvollziehbar wieder: »Dann mussten wir weiterziehen. Wer könnte die Empfindungen dieser Stunden beschreiben? Kaum hatte der Krieg begonnen, hatte er mein Leben schon für immer geprägt; es war nie mehr dasselbe wie zuvor.«[1]

Bis zum Ende des Polenfeldzuges mit der Kapitulation polnischer Marineverbände auf der Halbinsel Hela bei Danzig am 1. Oktober 1939 wurde Richard von Weizsäcker auf Betreiben von Major Helmuth Großcurth, einem Bekannten des Vaters im Oberkommando des Heeres, als Melder zum Regimentsstab versetzt. Die Einheit war bereits wenige Tage zuvor über Stettin, Berlin und Mainz in den Westen verlegt worden und bezog östlich der Our an der Grenze nach Luxemburg Stellung. Weizsäcker wurde nach fünfzehn Monaten Militärzeit zum Gefreiten befördert und kehrte als Gewehrführer zu seiner Kompanie zurück. Nach einer Begegnung mit seinem Vater Anfang März

1940 bei Bitburg in der Eifel wurde der Sohn im April zu einem Anwärter-Lehrgang für Reserveoffiziere zunächst nach Potsdam und dann nach Landsberg an der Warthe abkommandiert. Aus diesem Grund nahm er an dem vom 5. Mai bis zum 25. Juni 1940 dauernden Feldzug gegen Frankreich nicht teil und schloss sich seiner alten Einheit erst Mitte September nach deren Rückverlegung in den ehemals westpolnischen Warthegau als Fähnrich im Rang eines Feldwebels wieder an.

Im Regiment traf er auf zwei Bekannte, die für ihn in den kommenden Jahren ganz besonders wichtig werden sollten: Der sehr viel Ältere war der 1902 geborene Fritz-Dietlof Graf von der Schulenburg, ein Verwaltungsjurist, der 1932 in die NSDAP eingetreten war, 1937 zum stellvertretenden Polizeipräsidenten von Berlin und zwei Jahre später zum Vize-Oberpräsidenten von Schlesien ernannt wurde und nun als Reserveleutnant der 10. Kompanie beitrat; der andere war der mit Weizsäcker gleichaltrige Leutnant Axel Freiherr von dem Bussche, der nach einer Verwundung zu Beginn des Westfeldzuges als Ordonnanzoffizier dem Regimentsstab in Wlozlawek (Leslau), etwa 150 Kilometer nordwestlich von Warschau an der Weichsel gelegen, zugeteilt wurde. Dort erlebte Bussche am 9. November 1940, wie zahlreiche Juden, »alte und junge, gebrechliche und Frauen, die ihre wenige Habe in Tuchbündeln oder Koffern schleppten, unter dem Gejohle einer aufgebrachten Menge, teilweise mit Peitschenhieben«, in ein eigens abgesperrtes und von seinen eigentlichen Bewohnern geräumtes Stadtviertel getrieben wurden.[2] In diesem Ghetto sollten diese Menschen aufs Engste zusammengepfercht und ohne ausreichende Nahrung ihrem Schicksal überlassen bleiben. Bussche unterrichtete sofort den Regimentskommandanten Werner Albrecht Freiherr von und zu Gilsa von seinen Beobachtungen. Der kündigte zunächst entschlossen an, beim Generalgouverneur Hans Frank in Krakau Protest einlegen zu wollen, der als Reserveoffizier im Regiment gedient hatte, unterließ dies aber nach einem Gespräch mit seinem Adjutanten, in dem er darauf hingewiesen wurde, dass es sich bei dieser Maßnahme nicht um Übergriffe nachgeordneter Stellen handelte, sondern um gewollte deutsche Besatzungspolitik.³

Axel von dem Bussche war entsetzt. Er sprach über diesen Vorfall und über das eigentümliche Verhalten des Kommandeurs mit seinen Freunden. Keiner von ihnen konnte sich danach noch im Unklaren über die Kriegsverbrechen sein, die von Deutschen oder in deutschem Namen in den eroberten Gebieten mit Zustimmung oder doch wenigstens Duldung auch der eigenen Vorgesetzten straflos begangen wurden. Dieser schlimmen Erinnerung nicht auszuweichen wurde zu einem zentralen Anliegen Richard von Weizsäckers. Auf diese belastende innere Auseinandersetzung weist er in seiner Autobiographie hin: »War das, was wir als junge Männer taten und dachten, im Einklang mit dem, was wir wussten und beurteilen konnten? Mancher der Alten sagt, er wusste gar nicht, dass er nichts wusste, weil er nicht wusste, dass es etwas zu wissen gab. Darüber will ich nicht streiten. Die entscheidende Frage, die jeder nur sich selbst stellen kann, aber auch stellen muss, bleibt ja nicht die, was er wusste, sondern was er nach seinen konkreten Lebensbedingungen hätte wissen können und überhaupt wissen wollte. Die Schuldigen zu suchen ist eine Sache für sich. Das Recht auf ein gutes Gewissen verschafft sie keinem von uns.«⁴

Stummer Zeuge oder Mitwisser derartiger Verbrechen zu werden stand zweifelsfrei nicht im Einklang mit den politischen und moralischen Werten, die Richard von Weizsäcker in seiner Familie vermittelt worden waren. Ebenso wie sein Freund Axel von dem Bussche wurde er so in einen tiefen Konflikt zwischen der für ihn nicht weniger selbstverständlichen Gehorsamspflicht und den moralischen Geboten des eigenen Selbst gestürzt. Dass sich daraus zu diesem Zeitpunkt noch kein Akt des Widerstandes oder des offenen Widerspruches entwickelte, beschreibt den Grad des Unverständnisses, mit dem Offiziere auf Beobachtungen reagierten, wie sie Bussche hatte machen müssen. Sie konnten damals noch nicht glauben, dass solche Verbrechen dem politischen Wollen der eigenen Führung exakt entsprachen und nicht etwa einzelne, allgemein verurteilte Übergriffe unterer Chargen darstellten. Erst als diese Einsicht nicht mehr abzuwehren war, wuchs bei manchen aus dem Zweifel die Kritik und aus der Kritik am Ende eines langen und schmerzhaften Prozesses dann der aktive Widerstand.

Nach Angabe des Familienbiographen Martin Wein besuchte Ernst von Weizsäcker seinen Sohn in Wlozlawek, kurz bevor das Regiment im März 1941 nach Drobin (Reichenfeld) nordwestlich von Warschau verlegt wurde.[5] Obwohl weder der Vater noch Richard von Weizsäcker in ihren veröffentlichten Aufzeichnungen diese Begegnung erwähnen, ist davon auszugehen, dass sie über jenen erschütternden Bericht Axel von dem Busches gesprochen haben, sei es bei dieser Gelegenheit oder während eines Heimatbesuches des Sohnes. Naheliegend ist andererseits aber auch, dass der sich abzeichnende Krieg gegen die Sowjetunion – und darüber war der Vater im Auswärtigen Amt seit Monaten bestens informiert – alle Sinne nicht nur der jungen Soldaten in Anspruch nahm. Bis Anfang Juni marschierte das Regiment in Nachtmärschen nach Ostrow-Mazowiecki zwischen Bug und Narew nordöstlich von Warschau und dann direkt an die deutsch-sowjetische Demarkationslinie. Dort bezog es seine Ausgangsstellung für den 22. Juni 1941, als über drei Millionen deutsche Soldaten ohne Kriegserklärung in die Sowjetunion einfielen.

An dem, was sich »Unternehmen Barbarossa« nannte und zum Vernichtungskrieg im Osten wurde, nahm das Potsdamer Infanterieregiment 9 und mit ihm Richard von Weizsäcker vom ersten bis zum letzten Tag teil. Am 20. Juli erhielt er nachträglich das Eiserne Kreuz II. Klasse für besondere Tapferkeit beim Übergang über den damaligen Grenzfluss Narew. Am selben Tag wurde er beim Angriff auf Mogilew am Dnjepr verwundet und mit einem Armdurchschuss in einem Lazarettzug in die Heimat gebracht. Im »Hindenburg-Lazarett« (heute: Behring-Krankenhaus) in Berlin-Zehlendorf besuchten ihn seine Eltern, die ihren Dänemark-Urlaub auf der Insel Seeland sofort abgebrochen hatten, als sie von der Ankunft des Sohnes in Berlin erfuhren.

Nach vier Wochen kehrte Weizsäcker zu seiner Einheit zurück, die inzwischen östlich von Roslawl an der Desna lag. Die Überschreitung des Flusses erzwangen die Deutschen erst Anfang Oktober und stießen danach bis in die unmittelbare Nähe Moskaus vor. Am 22. November erreichte das Regiment Solnecnogorsk an der Autobahn Leningrad–Moskau. Weizsäcker wurde zum Leutnant befördert und als Ordonnanzoffizier dem Regimentsstab zugeteilt. Inzwischen war der Winter mit aller Macht eingebrochen. Die Temperaturen sanken auf minus fünfzig Grad. Das Dörfchen Oserezkoje, dreiunddreißig Kilometer vom Kreml entfernt, markierte die äußerste Stellung, die von der 23. Infanteriedivision bis zum 7. Dezember gegen die massiven Angriffe der für den Winterkrieg sehr viel besser ausgerüsteten russischen Truppen gehalten wurde.

In diesen Abwehrkämpfen vor Moskau wurde das Regiment fast vollständig vernichtet und deshalb im Juni 1942 zur Neuaufstellung zunächst ins belgische Flandern und dann nach Jütland verlegt. Richard von Weizsäcker war bereits im Frühjahr von der Front abgezogen und mit seiner Beförderung zum Oberleutnant in das Oberkommando des Heeres (»Lager Mauerwald«) nach Lötzen in Ostpreußen versetzt worden. Er wurde Ordonnanzoffizier bei Generalmajor Gerhard Matzky, der als Oberquartiermeister IV unter anderem für die Beurteilung der »Feindlage«, also die Einschätzung der Stärke, Aufstellung und Operationsabsichten des Gegners verantwortlich war. In dieser Stellung lernte Weizsäcker den damaligen Major Claus Schenk Graf von Stauffenberg kennen, der im Generalstab des Heeres die für den kommenden Sommer ins Auge gefassten neuerlichen deutschen Großangriffe plante. Während Stauffenberg die Erfolgsaussichten günstig einschätzte, blieb Weizsäcker angesichts der »phantastischen Überschätzung der deutschen Kräfte« skeptisch. Er glaubte, vielleicht auch infolge der Gespräche mit seinem Vater während eines kurzen Urlaubs, nicht mehr daran, dass der Krieg noch zu gewinnen war.[6] Zu diesem Zeitpunkt mochte sich Stauffenberg zu einem Sturz des Hitler-Regimes noch nicht entschließen. Darauf von Helmuth James Graf von Moltke angesprochen, erklärte er: »Zuerst müssen wir den Krieg gewinnen. Während des Krieges darf man so was nicht machen, vor allem nicht während eines Krieges gegen die Bolschewisten. Aber dann, wenn wir nach Hause kommen, werden wir mit der braunen Pest aufräumen.«[7]

Richard von Weizsäcker begegnete Adolf Hitler, den er zuvor lediglich bei zwei Paraden erlebt hatte, einmal bei einem dienstlichen Besuch in dem dreißig Kilometer entfernten »Führerhauptquartier Wolfsschanze« in der Nähe von Rastenburg/Ostpreußen. Einen tieferen Eindruck scheint dieses Aufeinandertreffen jedoch nicht hinterlassen zu haben, denn Weizsäcker erwähnt es in seinen Lebenserinnerungen nicht. Überhaupt geht er darin auf seine Kriegszeit und die damit verbundenen, zweifelsohne aufwühlenden Erlebnisse nur sehr verkürzt ein: »Nach einer kurzen Phase der Neuaufstellung in Jütland ging es wieder an die Front, diesmal bei Leningrad [heute: Sankt Petersburg] und südlich des Ladogasees, später beim Rückzug über Newel, die baltischen Inseln und Litauen zuletzt wieder nach Ostpreußen, wo es im März und April 1945 für die verbliebenen Reste des Regiments noch zu den schwersten Kämpfen des ganzen Krieges kam. Aufgrund einer weiteren Verwundung blieb mir die russische Gefangenschaft erspart. In der ersten Aprilhälfte wurde ich über Königsberg und die Ostsee nach Potsdam abtransportiert.«[8]

Was also haben diejenigen erlebt, die wie Richard von Weizsäcker als junge Soldaten am Krieg in seiner ganzen Länge teilgenommen hatten? »Wir haben überlebt«, deutete Axel von dem Bussche aufs Äußerste verkürzt die schwere moralische Last an, die ihm blieb.[9] Und auch Weizsäcker brachte seine Erfahrungen auf einen denkbar knappen Nenner, als er schrieb, er sehe im Krieg »nichts als den grausamen Zerstörer des Lebens«[10]. Es mag sein, dass er mit dieser Definition den Krieg an sich qualifizieren wollte, ganz sicher meinte er aber den Zweiten Weltkrieg im Osten, der nichts mehr von den ritterlichen Kämpfen einer insofern wohl auch eher verklärten Vergangenheit an sich hatte.

Im Sommer 1942 wurde das Reserveregiment 23 nach Dubno in der Ukraine verlegt. Zu den Offizieren gehörte der von einer erneuten Verwundung genesene Oberleutnant Bussche. Auf seinem Pferd unternahm er regelmäßig Ausritte in die Umgebung. Im Oktober entdeckte er auf dem Gelände eines nahe gelegenen Flugplatzes etliche tief ausgehobene Gräben, etwa acht Meter lang und drei Meter breit. Eines Morgens wurde er durch einen Feldwebel alarmiert, der Schüsse gehört hatte. SS-Männer standen aufgereiht am Rand der Gruben und schossen Menschen nieder, die auf LKWs herangeschafft worden waren, sich entkleiden mussten und in langer Schlange auf ihre Ermordung zu warten hatten und dabei zusehen mussten, wie ihre Angehörigen, Freunde und Bekannten wahllos umgebracht worden sind. Bussche lief zurück zur Kaserne und verständigte seinen Kommandeur. Doch erneut wagte ein höherer Wehrmachtsoffizier nicht, seinem Eid gemäß zu handeln und gegen einen offensichtlich rechtswidrigen Befehl Widerstand zu leisten. Oberstleutnant Ernst Utsch weigerte sich, gegen das Massaker einzuschreiten: »Nee, da können wir gar nichts machen. Wir können das drei bis vier Stunden aufhalten, dann kommen sie aus Winniza, vom Führerhauptquartier, mit Panzern vom Führerbegleitbataillon und schießen uns zusammen, mit der Rechtfertigung, wir würden meutern. Das hat überhaupt keinen Zweck.«[11]

In Axel von dem Bussche wuchs nach dieser Begegnung mit einer der SS-Einsatzgruppen, die in der Sowjetunion hinter der Front Hunderttausende von Juden kaltblütig erschossen, die Bereitschaft, über gelegentliches und schon hinreichend gefährliches Opponieren hinauszugehen. Er begriff den verbrecherischen Charakter des NS-Regimes. »Als er vom Regiment zurückkehrte«, entsinnt sich Richard von Weizsäcker, »berichtete er mir von diesem unvorstellbaren Grauen. Es waren tief aufwühlende Freundesgespräche. Sein Entschluss reifte heran, das eigene Leben zu opfern, sobald es zu einem Attentat auf Hitler kommen würde.«[12]

Im Februar 1943 wurde die in Grenadierregiment 9 umbenannte Einheit an den Wolchow verlegt, der ausgehend vom Ilmensee südlich von Leningrad beziehungsweise Sankt Petersburg 200 Kilometer nördlich in den Ladogasee mündet. In den folgenden Wochen harter Gefechte fand sich in der Truppe der alte Freundeskreis wieder zusammen, den Abkommandierungen und Verwundungen zeitweilig auseinander gerissen hatten: Max von Arnim, Hans Albrecht Bronsart von Schellendorff, Axel von dem Bussche, Friedrich-Karl Klausing, Ewald Heinrich von Kleist, Constantin von Quadt, Victor von Schweinitz, Fritz-Dietlof von der Schulenburg und Richard von Weizsäcker. Es waren allesamt wegen Tapferkeit hoch dekorierte und schon mehrfach verletzte Offiziere, die sich in ihrer NS-Gegnerschaft einig waren. An einem Abend trafen sie sich im Regimentsstab, tranken und diskutierten immer hitziger. Dann zog Schellendorff seine Pistole und feuerte auf das Hitler-Bild, das in jeder Amtsstube aufzuhängen war. »Das war ein gefährlicher Schuss, der aus dem Herzen kam, aber des Schutzes durch eine Demonstration der Solidarität bedurfte«, schätzt Weizsäcker die Gewichtigkeit dieses Zwischenfalles ein und ergänzt: »Deshalb schoss ich mit meiner Pistole sofort hinterher, und die anderen folgten. Keiner durfte und keiner wollte sich ausschließen von dem, was geschehen war und noch hätte folgen können. Das Bild verschwand im Ofen, die Wand wurde mit einer Karte geschmückt, das Ganze gegenüber dem später eintreffenden Regimentskommandeur durch eine fingierte Keilerei drapiert.«[13]

Es blieb nicht bei solchen Ausbrüchen wütender Ohnmacht. Vor allem der ältere Fritz-Dietlof von der Schulenburg, der zunächst als begeisterter Nationalsozialist auf die »Machtergreifung« Adolf Hitlers gesetzt hatte, doch durch die Rechtlosigkeit des Alltags, durch die ungezügelten Übergriffe auf politische Gegner und durch die Kriegsverbrechen, deren Zeuge er hatte werden müssen, tief enttäuscht worden war, sammelte Gesinnungsfreunde um sich, die im Sturz Hitlers den einzigen Ausweg sahen, Deutschland aus dem Krieg und der drohenden Vernichtung herauszuführen. Unter den Bedingungen des Weltkrieges, des nach wie vor geschlossenen Machtapparates der NSDAP und seiner Unterstützung durch die Elitetruppen der SS konnte es sich dabei freilich nicht um eine Absetzung und anschließende gerichtliche Aburteilung Hitlers und seiner Vasallen handeln, vielmehr kam nur ein Attentat infrage. Aber auch ein solcher Anschlag versprach lediglich dann Aussicht auf Erfolg, wenn ihm nicht Hitler allein, sondern möglichst die gesamte Führungsclique zum Opfer fallen würde. Im anderen Fall drohte ein Machtkampf im Inneren, der die Front zusammenbrechen lassen würde und den an Zahl geringen, kaum organisierten Widerstandskämpfern wenig Chancen versprach, schließlich trugen sie das Odium des Hochverrats und hätten der Propagandamaschine Joseph Goebbels' nichts entgegensetzen können.

Richard von Weizsäcker besuchte seine Eltern im Sommer 1943 in Rom und berichtete vom Scheitern der letzten deutschen Offensive (»Zitadelle«) Anfang Juli, die sowjetische Angriffsverbände bei Kursk einkesseln und vernichten sollte. Die Alliierten waren zur gleichen Zeit auf Sizilien gelandet und Benito Mussolini gestürzt worden. Die Rote Armee trat an der gesamten Ostfront zum Vormarsch an. Amerikanische und britische Bomberverbände flogen Nacht für Nacht Angriffe über dem Reichsgebiet und legten eine Stadt nach der anderen in Schutt und Asche. Die Kriegswende war vollzogen. Selbst der von Joseph Goebbels im Februar 1943 in einer Rede im Berliner Sportpalast verkündete »totale Krieg« konnte die Niederlage allenfalls noch hinauszögern. Die beiden Weizsäckers, Vater und Sohn, hatten in der vom Krieg noch nicht heimgesuchten italienischen Hauptstadt an dieser Entwicklung keinen Zweifel mehr, mochten sich aber zum offenen Widerstand nicht bekennen, jedenfalls zu diesem Augenblick nicht an ihm mitwirken.

Mittelpunkt des militärischen Widerstandes war inzwischen Claus Schenk Graf von Stauffenberg geworden. Nach seiner Versetzung aus dem Oberkommando des Heeres zur 10. Panzerdivision in Nordafrika im Februar 1943 hatte er durch Jagdbomberbeschuss die rechte Hand, den kleinen und den Ringfinger der linken Hand sowie sein linkes Auge verloren. Nach kurzer Behandlung wurde er am 15. September zum Stabschef im Allgemeinen Heeresamt in Berlin ernannt. Chef dieser Dienststelle und auch des Wehrersatzamtes beim Oberkommando der Wehrmacht war General Friedrich Olbricht, der seit 1942 die »Walküre«-Planung ausgearbeitet hatte, um den Verschwörern im Falle eines Umsturzes militärische Unterstützung durch reguläre Wehrmachtseinheiten zuteil werden zu lassen. Stauffenberg schreckte vor einem Attentat auf Hitler nicht mehr zurück. Dafür geeigneten englischen Sprengstoff, der zur Unterstützung sowjetischer Partisanen aus der Luft abgeworfen und von deutschen Truppen erbeutet worden war, beschaffte ihm Oberst Henning von Tresckow, bis Ende Juli 1943 Erster Generalstabsoffizier der Heeresgruppe Mitte an der Ostfront.

Im Oktober 1943 erhielt Axel von dem Bussche über Fritz-Dietlof von der Schulenburg die Aufforderung, sich bei Graf Stauffenberg im Allgemeinen Heeresamt in Berlin zu melden. Stauffenberg wollte Adolf Hitler, Heinrich Himmler und Hermann Göring, die an einer Vorführung neuer Uniformen im ostpreußischen »Führerhauptquartier Wolfsschanze« teilnehmen sollten, bei diesem Anlass töten. Ein Offizier mit Gardemaß sollte den Explosivstoff am Körper befestigen, die Ladung zünden und sich mit den drei Besuchern in die Luft sprengen. Schulenburg empfahl für diese Aktion Bussche, und Richard von Weizsäcker stellte als Regimentsadjutant die Fahrtpapiere aus.[14]

Bezeichnend für die geistige Haltung etlicher Offiziere, die sich nicht nur zum aktiven Widerstand, sondern zum Attentat auf Hitler durchgerungen hatten, waren – verglichen mit diesem Entschluss – sonderbare Bedenken und Einwände. So lehnte Fritz-Dietlof von der Schulenburg gegenüber Stauffenberg die Verwendung englischen Sprengstoffes bei dem geplanten Anschlag ab. Der Major im Generalstab Hans Ulrich von Oertzen besorgte daher deutschen Sprengstoff bei einem Pionierbataillon in Minsk, und Oberleutnant Helmut von Gottberg, Adjutant des Ersatzbataillons 9 in Potsdam, zwei Handgranaten, aus denen er in seiner

Wohnung gemeinsam mit Bussche die Zünder ausbaute. Zurück in der »Wolfsschanze«, drückte Bussche einen Zünder in die Sprengmasse und wartete auf die Uniformen. Doch die trafen nicht ein, weil sie durch einen Fliegerangriff auf dem Transport zerstört worden waren. Bussche wurde samt Sprengstoff, den er in einem Handkoffer verstaute, wieder zu seiner Truppe nach Russland geschickt und sollte sich für einen neuerlichen Termin bereithalten. Als die Ersatzuniformen geliefert wurden, forderte Stauffenberg im Januar 1944 den ungewöhnlich kaltblütigen Bussche noch einmal an. Doch Divisionskommandeur Generalmajor Paul Gurran, der in das Vorhaben nicht eingeweiht worden war, lehnte die Freistellung ab: »Ich habe nur neun Kommandeure, davon kann ich keinen als Mannequin ins ›Führer‹-Hauptquartier abstellen.«[15] Kurz darauf wurde Bussche abermals schwer verwundet, verlor sein rechtes Bein und kam für einen solchen Anschlag nicht mehr infrage.

Das Offizierskorps im Grenadierregiment 9 war sich überwiegend einig in der entschiedenen Ablehnung des NS-Regimes und scheute deshalb untereinander auch offene Worte nicht. Iring Fetscher, später Professor für Politische Wissenschaft an der Universität Frankfurt/Main, erinnert sich an einen Vorfall, der ihn im Winter 1943/44 besonders beeindruckt hat. Richard von Weizsäcker rief einen Stabszahlmeister zu sich, um ihm mitzuteilen, dass sein Vater wegen des Abhörens feindlicher Rundfunksender in Berlin zum Tode verurteilt und hingerichtet worden sei. Weizsäcker, dem Anfang Januar 1944 wegen persönlicher Tapferkeit bei den Rückzugskämpfen das Eiserne Kreuz I. Klasse verliehen worden war, erklärte: »Nach dem, was geschehen ist, werden Sie Ihren Kopf nicht weiter für dieses Schwein hinhalten wollen. Ich habe erreicht, dass Sie in einen Ersatztruppenteil in der Heimat versetzt werden.«[16] Fetscher, der als Artillerieverbindungsoffizier kein Regimentsangehöriger war, stellte Weizsäcker anschließend die Frage, weswegen sie selbst eigentlich »für dieses Schwein« noch kämpfen sollten. Weizsäcker antwortete offenbar ohne Angst, denunziert zu werden, dass die Entscheidung zum

Widerstand einfacher wäre, wenn ihnen als Gegner allein die Briten gegenüberstünden: »Aber so?« Die Verteidigung gegen die russischen Truppen und eine drohende sowjetische Besatzung hielt er zu diesem Zeitpunkt noch für gebotener als eine Beseitigung Hitlers.

Im Mai 1944 wurde Richard von Weizsäcker zum Hauptmann befördert und für einen Besuch bei seinen Eltern in Rom beurlaubt. Die italienische Hauptstadt wartete täglich auf den Einmarsch der anglo-amerikanischen Truppen und fürchtete, von den deutschen Verteidigern in letzter Stunde zur Festung erklärt und damit dem sicheren Untergang preisgegeben zu werden. Ernst von Weizsäcker, der nach Angabe seiner Familie an etwa 4500 Juden, die sich vor den Deutschen in 145 Klöstern und zehn Pfarreien versteckt hatten, Schutzbriefe ausgab, um sie auf diese Weise vor der Deportierung zu bewahren, fand in dem deutschen Stadtkommandanten, General Rainer Stahel, einen Verbündeten.[17] Generalfeldmarschall Albert Kesselring ordnete tatsächlich den kampflosen Rückzug der deutschen Truppen an. Die Stadt am Tiber wurde am 4. Juni von den Alliierten besetzt. Ernst von Weizsäcker blieb als Botschafter im Vatikan, sein Sohn legte auf der Rückreise nach Berlin einen Zwischenaufenthalt bei dem Bruder in Straßburg ein. Zwei Tage später landeten 156 000 britische und amerikanische Soldaten in der Normandie, eröffneten damit die dritte Front gegen Hitler-Deutschland und begannen ihren in den besetzten Ländern lange herbeigesehnten Sturm auf die »Festung Europa«.

Im Haus Carl Friedrich von Weizsäckers traf Richard den gemeinsamen Freund Hellmut Becker, der nach einer schweren Verwundung nicht mehr fronttauglich war und wieder als Anwalt arbeitete. Eine ganze Nacht diskutierten die drei die Frage, ob es einen richtigen Zeitpunkt für ein Attentat auf Hitler gebe. Während der Freund und der Bruder wohl der Auffassung waren, ein Anschlag dürfe nicht zu früh erfolgen, »um keine Dolchstoßlegende wie am Ende des Ersten Krieges entstehen zu lassen«[18], war Richard von Weizsäcker aufgrund seiner Erfahrungen an der

Ostfront und der Informationen über den ungebremsten NS-Terror in der zurückliegenden Zeit inzwischen zur Überzeugung gekommen, es müsse sofort gehandelt werden: »Was interessiert uns eine Dolchstoßlegende? Ihr könnt doch sehen, was jeden Tag Schreckliches passiert! Es geht überhaupt nicht mehr um die Frage, wer hinterher mit welcher moralischen Begründungsweste dasteht, sondern nur darum zu verhindern, dass jeden Tag Tausende Menschen, aus welchem Land auch immer, ihr Leben und ihre Heimat verlieren!«[19]

Ein weiteres Gespräch mit Fritz-Dietlof von der Schulenburg beim Ersatzbataillon in Potsdam unterrichtete Richard von Weizsäcker auf der Rückfahrt zur Front, dass die Männer des militärischen Widerstandes jetzt zum Handeln entschlossen waren. Schulenburg gab, ohne nähere Einzelheiten zu nennen, zu verstehen, es werde »bald losgehen«[20]. Dann müssten die Verschwörer auf verlässliche Offiziere und zuverlässige Truppenteile auch an der Front zählen können. Die Frage, ob in diesem Sinne mit Weizsäcker zu rechnen sei, bejahte dieser uneingeschränkt. Schulenburg verständigte ihn über einen »bevorstehenden neuen Anschlag durch Stauffenberg und besprach notwendige Schritte unmittelbar danach, für die er sich meiner Bereitschaft versicherte, sobald ich die Signale bekäme«[21].

Vier Wochen danach jedoch scheiterte das Hitler-Attentat in der »Wolfsschanze« bei Rastenburg, bevor irgendwelche Informationen das Grenadierregiment 9 erreichten, das sich an der Nordfront im Osten gerade auf lettisches Gebiet zurückzog. Claus Schenk Graf von Stauffenberg wurde in der Nacht zum 21. Juli 1944 mit Friedrich Olbricht, Albrecht Ritter Mertz von Quirnheim und Werner von Haeften im Innenhof des Allgemeinen Heeresamtes in der Berliner Bendlerstraße erschossen. Fritz-Dietlof Graf von der Schulenburg wurde am selben Tag im Bendlerblock verhaftet, am 10. August vom »Volksgerichtshof« zum Tode verurteilt und in Berlin-Plötzensee hingerichtet. Friedrich Karl Klausing stellte sich der Gestapo am 22. Juli und wurde im ersten Schauprozess am 8. August zum Tode verurteilt und ebenfalls hingerichtet. Ewald Heinrich von Kleist, der sich am 20. Juli als Ordonnanzoffizier im Bendlerblock aufhielt, überlebte an der Front, nachdem die Ermittlungen gegen ihn im Dezember 1944 eingestellt worden waren. Hans Ulrich von Oertzen wurde am 21. Juli im Gebäude des Wehrkreiskommandos in Berlin festgenommen, konnte sich aber vor dem Eintreffen der Gestapo durch eine Sprenggranate selbst töten. Henning von Tresckow wählte am 21. Juli den Freitod an der Front in Polen auf gleiche Weise.

Axel von dem Bussche und Richard von Weizsäcker überlebten, weil sie ganz einfach Glück hatten. Ihnen konnte eine Beteiligung an Stauffenbergs mutiger Tat nicht nachgewiesen werden. Weizsäcker schreibt, ohne sich selbst zu erwähnen, in seinen Erinnerungen: »Nach dem 20. Juli folgten auch in unserem Regiment und bei der Division Vernehmungen und Untersuchungen. Fernschreiben kamen ans Tageslicht, mit denen Bussche Monate früher für Berlin angefordert wurde und die als Unterschrift den Namen Stauffenberg trugen. Durch unbegreifliche Wunder, Beseitigung weiterer Papiere und eisiges Schweigen von Kameraden in Verhören kamen Bussche und andere unentdeckt durch. Aber nicht alle. Am Ende hatte keine andere Einheit der Wehrmacht so viele Beteiligte am Widerstand als Opfer zu beklagen wie unser Regiment.«[22]

Von dem Putschversuch in Rastenburg und Berlin erfuhr das Regiment am Abend des 20. Juli. Um 19.55 Uhr hatten Generaloberst a. D. Luwig Beck und Graf Stauffenberg der Heeresgruppe Nord unter dem Befehl von General Johannes Frießner telefonisch mitgeteilt, dass Rundfunkmeldungen, wonach Hitler das Attentat überlebt habe, nicht zuträfen. Generaloberst Beck werde eine neue Regierung bilden, und die Truppen sollten sich an der Ostfront hinter die deutsche Grenze zurückziehen. Frießner wollte sich den Verschwörern nicht anschließen, sondern versicherte Hitler in einem Fernschreiben um 21 Uhr seine Ergebenheit: »Mein Führer! Die Heeresgruppe kämpft jetzt erst recht.«[23] Um ein Uhr morgens am 21. Juli strahlte der Sender Königsberg eine

Hitler-Ansprache aus, in der dieser »eine ganz kleine Clique ehrgeiziger, gewissenloser und zugleich verbrecherischer, dummer Offiziere« beschuldigte, ein Komplott geschmiedet zu haben, »um mich zu beseitigen und zugleich mit mir den Stab der deutschen Wehrmachtsführung auszurotten«[24].

Am Vormittag verlas der kommissarische Divisionskommandeur Oberst Jonas Graf zu Eulenburg den zusammengerufenen Regimentskommandeuren den Tagesbefehl des Oberkommandos der Wehrmacht, in dem die Widerständler geschmäht wurden und den Mannschaftsdienstgraden der Hitler-Gruß mit dem rechten ausgestreckten Arm als Ehrenbezeigung vorgeschrieben wurde. Max von Arnim, der am Vortag aus dem Heimaturlaub zurückgekehrt war, meinte, es gehe jetzt nur noch darum, das absehbare Kriegsende mit Anstand zu erreichen. Alles sei nach dem Scheitern des Anschlages verloren, »nur die Ehre nicht«[25].

Richard von Weizsäcker empfand offenbar ähnlich. Aus dem resignativen »Wir haben es nicht geschafft« wuchs der Wille, einerseits als Offizier an einem überkommenen Verständnis von Pflicht festzuhalten, andererseits aber dem Regime jeglichen Dienst aufzukündigen. Letzteres zeigte sich etwa, als es um Hermann Priebe ging, den Chef der 1. Kompanie. Priebe war nach dem 20. Juli in Potsdam verhaftet und monatelang von der Gestapo im Berliner Zuchthaus Lehrter Straße festgehalten und vernommen worden. Anschließend wurde er »zur Frontbewährung« zu seiner Einheit zurückversetzt. Dann forderte ihn die Gestapo erneut an. Weizsäcker vernichtete als Regimentsadjutant diesen Befehl. Priebe wurde im Januar 1945 schwer verwundet und geriet in sowjetische Kriegsgefangenschaft. Der spätere Professor für Agrarwissenschaften an der Universität Frankfurt/Main: »Ich habe Richard von Weizsäcker mein Leben zu verdanken.«[26]

Das Dreivierteljahr zwischen dem 20. Juli 1944 und der bedingungslosen Kapitulation am 8. Mai 1945 erschien Richard von Weizsäcker als »Agonie«.[27] Die Zahl der Toten und Verwundeten in diesen neun Monaten bis zum Kriegsende war höher als in den knapp fünf Jahren zuvor. An allen Fronten, vor allem aber im Osten, wurden die Kämpfe ohne Rücksicht auf Verluste an Menschenleben geführt. Adolf Hitler befahl die Verteidigung von Stellungen um jeden Preis, und auch sein Gegenspieler Stalin ließ, etwa an der Oder oder bei der Eroberung von Berlin, Hunderttausende vor den noch eilends angelegten deutschen Befestigungen in den Tod stürmen.

Das Grenadierregiment 9 löste sich bereits in den Sommermonaten 1944 auf. Es ist im wahrsten Sinne des Wortes verblutet. Während des Rückzuges durch Lettland hatte es so viele Soldaten verloren, dass es als I. Bataillon in dem Grenadierregiment 67 unter dem Kommando von Oberst Graf zu Eulenburg aufging. Regimentsadjutant blieb Richard von Weizsäcker. Der weitere Auftrag war zunächst die Behauptung der baltischen Inseln Ösel und Moon sowie, nach deren Verlust im November, die Verteidigung Ostpreußens gegen die mit weit überlegenen Kräften angreifende Rote Armee. Aber auch dort war die Niederlage nicht aufzuhalten, allenfalls noch kurze Zeit hinauszuzögern, damit etwa zwei Millionen Flüchtlinge mit Schiffstransporten oder zu Fuß und in bespannten Trecks über das zugefrorene Haff die östlichste Provinz noch verlassen konnten. Ende Januar 1945 schlossen die sowjetischen Truppen Ostpreußen ein und trieben die deutschen Einheiten vor sich her, bis sie in Königsberg, im Ostseehafen Pillau und an der Küste des Frischen Haffs Ende März ihren letzten Halt fanden.

Am 27. März 1945 sammelten sich die Reste des inzwischen wieder aufgefüllten Grenadierregiments 9 unter Oberstleutnant Rudolf Trittel auf einem schmalen Küstenstreifen südlich von Balga am Frischen Haff, um dort auf Lastkähne der Marine verladen und zur Nehrung übergesetzt zu werden. Dabei gerieten sie unter heftigsten Beschuss. Der Regimentskommandeur wurde verwundet und fiel für die Führung seiner Einheit aus. »Da sammelte Hauptmann von Weizsäcker als Adjutant die zerschlagenen Männer seines Regiments und schloss sich dem Angriff der Kampfgruppe von Knebel an«, heißt es in dem Vorschlag des

Divisionskommandeurs, Generalmajor von Nostitz-Wallwitz, vom 1. April 1945, Weizsäcker durch Nennung im »Ehrenblatt des Deutschen Heeres« wegen persönlicher Tapferkeit besonders auszuzeichnen: »Der Russe erkannte den nach Süden vorgetragenen Angriff und überschüttete ihn mit Feuer aller Kaliber. Trotzdem riss Weizsäcker die letzten Männer seines Regiments durch sein leuchtendes Beispiel und notfalls durch härteste Maßnahmen immer weiter vor; im Rahmen der Gruppe von Knebel gelang es ihm, eineinhalb Kilometer nach Süden vorzustoßen und Stellungen zwischen Küste und Höhe 21 zu erobern, aus denen das weitere Absetzen an der Küste gesichert wurde. Durch diesen todesmutigen Einsatz Weizsäckers, den er auf seine Männer übertrug, wurden Tausende gerettet. Sein freiwilliger, beispielhaft schneidiger Einsatz ist besonders hoch zu bewerten, da unter den damaligen Kampfverhältnissen die Masse der betreffenden Soldaten und viele Führer zu einer kämpferischen Haltung nicht mehr die Kraft hatten.«[28]

Richard von Weizsäcker überquerte mit den letzten Soldaten des Regiments in den frühen Morgenstunden des 28. März 1945 das Haff, floh dann aber nicht nach Westen in Richtung Danzig, sondern setzte befehlsgemäß östlich über die schmale Fahrrinne nach Pillau über, um auf dem Fliegerhorst von Neukuhren an der nördlichen Samlandküste auf neue Befehle zu warten. Am 5. April traf dort die Auflösungsorder ein: 250 Spezialisten für die Aufstellung einer Panzerdivision sollten mit dem Schiff über Pillau nach Schleswig-Holstein transportiert werden, die übrigen Soldaten waren auf die zerschlagenen Divisionen des 9. Armeekorps im Samland zu verteilen. Weizsäcker, der bei seinem Einsatz am Oberschenkel leicht verwundet worden war, verließ Ostpreußen nach dem Abschiedsappell seines Regiments am 6. April. Mit einem der letzten Geleitzüge erreichte er Kopenhagen und wurde nach kurzer medizinischer Versorgung zu seinem Ersatztruppenteil nach Potsdam entlassen.

Der Bataillonschef, Hauptmann Paul Klasen, behielt Richard von Weizsäcker jedoch nicht bei sich, nachdem die noch einsatzfähigen Offiziere und Mannschaften bereits am 26. März als Feldbataillon 9 unter Hauptmann Egon von Preyss nach Müllrose südwestlich von Frankfurt/Oder abmarschiert waren. Weizsäcker, der für weitere Kämpfe in Deutschland, die nur zu einer unsinnigen Verlängerung des Krieges und zusätzlichen Opfern führen konnten, keine Rechtfertigung mehr sah, entschloss sich, den Krieg auf eigenes Risiko zu beenden. Er ließ sich vom Bataillonschef einen mit seiner Verwundung begründeten Erholungsurlaub von sieben Tagen bei seiner Großmutter am Bodensee genehmigen und entsprechende Reisebefehle und Wehrmachtsfahrscheine ausstellen. Am 14. April verließ Weizsäcker Potsdam und brauchte bis Lindau – aufgrund des amerikanischen Vormarschs und wegen zerstörter Bahnlinien musste er einen Umweg über Prag machen – sechs Tage. Am 21. April hätte er sich in Potsdam zurückmelden müssen. Doch Weizsäcker zog es vor, sich auf dem kleinen Gehöft der Großmutter am Mozacherweg zu verstecken, bis Lindau am 30. April von französischen Streitkräften besetzt wurde. Einer Aufforderung des französischen Kommandanten an alle deutschen Männer im Alter von achtzehn bis fünfzig Jahren, sich bei der Standortkommandantur angeblich zu Arbeitseinsätzen zu melden, folgte der soeben Fünfundzwanzigjährige dann gleichfalls nicht. Wahrscheinlich vermied er es auf diese Weise nicht weniger glücklich, für etliche Jahre in Kriegsgefangenschaft zu geraten.

Verteidiger des Vaters

»Aus den selbst miterlebten Lehren der Vergangenheit
konkrete Folgerungen ziehen«

Als sich Richard von Weizsäcker nach dem Kriegsende über die zurückliegenden Jahre und die Verstrickungen seiner selbst wie der eigenen Familie in die Verbrechen des Nationalsozialismus klar zu werden suchte und über seine völlig ungewisse Zukunft nachzudenken begann, lebten auf dem Anwesen der damals achtundachtzig Jahre alten Großmutter väterlicherseits bei Lindau zunächst nur Frauen, nämlich die Schwester Adelheid mit ihren beiden Töchtern – ihr Mann Botho-Ernst Graf zu Eulenburg galt seit 1944 als vermisst – sowie die Tante Olympia aus Breslau. Deren beide Söhne waren gefallen, und der Ehemann, der um die Einführung einer ganzheitlichen, psychosomatischen Medizin verdiente Neurologe Viktor von Weizsäcker, saß in einem alliierten Internierungslager. Gleiches war Carl Friedrich von Weizsäcker gemeinsam mit den führenden deutschen Kernphysikern widerfahren, und auch die Eltern Weizsäckers fühlten sich im römischen Vatikan gefangen, da Ernst von Weizsäcker im Fall seiner Heimreise nach Deutschland wie alle NS-Amtsträger mit sofortiger Festnahme hätte rechnen müssen.

Die Umstände drängten also ungestörtes Nachdenken keineswegs auf. Insofern mag eine Nachricht, die im Oktober 1945 vom Freund Axel von dem Bussche in Lindau eintraf, Richard von Weizsäcker durchaus erleichtert haben. Bussche teilte mit, dass er sich in Göttingen als Student der Rechtswissenschaften eingeschrieben und dieses auch für Weizsäcker vorbereitet habe. Er solle sich daher schleunigst auf den Weg nach Norden machen. Weizsäcker folgte der Aufforderung, obwohl er weder über Entlassungspapiere der Wehrmacht noch über entsprechende Bescheinigungen der Siegermächte verfügte und mithin bei jeder Zugkontrolle hätte verhaftet werden können.

Die Göttinger »Alma Mater Georgia Augusta« war kaum zerstört worden. Tausende Neuimmatrikulierte, die der Krieg übrig gelassen hatte, drängten sich in zu klein gewordenen Anzügen oder verschlissenen Uniformen in überfüllten Hörsälen. Ihre Unterkünfte waren bescheiden, die Versorgung kärglich. Bücher gab es kaum, aber auch Kollegmappen und selbst Bleistifte waren ein kostbares Gut. Da diese Knappheit jedoch alle in gleichem Maße traf, war die Situation erträglich, zumal der Wunsch von jedermann geteilt wurde, nach den bitteren Kriegsjahren nun endlich ungleich weniger beschwert und eingeschränkt Wissen erwerben, Bildung und Kultur erfahren, aber eben auch Jugend und Unterhaltung genießen zu können. »Wir waren wie ausgetrocknete Schwämme«, beschreibt Richard von Weizsäcker in seiner Autobiographie sich und seine Kommilitonen, die »nicht nur das Handwerkszeug für den praktischen Beruf, sondern gültige Maßstäbe für das weitere Leben« suchten.[1]

Zwangsläufig seien sie darauf verwiesen worden, die Wirklichkeit anzunehmen, wie sie sich ihnen bot, »zwar ohne Gleichgültigkeit oder gar Zynismus, aber doch voller Skepsis, zumal gegenüber der älteren Generation, also den Professoren«[2]. Denn das waren dieselben, die bis zur bedingungslosen Kapitulation durchgehalten und gelehrt hatten – die weitaus meisten, ohne Widerstand zu leisten und ohne ihre Studenten gegen das Gift einer kulturlosen und geistfeindlichen Ideologie zu immunisieren. Einige Hochschullehrer jedoch verzichteten ganz bewusst auf überkommene Ordinarienherrlichkeit und ließen sich auf die sehr grundsätzlichen Fragen ihrer allzu früh erwachsen gewordenen Hörer ein, weil sie ihr eigenes Ungenügen erkannten und sich selbst ganz ähnliche Fragen stellten. Zu ihnen zählten der Staats- und Kirchenrechtler Rudolf Smend oder der Privatrechtslehrer Franz Wieacker, außerdem die Theologen Hans-Joachim Iwand, Gerhard von Rad und Friedrich Gogarten, der Historiker Hermann Heimpel, der Anglist Herbert Schöffler, der Philosoph Nicolai Hartmann und die herausragenden Naturwissenschaftler Otto Hahn, Werner Heisenberg, Max von Laue, Adolf Windaus und nicht zuletzt der Bruder Carl Friedrich von Weizsäcker, der nach seiner Entlassung aus englischer Internierung Anfang 1946 nach Göttingen kam. Bei ihm fand Richard von Weizsäcker nicht nur bessere Unterkunft, sondern vor allem Zugang zu Gesprächskreisen, die ihm als Erstsemester sonst verschlossen geblieben wären. Und so wurde die Zeit in Göttingen für Weizsäcker zu einem ungemein anregenden Studium generale, das sich unter den veränderten Bedingungen der späteren Jahre in gleicher Intensität kaum mehr wiederholt haben dürfte.

In Göttingen setzten sich nicht nur tiefe Freundschaften fort wie die zu den Kriegskameraden Axel von dem Bussche und den Brüdern Peter und Konrad Kraske, von denen der ältere, Peter, Theologe und Taufpate des jüngsten Weizsäcker-Sohnes Fritz wurde, während der jüngere, Konrad, als Historiker der Erste in diesem Freundeskreis war, der aus der Kriegserfahrung heraus den Weg in die Politik fand, der neu gegründeten CDU beitrat, Bundestagsabgeordneter wurde und zwischen 1958 und 1969 das Amt des Bundesgeschäftsführers dieser Partei übernahm. Auch Klaus Ritter kannte Richard von Weizsäcker bereits aus dem Krieg. Er studierte ebenfalls Jura, doch mit stärkerer Betonung philosophischer und politikwissenschaftlicher Aspekte und wurde später mit seinem in Ebenhausen bei München und heute in Berlin angesiedelten »Institut für Wissenschaft und Politik« einer der Pioniere professioneller Politikberatung in der Bundesrepublik. Den Altphilologen und begnadeten Pädagogen Hartmut von Hentig, dessen Vater ebenfalls im Auswärtigen Amt gearbeitet hatte, lernte Richard von Weizsäcker in Göttingen kennen und darüber hinaus Männer wie Horst Ehmke oder Peter von Oertzen, die zwar in der SPD ihre politische Heimat fanden, aber Weizsäcker deshalb nicht weniger verbunden blieben.

Neben dem Fachstudium, bei dem sich Richard von Weizsäcker nach dem Urteil seiner Freunde durch systematisches Arbeiten auszeichnete, waren es nächtelange Gespräche über Gott und die Welt, die den Kommilitonen als gemeinsame Erlebnisse in Erinnerung blieben, des Weiteren unvergessliche Abende im Göttinger Theater, das außer Stücken von Bertolt Brecht und Jean Paul Sartre auch die zeitgenössische amerikanische Bühnenliteratur von Eliot, O'Neill und Wilder vorstellte.[3] Die großen Opern von Mozart und Verdi, die sie zu einem Eintrittspreis von einer Mark aus den letzten Reihen hörten, vermittelten den Mittzwanzigern ein Gefühl von Frieden und reinem Musikgenuss, das sie lange hatten entbehren müssen.

Herausgerissen aus diesem Studentenleben wurde Richard von Weizsäcker im fünften Semester durch seinen Vater, der Ende August 1946 nach der Zusicherung freien Geleites aus der italienischen Hauptstadt an den Bodensee heimgekehrt war und im Juli 1947 als Zeuge zu einem der Nürnberger Kriegsverbrecherprozesse geladen, dort aber unter dem Vorwurf der Kriegsvorbereitung und der Verbrechen gegen die Menschlichkeit verhaftet wurde. Zum ersten Mal nach dem Krieg wiedergesehen hatten sich Sohn und Vater im Mai 1946, als sich dieser dem Tribunal der Siegermächte für Aussagen im ersten Verfahren gegen Hermann Göring, Rudolf Heß und andere Führungsfiguren der NS-Herrschaft, die den Krieg überlebt hatten, zur Verfügung gestellt hatte.

Die gemeinsam mit Axel von dem Bussche und der späteren Publizistin Marion Gräfin Dönhoff unternommene Fahrt in das vom Krieg verwüstete Nürnberg und die Begegnung mit dem Vater wühlten Richard von Weizsäcker begreiflicherweise im Innersten auf: »Die grauenhaften Jahre hatten ihn tief gezeichnet. Alles war für ihn vergeblich gewesen: dem Ausbruch der Gewalt zu wehren, den Flächenbrand über ganz Europa zu dämmen, den Lauf des Krieges wenigstens zu kürzen, dem Verbrechen in den

Arm zu fallen, schließlich die Zerstörung des eigenen Landes und die Belastung seines Namens aufzuhalten.«[4]

Richard von Weizsäcker stellte sich sofort für die Verteidigung seines Vaters zur Verfügung, die Hellmut Becker, ein Studienfreund Carl Friedrich von Weizsäckers, gemeinsam mit drei weiteren Anwälten übernommen hatte. »Richard von Weizsäcker«, beschreibt Hellmut Becker den Einsatz des Sohnes, »ist in diesem Prozess nicht nur juristisch für seinen Vater tätig gewesen, sondern er hat – so könnte man fast sagen – als ein seelischer und geistlicher Beistand gewirkt und die Liebe und Verehrung für seinen Vater in eine menschliche Hilfe für diesen Vater umgesetzt; so hat er wesentlich dazu beigetragen, dass der Vater die psychische Belastung dieses Prozesses, der immerhin mit der Androhung der Todesstrafe seitens der Anklagebehörde begonnen hatte, menschlich ausgehalten hat und für sich selbst in einen fruchtbaren Klärungsprozess verwandeln konnte.«[5]

Richard von Weizsäcker unterbrach sein Studium und zog nach Nürnberg, wo er von der amerikanischen Justiz für die kommenden eineinhalb Jahre als Assistent der Verteidigung zugelassen wurde und sich durch sein zurückhaltendes Auftreten, seine fleißige Aktenarbeit Anerkennung auch bei den Prozessgegnern erwarb.[6] »Im Übrigen«, hält er in seinen Erinnerungen fest, »erhielt ich einen zeitgeschichtlichen Unterricht von einer prägenden Eindrücklichkeit, wie sie kein abstraktes Studium je hätte bieten können.«[7]

Im täglichen Kontakt mit dem Vater entstand eine denkbar enge Beziehung. Die Kernfrage, die es überzeugend zu beantworten galt, lautete für den Sohn, ob es möglich, ja überhaupt vorstellbar war, dass an entscheidender Stelle des NS-Regimes ein Mann seinen Amtspflichten nachging, der dieses Regime nicht nur ablehnte, sondern in seinen Zielen und in seiner konkreten Politik bekämpfte. Konnte es, so Richard von Weizsäckers Überlegung, unter bestimmten Umständen sogar geboten erscheinen, sich der Nazi-Führung zur Verfügung zu stellen, um durch solche Mitarbeit Schlimmeres zu verhindern? Und, am Ende, was an

Schlimmerem war denn zu verhüten, wo doch das Schlimmste bereits alltäglich geschah?

In diesem »Fall Nr. 11 gegen Ernst von Weizsäcker und Genossen«, dem so genannten »Wilhelmstraßen«-Prozess, trugen vierunddreißig Staatsanwälte unter Leitung des amerikanischen Anklägers Robert M. W. Kempner, der bis zum Machtantritt der Nazis 1933 im preußischen Innenministerium gearbeitet hatte und dann als Jude aus rassistischen Gründen in die Emigration gezwungen wurde, das Belastungsmaterial gegen die einundzwanzig Angeklagten zusammen. Von ihnen waren achtzehn Minister oder hohe Beamte, zwei SS-Generale und einer Bankier gewesen. Sechzehn Angeklagten wurden Verbrechen gegen den Frieden vorgeworfen. Außerdem beschuldigte das auf 39 000 Seiten angewachsene dokumentarische Beweismaterial sämtliche Angeklagte, Kriegsverbrechen und Verbrechen gegen die Menschlichkeit begangen zu haben. Die Verhandlung endete im November 1948, doch das amerikanische Militärgericht VI unter seinem Vorsitzenden William C. Christianson benötigte fünf weitere Monate für die auf 833 Schreibmaschinenseiten sorgfältig ausgeführte Urteilsbegründung.

Ernst von Weizsäcker wurde als Staatssekretär während der Jahre 1938 bis 1943 und als beamteter Vertreter des Reichsaußenministers Joachim von Ribbentrop, der im Hauptkriegsverbrecherprozess bereits zum Tode verurteilt worden war, in mehreren Anklagepunkten freigesprochen. Doch seine Beteiligung an der Deportation europäischer Juden zur Zwangsarbeit etwa in das Konzentrationslager Auschwitz hielt das Gericht ebenso für erwiesen wie seine Beteiligung an der Vorbereitung des Zweiten Weltkrieges. Dabei legte ihm das Gericht weder seine bloße Stellung noch allein eine Tätigkeit im Rahmen seiner Funktionen als Diplomat oder Beamter zur Last: »Offensichtlich kann niemand verurteilt werden, der für sein Vaterland in dem ehrlichen Glauben gekämpft hat, es verteidigen zu müssen, selbst wenn dieser Glaube irrig war. Es kann von ihm auch nicht verlangt werden, dass er selbständig Untersuchungen darüber anstellt, ob er für eine gerechte Sache kämpft oder im Verlauf einer Angriffshandlung seiner eigenen Regierung. Nur der kann für schuldig befunden werden, der von der Angriffsabsicht tatsächlich Kenntnis hatte; dass es sich möglicherweise um einen Angriffskrieg handeln könne, genügt nicht. Jede andere Abgrenzung des subjektiven Tatbestandes würde zu Anforderungen an das Verhalten des Einzelnen führen, die sowohl ungerecht wie praktisch unerfüllbar wären.«[8]

Das Gericht verurteilte Ernst von Weizsäcker wegen beider Anklagepunkte zu einer Freiheitsstrafe von sieben Jahren. Aufgrund von Eingaben der Verteidiger wurde das Urteil jedoch durch einen Berichtigungsbeschluss vom 12. Dezember 1949 hinsichtlich des Tatvorwurfs von Verbrechen gegen den Frieden aufgehoben und das Strafmaß um zwei Jahre gesenkt. Die Beschuldigung, Weizsäcker habe Hitlers Kriegspolitik unterstützt, hält der Sohn noch heute für »vollkommen absurd«[9]. Sie stelle »das genaue und groteske Gegenteil der Wahrheit«[10] dar. Der Vater habe bewusst das Odium auf sich genommen, »im Amt eines verruchten Systems geblieben zu sein«[11]. Denn der einzige Grund, den Staatssekretärsposten zu übernehmen und in ihm auszuharren, sei der Versuch gewesen, »in den Gang der Außenpolitik wirklich einzugreifen, um den Ausbruch und danach die Erweiterung und Verlängerung des Krieges [...] zu verhindern«[12]. Und der Vater selbst habe deutlich erkannt und tief empfunden, dass er in dem gescheitert war, was er sich vorgenommen hatte: »Aber es zu versuchen, das hielt er für seine Pflicht.«[13]

Die Anklage beurteilte Weizsäckers Festhalten an seinem Amt ohne Würde gänzlich anders. Robert Kempner trug vor, dass einer, der vorgab, das geringere Übel gesucht zu haben, in Wahrheit nur für sich selbst das geringere Übel wollte.[14] Ernst von Weizsäcker hätte – ohne jede Gefahr für sich selbst – nach dem militärischen Einmarsch in Österreich 1938, nach der erzwungenen Abtrennung des Sudetenlandes von der Tschechoslowakei im selben Jahr und nach der Zerschlagung des Nachbarlandes im Jahr darauf mit dem Verweis auf unvereinbare außenpolitische

Lageeinschätzungen ohne negative Folgen für sich selbst von seinem Amt zurücktreten können. Doch er blieb auf seinem Posten. Und er hielt daran fest, bis 1943 nach der Niederlage von Stalingrad auf der Hand lag, dass dieser 1939 ohne jede völkerrechtliche Rechtfertigung vom Zaun gebrochene Krieg mit der deutschen Niederlage enden musste.

Diese Haltung als Schwäche, ja als Verbrechen zu verurteilen fällt im Nachhinein jedem leicht, der sich nicht in vergleichbarer Lage befunden hat. Richard von Weizsäcker sieht seinen Vater verständlicherweise in anderem Licht: »Die Zeit in Nürnberg hat mich gelehrt, mir selbst und vor allem anderen jungen Menschen nur zu wünschen, niemals in eine Lage zu kommen, in der mein Vater war; wenn aber, dann mit derjenigen Tiefe des eigenen Gewissens zu leben und zu handeln, die ich bei ihm durch die Jahre miterlebt habe. [...] Handeln und Leiden ist eins, sagt T. S. Eliot. Keiner ist ohne Schuld.«[15]

Ernst von Weizsäcker nahm sein Urteil am 13. April 1949, mitten in der Karwoche, mit großer innerer Ruhe auf. Diese Tage vor dem Kreuzigungstod Jesu, schrieb er, gäben den Gedanken von selbst die gute Richtung, »das eigene Ich wird da zur gebührenden Null«.[16] Nirgendwo anders als in diesem Gerichtssaal und nur wenige Meter vom Vater entfernt, berichtet Richard von Weizsäcker in seinen Lebenserinnerungen, hätte er an diesem Tag sein wollen.

Sein Studium in Göttingen hatte Richard von Weizsäcker bereits im Januar 1949 wieder aufgenommen, er bestand im Sommer 1950 sein Referendarexamen. Nach ersten Überlegungen, die Zeit des Nationalsozialismus am neu gegründeten Münchener Institut für Zeitgeschichte wissenschaftlich gründlicher aufzuarbeiten, als ihm dies während des Prozesses möglich war, entschied sich Weizsäcker dann doch dafür, »den Nationalsozialismus nicht lebenslang [zu] erforschen, sondern gemeinsam mit den Freunden das Mögliche [zu] tun, um aus den selbst miterlebten Lehren der jüngsten Vergangenheit konkrete Folgerungen zu ziehen«[17]. Doch in eine Partei einzutreten erschien ihm damals noch nicht ratsam, da die Führungspositionen in allen Parteien von den politischen Veteranen der Weimarer Zeit besetzt waren und »Jugend in der Politik nicht sehr gefragt« war.[18] Außerdem wollte sich Weizsäcker zunächst die wünschenswerte berufliche und wirtschaftliche Unabhängigkeit verschaffen, um nicht als Berufspolitiker des reinen Lebensunterhaltes wegen zu jedem Zugeständnis gezwungen zu sein. Er nahm daher das Angebot des Mannesmann-Justitiars Günter Geißeler, der zu den Verteidigern im Nürnberger »Krupp«-Prozess gezählt hatte, gern an, als wissenschaftliche Hilfskraft in die Rechtsabteilung der Tochtergesellschaft Consolidation Bergbau AG in Gelsenkirchen einzutreten und daneben sein Referendariat bei den örtlich zuständigen Gerichten zu absolvieren.

Das Anfangsgehalt von 120 D-Mark monatlich war nicht üppig, doch Weizsäcker erhielt auf diesem Wege als Erster seiner Familie die Gelegenheit, nicht nur breite Erfahrungen im Wirtschaftsleben zu sammeln, sondern sich im Rahmen der von den Siegermächten verfügten Entflechtung der Monopolbetriebe auch höchst diffizile zivil- und unternehmensrechtliche Qualifikationen anzueignen. Seine 1955 abgeschlossene Doktorarbeit beschäftigte sich denn auch unter dem Titel »Der faktische Verein« mit der Frage, wie weit Bestimmungen des bürgerlichen Rechts vor solchen vereinsrechtlicher Natur Vorrang haben können. Das zweite Staatsexamen hatte Weizsäcker bereits 1953 mit ebenfalls gutem Ergebnis abgelegt; danach war er in die Rechtsabteilung der Mannesmann-Zentrale versetzt worden. Dort arbeitete er vor allem dem Generalbevollmächtigten Wolfgang Pohle zu, der sich als versierter Anwalt im Nürnberger »Flick«-Prozess einen Namen gemacht hatte und von 1953 bis 1957 als CDU-Abgeordneter im Bundestag saß. Weizsäcker, der 1954 dann doch der CDU beigetreten war, weil er sich von seinem Engagement in einer konservativen Volkspartei größere Wirkung versprach als von einer Mitgliedschaft in der ihm politisch an sich wohl näher stehenden, aber sehr viel weniger einflussreichen FDP, entwarf seinem Vorgesetzten nicht nur Reden, sondern pflegte ab 1957 als Leiter einer eigens eingerichteten wirtschaftspolitischen Abteilung auch die erforderlichen Kontakte zu allen politischen und wirtschaftlichen Instanzen sowie zu den Medien.

Bei einem Fest zu Ehren der Schutzpatronin des Bergbaues, der heiligen Barbara, lernte Richard von Weizsäcker im Herbst 1950 die achtzehnjährige Primanerin Marianne Margarete von Kretschmann kennen. Nach ihrem Abitur zog die junge Frau mit ihren Eltern nach Hamburg und besuchte dort eine höhere Handelsschule. Doch die Beziehung der beiden überstand diese Trennung, so dass sie im Oktober 1953 heirateten. Marianne von Weizsäcker, die ursprünglich gern Ärztin geworden wäre, nahm kein Studium mehr auf, sondern kümmerte sich in den folgenden Jahren um die eigene Familie: 1954 kam der älteste Sohn Klaus Robert zur Welt, der inzwischen als Professor der Nationalökonomie lehrt; zwei Jahre später folgte als zweiter Sohn Andreas, ein mittlerweile recht bekannter Bildhauer; die einzige Tochter Marianne Beatrice wurde 1958 geboren, sie studierte Jura und arbeitet als Journalistin; der jüngste Sohn Fritz Eckhart, geboren 1960, ist habilitierter Internist und Krebsforscher.

Ein Jahr nach seiner Beförderung bei Mannesmann kündigte Richard von Weizsäcker und trat im Juli 1958 als persönlich haftender Gesellschafter in die Leitung der Privatbankhäuser Waldthausen & Co in Düsseldorf und Essen ein. Deren Eigentümer war der Großvater Marianne von Weizsäckers gewesen. Er starb Ende 1957. Das Unternehmen sollte von einem der Familie Nahestehenden geführt werden, bis ein Namensträger herangewachsen war, der dann die Verantwortung übernehmen könnte. Vier Jahre lang führte Weizsäcker die Bank erfolgreich, verschaffte ihr in der privaten Vermögensverwaltung namhafte Kunden und fädelte lukrative Industriefinanzierungen ein. Als er im Mai 1962 in die Geschäftsleitung der Ingelheimer chemischpharmazeutischen Firma C. H. Boehringer Sohn überwechselte, hinterließ er ein geordnetes Unternehmen.

Der Firmenchef Ernst Boehringer hatte Richard von Weizsäcker auf Empfehlung seines Vetters Robert, einem Freund Ernst von Weizsäckers, bereits 1952 ein Angebot gemacht, als Assistent zu ihm zu kommen. Damals erschien Weizsäcker diese Position mit zu geringer Entscheidungskompetenz ausgestattet. Die Zuständigkeit jetzt für Personal, Recht und Steuern sowie die persönliche Beratung des Mitinhabers und die Vertretung des Unternehmens nach außen waren sehr viel attraktiver. Zumal sein Arbeitsvertrag Weizsäcker lediglich dazu verpflichtete, zwei Drittel seiner Arbeitskraft der Firma zu widmen, über das letzte Drittel aber frei verfügen zu können. Diese Zeit brauchte er, der im November 1962 auf Bitten von Kirchenpräses Reinold von Thadden-Trieglaff in das Präsidium des Deutschen Evangelischen Kirchentags eingetreten war und ihm zwei Jahre später als Präsident nachfolgte, um sich neue Wirkungsfelder im kirchlichen und politischen Raum zu erschließen: »Mich dafür zu engagieren packte mich mehr, als immer tiefer in die private Wirtschaft einzutauchen. Ich war vierundvierzig Jahre alt, und wenn es einen wirklich richtungsweisenden Entschluss zu fassen gab, dann war dafür jetzt die Zeit gekommen.«[19]

Ernst Boehringer starb im Januar 1965. Nach seinem Tod sah Weizsäcker wegen seiner überwiegend auf den ehemaligen Chef ausgerichteten Tätigkeit für sich keine Zukunft mehr in dem Unternehmen, kündigte und ließ sich Mitte 1966 als Rechtsanwalt in Bonn nieder. Damit verfügte er jetzt nicht nur über die erforderlichen Mittel, sondern auch über nützliche Kontakte, um sich nach den Kriegsjahren, nach dem Studium und nach steiler Karriere in der freien Wirtschaft sechsundvierzigjährig neuen Herausforderungen zu stellen.

Entscheidung für die Politik

»Nichts schulden wir einander so sehr
wie Aufrichtigkeit«

Richard von Weizsäcker ist kein »öffentlicher« Christ, er trägt sein Bekenntnis nicht für jedermann erkennbar vor sich her, er stellt es nicht aus, aber er versteckt es auch nicht. Die Herkunft aus einer Familie, die über Generationen hinweg evangelische Theologen hervorgebracht hat, mag prägend gewesen sein. Ganz sicher aber hat sich sein Christsein unter dem Eindruck des Krieges und schier ausweglos er menschlicher Verstricktheit in Schwäche und Schuld während der Zeit des Nationalsozialismus gefestigt. Über seinen Glauben und die Gründe für seinen Glauben schweigt sich Weizsäcker in seinen Lebenserinnerungen aus. Daher ist es hier hilfreich, jenen Skizzen zu folgen, die Menschen von ihm gezeichnet haben, die in keinem wie auch immer gearteten Abhängigkeitsverhältnis zu ihm stehen.

Der frühere Intendant des Westdeutschen Rundfunks, Präsident des Goethe-Institutes und Präsidiumsmitglied des Deutschen Evangelischen Kirchentages, Klaus von Bismarck, sieht in Weizsäcker einen höchst differenzierten Menschen, der »aufgrund seines christlichen Gewissens einerseits so nachdenklich sensibel ist und andererseits mit den Waffen des Geistes so zäh und gelegentlich auch mit einiger Schärfe zu kämpfen versteht«[1]. Weizsäcker ist jedenfalls kein bequemer Mensch, der sich oder anderen Nachlässigkeiten durchgehen ließe. Seine Anforderungen an Mitarbeiter sind hoch, weil er sich auch selbst Überdurchschnittliches abfordert. So bezeugt Carola Wolf, zeitweilig Presse- und Ökumene-Referentin des Kirchentages: »Unerbittlich konnte er sein und schroff reagieren, wenn er auf nachgeplapperte Halbwahrheiten stieß.«[2] Aber eben auch: »Widerspruch reizte ihn in doppelter Beziehung: Er fand es gut, wenn jemand eine andere Meinung als er selbst hatte, und zugleich war der Widerspruch für ihn eine Herausforderung.«[3] Da scheinen neben seiner württembergischen Liberalität durchaus preußische Elemente von Disziplin und Selbstdisziplin auf, das heißt, wie Bismarck beobachtet hat, »die Wertschätzung der Tugenden herber Strenge, des Pflichtbewusstseins und soldatischer Bewährung«[4]. Doch daneben gelte nicht weniger: »Bei aller konservativen Grundhaltung ist er im immer wieder neuen Horchen [...] immer wieder bereit und offen, in seinem Denken und Verstehen neu aufzubrechen und sich auch zu korrigieren.«[5] Und zuletzt, hebt Bismarck als durchaus ungewöhnlichen Wesenszug unter Protestanten hervor: »Er kann über sich und andere herzlich lachen.«[6]

Der ehemalige evangelische Bischof von Hannover, Eduard Lohse, rühmt: »Kultur des Herzens, Humor des Redens und aufmerksame Zuwendung zum anderen Menschen kennzeichnen sein Wesen, das Grenzen zu überschreiten und Menschen zusammenzuführen weiß.«[7] Als Politiker handele Richard von Weizsäcker nach dem Grundsatz, »nichts schulden wir einander so sehr wie jene schlichte Aufrichtigkeit, die allein Glaubwürdigkeit auszustrahlen vermag«[8]. Hans Merkle, der langjährige Geschäftsführer des Stuttgarter Technologiekonzerns Robert Bosch GmbH, stellt fest, Weizsäcker sei »ein Mensch, den man nicht vergisst, wenn man ihn einmal gesehen und gesprochen hat«[9]. Diese Wirkung verdanke sich der gelebten Unabhängigkeit dieses Mannes, der »sich immer, in jeder Phase seines politischen Lebens einen Freiraum eigener Entscheidung im gegebenen Zeitraum offen gehalten« habe.[10]

So uneingeschränktes Lob macht beklommen, denn wo versteckt sich dahinter der Mensch Richard von Weizsäcker, der ohne Schwäche, ohne Fehlbarkeit nicht sein kann? Beides aufzudecken macht er nicht leicht. Er öffnet sich nicht, er hält Abstand. Weizsäcker gibt Gefühle und Betroffenheiten nicht jedermann zu erkennen. Er trägt nicht auf den Markt, was Privatheit verlangt. Er steuert die Enge und Intensität von Beziehungen sehr bewusst und kontrolliert deren Zweckhaftigkeit.

Wie sein Bruder Carl Friedrich liebt er das Tischtennisspiel wegen der Reaktionsschnelligkeit, die es erfordert und einübt. Ihm im Eigentlichen näher ist aber wohl das Schachspiel, das Ruhe, Nüchternheit, gedankliche Zucht und strategische Übersicht verlangt. Seine freundliche Zugewandtheit selbst im Gespräch mit politischen oder persönlichen Gegnern scheint daher auch eine eigentümliche Waffe zu sein, die gleichermaßen dem Selbstschutz wie dem Angriff dient. Denn sie verdeckt die ihm natürlicherweise eigenen Affekte vorzüglich und hemmt gleichzeitig jede auf ihn gezielte Attacke als unangemessen und unangebracht.

Richard von Weizsäcker gewinnt sehr schnell Anerkennung, Respekt, selbst Hochschätzung. Aber er begeistert nicht – und wünscht dies auch keineswegs. Eine so gefühlvolle Reaktion auf eigenes Auftreten wäre ihm fremd, vielleicht sogar unheimlich. Denn in der Politik und damit im öffentlichen Leben überhaupt geht es, wie er das versteht, um vorletzte und nicht um letzte Dinge. Ihn leitet nach Auffassung von Erwin Wilkens, ehemals Vizepräsident der Kirchenkanzlei der Evangelischen Kirche in Deutschland (EKD), die Überzeugung, dass »menschliche Gemeinschaft in elementaren Fragen ihres Zusammenlebens eines möglichst hoch anzusetzenden Konsenses bedarf und dass dieser Konsens zwischen vernünftigen Menschen bei Überwindung von Befangenheit aller Art auch erreichbar ist, jedenfalls so weit, dass gemeinsames Handeln ohne gegenseitige Verletzung möglich ist«[11].

Beschreiben diese Zielsetzung und dieses wohl bereits im familiären Umfeld der Jugendzeit eingeübte Verhalten Richard von Weizsäcker tatsächlich, dann hat er als Kirchenmann und Politiker – anders als Willy Brandt auf der einen und Franz Josef

Strauß auf der anderen Seite, die als gefühlvolle und polarisierende Menschen geliebt, aber eben auch gehasst und verachtet wurden – einen erheblichen Beitrag zur Entwicklung der Bürgergesellschaft in Deutschland geleistet. Erwin Wilkens: »Wenn aber Politik nicht aus postulierten Wahrheiten, sondern aus Leistungen für den Menschen besteht, dann geht es in der politischen Diskussion um nachprüfbare Sachverhalte und um die Überzeugungskraft von Argumenten. Für den Politiker von Weizsäcker ergibt sich daraus die Verbindung einer scharfsinnigen Argumentation mit der Bereitschaft zum Zuhören auf Einwände des Gegenübers. Parteipolitische Stellungskriege sind seine Sache nicht.«[12]

Dieses dem politischen Alltag auf ungewöhnliche Weise ferne Überparteiliche, dieses scheinbar entrückt Präsidiale, das Ganze Suchende und dem Ganzen Dienende, ist eine beiden Weizsäcker-Brüdern wie dem Vater eigentümliche Haltung. Doch während Ernst von Weizsäcker damit dem verbrecherischen System des Nationalsozialismus kein Paroli bieten konnte, sondern aufgrund der Totalität eines diktatorischen Regimes notwendig unterliegen musste, gewannen die zwei Söhne gerade dadurch ihre breite gesellschaftliche Anerkennung. Weil sie nie in Anspruch nahmen, nur für eine Partei zu sprechen, weil sie von ihrem zivilen Politikverständnis her nie letzte Wahrheiten verkündeten, sich nicht mit den Attributen des christlichen oder sozialdemokratischen Politikers über andere hinaushoben, sondern den vernünftigen Kompromiss anstelle des ideologischen Streits suchten, erfüllten sie das von vielen Bürgern geteilte Wunschbild eines der Sacharbeit verpflichteten Politikers und Wissenschaftlers, der nicht in die unübersichtlichen, partikularen Interessenkämpfe verstrickt ist, mit Leben. Sie gewannen damit in ihren jeweiligen Tätigkeitsbereichen eine von ihnen selbst durchaus nicht angestrebte, dem Alltag entrückte Statur mit nachgerade scheinmonarchischen Zügen: der Physiker als Philosoph, der Freiherr als Präsident.

Mitte der sechziger Jahre freilich war dies beim einen wie beim andern allenfalls zu erahnen, aber noch nicht zu erkennen.

Gemeinsam mit dem Bruder formulierte Richard von Weizsäcker 1961 an dem »Tübinger Memorandum« von acht Wortführern der evangelischen Laienbewegung mit, das den Parteipolitikern vorhielt, der Bevölkerung in schwierigen außen- und sicherheitspolitischen Fragen nicht die Wahrheit zu sagen, in den Schlachtordnungen des Kalten Kriegs zu verharren und schwierigen Entscheidungen auszuweichen – etwa der Unvermeidbarkeit einer Anerkennung der polnischen Nachkriegsgrenze an Oder und Neiße. Richard von Weizsäcker: »Ich argumentierte gegen die stereotypen und erstarrten Formeln, mit denen wir uns nach meiner Meinung nur abkapselten. Wir sollten die Beziehungen zu den östlichen Nachbarn selbst in die Hand nehmen, so schwer dies auch sei, anstatt uns hinter der These zu verschanzen, erst in einem Friedensvertrag könne sich eine frei gewählte gesamtdeutsche Regierung zu territorialen Fragen äußern.«[13] Keine der großen Parteien traute sich damals gegenüber den eigenen Mitgliedern und Wählern solche Klarheit zu.

Ludwig Raiser, Jura-Professor in Tübingen, Präsident des Wissenschaftsrates, Mitglied der EKD-Synode und zugleich Mitverfasser des Memorandums, gehörte mit Richard von Weizsäcker der für politische Erklärungen der Evangelischen Kirche in Deutschland zuständigen »Kammer für öffentliche Verantwortung« an. Beide waren mitverantwortlich für die im Oktober 1965 veröffentlichte Denkschrift der EKD über »Die Lage der Vertriebenen und das Verhältnis des deutschen Volkes zu seinen östlichen Nachbarn«. Deren Kernsatz – »Eine volle Wiederherstellung alten Besitzstandes, die in den ersten Jahren nach 1945 noch möglich gewesen wäre, ist zwanzig Jahre später unmöglich, weil sie Polen jetzt in seiner Existenz bedrohen würde« – löste leidenschaftliche Debatten aus. Verzichtspolitik und Verrat an der Heimat wurden den Autoren und der evangelischen Amtskirche vorgeworfen. Von einer »evangelischen Mafia« war die Rede. Doch Weizsäcker blieb bei seiner Position, dass es »weder menschlich zumutbar noch politisch klug« sei, »bei Heimatvertriebenen immer länger die Hoffnung wachzuhalten, dass es vielleicht doch bald noch einen Friedensvertrag geben werde und sie dann nach Hause zurückkehren könnten, wenn die alten deutschen Ostgebiete wenigstens zum Teil an Deutschland zurückfallen würden«[14].

In einer gemeinsam mit dem Sozialdemokraten Erhard Eppler und Kirchenpersönlichkeiten der DDR erarbeiteten Studie über die »Friedensaufgaben der Deutschen« ging er 1968 noch einen Schritt weiter, indem er – freilich nur implizit und nicht offen ausgesprochen – eine Hinnahme der politischen Tatsachen zwischen Elbe und Oder forderte. Es ging ihm um die Wahrnehmung einer Verantwortungsgemeinschaft aller Deutschen, um eine Überwindung des Gegeneinanders zugunsten eines neues Miteinanders in einem geregelten Nebeneinander.

Alle diese Denkschriften, aber auch die Reaktionen darauf zeigten, dass die nach Blockkonfrontation und Mauerbau gelähmte deutsche Politik eines neuen Anstoßes bedurfte. Wiederaufbau und Westintegration waren geleistet, es brauchte jetzt jenen Mut zur Wirklichkeit, der Voraussetzung einer maßvollen Ost- und Deutschlandpolitik war. Der Beitrag, den die evangelische Kirche dazu leistete, die in beiden Teilstaaten vertreten war und über eine gemeinsame Kirchenleitung verfügte, kann kaum überschätzt werden. Nicht zuletzt die Kirchentage, die bis 1961 von Menschen aus Ost und West zu Hunderttausenden besuchte Kundgebungen von Gemeinschaft im Glauben waren, haben auf eigene Weise zusammengehalten, was politisch längst auseinander getrieben war.

Für drei Kirchentage in den sechziger Jahren war Richard von Weizsäcker als Präsident verantwortlich: 1965 in Köln mit der Losung »In der Freiheit bestehen«, 1967 in Hannover unter dem Motto »Der Frieden ist unter uns« und 1969 in Stuttgart mit dem Aufruf »Hungern nach Gerechtigkeit«. Alle drei Veranstaltungen trugen seine Handschrift. Bei der Übernahme seines Amtes 1964 aus den Händen Reinold von Thadden-Trieglaffs hatte er sein unbequemes Verständnis dieses bis in das Revolutionsjahr 1848 zurückreichenden Laientreffens der evangelischen Kirche vorgegeben: »Es ist der verfassten Kirche kein Dienst erwiesen, wenn der Kirchentag sich ihr nur als quantitative überregionale Ergänzung und Bestätigung zur Verfügung stellen würde. Sie muss kraft der Verantwortung ihres Amtes Fragen und neuen Vorschlägen zunächst mit Beharrung begegnen. Umso mehr ist ihr genutzt, wenn Gründe von Zweifel und Unsicherheit oder Vorschläge zu neuen Wegen in einem Rahmen erörtert werden, der ihre Einblicke vertieft, ohne sie zu binden. Im Risiko dieser Spannung muss der Kirchentag unterwegs bleiben und seinen eigenen Weg Jahr um Jahr überprüfen und finden. Er kann den Gefahren nicht entgehen, abgeschrieben zu werden von den einen als enttäuschte Hoffnung oder ausgesperrt von den anderen als unvorsichtig oder unbotmäßig. Eine größere Gefahr wäre der Versuch, es allen gleichzeitig recht zu machen und so verdienterweise zwischen zwei Stühlen der Gleichgültigkeit zu verfallen.«[15]

Die Wahl in das Amt des Kirchentagspräsidenten verhinderte zunächst Richard von Weizsäckers Aufstieg innerhalb der CDU. 1954 war er der Partei beigetreten, weil ihn die Gründungsmotive der Unionsparteien überzeugten: »Aus den gemeinsamen Erfahrungen der Nazijahre die Lehren zu ziehen, den alten konfessionellen Gegensätzen keinen politischen Raum mehr zu geben, sich von den Soziallehren inspirieren zu lassen, Sozialpartnerschaft anzustreben, eine wirkliche Volkspartei anzusteuern – ein solcher Unionsgedanke wirkte anziehend auf mich.«[16] Allerdings störte Weizsäcker die christliche Firmierung im Namen der Partei: »Als Anspruch an uns selbst darf das ›C‹ nie verstummen. Aber damit politisch werben? Es zur Unterscheidung gegen demokratische Konkurrenten ins Feld führen, wo es doch Gläubige und Ungläubige in allen Gruppierungen gibt? Und wo Gläubige nicht automatisch die humanen und demokratischen Vorbilder sind?«[17]

Obwohl also keine der Parteien Weizsäckers Idealvorstellungen entsprach, unterlag für ihn deren Unentbehrlichkeit an sich keinem Zweifel, und es kam für ihn nach seiner Versetzung in die Rechtsabteilung des Mannesmann-Stammhauses und damit in den engsten Mitarbeiterkreis des Vorstandsvorsitzenden Wolfgang Pohle der Augenblick der Entscheidung – gemäß dem von Weizsäcker zitierten Spruch von James Reston, der lange Jahre Chefredakteur der *New York Times* gewesen ist: »In politics as in love there comes the moment where you have to kiss the girl.« Gleichwohl übernahm Weizsäcker in der Partei keinerlei Funktionen, sondern blieb über zehn Jahre hinweg einfaches Mitglied.

Dann allerdings nahm der damals vierunddreißigjährige Helmut Kohl, Vorsitzender der CDU-Fraktion im Mainzer Landtag und zweiter Geschäftsführer des Landesverbandes der chemischen Industrie in Rheinland-Pfalz, Verbindung zu Richard von Weizsäcker auf, der in Ingelheim als Vertrauter des Chemie- und Pharmaunternehmers Ernst Boehringer von sich reden machte. Er schlug ihm vor, als Mitglied in seinen Kreisverband Ludwigshafen überzuwechseln und 1965, abgesichert auf der Landesliste, für den Bundestag zu kandidieren. Sowohl Weizsäcker als seriöse Persönlichkeit wie sein herausragendes Amt in der evangelischen Kirche empfahlen ihn nachdrücklich als Kandidaten für eine Partei, die in ihrem katholischen Milieu zusätzliche Stimmen kaum mehr gewinnen konnte und deshalb daran interessiert sein musste, durch überzeugende Vertreter in neue Wählerbereiche vorzustoßen. Dieses Motiv wog zweifellos schwerer als die erkennbaren politischen Differenzen in der Ost- und Deutschlandpolitik und hatte auch über Weizsäckers Absage hinweg Bestand, als dieser schließlich doch eine Unvereinbarkeit zwischen seiner Funktion als Präsident des Kirchentages und einem parteipolitischen Mandat erkannte.

Im folgenden Jahr allerdings ließ sich Richard von Weizsäcker, ebenfalls auf Vorschlag von Helmut Kohl, in den CDU-Parteivorstand wählen, dem er bis in das Jahr seines Amtsantrittes als Bundespräsident 1984 mit jeweils der höchsten Stimmenzahl angehörte. Wollte er »schweren, aber unvermeidlichen Entscheidungen der Bundesrepublik den Weg ebnen« und »rechtzeitig Einfluss auf die Richtung des langen Geleitzuges CDU gewinnen«, dann durfte er vor allem in der Deutschland- und Ostpolitik nicht auf die Steuerungsmöglichkeiten verzichten, die mit einem Sitz im Parteivorstand verbunden waren.

Die drei Jahre der großen Koalition von CDU/CSU und SPD unter Bundeskanzler Kurt Georg Kiesinger und Außenminister Willy Brandt zwischen 1966 und 1969 brachten denn auch in den Unionsparteien die überlieferte, aber durch nichts gerechtfertigte Gewissheit ins Wanken, dass allein eine Politik der Stärke und der diplomatischen Sprachlosigkeit Chancen zur Wiedervereinigung offen halte. Kiesinger wagte zwar immer noch nicht, die DDR als zweiten deutschen Staat anzusprechen, doch immerhin billigte er ihr zu, ein »Phänomen« zu sein: »Wir erkennen natürlich, dass sich da drüben etwas gebildet hat, ein Phänomen, mit dem wir es zu tun haben, ein Phänomen, mit dessen Vertretung ich in einen Briefwechsel eingetreten bin, ein Phänomen, mit dem wir bereit sind, [...] um der Erleichterung des Lebens unseres Volkes willen, durch die Not der Spaltung hervorgerufen, Kontakte aufzunehmen, Vereinbarungen zu treffen.«[18]

Dennoch war unverkennbar, dass den Sozialdemokraten die Entwicklung hin zu einer wirklich neuen Deutschland- und Ostpolitik, die den gewachsenen Realitäten Rechnung trug, viel zu langsam voranschritt. Sie gingen auf Distanz zu ihrem Koalitionspartner. Bereits im Sommer 1967 teilte Willy Brandt dem Bundeskanzler mit, dass die SPD nach Ablauf der zweiten Amtsperiode von Bundespräsident Heinrich Lübke (CDU) einen eigenen Kandidaten benennen werde. Als der eher linksliberale Walter Scheel im Januar 1968 den konservativen Erich Mende als FDP-Vorsitzenden ablöste, stand für die Union fest, dass sie mit den Stimmen der FDP für einen Lübke-Nachfolger nicht mehr sicher rechnen konnte. Also musste sie wegen der fehlenden eigenen Mehrheit in der Bundesversammlung einen Kandidaten finden, dem ein Einbruch ins liberale Lager zuzutrauen war. Kurt Georg Kiesinger, dem Vorsitzenden der CDU/CSU-Bundestagsfraktion Rainer Barzel, Helmut Kohl und dem CDU-Generalsekretär Bruno Heck fiel da nur einer ein: Richard von Weizsäcker. Im Sommer 1968 erbaten sie seine Zustimmung zur Kandidatur. Weizsäcker war zunächst sprachlos: »Es gab gute Gründe für mich zu zögern. Bislang hatte ich keinerlei Amt innegehabt. Es fehlte mir an politischer und parlamentarischer Erfahrung. [...] Hinzu kam, dass ich vom Wert einer möglichst breiten Mehrheit für die Wahl in dieses Amt überzeugt war. Ob mit oder ohne Auswirkung auf die nächsten Koalitionsfragen nach der Bundestagswahl, riet ich Heck zu einer Einigung mit der SPD. Dabei dachte ich an Heinemann und sprach mich auch alsbald öffentlich dafür aus, die CDU möge sich mit der SPD auf ihn verständigen.«[19] Dieser Vorschlag indes überforderte die Unionsparteien damals beträchtlich. Franz Josef Strauß (CSU) und der baden-württembergische Ministerpräsident Hans Filbinger (CDU) schlugen stattdessen den konservativen Verteidigungsminister Gerhard Schröder als Kandidaten vor, um mit ihm die nationalliberalen Stimmen der FDP zu gewinnen. Am 15. November 1968 entschieden sich die Parteivorstände von CDU und CSU sowie der gemeinsame Fraktionsvorstand aus dem Bundestag: Fünfundsechzig Stimmen entfielen auf Schröder und nur zwanzig auf Weizsäcker. Dies war die erste in einer Reihe von Wahlniederlagen, die Richard von Weizsäcker in seinem politischen Leben noch verkraften musste.

Walter Scheel dagegen war erleichtert. Denn gegen Gerhard Schröder fiel es ihm sehr viel weniger schwer, als ihm dies gegen Richard von Weizsäcker hätte gelingen können, die Wahlmänner der FDP für Gustav Heinemann zu mobilisieren. Am 5. März 1969 wurde Heinemann im dritten Wahlgang mit 512 gegen 506 Stimmen denkbar knapp zum Bundespräsidenten gewählt. Mit dieser Wahl des Sozialdemokraten zum Bundespräsidenten hatte sich nach dessen eigenen Worten »ein Stück Machtwechsel vollzogen, und zwar nach den Regeln der parlamentarischen Demokratie«[20].

Nach zwei Jahrzehnten CDU-Kanzlerschaft führte Willy Brandt im selben Jahr, 1969, die sozialliberale Wachablösung in Bonn herbei und bekannte sich in seiner Regierungserklärung im Oktober zur »friedlichen Koexistenz« als neuem Leitfaden deutscher Außenpolitik in Mittel- und Osteuropa: »Zwanzig Jahre nach Gründung der Bundesrepublik und der DDR müssen wir ein weiteres Auseinanderleben der deutschen Nation verhindern, also versuchen, über ein geregeltes Nebeneinander zu einem Miteinander zu kommen.«[21] Richard von Weizsäcker, der diesen innenpolitisch höchst umstrittenen Vorstoß in seiner Substanz seit vielen Jahren billige, zog nach seiner erstmaligen Wahl in den Bundestag im September 1969 in den »Ausschuss für innerdeutsche Fragen« ein und wurde zum Missvergnügen der Vertriebenenverbände und mancher Nationalkonservativer in den Unionsparteien Sprecher seiner Fraktion für die Deutschland- und Berlin-Politik.

Die neue sozialliberale Regierungspolitik mutete der Bevölkerung einiges zu, die zwei Jahrzehnte im Glauben gehalten worden war, die Trennung in zwei deutsche Staaten sei nur vorübergehend und auch die unter polnischer und sowjetischer Verwaltung stehenden Gebiete Ostdeutschlands könnten eines Tages zurückgewonnen werden. Willy Brandt dagegen forderte, politische Tatsachen als solche hinzunehmen, weil sie nur dann veränderbar seien. Egon Bahrs Vorstellung eines »Wandels durch Annäherung« setzte zwar auf bundesdeutscher Seite die Kraft zur Annäherung an die politische Wirklichkeit der siebziger Jahre voraus, bedeutete aber für die DDR eine in ihrer Wirkung sehr viel weiter reichende, durchaus subversive Öffnung zugunsten herrschaftsfeindlicher Informationen, Meinungen und Begegnungen. Wie die Geschichte gezeigt hat, hielt das auf Abschottung angelegte System weder in Ost-Berlin noch in Warschau, Prag oder Moskau dieser Herausforderung lange Zeit stand. Zunächst freilich galt es, die Gegner einer solchen politischen Neuorientierung im eigenen Land zu überzeugen.

»Brandt an die Wand!«, pöbelten rechtsradikale Gruppen wie die »Aktion Widerstand«, aber auch der SPD-Abgeordnete Herbert Hupka erklärte: »Verzicht ist Verrat.« Am 12. August 1970 unterzeichneten Willy Brandt und Walter Scheel dessen ungeachtet in Moskau den deutsch-sowjetischen Vertrag, in dem die

Grenzen aller Staaten in Europa als unverletzlich anerkannt wurden. Zuvor überreichte Scheel einen »Brief zur deutschen Einheit«, in dem festgestellt wurde, dass »dieser Vertrag nicht im Widerspruch zu dem politischen Ziel der Bundesrepublik Deutschland steht, auf einen Zustand des Friedens in Europa hinzuwirken, in dem das deutsche Volk in freier Selbstbestimmung seine Einheit wiedererlangt«. Am 7. Dezember gestand Willy Brandt im Warschauer Vertrag zu, dass die im Potsdamer Abkommen 1945 gezogene Oder-Neiße-Linie »die westliche Staatsgrenze der Volksrepublik Polen« darstellt. Umgekehrt garantierte die Sowjetunion in dem am 3. September 1971 ausgefertigten Vier-Mächte-Abkommen über Berlin erstmals die ungehinderten Beziehungen zwischen der Bundesrepublik und der Stadt, die allerdings »wie bisher kein Bestandteil der Bundesrepublik Deutschland« sei und »auch weiterhin nicht von ihr regiert werden« dürfe. Nachdem so der politische Rahmen geschaffen war, füllten ihn Bonn und Ost-Berlin durch ein Transitabkommen vom 17. Dezember 1971 und am 21. Dezember 1972 durch den Grundlagenvertrag über die Beziehungen zwischen beiden Staaten aus.

Doch bevor der Bundestag am 17. Mai 1972 über die Annahme der Ostverträge abstimmte, unternahmen die Oppositionsparteien CDU und CSU am 27. April den Versuch, Willy Brandt durch ein konstruktives Misstrauensvotum zu stürzen. Seine Mehrheit im Bundestag machte nach dem Überwechseln von fünf Parlamentariern aus Protest gegen diese Verträge noch ganze zwei Mandate gegenüber den Unionsparteien (249 zu 247) aus. Überraschend erreichte Rainer Barzel (CDU) keine Mehrheit für den Kanzlersturz, obwohl zwei Abgeordnete vom rechten Flügel der FDP, Gerhard Kienbaum und Knut von Kühlmann-Stumm, ihm ihre Unterstützung zugesagt hatten. Richard von Weizsäcker, der Willy Brandts Ostpolitik von ihrer Zielsetzung her mittrug, stimmte aus Fraktionsdisziplin für Barzel und damit gegen Brandt. Freilich gelang es ihm im Gegenzug, bei der Abstimmung über die Ostverträge am 17. Mai die Mehrheit seiner Fraktion zur Stimmenthaltung zu bewegen. Nur zehn Abgeordnete lehnten den Moskauer und siebzehn den Warschauer Vertrag ab.

Dennoch blieb bei Weizsäcker eine Wunde zurück: »Bei einer der ganz wenigen schlechthin ausschlaggebenden Entscheidungen unseres Landes erweckte die Hälfte der Mitglieder des Deutschen Bundestages durch ihre Stimmenthaltung den Eindruck, als hätten sie keine Meinung. Das war und bleibt für mich ein Makel. Ich hatte getan, was ich tun zu können und zu müssen glaubte. Aber es war nicht genug.«[22] In diesem innerparteilichen Konflikt, der auch ein familiärer wurde, weil Bruder Carl Friedrich ein unbedingter Anhänger der Ostverträge war und jedes Taktieren in der Frage ihrer Ratifikation scharf verurteilte, stellte sich Richard von Weizsäcker die Frage nach seinem weiteren Verbleib in der CDU. Er entschied sich gegen den Austritt, weil er in der Sache nichts genutzt, vielleicht sogar eher geschadet hätte: »Gedient hätte es doch niemandem, wenn ich diese Konsequenz gezogen hätte. Das wurde mir rasch klar. Es ging ja nicht um mich, sondern um die Verträge. Und da gab es Wege, sie durchzubringen, ohne ein spektakuläres persönliches Drama zu veranstalten.«[23] Doch der Stachel, sich zwar strategisch richtig verhalten, aber menschlich schwach gezeigt zu haben, schmerzte weiter.

Andererseits hatte Richard von Weizsäcker in diesen Krisenmonaten der Republik, in denen nach Generalstreik gerufen und dem politischen Gegner jeglicher Anstand abgesprochen wurde, unter Beweis gestellt, dass er auch in solchen Ausnahmesituationen kühlen Kopf bewahren konnte und auf vernünftigen Ausgleich sann, wo andere in starren Schlachtordnungen verharrten. Diese Haltung empfahl ihn, der in der Partei über keine Hausmacht verfügte, für weiteren Aufstieg, als sich der Pulverdampf nach der vorgezogenen Bundestagswahl im November 1972 verzogen hatte.

Als »Willy-Wahl« ging sie wegen ihrer beispiellosen Mobilisierung zugunsten des SPD-Vorsitzenden in die Geschichte ein, machte die Sozialdemokraten zur stärksten Fraktion und verschaffte der sozialliberalen Koalition eine beruhigende Mehrheit von 271 zu 225 Mandaten. Weizsäcker wurde zum stellvertretenden Fraktionsvorsitzenden von CDU/CSU gewählt, aber unterlag später Karl Carstens, nachdem Rainer Barzel im Mai 1973 als Fraktionschef nach einer Abstimmung über den Beitritt der Bundesrepublik und der DDR zu den Vereinten Nationen zurückgetreten war, weil er ein einheitliches Abstimmungsverhalten der Gesamtfraktion aus CDU und CSU nicht hatte durchsetzen können. Carstens hatte sich zuvor, anders als Weizsäcker, leidenschaftlich gegen den Grundlagenvertrag mit der DDR ausgesprochen und so die von der Wahlniederlage im Vorjahr noch immer gezeichneten Abgeordneten für sich gewonnen.

Dennoch ging Richard von Weizsäcker bei der Bundespräsidentenwahl 1974 erneut als Kandidat der Unionsparteien ins Rennen, konnte aber in der Bundesversammlung gegen Walter Scheel nur 498 von 1028 Stimmen für sich gewinnen. Scheel hatte die Abstimmung am 15. Mai zum Testfall für die einen Tag später angesetzte Wahl Helmut Schmidts zum Bundeskanzler erklärt, nachdem Willy Brandt im Zuge der Affäre um den DDR-Spion Günter Guillaume am 6. Mai von seinem Amt zurückgetreten war. In dieser innenpolitisch aufs Äußerste angespannten Situation konnte Weizsäcker weder auf Abweichler der FDP noch der SPD rechnen.

Politisch erfolgreicher war Weizsäcker in diesen Jahren in seinem Amt als Vorsitzender der CDU-Programmkommission. Da er keiner der innerparteilichen Gruppierungen ohne weiteres zugerechnet werden konnte, fiel es ihm leichter als anderen Unionspolitikern, diese Flügel zu einer gemeinsamen Anstrengung zusammenzuführen, nachdem sich das kapitalismuskritische Ahlener Programm aus dem Jahr 1947 und die marktwirtschaftlichen Düsseldorfer Leitsätze von 1949 als überarbeitungsbedürftig erwiesen hatten. Im Oktober 1978 verabschiedete die CDU auf ihrem Bundesparteitag in Ludwigshafen ihr wesentlich von Weizsäcker erarbeitetes neues Grundsatzprogramm und bekannte sich darin als Volkspartei zur christlichen Soziallehre, zum Subsidiaritätsprinzip sowie zu den Grundwerten von Freiheit, Solidarität und Gerechtigkeit.

»Der Kern der Auseinandersetzung«, erinnert sich Weizsäcker in seiner Autobiographie, »lag bei der Solidarität. In der Phase der Industrialisierung war dies das legitime und langfristig erfolgreiche Markenzeichen der Arbeiterbewegung gewesen. Es war der Kampf der Gleichen mit den Gleichen gegen die Ungleichen, um humane Arbeits- und Lebensbedingungen durchzusetzen.«[24] Während die Sozialdemokratie in ihrem »Orientierungsrahmen 85«, so Weizsäckers Vorwurf, diese Frontstellung unverändert fortschrieb, forderte er deren Überwindung durch eine gesellschaftliche Orientierung an gemeinsamen Grundwerten: »Was ist globale Entwicklungspolitik, wenn nicht Solidarität unter Machtungleichen? Ist die Forderung nach einer liberalen Asyl- und Ausländerpolitik etwas anderes als Solidarität zwischen Reichen und Armen? Wer, wenn nicht die Wissenden, ist primär verantwortlich für den Zusammenhalt und sozialen Frieden in einer Gesellschaft von Ungleichen?«[25] Weizsäcker mahnte seine Parteifreunde jedoch, bei dieser Wertefindung nicht stehen zu bleiben. »Es kostet wenig, sich auf Freiheit, Gerechtigkeit und Solidarität zu berufen, und es bringt aus sich selbst heraus nur spärliche Erträge. Eines haben Kapitalismus und demokratische Verfassungen gemein: [...] Sie räumen Chancen ein, und sie schützen den Bürger vor staatlichen Übergriffen. Aber sie können die Lebendigkeit der Bürger so wenig erzeugen wie ihr Pflichtbewusstsein und ihren Anstand.«[26]

Allerdings hält Weizsäcker nichts davon, den Grundrechtekatalog der Verfassung um eine entsprechende Zusammenstellung von Grundpflichten zu ergänzen. Dies wäre eine dem Staat fremde Aufgabe, da sie vom bürgerlichen Verständnis her allein aus dem freien Konsens einer Gesellschaft wachsen kann: »Auf die Dauer aber werden unsere freiheitliche Demokratie und unser freier Markt nur bestehen, wenn wir uns über die humanen Tugenden und Pflichten verständigen und sie praktizieren, die in verantwortlicher Weise den Weg zu unserer heutigen Freiheit gebahnt haben.«[27]

Im Frühherbst 1978 bot Helmut Kohl, der im Juni 1973 zum CDU-Vorsitzenden gewählt worden war, Richard von Weizsäcker an, bei den Berliner Wahlen 1979 als Spitzenkandidat für das Amt des Regierenden Bürgermeisters anzutreten. Dieses Angebot reizte Weizsäcker sehr, denn die Aussichten auf einen Wahlsieg standen nicht schlecht. Bereits nach den Wahlen im März 1975 war die CDU unter ihrem Vorsitzenden Peter Lorenz als stärkste Partei in das Abgeordnetenhaus eingezogen und nur durch eine Koalition aus SPD und FDP von der Regierungsübernahme ausgeschlossen worden. Weizsäcker, der sich durch seine liberale Haltung in der Deutschlandpolitik einen Namen gemacht hatte, versprach Wahlerfolge im Lager der noch unentschiedenen Wähler und verstand sich im Übrigen aufgrund seiner Jugendjahre, die er in der Hauptstadt verbracht hatte, selbst beinahe als Berliner. Er kam in der politischen Öffentlichkeit und bei den Bürgern gut an – und half durch seine Kandidatur Helmut Kohl, ein schwieriges parteiinternes Problem zu lösen. Denn 1979 stand auch die nächste Bundespräsidentenwahl an, die infolge der inzwischen erzielten Siege bei etlichen Landtagswahlen und der dadurch veränderten Stimmenverhältnisse in der Bundesversammlung von den Unionsparteien entschieden werden konnte. Doch die CSU war mit einer erneuten Kandidatur Weizsäckers nicht einverstanden und bevorzugte Karl Carstens. Wenn Kohl nun Weizsäcker durch den Wahlkampf in Berlin band, konnte er Strauß entgegenkommen, ohne gegenüber Weizsäcker sein Gesicht zu verlieren. Carstens wurde im Mai 1979 mit 528 Stimmen gegen die von der SPD nominierte Annemarie Renger (431 Stimmen) überzeugend gewählt, und auch Weizsäcker gewann in Berlin im Juni Stimmen hinzu, konnte die sozialliberale Koalition aber – noch – nicht ablösen.

Dies gelang ihm erst zwei Jahre später, nachdem er zur Enttäuschung vieler Berliner nicht die Oppositionsführung in der Stadt übernommen hatte, sondern nach Bonn zurückgekehrt und dort mit dem Posten des Bundestagsvizepräsidenten entschädigt worden war. Am 15. Januar 1981 musste der Regierende Bürgermeister Dietrich Stobbe (SPD) wegen des für Berlin mit hohen Verlusten verbundenen Konkurses des Bau- und Partylöwen Dietrich Garski zurücktreten, als das Abgeordnetenhaus seinem neu zusammengestellten Senat die Mehrheit verweigerte. Acht Tage später wurde Hans-Jochen Vogel (SPD), ebenfalls ein Bonner Import, zum Nachfolger gewählt und setzte für den 10. Mai Neuwahlen an. Nach einem Wahlkampf, der dank des guten persönlichen Verhältnisses zwischen Vogel und Weizsäcker jeder Schärfe entbehrte, erhielt die CDU 48 Prozent der Stimmen, so viel wie niemals zuvor. Die SPD kam auf knapp zehn Prozentpunkte weniger, die FDP schaffte den Sprung ins Abgeordnetenhaus gerade eben, und die Alternative Liste zog erstmals in das Parlament ein. Für Weizsäckers Senat stimmten fünf der sieben FDP-Abgeordneten und tolerierten dessen Minderheitssenat weiterhin, bis sie ihm im März 1983 als Koalitionspartner beitraten.

Nun war Richard von Weizsäcker in Berlin tatsächlich angekommen und übernahm zum ersten Mal in seinem Leben Regierungsverantwortung. Sechs seiner zwölf Senatsmitglieder berief er zum Verdruss der Altberliner Betonriege um den Innensenator Heinrich Lummer aus Westdeutschland: Norbert Blüm (Bundesangelegenheiten), Ulf Fink (Soziales), Wilhelm Kewenig (Kultur und Wissenschaft), Hanna-Renate Laurien (Schule), Elmar Pieroth (Wirtschaft) und Rupert Scholz (Justiz). Zwar konnte Weizsäcker an den strukturellen Problemen der von Mauer und Stacheldraht eingezäunten Halbstadt nur wenig ändern: Die Arbeitslosigkeit blieb hoch, die Verwaltung übermäßig aufgebläht und der Wirtschaftsaustausch mit der DDR minimal. Aber das Klima in der Stadt änderte sich. Die Kämpfe zwischen einer jugendlichen Hausbesetzerszene und dem Senat entspannten sich durch eine zunehmende Verrechtlichung des Konflikts, Mietverträge traten an die Stelle gewaltsamer Räumungen durch die Polizei. Das kulturelle Leben gewann nicht zuletzt durch das persönliche Interesse Weizsäckers an Bedeutung, die überalterte und in ihrer geographischen wie politischen Isolierung erstarrte Stadt entwickelte neues Selbstbewusstsein.

Höhepunkt seiner Regierungszeit in Berlin war für den Deutschlandpolitiker Richard von Weizsäcker sicherlich seine Begegnung mit dem SED-Generalsekretär Erich Honecker im September 1983 in Ost-Berlin. Der erste Besuch eines Regierenden Bürgermeisters in der DDR sollte eine Verbesserung der Reisemöglichkeiten und eine Erleichterung des Grenzregimes bewirken. Treffpunkt der beiden war das Schloss Niederschönhausen im Stadtteil Pankow. Der distinguierte Freiherr und der eher unsichere Parteifunktionär kamen sich nicht wirklich nahe. Weizsäcker: »Er wirkte unpolemisch und nicht unliebenswürdig, aber unverbindlich und alles andere als kurzweilig. Elektrische Funken gingen von ihm nicht aus. Im Ganzen verlief das Gespräch sachlich. Zeit mit der Darlegung unserer bekannten prinzipiell entgegengesetzten Positionen verloren wir nicht. Mir ging es um konkrete Verbesserungen im Reise- und Besuchswesen. Bescheidene Erfolge konnte ich erzielen.«[28]

Bedeutsamer als solche kleinen Fortschritte war zweifellos ein gewisses Vertrauensverhältnis, das sich seit diesem Besuch zwischen den beiden Politikern entwickelte. Erich Honecker fühlte sich durch Richard von Weizsäcker nicht bedroht, und dieser gewann den Eindruck, sich auf Zusagen des anderen im Rahmen des Möglichen verlassen zu können. Ein kurzer Dialog während ihres Treffens zeigt diese vorsichtige Annäherung. Honecker: »Was sprechen wir von Wiedervereinigung. Wir wissen doch, dass sie nicht auf uns wartet.« Weizsäcker: »Die Teilung ist zwar in besonderer Weise durch die beiden Großmächte zementiert. Aber daraus die Schlussfolgerung zu ziehen, dass es nun für die Geschichte keiner neuen Phantasie in der Zukunft bedürfe, das halte ich, abgesehen von dem, was man wünschen mag, einfach für unhistorisch.« Honecker: »Ja, wenn Sie es so schildern, möchte ich Ihnen zustimmen.«[29]

Bezogen auf seine Jahre in Berlin und im Bundestag fasste Richard von Weizsäcker sein besonderes politisches Anliegen –

und, obwohl er dies nicht ansprach, auch seine Leistung – mit einem Verweis auf Martin Luther, dem zufolge wir Deutschen in der Politik wie ein betrunkener Bauer dazu neigen, entweder rechts oder links vom Pferderücken herunterzurutschen, so zusammen: »Besonders gefragt war unsere Fähigkeit zur Balance, zwischen Sicherheit und Entspannung, zwischen Konfrontation in den Prinzipien und Kooperation in der Praxis, zwischen konkreten Schritten zugunsten der Deutschen in der DDR, die ohne Mitwirkung ihrer Machthaber nicht zu haben waren, und dem späteren Ziel der Einheit, auch wenn niemand wusste, wann und wie und ob es überhaupt erreichbar sein würde.«[30]

Der Präsident der Einheit

»Lasst uns in der Freiheit bestehen«

Als Bundespräsident Karl Carstens Anfang 1983 wissen ließ, dass er für eine zweite Amtszeit nicht zur Verfügung stehen werde, schien der Weg in die Villa Hammerschmidt für Richard von Weizsäcker endlich frei. Die Regierungskoalition aus CDU/CSU und FDP verfügte nach dem fliegenden Wechsel der Liberalen zu den Unionsparteien im September 1982 in der Bundesversammlung über eine solide Mehrheit, und auch die SPD hatte zu erkennen gegeben, dass sie gegen den liberalen Freiherrn keinen Gegenkandidaten nominieren würde. Freilich verfolgte sie mit dieser vermeintlich selbstlosen Geste auch handfeste eigene Ziele. Sie hoffte Weizsäcker, der sein Amt als Regierender Bürgermeister in Berlin wiederholt als »Lebensaufgabe« bezeichnet, ja sogar versichert hatte, andere als Berliner Aufgaben werde es in seinem Leben nicht mehr geben, mit diesem Angebot in ernste Verlegenheit zu bringen.[1] Außerdem gingen die Sozialdemokraten davon aus, dass sie nach einem als sicher unterstellten Wechsel Weizsäckers nach Bonn die angesichts dieser Treulosigkeit enttäuschten Berliner bei der nächsten Landtagswahl wieder für sich würden gewinnen können.

Dies allerdings war auch die Sorge Helmut Kohls, der deshalb zögerte, Richard von Weizsäcker die Kandidatur anzutragen. Also nahm Weizsäcker, dem so handfeste Interessenpolitik niemand zugetraut hätte, die Dinge selbst in die Hand. Er ließ sich im Mai 1983 vom CDU-Parteitag in Köln mit der höchsten Stimmenzahl aller Bewerber in das Parteipräsidium und zum stellvertretenden Vorsitzenden wählen. Mit diesem Ergebnis war klar, dass ohne seine Zustimmung niemand sonst in das Kandidatenrennen um das höchste Amt im Staat gehen konnte. Jetzt brauchte Weizsäcker nur noch einen Vertreter der Parteiprominenz, der ihm die Kandidatur offiziell antrug, denn um die Bundespräsidentschaft bewirbt man sich nicht selbst. Und wer konnte für diesen Dienst geeigneter erscheinen als Franz Josef Strauß, der alte Kohl-Antipode aus München? Im November 1983 besuchte er als Bundesratspräsident Berlin, wurde dort von Weizsäcker empfangen wie ein Staatsgast und erklärte prompt während einer Pressekonferenz, das Verwirrspiel um die Carstens-Nachfolge müsse ein Ende haben, Weizsäcker werde die Stimmen der CSU bekommen. Nun sah auch Kohl keine Alternative mehr und nominierte Weizsäcker zehn Tage später für die Wahl am 23. Mai 1984.

Richard von Weizsäcker erzielte als sechster Präsident in der Geschichte der Bundesrepublik das beste Ergebnis, das bis dahin jemals erreicht wurde: Von 1028 Stimmen entfielen 832 auf ihn, also rund achtzig Prozent. Für die Gegenkandidatin der Grünen, die Schriftstellerin Luise Rinser, stimmten achtundsechzig Mitglieder der Bundesversammlung, 117 enthielten sich, und elf Stimmen waren ungültig.

Am 1. Juli 1984 wurde Richard von Weizsäcker im Bonner Bundestag als Staatsoberhaupt vereidigt. Er war vierundsechzig Jahre alt, als ihm das höchste Amt übertragen wurde, das ein Land zu vergeben hat. Weizsäcker wusste, dass er mit seiner Entscheidung, das Amt des Regierenden Bürgermeisters aufzugeben, seine Berliner Wähler enttäuscht hatte. Andererseits sah er, dass in den Niederungen der Berliner Landespolitik, die neben ihrem nationalen Anspruch doch immer auch wesentlich Kommunalpolitik ist, besondere Meriten nicht mehr zu gewinnen waren. Entscheidend aber wurde für ihn, dass er hoffte, »die Erfahrungen und die zukünftigen Aufgaben Berlins im größeren Rahmen der Deutschland- und Ostpolitik bundesweit zur Sprache und Geltung« bringen zu können.² Als Bundespräsident blieb ihm zwar die Einflussnahme auf konkrete Regierungspolitik durch die verfassungsmäßigen Beschränkungen dieses Amtes verwehrt. Aber öffentlich Orientierung zu geben, durch Reden in der Bevölkerung und bei Politikern Aufmerksamkeit zu wecken und Prozesse zu begleiten, womöglich sogar anzustoßen, das war nach seinem Verständnis die Aufgabe, die auf ihn wartete: »In der Exekutive ist das wichtigste Mittel des Politikers, zu handeln. Für den Bundespräsidenten ist es seit Theodor Heuss' Zeiten die Rede, die sein Handeln ausmacht.«³ Deshalb kündigte er in seiner Antrittsrede an: »Es kommt meinem Amt zu, Fragen zu stellen und die Arbeit für Antworten auf sie zu ermutigen, nicht aber Rezepte anzubieten.«

Innerhalb weniger Wochen war Weizsäcker in der nur durch eine Gartenmauer mit schmalem Durchbruch vom Bonner Kanzleramt getrennten Villa Hammerschmidt zu Hause wie keiner seiner Vorgänger. Er brachte das Amt in eine solche Übereinstimmung mit sich selbst (und nicht etwa umgekehrt), dass jedem Regierungschef heute noch angst werden muss, der den Erfolg von Politik an Meinungsumfragen abliest. Die Zustimmung der Bürger zu allem, was Weizsäcker vorgab und darstellte, brach von Anfang an sämtliche Rekorde.

Sie hatten sich alle in ihm getäuscht: Helmut Schmidt, der als Kanzler frotzelte, Weizsäcker sei weder Fisch noch Fleisch, sondern eine Mischung aus beidem, eben Klops; Franz Josef Strauß, der ihn als »ökumenischen Weltbischof« verspottete und für so abgehoben hielt, dass er seiner eigenen, äußerst bodennahen Politik nicht gefährlich werden könnte; und auch Helmut Kohl täuschte sich, der lange Jahre glaubte, den »Prediger« Weizsäcker als politische Potenz und Konkurrenz nicht ernst nehmen zu müssen. In seiner Einschätzung Weizsäckers trennte Kohl wenig von dem Urteil mancher sozialliberaler Prominenz in den siebziger Jahren: Der Kirchentagspräsident und Grundsatzredner der Union sei, so ein Ausbruch von Herbert Wehner, »ein hochgebildeter, hochkultivierter, hochintelligenter Waschlappen«. Ein Politiker für das Wort zum Sonntag vor allem, ein Herr für das große Ganze, zu gebrauchen bei Feinsinnigem, nicht aber im politischen Tageskampf.

Selten wurde ein Politiker so falsch gesehen, so verkannt wie Richard von Weizsäcker. Sicher, die Häme und die Schaumschlägerei sind nicht seine Stilmittel. Aber daraus zu schließen, er sei unfähig, seine politischen Interessen zu erkennen und dann auch konsequent durchzusetzen, konnte fatale Folgen haben. Beispielsweise für Helmut Kohl. Der hatte nach seinem Amtsantritt durch ein konstruktives Misstrauensvotum gegen Helmut Schmidt am 1. Oktober 1982 die »Wende« beschworen und eine geistig-moralische Erneuerung versprochen, in Wahrheit jedoch nur nach Kungelei mit unzufriedenen Liberalen einen in der Bevölkerung höchst umstrittenen Regierungswechsel herbeigeführt. Der Bundespräsident dagegen ging sein Amt sehr viel bescheidener an. Politik, sagte er, bedürfe der moralischen Begründung und der gedanklichen Klarheit. Politiker sollten sich nicht verheben, meinte er, sie täten gut daran, die Begrenztheit ihrer Möglichkeiten und Mittel im Auge zu behalten. Hätte Kohl solche Anregungen nicht nur angehört, sondern aufgenommen, er hätte sich während seiner Regierungszeit nicht – neben unbestreitbaren Erfolgen – in eine unendliche Kette von Pannen und Peinlichkeiten verstrickt. Er hätte dann nicht darüber räsonieren müssen, weshalb seine Anziehungskraft in der Wählergunst ständig schwankte, während auf die Popularität des Bundespräsidenten nach den Erhebungen der damaligen Allensbach-Chefin Elisabeth Noelle-Neumann »kein Schatten« fiel.

Vierzig Jahre nach Kriegsende schien es Richard von Weizsäcker an der Zeit, mit der Autorität des Staatsoberhauptes einer deutschen Lebenslüge entgegenzutreten: der gängigen Geschichtsfälschung nämlich, die Verbrechen der NS-Zeit, ihre Rechtsbrüche und ihre alltägliche Gewalt seien von Einzelnen erdacht und befohlen, von wenigen nur verübt worden, während die Mehrheit der Bevölkerung von alledem nichts gewusst habe und deshalb dafür auch nicht verantwortlich sei. Hatte Helmut Kohl während des Staatsbesuches von US-Präsident Ronald Reagan im April 1985 auf dem Soldatenfriedhof in Bitburg, wo auch SS-Angehörige begraben liegen, und im ehemaligen Konzentrationslager Bergen-Belsen noch vage von der »Hitler-Barbarei«, von der »NS-Diktatur«, von den »Machthabern« und dem »Ungeist« gesprochen, »der in Deutschland die Macht übernahm«, wurde Weizsäcker im Plenarsaal des Bundestages am 8. Mai sehr viel unbequemer.

Die »Schonung unserer Gefühle durch uns selbst oder durch andere hilft nicht weiter«, setzte er dem Kanzler entgegen. »Der 8. Mai war ein Tag der Befreiung«, stellte er nicht nur für sich persönlich, sondern als geschichtliche Wahrheit fest. Dieser Tag müsse ein Tag der Erinnerung sein. Erinnerung aber heiße, »eines Geschehens so ehrlich und rein zu gedenken, dass es zu einem Teil des eigenen Innern« werde. Dies allerdings stelle »große Anforderungen an unsere Wahrhaftigkeit«. Denn »jeder Deutsche konnte miterleben, was jüdische Mitbürger erleiden mussten, von kalter Gleichgültigkeit über versteckte Intoleranz bis zu offenem Hass«. Wer damals seine Augen und Ohren aufmachte, hob Weizsäcker hervor, »wer sich informieren wollte, dem konnte nicht entgehen, dass Deportationszüge rollten«, wenn auch »die Phantasie der Menschen für Art und Ausmaß der Vernichtung nicht ausreichen« mochte. Und weiter: Nicht das Kriegsende sei die eigentliche Ursache von Flucht und Vertreibung Millionen Deutscher, sondern der Anfang jener Gewaltherrschaft, die zum Krieg führte: »Wir dürfen den 8. Mai 1945 nicht vom 30. Januar 1933 trennen.« Ein Volk, das vor seiner Vergangenheit die Augen verschließe, mahnte er, werde blind für die Gegenwart.

Die Vergangenheit: »Zu den Verbrechen [trat] der Versuch allzu vieler, [...] nicht zur Kenntnis zu nehmen, was geschah.« Die Gegenwart: »Gewaltverzicht heute heißt, den Menschen dort, wo sie das Schicksal nach dem 8. Mai hingetrieben hat und wo sie nun seit Jahrzehnten leben, eine dauerhafte, politisch unangefochtene Sicherheit für ihre Zukunft zu geben. Es heißt, den widerstreitenden Rechtsansprüchen das Verständigungsgebot überzuordnen.«

Diese Rede, die nach Weizsäckers eigenem Verständnis »die politischste und zugleich die persönlichste« seiner Amtszeit wurde[4], wurde von einigen als Zumutung empfunden – nicht nur von Berufsvertriebenen wie dem Vorsitzenden der Schlesischen Landsmannschaft Herbert Hupka, dem gebürtigen Ceylonesen, der den Heimattag 1985 unter das aggressive Motto »Schlesien bleibt unser!« stellen wollte und davon allein durch die Androhung abgebracht werden konnte, dann müsse er auf den Bundeskanzler als Ehrengast verzichten. Nein, auch der CSU-*Bayernkurier* und die konservative *Frankfurter Allgemeine Zeitung* schwiegen sich zunächst gewissermaßen als Strafe über diese Rede aus. Und Helmut Kohl brachte es nicht über sich, dem Bundespräsidenten im Plenarsaal für seine Rede zu danken.

»Eine historische Rede«: Diese Anerkennung blieb dem israelischen Staatspräsidenten Chaim Herzog vorbehalten, als er Richard von Weizsäcker Anfang Oktober 1985 zum ersten Staatsbesuch eines Bundespräsidenten in Israel begrüßte. Weizsäcker antwortete: »Jeder Deutsche trägt die Erbschaft der Geschichte seines Volkes – die Erbschaft der ganzen Geschichte mit ihren hellen und dunklen Kapiteln. Es steht ihm nicht frei, die dunklen Teile auszuschlagen.« Damit meinte Weizsäcker, obwohl er dies nicht aussprach, auch Helmut Kohl, für den der individuell zurechenbare Teil deutscher Geschichte 1945 beginnt, in der »Stunde null«. Da war er glücklicherweise erst fünfzehn Jahre alt. Historische Haftung wird so zur Frage des Lebensalters, wie Kohl den israelischen Abgeordneten am 25. Januar 1984 in der »Knesset« erläuterte: Er sah sich als jemanden, »der in der Nazi-Zeit nicht in Schuld geraten konnte, weil er die Gnade der späten Geburt und das Glück eines besonderen Elternhauses gehabt hat«.

Richard von Weizsäcker hat da offenkundig ein schwierigeres Erbe zu tragen. Er wurde schon 1920 geboren, und sein Vater war von 1938 bis 1943 Staatssekretär im Reichsaußenministerium. Ernst von Weizsäcker war definitiv kein Nazi, aber er war

Hitlers ranghöchster Diplomat. Er blieb im Dienst, um Schlimmeres zu verhüten – vor allem den Krieg. Er scheiterte und geriet immer tiefer in den braunen Sumpf seiner Zeit.

Auch Richard von Weizsäcker war kein Nazi. Doch er ist Offizier der Wehrmacht gewesen und wusste spätestens seit dem Russlandfeldzug von unvorstellbaren Verbrechen, die von Deutschen in deutschem Namen begangen wurden. »Das Vergessenwollen«, zitierte er in seiner Ansprache zum 8. Mai eine jüdische Weisheit, »verlängert das Exil, und das Geheimnis der Erlösung heißt Erinnerung.« Wer sich so erinnert, wer nicht wegschaut vor eigener Angst, nicht schweigt zu eigener Schwäche und sich nicht darauf beruft, persönlich ohne Schuld zu sein, der kommt in der Aufarbeitung und Gewichtung deutscher Geschichte freilich zu anderen Ergebnissen als der unbeschwerte Luftschutzhelfer Helmut Kohl aus Oggersheim.

Wer sich nicht selbst von geschichtlicher Haftung freispricht, erwartet von Politik mehr und betreibt sie anders als einer, dem die Taktik der Macht die zentrale Kategorie des politischen Denkens und Fühlens ist. Die Ausgrenzung von Minderheiten aus der Gesellschaft, das Elend der Massenarbeitslosigkeit, die Zerstörung der Natur, die Ausbeutung der Dritten Welt durch die Industrienationen und das Wettrüsten der Supermächte – das waren einige der politischen Themen, bei denen Richard von Weizsäcker ernsthafte Beiträge der damaligen Bundesregierung vermisste. Deshalb besetzte er diese Felder selbst. Dabei mischte er sich nicht in das Tagesgeschäft der Regierung ein. Aber er versuchte, durch seine Reden ein Problembewusstsein zu schaffen, das nicht von den Parteien zu eigenen Zwecken vereinnahmt werden konnte. Parteien sind ihm ein notwendiges Übel, legitimiert zur Sammlung und Durchsetzung politischer Einzel- oder Gruppeninteressen. Doch eine überzeugende Antwort auf drängende Gegenwartsfragen erwartet er von ihnen nicht. Die Neigung der Parteien, sich den Staat zur Beute zu machen und sich »quasi fettfleckartig über nahezu alle staatlichen Institutionen« auszubreiten, hat seine Distanz zu ihnen eher noch vergrößert.

Darum verstand und versteht er sich auch nicht als ihr Anwalt. Er begreift sich als »Kind der Aufklärung« und erwartet von Politik, dass sie einem »gewiss mühsam zu ermittelnden Gesamtinteresse« dient. Politik hat sich an »Sachverhalten« zu orientieren, muss »nachprüfbar« und damit auch aus Einsicht veränderbar sein. »Gesinnungsketten« sind ihm zuwider: »Weil ich Mitglied der CDU bin, muss ich gegen Entspannung sein, gegen Abrüstung und Abtreibung – was für ein Unsinn«, sagte er Ende 1985 in einem Pressegespräch.[5]

Sein Misstrauen gegenüber den Parteien und ihren Heilslehren hatte während seiner Zeit als Regierender Bürgermeister in Berlin reiche Nahrung gefunden. Spätestens dort hat er erfahren, dass es weder für die Beseitigung der Arbeitslosigkeit noch der Wohnungsnot, weder in der Sicherheits- noch in der Deutschlandpolitik überzeugende Parteirezepte gibt: »Die Wirklichkeit ist vielschichtiger.« Sie zu begreifen erspart nicht die Mühe des Denkens und nicht das Risiko des Irrtums. Beides zu leisten, meint der Bundespräsident, sei nicht Sache der Parteien: »Die kämpfen um Mehrheiten und Macht, brauchen dazu einfache Wahrheiten.« Diese sind nichts für Richard von Weizsäcker. Er sucht im Gespräch die Kontroverse, will im Dialog Parteigrenzen und Weltanschauungen überwinden. Dabei ist sein Ziel nicht Harmonie, sondern die Klärung von Missverständnissen, die Aufhebung von Vorurteilen, die zumeist »auf unzureichenden Informationen beruhen«.

Als Bundespräsident hatte Richard von Weizsäcker keinerlei exekutive Befugnis. Er ernannte und entließ den vom Parlament gewählten Bundeskanzler, er ernannte und entließ die vom Kanzler bestellten Minister. Er unterzeichnete die vom Bundestag verabschiedeten Gesetze und vertrat die Bundesrepublik auf neunundvierzig Auslandsreisen. Er verteilte Orden und Ehrenzeichen in gehöriger Form und empfing Staatsbesucher nicht weniger feierlich. Das Amt des Staatsoberhauptes ist von der Verfassung nicht so ausgestattet, dass sein Inhaber mit dem Regierungschef ernsthaft kollidieren könnte. Dies gilt indes nur in der Theorie.

Tatsächlich hat es Zusammenstöße zwischen den Präsidenten und den Kanzlern in der Geschichte der Bundesrepublik immer gegeben. Und auch zwischen Weizsäcker und Kohl blieben sie nicht aus. Zwar war es Kohl, der Weizsäcker Mitte der sechziger Jahre für seinen Landesverband Rheinland-Pfalz anwarb, ihn 1966 in den Bundesvorstand der Partei boxte und bereits zwei Jahre später für das Amt des Bundespräsidenten ins Gespräch brachte. Aber Freundschaft oder Vertrautheit ist zwischen den beiden nie gewachsen. Wohl hat Weizsäcker in der Öffentlichkeit alles vermieden, was als direkter Affront gegen den Bundeskanzler gewertet werden konnte. Doch dazu musste es gar nicht kommen – allein das Nebeneinander genügte, um die Klassenunterschiede deutlich werden zu lassen. Der Präsident und der Populist: Da konnte Helmut Kohl nicht gut aussehen. Es sind nicht allein die Erscheinung, der Intellekt und die Weltläufigkeit des einen und die Unbeholfenheit des anderen, die diese Unterschiede krass hervortreten lassen. Wichtiger ist das Verhältnis von Macht zu Moral, das beide auf sehr unterschiedliche Nenner bringen. Dieser im politischen Selbstverständnis angelegte Konflikt blieb der Öffentlichkeit nicht verborgen. Beide haben sich von Anfang an nicht viel zu sagen gehabt, ihre politische Gemeinsamkeit war, von der Substanz her betrachtet, gering. Die Pannen und Skandale der konservativ-liberalen Bundesregierung – wobei die von Kohl inszenierte und bis heute nicht aufgeklärte Parteispendenaffäre zweifellos den Höhepunkt bedeutete – waren das eine, die Unerträglichkeit ihrer Verschleierung das andere, was nicht nur für den Bundespräsidenten schwer auszuhalten war.

Übereinstimmung dagegen gab es am Ende in der Deutschlandpolitik, die in der zweiten Hälfte der ersten Amtszeit Richard von Weizsäckers erheblich an Dynamik gewann. Da bewunderte der Präsident den Machtpraktiker im Kanzleramt durchaus, dessen stets wachen Sinn für wechselnde Stimmungen und die nicht von Selbstzweifeln getrübte Fähigkeit, Entscheidungen schnell zu treffen oder auch zurücknehmen, ganz wie die taktische Gemengelage des Augenblicks dies empfahl.

Im Frühjahr 1985 war Michail Gorbatschow Generalsekretär der KPdSU geworden. Mit einem von oben verordneten Umbau (Perestroika) der verkrusteten Herrschaftsstrukturen wollte Gorbatschow in der Sowjetunion Kräfte freisetzen, um im Wettbewerb der Systeme nicht unaufholbar ins Hintertreffen zu geraten. Was er freilich nicht bedachte, vielleicht zu diesem Zeitpunkt auch noch nicht erkennen konnte, war, dass ein auf Zwang aufgebautes Gesellschaftsmodell wie das sowjetische Öffnung (Glasnost) nur um den Preis eigener Zerstörung erträgt, was am Ende zwangsläufig zur Auflösung des Sowjetimperiums und zum Machtwechsel in Ungarn und Polen, in der Tschechoslowakei und in der DDR führen musste.

Zunächst jedoch galt es nach einem Interview, das Helmut Kohl im Oktober 1986 dem amerikanischen Magazin *Newsweek* gegeben hatte und in dem er Michail Gorbatschow mit Joseph Goebbels verglich (»Man muss doch die Dinge auf den Punkt bringen«), zwischen Moskau und Bonn einen Gesprächsfaden überhaupt erst einmal wieder zu knüpfen. Diese heikle Aufgabe übernahm Richard von Weizsäcker während eines Staatsbesuches im Sommer 1987. »Die Deutschen, die heute in Ost und West getrennt leben«, gab er Gorbatschow zu verstehen, »haben nicht aufgehört und werden nicht aufhören, sich als eine Nation zu fühlen. In der Freiheit erfüllt sich die Einheit der Nation.«[6] Gorbatschow erwiderte, die Deutschen sollten die Lösung der deutschen Frage der Geschichte überlassen; niemand wisse, was in hundert Jahren sei. Weizsäcker: »Als ich ihn schmunzelnd fragte, ob er denn wisse, was in fünfzig Jahren passiere, begann auch er zu lächeln.«[7]

Das Eis war gebrochen. Im September 1987 durfte der SED-Generalsekretär Erich Honecker mit Moskauer Segen nach Bonn reisen. Protokollarisch empfing er durch Ehrenkompanie, Nationalhymne und Flaggenparade die lang ersehnte, wenngleich lediglich symbolische Anerkennung der Eigenstaatlichkeit. Dieser

Empfang in der Bundeshauptstadt war sicherlich einer der Höhepunkte in Honeckers Leben, zumal ihm Richard von Weizsäcker doppelsinnig versicherte, »man solle nicht über die nächsten fünfzig Jahre spekulieren, sondern sich der Forderung des Tages stellen« und einen »Umgangston finden, bei dem man sich nicht überfordert«[8]. Helmut Kohl hingegen ging den auf völkerrechtliche Abgrenzung erpichten Gast frontal an, als er ihn mit Rücksicht auf die Hardliner in der eigenen Partei während eines Abendessens in der Bad Godesberger Redoute am selben Abend darauf hinwies, dass auch dieser Besuch an den »unterschiedlichen Auffassungen der beiden Staaten zu grundsätzlichen Fragen« nichts ändern werde. Insbesondere stünde für Bonn die Präambel des Grundgesetzes »nicht zur Disposition«, die das gesamte deutsche Volk auffordere, »in freier Selbstbestimmung die Einheit und Freiheit Deutschlands zu vollenden«[9].

»Gewiss«, fasst Weizsäcker das Ergebnis dieser Begegnung in seinen Lebenserinnerungen zusammen, »keiner von uns sah damals für die überschaubare Zukunft eine realistische Chance zur staatlichen Vereinigung.«[10] Faktisch habe der Honecker-Besuch aber gerade nicht die Zweistaatlichkeit, sondern den Zusammenhalt in Deutschland gestärkt. Die wirtschaftliche Zusammenarbeit sei durch ihn ebenso verbessert worden wie die wenig hoffnungsvolle Stimmung in der ostdeutschen Bevölkerung.

Die Wiederwahl Richard von Weizsäckers am 23. Mai 1989 war zweifellos keine Formsache, stand aber aufgrund der Anerkennung, die er sich in seiner ersten Amtsperiode erworben hatte, nie infrage. Meinungsumfragen in der Bevölkerung wiesen eine Zustimmung von neunzig Prozent der Befragten für ihn aus: Die Deutschen betrachteten ihren Präsidenten mehr und mehr als Landesvater. Wo immer er auftrat, wurde er bejubelt oder mindestens scheu bewundert, ja verehrt. 881 der 1022 Mitglieder der Bundesversammlung (86,2 Prozent) gaben ihm ihre Stimme. Er war von den Unionsparteien, der FDP und der SPD gemeinsam vorgeschlagen worden. Die Grünen nominierten keinen Gegenkandidaten, so dass die 108 Gegenstimmen vor allem den

Republikanern und rechtsextremen Gruppierungen zuzuschreiben waren, die wegen ihres Einzuges in wenigen Landtagen in der Bundesversammlung vertreten waren.

Im Mai 1989 besuchte US-Präsident George Bush die Bundesrepublik, unmittelbar danach Michail Gorbatschow. Bush forderte Gorbatschow auf, die Mauer in Berlin so durchlässig zu machen wie die Grenze zwischen Österreich und Ungarn (»Let Berlin be next!«). Gorbatschow erhielt sowohl von Richard von Weizsäcker wie von Helmut Kohl das Versprechen, dass die Bundesrepublik nichts unternehmen werde, die Verhältnisse in den Warschauer-Pakt-Staaten von sich aus zu destabilisieren. Doch dann überstürzten sich die Ereignisse. Im Juni zerschnitten der österreichische Außenminister Alois Mock und sein ungarischer Amtskollege Gyula Horn bei Sopron den Stacheldrahtverhau an ihrer Grenze. Tausende von DDR-Urlaubern strömten in den Westen oder besetzten die bundesdeutschen Botschaften in Budapest, Prag und Warschau. In Leipzig (der »Heldenstadt«) formierten sich seit Anfang September Zehntausende vor der Nikolaikirche zu »Montagsdemonstrationen« und forderten »Reisefreiheit statt Massenflucht«. Als Gorbatschow am 5. Oktober zum vierzigsten Jahrestag der DDR-Gründung in Ost-Berlin eintraf, trat ihm mit Erich Honecker ein kranker Mann entgegen, der die innenpolitische Lage nicht mehr wirklichkeitsgerecht einschätzen konnte. Gorbatschow plädierte daher zwei Tage später im Politbüro mit geringstmöglicher Zurückhaltung für längst überfällige Reformen: »Mutige Beschlüsse sind erforderlich. [...] Ich halte es für sehr wichtig, den Zeitpunkt nicht zu verpassen und keine Chance zu vertun. [...] Wenn wir zurückbleiben, bestraft uns das Leben sofort.«[11]

Am 17. Oktober forderte das SED-Politbüro Erich Honecker zum Rücktritt auf. Das Zentralkomitee wählte Egon Krenz, den langjährigen FDJ-Vorsitzenden und ZK-Sekretär für Sicherheitsfragen, zu seinem Nachfolger. Doch die Lage war für die Führungsclique der Zwangspartei inzwischen unbeherrschbar geworden. Am 23. Oktober demonstrierten in Leipzig rund

300 000 Menschen für freie Wahlen. Über eine Million Menschen klagten am 4. November auf dem Alexanderplatz in Ost-Berlin Meinungs- und Versammlungsfreiheit ein. Das Politbüro trat vier Tage später geschlossen zurück, und am 9. November gab der Berliner SED-Chef Günter Schabowski abends in einer Pressekonferenz bekannt, dass unverzüglich »Privatreisen nach dem Ausland« kurzfristig genehmigt würden. Damit war die Mauer gefallen, Hunderttausende Berliner drängten sich ab 23 Uhr über die Grenze in den Westen, eine Stadt feierte auf den Straßen ihre Wiedervereinigung.

Richard von Weizsäcker fuhr sofort nach Berlin und unternahm dort am 10. November ein Stoßtruppunternehmen der besonderen Art: »In der Stadtmitte ging ich auf den Potsdamer Platz. Noch war es eine weite leere Fläche, von beiden Seiten durch Kontrollen bewacht. Ohne Begleitung überquerte ich vom Westen her eine Strecke von zweihundert Metern über den Platz in Richtung auf die andere Seite, wo die Baracke der Volkspolizei stand. Was würde nun passieren? Ein Wachkommando sah mich kommen und musterte mich mit dem Fernglas. Dann löste sich der Kommandoführer, ein Oberstleutnant, von seinem Trupp, ging auf mich zu, machte eine korrekte Ehrenbezeigung und sagte in ruhigem Ton: ›Herr Bundespräsident, ich melde: keine besonderen Vorkommnisse.‹ Wir begrüßten uns, als wäre unsere Begegnung das Normalste der Welt.«[12]

Der Prozess der Vereinigung nahm Fahrt auf und war nicht mehr zu stoppen. Wurde kurzzeitig in Ost wie West noch über Modelle einer Konföderation zweier zunächst unabhängiger Staaten nachgedacht, kam es am 18. Mai 1990 zur Wirtschafts-, Währungs- und Sozialunion (»Kommt die DM, bleiben wir,/ Kommt sie nicht, geh'n wir zu ihr«). Am 31. August wurde im Ost-Berliner Kronprinzenpalais Unter den Linden der Einigungsvertrag unterzeichnet. Und in der Nacht vom 2. zum 3. Oktober wurde Richard von Weizsäcker dann tatsächlich zum Präsidenten der Einheit. Vor dem Reichstagsgebäude verkündete er um Mitternacht feierlich einer unübersehbaren Menschenmenge aus beiden Teilen der Stadt: »In freier Selbstbestimmung wollen wir die Einheit und Freiheit vollenden. Für unsere Aufgaben sind wir uns der Verantwortung vor Gott und den Menschen bewusst. Wir wollen in einem vereinten Europa dem Frieden der Welt dienen.«[13]

Doch den großen Tönen, den erhebenden Feiern folgte bald ein bitteres Erwachen. Die Einheit war nicht zum Nulltarif zu haben, wie dies Helmut Kohl – die Wahlen zum ersten gesamtdeutschen Bundestag am 2. Dezember 1990 fest im Blick – den Menschen versprach. Statt nach dem Muster des Lastenausgleichs Anfang der fünfziger Jahre, der sich durch Vermögens- und Gewinnabgaben finanzierte, von jedem im Westen einen eigenen Beitrag zur Solidarität mit dem Osten einzufordern, signalisierte Kohl, die Wiedervereinigung sei mit Hilfe eines geringen Solidaritätszuschlags auf die Lohn- und Einkommenssteuer, ansonsten aber aus der Portokasse zu bezahlen.

Diese Kasse war freilich bereits vor der Wahl geleert, bei der CDU und CSU mit 319 von 662 Mandaten nahe an die absolute Stimmenmehrheit herankamen. Was folgte, waren Steuererhöhungen, finanzielle Belastungen der Versicherungskassen und Kreditaufnahmen, um die milliardenhohen Transferleistungen zu bewältigen. Der Bevölkerung im Osten wurde so die Rolle des Bittstellers zugewiesen, während sich die Menschen im Westen bis heute als Zahlmeister sehen, dem hemmungslos in die Taschen gegriffen wird. In dieser Stimmung konnte und kann nicht wachsen, was Richard von Weizsäcker während eines Gottesdienstes in der West-Berliner Gedächtniskirche am dritten Tag nach der Maueröffnung einforderte: Wer sich vereinigen will, muss teilen lernen. Weizsäcker: »Wenn Politik eine Sache der Menschen ist, dann handelt sie von der Freiheit, nach der es Menschen verlangt, aber damit zugleich von der Verantwortung, ohne die Freiheit zum Chaos führt. Verantwortung bedeutet Solidarität untereinander, in der sich Freiheit erfüllt – Liebe, wie wir als Christen sagen. Lasst uns so in der Freiheit bestehen.«[14]

Damals war die Bevölkerung im Westen zu materiellen Opfern

bereit, nachdem von Tag zu Tag offenkundiger wurde, welchen Beitrag die Menschen der DDR in den sechsundsechzig Jahren Diktatur seit 1933 wider Willen hatten leisten müssen. Doch diese Hilfsbereitschaft wurde nicht abgefordert.»Es wäre angemessen, gerecht und dem menschlichen Engagement und Zusammenwachsen ungemein förderlich gewesen«, sagt Richard von Weizsäcker,»die Deutschen in der DDR auf eine nicht staatlich anonyme, sondern persönliche Weise spüren zu lassen, dass wir uns im Westen durchaus bewusst waren, wie unvergleichlich viel schwerer die Last gewesen war, die ihnen das Schicksal ohne ihr Verschulden auferlegt hatte.«[15] Dieser Gemeinsinn war vorhanden, aber er wurde, so die Klage Weizsäckers, als deren Adressat unschwer Helmut Kohl auszumachen ist, nicht abgerufen.

Ein weiterer, leise vorgetragener, in seiner Substanz jedoch entlarvender Vorwurf gegenüber dem Pfälzer, der in Kategorien der Macht zu gestalten, nicht hingegen in politischen Herausforderungen zu denken gewohnt war, findet sich in den Lebenserinnerungen Richard von Weizsäckers. Kohl nahm immer wieder für sich in Anspruch, die deutsche Einheit – mit Assistenz Hans-Dietrich Genschers (FDP) – quasi persönlich erstritten zu haben. Bei seinem Besuch in Moskau und im Kaukasus im Juli 1990 habe er Michail Gorbatschow das Zugeständnis zur vollen Souveränität Deutschlands und zu dessen NATO-Mitgliedschaft abgerungen.[16] Richard von Weizsäcker sieht diesen historischen Vorgang ungleich komplexer, wobei er das Verdienst westdeutscher Politiker daran geringer einschätzt, denn die eigentlich bewegende Kraft war der von oben nicht mehr zu bändigende Freiheitswille der Völker im sowjetischen Herrschaftssystem. Weizsäckers vornehm-zurückhaltender Tadel:»In Europa ging über den jahrzehntealten Status quo des Kalten Krieges ein Erdrutsch hinweg, für den es kein Beispiel in der Geschichte gab. Seine Kraft war unaufhaltsam. Niemand hatte ihn so planen können, wie er kam. Keiner konnte klar übersehen, wo er münden würde. Umso entscheidender war es, seine Dynamik zu begreifen, ihn im Rahmen des Möglichen zu kanalisieren und auf einen guten Weg zu lenken. Das war und das ist immer die wichtigste Anforderung an die Verantwortlichen. Was von uns allen verlangt wird, ist, uns nicht schlechthin zu Meistern der Geschichte aufzuwerfen, sondern uns von unseren hergebrachten Vorurteilen und Ängsten zu lösen, damit wir das Entscheidende fertig bringen: im Angesicht der fundamentalen Herausforderungen unserer Zeit auf ihrer Höhe zu denken und zu handeln.«[17]

Gerechtigkeit, Versöhnung, Aufrichtigkeit, Solidarität, Wahrhaftigkeit gegenüber der Geschichte und den Menschen, die sie gestaltet, aber auch unter ihr gelitten haben: Das sind einige Schlüsselbegriffe, die sich mit der Präsidentschaft Richard von Weizsäckers verbinden. Er hat sie in zahlreichen Reden vielfältig erläutert und durch eigenes Beispiel gelebt. Wie kommen wir mit der Vergangenheit ins Reine – dies bleibt über das Ende seiner zweiten Amtszeit 1994 hinaus eine seiner Kernfragen –, damit wir in der Gegenwart bestehen und uns nicht vor der Zukunft verschließen?

Die wesentliche Antwort der alten Bundesrepublik auf die Vergangenheit war »die kodifizierte und praktizierte Verfassung des freien, sozialen und demokratischen Rechtsstaates« gewesen, sagt Richard von Weizsäcker. Sie habe sich bewährt. Freilich gab es daneben auch »einen Heilschlaf und einen Berg von Schweigen, von Verzögerung und Verdrängung im Blick auf das Gewesene«.[18] Und im Osten? »In der DDR lautete die schlichte Antwort auf die Vergangenheit: Antifaschismus. Er wurde ideologisch begründet und staatlich installiert. [...] Für die Allgemeinheit galt schon ein bloßes Lippenbekenntnis zum Antifaschismus als eine ausreichende Entschuldigung gegenüber früheren Zeiten. Dann vergingen die Jahre im Zeichen eines sich ausbreitenden Totalitarismus.«[19] Sicher, die DDR führte keinen Angriffskrieg und hat keinen Völkermord zu verantworten. Doch die Unterdrückung politischer Gegner betrieb sie kaum weniger brutal und die Überwachung der eigenen Bevölkerung sogar sehr viel ausgreifender als das NS-Regime. Zu beider Herrschaftssystem gehörte es, so Weizsäcker, »zu indoktrinieren und zu kontrollieren, Angst zu verbreiten, Bürger zu nötigen und zur Mittäterschaft zu erpressen, wenn sie nicht Opfer werden wollten«[20].

Die Mittel des Strafrechts können dieses Leid nicht sühnen, so wenig wie die Offenlegung der Stasi-Akten die schmerzliche individuelle Auseinandersetzung mit ge- und erlebter Geschichte ersetzen kann. Für Ostdeutschland gilt nach Auffassung von Richard von Weizsäcker, was auch für die Bundesrepublik in den Nachkriegsjahrzehnten seine Berechtigung hatte: »Dass [...] auch jenseits des Strafrechts eine leidenschaftliche Auseinandersetzung über Gut und Böse in der Vergangenheit aufbrach, war notwendig. Sie bleibt von zentraler Bedeutung für die einzelnen Menschen ebenso wie für die Erkenntnis, wie das System arbeitete und welche Zwangsmittel es einsetzte. Welche Freiheiten ließ es? Wieweit war die Bereitschaft zur Anpassung unausweichlich, wieweit entschuldbar? Welcher Spielraum blieb, sich zu versagen oder zu widerstehen? Welche moralische Schuld ist den Menschen zurechenbar? Wie lässt sie sich erkennen, beschreiben, eingestehen, überwinden?«[21]

Richard von Weizsäcker gibt keine Antwort vor. Er bittet, was die DDR angeht, um Zurückhaltung, ja um Nachsicht und denkt dabei gewiss auch an eigene Verstrickungen und die seiner Familie in der Zeit des Nationalsozialismus: »Wer kann dort, wo Zweideutigkeit unvermeidlich schien, nachträglich Eindeutigkeit herstellen?«[22] Zumal dann, wenn eine verantwortliche Selbstprüfung des Fragestellers zu dem Ergebnis führen müsste, dass er sich unter den Bedingungen beider Systeme selbst kaum anders verhalten hätte. Christen wie Demokraten, erklärt Weizsäcker, sollten das Ziel im Auge behalten, Frieden untereinander zu finden, vereint im Verständnis der Vergangenheit: »Dazu gehört die ganze Anstrengung um die schwierige Wahrheit über das, was hinter uns liegt. Sie greift tief in die persönlichen Verhältnisse ein.«[23] Doch dieser Last sollte sich keiner entziehen. Auch ungeprüfte Harmonie vorwegzunehmen bedeute, sie vorzutäuschen, und das schaffe keinen Frieden. Weizsäcker: »Die größte Kraft bleibt es ganz gewiss, eigenes Versagen selbst zu erkennen. Sie bietet den tiefsten Ansatz für eine Chance zu neuem Anfang. Aber wir sind als Menschen der Ermutigung bedürftig und zugänglich. Jeder kann aus eigenen Fehlern lernen. Es gilt, ihm dabei zu helfen, ihn also nicht ständig auf seine Vergangenheit festzunageln, sondern ihm die Beteiligung an einer neuen Zukunft zu erleichtern und zuzutrauen. Das ist lebenswichtig für die Freiheit, in der wir vereint bestehen wollen. Versöhnung unter Menschen kann ohne Wahrheit nicht gelingen. Wahrheit ohne Aussicht auf Versöhnung aber ist unmenschlich.«[24]

Anhang

Anmerkungen

Vorwort

1 Carl Friedrich von Weizsäcker: *Farm Hall und das deutsche Uranprojekt. Ein Gespräch*, in: Dieter Hoffmann (Hrsg.): *Operation Epsilon. Die Farm-Hall-Protokolle oder Die Angst der Alliierten vor der deutschen Atombombe*, Berlin 1993, S. 350.

Die Herkunft

1 Vgl. zu den familiengeschichtlichen Angaben die ausführliche Darstellung von Martin Wein: *Die Weizsäckers. Geschichte einer deutschen Familie*, Stuttgart 1988, passim.
2 Martin Wein: aaO., S. 53.
3 Ebd., S. 56.
4 Ernst von Weizsäcker: *Erinnerungen*, München 1950, S. 11.
5 Martin Wein: aaO., S. 154.
6 Ebd.
7 Gottlob Egelhaaf: *Zum Gedächtnis des Freiherrn Dr. Karl von Weizsäcker*, in: *Besondere Beilage des Staats-Anzeigers für Württemberg*, Nr. 2 vom 27.2.1926.
8 Martin Wein: aaO., S. 157 f.
9 Ebd., S. 163.
10 Ebd.
11 Ebd., S. 166.
12 Ebd., S. 170.
13 Ebd., S. 179.
14 Ebd.

15 Ebd., S. 184.
16 Ebd., S. 187.
17 Ebd.
18 Ebd., S. 190.
19 Ebd., S. 158.
20 Ebd., S. 192.
21 Ebd., S. 193.
22 Ebd.
23 Ebd., S. 194.
24 Ebd.
25 Ebd., S. 196.

Teil I
Ernst von Weizsäcker

Prolog

1 Politisches Archiv des Auswärtigen Amtes, Inland, II A/B 347/3, zitiert bei: Rolf Lindner: *Freiherr Ernst Heinrich von Weizsäcker, Staatssekretär Ribbentrops von 1938 bis 1943*, Lippstadt 1995, S. 323.
2 Politisches Archiv des Auswärtigen Amtes, Inland II A/B, 347/3, zitiert bei: Hans-Jürgen Döscher: *SS und Auswärtiges Amt im Dritten Reich. Diplomatie im Schatten der »Endlösung«*, Berlin 1991, S. 154, Anm. 43, und S. 203.
3 Rolf Lindner: aaO., Anlage 40.
4 Ebd., Anlage 41.
5 Ebd., Anlage 43.
6 Ebd.
7 Ebd., Anlage 44.
8 Ebd., Anlage 45.
9 Ebd., Anlage 46.
10 Jochen von Lang (Hrsg.): *Das Eichmann-Protokoll*, Berlin 1982, S. 133.

11   Leonidas Hill (Hrsg.): *Die Weizsäcker-Papiere 1933–1950*, ohne Ort (Berlin), ohne Jahr (1974), S. 292.
12   Ernst von Weizsäcker: *Erinnerungen*, aaO., S. 337.
13   Ebd.
14   Ebd.
15   Ebd., S. 337 f.
16   Ebd., S. 338.
17   Ebd.
18   Ebd.
19   Ebd.
20   Ebd.
21   Ebd.
22   Ebd.
23   Leonidas Hill: aaO., S. 293.
24   Ebd.
25   Ebd., S. 296 f.
26   Ebd.

Seekadett des Kaisers

1   Ausführlicher dazu Martin Wein: *Die Weizsäckers. Geschichte einer deutschen Familie*, aaO., S. 207 ff.
2   Ernst von Weizsäcker: *Erinnerungen*, aaO., S. 9.
3   Martin Wein: aaO., S. 207 f. und S. 194.
4   Ernst von Weizsäcker: aaO., S. 9.
5   Ebd., S. 10.
6   Ebd.
7   Ebd., S. 10 und 12.
8   Martin Wein: aaO., S. 209.
9   Ebd., S. 212.
10 So zitiert von Martin Wein: aaO., S. 207.
11 Ernst von Weizsäcker: aaO., S. 11.
12 Martin Wein: aaO., S. 209.
13 Ebd.
14 Ernst von Weizsäcker: aaO., S. 12.
15 E. Alboldt: *Die Tragödie der alten deutschen Marine*, Amtliches

Gutachten, erstattet vor dem Untersuchungsausschuss des Deutschen Reichstages 1928, S. 39.
16 Volker R. Berghahn: *Der Tirpitz-Plan und die Krisis des preußisch-deutschen Herrschaftssystems*, in: Herbert Schottelius und Wilhelm Deist (Hrsg.): *Marine und Marinepolitik im Kaiserlichen Deutschland 1871–1914*, Düsseldorf 1972, S. 89 ff.
17 Ernst von Weizsäcker: aaO., S.12.
18 Martin Wein: aaO., S. 211.
19 Ernst von Weizsäcker: aaO., S. 13.
20 Martin Wein: aaO., S. 211.
21 Holger H. Herwig: *Das Elitekorps des Kaisers. Die Marineoffiziere im Wilhelminischen Deutschland*, Hamburg 1977, S. 49. Weizsäcker sprach allerdings in einem Brief an seine Mutter vom 11.10.1903 von 207 Crew-Mitgliedern; s. Leonidas Hill (Hrsg.): *Die Weizsäcker-Papiere 1900–1932*, Berlin 1984, S. 84.
22 Ernst von Weizsäcker: aaO., S. 13.
23 Paul Simsa: *Marine intern*, Stuttgart 1972, S. 135. Herwig, s. Anm. 21, S. 49, beziffert die Kosten der Seeoffiziersausbildung sogar auf 10 000 Mark. Dieser nicht weiter aufgeschlüsselten Summe fügt er den Hinweis an, dass ein Hochschulstudium damals etwa doppelt so teuer kam.
24 Martin Wein: aaO., S. 212.
25 Ebd.
26 Leonidas Hill (Hrsg.): aaO., S. 55 sowie Anm. 10, S. 454.
27 Ernst von Weizsäcker: aaO., S. 12.
28 Ebd., S. 13.
29 Leonidas Hill: aaO., S. 55.
30 Ebd., Brief an die Mutter vom 15.4.1900.
31 Ebd., S. 56 f., Briefe an die Mutter vom 29.4. und 24.5.1900.
32 Ebd., S. 59, Brief an die Mutter vom 4.8.1900.
33 Ebd., S. 57, Brief an die Mutter vom 11.6.1900.
34 Ebd.
35 Ebd.
36 Ebd., Brief an die Mutter vom 24.5.1900 sowie S. 60, Brief an die Mutter vom 14.8.1900.
37 Ebd., S. 61, Brief an die Mutter vom 26.8.1900.
38 Ernst Böters (1882–1917).
39 Leonidas Hill: aaO., S. 61, Brief an die Mutter vom 13.9.1900.

40 Ebd., S. 62, Tagebucheintrag vom 3.10.1900.
41 Ebd., S. 63, Brief an die Mutter vom 14.10.1900.
42 Ernst von Weizsäcker: aaO., S. 13 f.
43 Ebd., S. 14.
44 Martin Wein: aaO., S. 207.
45 Ernst von Weizsäcker: aaO., S. 14.
46 Ebd., S. 13.
47 Ebd.
48 Leonidas Hill: aaO., S. 59, Brief an die Mutter vom 29.6.1900.
49 Ebd., S. 66, Brief an die Mutter vom 17.4.1901.
50 Ebd.
51 Ebd., S. 67, Brief an die Mutter vom 20.4.1901.
52 Ebd., S. 71, Brief an die Mutter vom 9.2.1902. Es handelte sich dabei um die Übersetzung des Neuen Testaments durch Carl Heinrich von Weizsäcker aus dem Jahr 1875.
53 Ebd., S. 67, Brief an die Mutter vom 29.4.1901.
54 Thilo von Trotha (geb. 1873), Seekadettenoffizier, während des Ersten Weltkrieges Kommandant verschiedener Schiffe, 1918 Kapitän zur See; weitere Lebensdaten unbekannt.
55 Leonidas Hill: aaO., S. 67, Brief an die Mutter vom 28.5.1901.
56 Ebd., S. 66, Brief an die Mutter vom 17.4.1901.
57 Ebd., S. 68, Brief an die Mutter vom 22.9.1901.
58 Ebd., S. 68 f., Brief an die Mutter vom 13.11.1901.
59 Ebd., S. 71 und S. 73, Briefe an die Mutter vom 9.2.1902 und vom 21.9.1902.
60 Ebd., S. 85, Brief an die Mutter vom 28.11.1903, sowie S. 84, Brief an die Mutter vom 11.10.1903: »Heute kamen Zeitungen, in denen zu sehen war, dass nach der endgültigen Festsetzung von unserer Crew 159 zu Leutnants befördert worden sind. Beim Eintritt waren wir 207; also 25 % Abgang in 3 1/2 Jahren.«
61 Ebd., S. 85, Brief an die Mutter vom 28.11.1903.
62 Ebd., Brief an die Mutter vom 4.12.1903.
63 Ebd.
64 Ebd.
65 Ebd., S. 86, Brief an die Mutter vom 19.12.1903.
66 Ebd., S. 87, Brief an die Mutter vom 7.1.1904.
67 Ebd.
68 Ebd., S. 88, Brief an die Mutter vom 21.1.1904.

69 Zitiert bei: Leonidas Hill: aaO., Anm. 22, S. 461.
70 Ebd., S. 89, Brief an die Mutter vom 8.2.1904.
71 Ebd.
72 Ebd.
73 Ebd., S. 89 f., Brief an die Mutter vom 13.2.1904.
74 Ebd., S. 90.
75 Ebd., S. 91 f., Brief an die Mutter vom 19.4.1904.
76 Ebd., S. 97, Brief an den Vater vom 5.8.1904.
77 Ebd., S. 105, Brief an den Vater vom 17.3.1905.
78 Ebd., S. 101, Brief an die Mutter vom 16.11.1904.
79 Ebd.
80 Ebd., S. 106, Brief an die Mutter vom 25.3.1905.
81 Ebd., S. 108, Brief an die Mutter vom 18.2.1906.
82 Ebd., S. 113, Brief an die Mutter vom 4.11.1906, sowie S. 111, Brief an die Mutter vom 17.2.1907.
83 Ebd., S. 112, Brief an Hans von Mohl vom 27.5.1907.
84 Ebd., S. 113, Brief an Hans von Mohl vom 20.7.1907.
85 Ebd., S. 111, Brief an die Mutter vom 17.2.1907.
86 Ernst von Weizsäcker: *Erinnerungen*, aaO., S. 34.
87 Leonidas Hill: aaO., S. 115, Brief an Hans von Mohl vom 1.7.1908.
88 Ebd., Brief an die Mutter vom 16.8.1908.
89 Ebd., Brief an Hans von Mohl vom 20.11.1908.
90 Ebd., S. 115 f.
91 Ebd., S. 112, Brief an Hans von Mohl vom 27.5.1907.
92 Ebd., S. 117 f., Brief an die Mutter vom 20.5.1909.
93 Ebd., Briefe an die Mutter vom 20.5. und 4.7.1909. Das exakte Datum dieser Beförderung Weizsäckers ist nicht mehr zu ermitteln.
94 Ebd., S. 118, Brief an die Mutter vom 4.7.1909.
95 Ebd.
96 Ebd., Brief an die Mutter vom 4.7.1909.
97 Ernst von Weizsäcker: aaO., S. 23.
98 Ebd.
99 Zitiert bei: Martin Wein: aaO., S. 217.

Karriere im Ersten Weltkrieg

1 Ernst von Weizsäcker: *Erinnerungen,* aaO., S. 17.
2 Ebd., S. 18 f.
3 Ebd., S. 21.
4 Ebd.
5 Ebd., S. 24.
6 Ebd.
7 Leonidas Hill: *Die Weizsäcker-Papiere 1900–1932,* aaO., S. 121, Brief an den Vater vom 10.3.1910.
8 Ebd., S. 131, Brief an die Mutter vom 19.3.1911.
9 Ebd.
10 Ebd., S. 138, Brief an den Vater vom 9.3.1912.
11 Ebd.
12 Ebd., S. 140, Brief an den Vater vom 6.10.1912.
13 Ebd.; über die unterschiedlichen Schwerpunkte in der Dislozierung ihrer Seestreitkräfte hatten sich Großbritannien und Frankreich bereits 1911 grundsätzlich geeinigt, formelle Absprachen folgten 1912.
14 Ebd., S. 141, Brief an den Vater vom 25.10.1912.
15 Ebd.
16 Ebd., Brief an den Vater vom 24.11.1912. Über ein englisch-russisches Marineabkommen wurde zu diesem Zeitpunkt tatsächlich verhandelt.
17 Ebd., S. 142, Brief an den Vater vom 30.1.1913.
18 Ebd., S. 143, Brief an den Vater vom – undatierten – Pfingstmontag 1913.
19 Ebd., S. 143 f., Brief an den Vater vom 19.6.1913.
20 Ebd., S. 145, Brief an den Vater vom 14.12.1913.
21 Ebd., S. 147, Brief an den Vater vom 28.7.1914.
22 Ebd., S. 148, Brief an den Vater vom 30.7.1914.
23 Ebd.
24 Ebd., Brief an den Vater vom 31.7.1914.
25 Hans-Ulrich Wehler: *Deutsche Gesellschaftsgeschichte 1849–1914,* München 1995, S. 1120.
26 Ebd., Brief an den Vater vom 3.8.1914.
27 Ebd., S. 149, Brief an die Mutter vom 9.8.1914.
28 Ernst von Weizsäcker: aaO., S. 27.

29 Ebd., S. 26 f.
30 Stellenplan der Hochseeflotte bei Kriegsausbruch 1914, abgedruckt bei: Rolf Lindner: *Freiherr Ernst Heinrich von Weizsäcker*, aaO., Dokumentenanhang. Der I. Admiral eines Geschwaders war der übergeordnete Verbandschef, der II. Admiral führte die dazugehörigen Schiffe in taktischer Hinsicht.
31 Ernst von Weizsäcker: *Erinnerungen*, aaO., S. 29.
32 Leonidas Hill: aaO., S. 150, Brief an die Eltern vom 6.9.1914.
33 Ebd.
34 Ebd., S. 150.
35 Ebd., S. 151, Brief an den Vater vom 13.9.1914.
36 Ebd., Brief an den Vater vom 28.9.1914.
37 Ebd., S. 152, Brief an den Vater vom 18.10.1914.
38 Ebd., S. 153, Brief an den Vater vom 20.10.1914.
39 Ebd., Brief an den Vater vom 28.9.1914.
40 Ebd., S. 162, Brief an die Mutter vom 30.4.1915.
41 Ebd., S. 151, Brief an einen nicht genannten Empfänger vom 23.9.1914.
42 Ebd., S. 154, Brief an den Vater vom 28.10.1914.
43 Ebd.
44 Ebd., S. 163, Brief an die Mutter vom 12.5.1915.
45 Ebd., S. 167, Brief an den Vater vom 11.8.1915.
46 Ebd., S. 219, Brief an einen ungenannten Empfänger vom 19.11.1916.
47 Ebd., S. 170, Brief an die Mutter vom 19.9.1915.
48 Ebd., S. 171, Brief an den Vater vom 22.9.1915.
49 Ebd., S. 170, Brief an die Mutter vom 19.9.1915.
50 Ebd., S. 163, Brief an die Mutter vom 10.5.1915.
51 Ebd., S. 182, Tagebuchnotiz vom 15.2.1916.
52 Ebd., S. 167, Brief an die Mutter vom 8.8.1915.
53 Ebd., S. 173, Brief an die Mutter vom 29.10.1915.
54 Ebd., S. 173 f., Brief an den Vater vom 3.11.1915.
55 Ebd.
56 Ebd., S. 175, Brief an die Mutter vom 12.11.1915.
57 Ernst von Weizsäcker: aaO., S. 34.
58 Ebd., S. 35.
59 Ebd.
60 Ebd. und S. 36.

61 Leonidas Hill: aaO., S. 233.
62 Ernst von Weizsäcker: aaO., S. 38.
63 Ebd., S. 39.
64 Ebd., S. 40.
65 Leonidas Hill: aaO., S. 240, Tagebucheintrag vom 12.4.1917.
66 Ebd.
67 Ebd., S. 242, Brief an den Vater vom 19.4.1917.
68 Ebd., S. 253, Tagebuchnotizen vom 4. und 5.10.1917, sowie S. 564.
69 Rolf Lindner: aaO., S. 103.
70 Leonidas Hill: aaO., S. 257, Brief an den Vater vom 19.11.1917, sowie S. 565.
71 Ebd., S. 263, Tagebucheintrag vom 30.1.1918.
72 Ebd., S. 270, Tagebucheintrag vom 7.7.1918, und S. 272, Tagebucheintrag vom 10.8.1918.
73 Ernst von Weizsäcker: aaO., S. 44.
74 Leonidas Hill: aaO., S. 275, Tagebucheintrag vom 21.8.1918.
75 Ebd., S. 285, Tagebucheintrag vom 17.9.1918.
76 Ebd., S. 278 f., Tagebucheintragungen vom 25. und 27.8.1918 sowie Brief an den Vater vom 30.8.1918.
77 Ebd., S. 287, Tagebucheintragung vom 22.9.1918.
78 Ebd.
79 Ebd.
80 Ebd., S. 289 f., Tagebucheintragung vom 29.9.1918.
81 Ebd.
82 Ebd., S. 298, Tagebucheintragung vom 13.10.1918.
83 Ebd., S. 307, Brief an Admiral von Trotha vom 25.10.1918.
84 Ebd., S. 313, Tagebucheintragung vom 2.11.1918.
85 Ernst von Weizsäcker: aaO., S. 47.
86 Leonidas Hill: aaO., S. 314, Tagebucheintrag vom 4.11.1918.
87 Ebd., S. 314 f., Tagebucheintrag vom 5./6.11.1918.
88 Ebd., S. 316, Tagebucheintrag vom 9.9.1918.
89 Ebd., S. 317.
90 Ebd.
91 Ebd.

Diplomat der Republik

1 Leonidas Hill: *Die Weizsäcker-Papiere 1900–1932*, aaO., S. 318, Tagebucheintrag vom 11.11.1918.
2 Ebd., S. 318 f.
3 Ernst von Weizsäcker: *Erinnerungen*, aaO., S. 52 f.
4 Leonidas Hill: aaO., S. 319, Tagebucheintrag vom 12.11.1918.
5 Ebd., Tagebucheintrag vom 13.11.1918.
6 Ebd., Tagebucheintrag vom 15.11.1918.
7 Ebd., Tagebucheintrag vom 16.11.1918.
8 Ebd., S. 320 f., Brief an die Eltern vom 18.11.1918.
9 Ebd., S. 322, Brief an die Mutter vom 25.11.1918.
10 Ebd., S. 232, Brief an den Vater vom 19.12.1918.
11 Ebd., S. 322, Brief an die Eltern vom 15.12.1918.
12 Kurt Doss: *Das deutsche Auswärtige Amt im Übergang vom Kaiserreich zur Weimarer Republik. Die Schülersche Reform*, Düsseldorf 1977, S. 219, und Leonidas Hill: aaO., S. 612.
13 Leonidas Hill: aaO., S. 323 f., Brief an die Eltern vom 25.12.1918.
14 Ebd., S. 322, Brief an die Eltern vom 15.12.1918.
15 Ebd. sowie S. 323, Brief an den Vater vom 19.12.1918.
16 Klaus Gietinger: *Eine Leiche im Landwehrkanal. Die Ermordung der Rosa L.*, Berlin 1995, passim.
17 Leonidas Hill: aaO., S. 325, Tagebucheintrag vom 16.1.1919. Ein Feldkriegsgericht sprach später Pflugk-Hartung mangels Beweises frei.
18 Ebd.
19 Ebd., S. 327, Tagebucheintrag vom 24.2.1919.
20 Ebd., S. 328, Brief an den Vater vom 9.3.1919.
21 Ebd.
22 Ebd., S. 333, Brief an die Eltern vom 4.6.1919.
23 Ernst von Weizsäcker: aaO., S. 54.
24 Leonidas Hill: aaO., S. 335, Brief an die Eltern vom 16.6.1919.
25 Ebd., S. 344, Brief an die Eltern vom 13.2.1920.
26 Rolf Lindner: *Freiherr Ernst Heinrich von Weizsäcker*, aaO., S. 114.
27 Ebd., S. 116.
28 Leonidas Hill: aaO., S. 344, Brief an die Eltern vom 13.2.1920.

29 Politisches Archiv des Auswärtigen Amtes, Geldakte Weizsäcker, Bd. 1, Blatt 004.
30 Leonidas Hill: aaO., S. 345, Brief an die Eltern vom 3.4.1920.
31 Ebd., S. 346, Brief an die Mutter vom 22.4.1920.
32 Ebd.
33 Ebd.
34 Ebd.
35 Ebd., S. 345, Brief an die Eltern vom 15.3.1920.
36 Ebd.
37 Ebd.
38 Ebd., S. 348, Brief an die Eltern vom 5.12.1920.
39 Ebd.
40 Ernst von Weizsäcker: aaO., S. 59.
41 Rolf Lindner: aaO., S. 123.
42 Hans-Jürgen Döscher: *SS und Auswärtiges Amt im Dritten Reich. Diplomatie im Schatten der Endlösung*, Frankfurt 1991, S. 57.
43 Politisches Archiv des Auswärtigen Amtes, Geldakte Weizsäcker, Bd. 1, Blatt 023.
44 Ernst von Weizsäcker: aaO., S. 61 und S. 63.
45 Ebd., S. 65.
46 Leonidas Hill: aaO., S. 354, Tagebucheintrag vom 9.4.1923.
47 Ebd., S. 360, Tagebucheintrag vom 3.10.1923.
48 Ebd.
49 Ebd., S. 361, Tagebucheintrag vom 16.10.1923.
50 Ebd., S. 362, Brief an die Eltern vom 29.10.1923.
51 Ebd., S. 363, Brief an die Eltern vom 16.2.1924.
52 Ebd., S. 364, Brief an die Eltern vom 1.5.1924.
53 Ebd., S. 368, Brief an die Eltern vom 22.3.1925.
54 Ebd., S. 369, Brief an die Eltern vom 13.4.1925.
55 Ebd., S. 375, Brief an die Mutter vom 13.2.1926.
56 Ebd., S. 377, Brief an die Mutter vom 10.12.1926.
57 Rolf Lindner: aaO., S. 128.
58 Leonidas Hill: aaO., S. 379 und S. 381, Briefe an die Mutter vom 6.3. und 5.9.1927.
59 Ebd., S. 380 und S. 381, Briefe an die Mutter vom 26.4. und 21.9.1927.
60 Ebd., S. 384, Brief an die Mutter vom 29.1.1928.
61 Ebd., S. 387, Brief an die Mutter vom 25.12.1928.

62 Ebd., S. 389, Brief an die Mutter vom 7.2.1929.
63 Ebd.
64 Ebd., S. 412, Brief an die Mutter vom 26.12.1930.
65 Rolf Lindner: aaO., S. 129.
66 Leonidas Hill: aaO., S. 436, Brief an die Mutter vom 22.4.1936.
67 Ebd., S. 437, Brief an die Mutter vom 4.9.1932.
68 Ebd., S. 438, Brief an die Mutter vom 22.12.1932.

Hitlers Staatssekretär

1 Ernst von Weizsäcker: *Erinnerungen*, aaO., S. 103.
2 Leonidas Hill: *Die Weizsäcker-Papiere 1933–1950*, aaO., S. 69.
3 Ernst von Weizsäcker: aaO., S. 103.
4 Leonidas Hill: aaO., S. 60, Brief an die Mutter vom 22.2.1933.
5 Ebd., S. 69, Aufzeichnung über *Eindrücke von unserer Politik vom Anfang 1927 bis Anfang 1933* vom 16.3.1933.
6 Ebd., S. 62, Brief an die Mutter vom 11.3.1933.
7 Ebd., S. 70, Brief an die Mutter vom 23.3.1933.
8 Ebd., S. 69, Aufzeichnung über *Eindrücke von unserer Politik vom Anfang 1927 bis Anfang 1933* vom 16.3.1933.
9 Ebd., S. 70, Brief an die Mutter vom 30.3.1933.
10 Ebd.
11 Ernst von Weizsäcker: aaO., S. 104.
12 Ebd., S. 105.
13 Leonidas Hill: aaO., S. 71, Brief an die Mutter vom 22.4.1933.
14 Ebd., S. 71 f., Brief an die Mutter vom 25.4.1933.
15 Ebd.
16 Ebd., S. 72, Tagebucheintrag vom 7.5.1933.
17 Politisches Archiv des Auswärtigen Amtes, Geldakte Weizsäcker, Bd. 2, ab Blatt 001.
18 Leonidas Hill: aaO., S. 74, Tagebucheintrag vom 1.7.1933.
19 Ebd.
20 Ebd., S. 73, Brief an die Mutter vom 16.6.1933.
21 Ebd.
22 Ebd.
23 Ebd.
24 Ebd., S. 74, Brief an die Mutter vom 28.6.1933.

25 Ebd., S. 73, Brief an die Mutter vom 16.6.1933.
26 Ebd., S. 75, Tagebucheintrag vom 6.8.1933.
27 Ebd.
28 Ebd., S. 74, Brief an die Mutter vom 14.7.1933.
29 Ebd., S. 73, Brief an die Mutter vom 16.6.1933.
30 Ebd.
31 Ebd., S. 79, Brief an die Mutter vom 20.2.1934.
32 Ebd., S. 75, Brief an die Mutter vom 22.8.1933.
33 Ebd., undatierter Tagebucheintrag von Ende August 1933.
34 Ebd.
35 Ebd.
36 Ebd.
37 Ebd., S. 76, Brief an die Mutter vom 4.9.1933.
38 Ebd., Brief an die Mutter vom 1.10.1933.
39 Ebd., Briefe an die Mutter vom 16.9.1933 und vom 6.10.1933.
40 Ebd., S. 77, Brief an die Mutter vom 17.12.1933.
41 Die Lebensgeschichte eines Jungen, der 1932 von Kommunisten getötet wurde.
42 Leonidas Hill: aaO., S. 78, Brief vom 1.1.1934.
43 Ebd., S. 79, Brief an die Mutter vom 11.2.1934.
44 Ebd.
45 Ebd., S. 84, Brief an die Mutter vom 4.7.1934.
46 Ebd., S. 85, Brief an die Mutter vom 5.8.1934.
47 Ebd., S. 91, Brief an die Mutter vom 20.6.1935.
48 Ebd., S. 93, Brief an die Mutter vom 5.12.1935.
49 Ebd., S. 89, Brief an die Mutter vom 10.5.1935.
50 Ebd., S. 92, Brief an die Mutter vom 22.9.1935.
51 Ebd.
52 Ebd., S. 94, Brief an die Mutter vom 19.1.1936.
53 Ebd., Brief an die Mutter vom 10.2.1936.
54 Ebd., S. 96, undatierte Aufzeichnung aus dem Juli 1936.
55 Politisches Archiv des Auswärtigen Amtes, Geldakte Weizsäcker, Bd. 2, Blatt 130, Telegramm Neuraths vom 11.8.1936.
56 Leonidas Hill: aaO., S. 98, Brief an die Mutter vom 4.8.1936.
57 Ebd., Brief an die Mutter vom 19.8.1936.
58 Ebd., S. 98 und S. 99, Briefe an die Mutter vom 4.8.1936 und vom 30.8.1936.
59 Ebd., S. 99, Brief an die Mutter vom 30.8.1936.

60 Ebd., Brief an die Mutter vom 19.8.1936.
61 Ebd., S. 100, Brief an die Mutter vom 18.10.1936.
62 Ebd.
63 Ebd., Brief an die Mutter vom 25.10.1936.
64 Ebd.
65 Ebd., S. 110 ff., undatierte Aufzeichnung aus dem Januar 1937.
66 Ebd.
67 Ebd.
68 Ebd., S. 112, Briefe an die Mutter vom 2.3.1937 und vom 10.3.1937.
69 Ebd., S. 111 f., undatierte Aufzeichnung aus dem Januar 1937.
70 Ebd., S. 112 und S. 113, Briefe an die Mutter vom 10.3.1937 und vom 17.3.1937.
71 Politisches Archiv des Auswärtigen Amtes, Geldakte Weizsäcker, Bd. 2, Blatt 002.
72 Ebd., Blatt 006.
73 Ebd., Blatt 002.
74 Leonidas Hill: aaO., S. 117, Brief an die Mutter vom 26.6. 1937.
75 Ebd., Brief an die Mutter vom 16.7.1937.
76 Ebd., S. 118 f., Aufzeichnung vom 10.11.1937.
77 Ebd., S. 121, Brief an die Mutter vom 20.2.1938.
78 Ebd., S. 121 f., Tagebucheintrag vom 5.3.1938.
79 Ebd.
80 Ebd.
81 Ernst von Weizsäcker: aaO., S. 146 f.
82 SS-Personalakte Ernst von Weizsäcker. Die Beförderung in einen Generalsrang, zum »SS-Brigadeführer«, erfolgte im März 1942.

Kein Mann des Widerstandes

1 Leonidas Hill: *Die Weizsäcker-Papiere 1933–1950*, aaO., S. 125, Brief an die Mutter vom 3.4.1938, in dem Weizsäcker an seinen gefallenen Bruder erinnert.
2 Ebd., S. 129 ff., Denkschrift für Ribbentrop vom 8.6.1938.
3 Ebd., S. 128, Tagebucheintrag vom 22.5.1938.
4 Botho Ernst Graf zu Eulenburg, der die Tochter Adelheid heiratete und 1944 fiel.

5   Leonidas Hill: aaO., S. 131, Brief an die Mutter vom 3.7.1938.
6   Ebd., S. 144 ff., Tagebucheintrag vom 9.10.1938.
7   *Documents on British Foreign Policy*, Third Series, Vol. II., Nr. 837 und 839 vom 12.9.1938.
8   Ernst von Weizsäcker: *Erinnerungen*, aaO., S. 188 f.
9   Ebd., S. 188.
10 Ebd., S. 195.
11 Leonidas Hill: aaO., S. 150, Brief an die Mutter vom 25.2.1939.
12 Ebd., undatierte Denkschrift aus der zweiten Hälfte des Februars 1939.
13 Ebd., S. 146, Brief an die Mutter vom 17.12.1938.
14 Politisches Archiv des Auswärtigen Amtes, Aufzeichnungen über Diplomatenbesuche, Bd. 4, R 29829, Nr. 214, Blatt 231352.
15 Leonidas Hill: aaO., S. 153, Tagebucheintrag vom 27.3.1939.
16 *Trials of War Criminals*, Volume XII, S. 874, zitiert bei: Rolf Lindner: *Freiherr Ernst Heinrich von Weizsäcker*, aaO., S. 225.
17 Leonidas Hill: aaO., S. 153, Tagebucheintrag vom 27.3.1939.
18 Ebd.
19 Ebd., S. 157, Tagebucheintrag vom 30.7.1939.
20 Ebd.
21 Ebd., S. 160, Tagebucheintrag vom 24.8.1939.
22 Ebd., S. 161, Tagebucheintrag vom 25.8.1939.
23 Ebd., Tagebucheintrag vom 28.8.1939.
24 Ebd., S. 163, Notiz vom 31.8.1939.
25 Ebd.
26 Ebd.
27 Ebd., S. 178, Notiz Ernst von Weizsäckers mit Wiedergabe des Briefes von seinem Sohn Heinrich vom 14.10.1939.
28 Ebd., S. 173, Mitte Oktober 1939, undatierter Rückblick auf die Jahre 1938 und 1939.
29 Waclaw Jedrzejewicz (Hrsg.): *Papers and Memoirs of Jozef Lipski, Ambassador of Poland, Diplomat in Berlin 1933–1939*, New York und London 1968, zitiert bei: Rolf Lindner: aaO., S. 233.
30 Leonidas Hill: aaO., S. 163 f., Notiz vom 5.9.1939.
31 Peter Hoffmann: *Widerstand, Staatsstreich, Attentat*, München 1970, S. 68.
32 Leonidas Hill: aaO., S. 203, Notiz vom 10.5.1940.
33 Ebd., S. 204, Notiz vom 10.5.1940.

34 Ebd., S. 207, Brief an die Mutter vom 21.6.1940.
35 Ebd., S. 204, Notiz vom 23.5.1940.
36 Ebd., S. 208, Brief an die Mutter vom 21.6.1940.
37 Ebd., S. 208 ff., Schreiben an Ribbentrop vom 26.6.1940.
38 Ebd., S. 212 f., Notiz vom 10.7.1940.
39 Ebd.
40 Ebd.
41 Ebd.
42 Wolfgang Foerster: *Generaloberst Ludwig Beck*, München 1973, S. 96.
43 Leonidas Hill: aaO., S. 218, Brief an die Mutter vom 15.9.1940.
44 Ebd., S. 220, Notiz vom 16.10.1940.
45 Ebd., S. 236, Brief an die Mutter vom 2.2.1941.
46 Ebd., S. 239, Entwurf einer Denkschrift vom 6.3.1941.
47 Ebd., S. 248, Notiz vom 21.4.1941.
48 Ebd., S. 252, Notiz vom 1.5.1941.
49 Ebd., S. 259, Notiz vom 18.6.1941.
50 Ebd., S. 260, Brief an die Mutter vom 21.6.1941.
51 Ebd., S. 271, Notiz vom 28.9.1941.
52 Ebd. Vgl. zur Haltung des Papstes auch: Peter Ludlow: *Papst Pius XII.*, *die britische Regierung und die deutsche Opposition im Winter 1939/40*, in: Vierteljahrshefte für Zeitgeschichte, Heft 3/1974, S. 303 ff., sowie Josef Müller: *Bis zur letzten Konsequenz*, München 1975, passim.
53 Leonidas Hill: aaO., S. 272, Brief an die Mutter vom 5.10.1941.
54 Ebd.
55 Ebd., S. 273, Notiz vom 12.10.1941.
56 Ebd., S. 276, Brief an die Mutter vom 9.11.1941.
57 Ebd., S. 274, Notiz vom 30.10.1941.
58 Ebd., S. 286, Schreiben vom 16.1.1942.
59 Ebd., S. 289, Brief an die Mutter vom 22.2.1942.
60 Ebd., S. 301, Notiz vom 13.9.1942.
61 Ernst von Weizsäcker: *Erinnerungen*, aaO., S. 338.
62 Tagebuch Groscurth, Eintrag vom 8.9.1939, in: Helmut Krausnick u. a. (Hrsg.): *Tagebücher eines Abwehroffiziers*, Stuttgart 1970.
63 Ebd.
64 Siehe Kapitel »Prolog« im Teil über Ernst von Weizsäcker in diesem Buch.

65 Leonidas Hill: aaO., S. 429, Kommentar zum Anklagedokument 1680.
66 Ebd., S. 426.
67 Politisches Archiv des Auswärtigen Amtes, Inland II g, Blatt 433.
68 Leonidas Hill: aaO., S. 427, handschriftliche Notiz ohne Datum.
69 Gerald Reitlinger: *Die Endlösung*, Berlin 1956, S. 106.
70 Politisches Archiv des Auswärtigen Amtes, Inland II g, Blatt 177.
71 Zitiert bei: Rolf Lindner: *Freiherr Ernst von Weizsäcker,* aaO., S. 321.
72 Steengracht von Moyland war Jurist und wurde 1930 wegen Betätigung für die NSDAP aus dem preußischen Justizdienst entlassen. Staatssekretär im Auswärtigen Amt war er bis zum Kriegsende. Im »Wilhelmstraßen«-Prozess wurde er 1949 wegen der Beteiligung an Kriegsverbrechen und Verbrechen gegen die Menschlichkeit zu einer Freiheitsstrafe von fünf Jahren verurteilt.
73 Ernst von Weizsäcker: aaO., S. 349.
74 Leonidas Hill: aaO., S. 350, Brief an die Mutter vom 12.9.1943.
75 Ebd., S. 378, Rundbrief an die Familie vom 8.6.1944.
76 Ebd., S. 363, Rundbrief an die Familie vom 31.12.1943.
77 Ebd., S. 373, Brief an die Mutter vom 29.3.1944.
78 Ebd., S. 387, Brief an die Mutter vom 15.12.1944.
79 Ebd., S. 389, Notiz vom 20.2.1945.
80 Ebd., Auszug aus dem Drahterlass S 60 des Auswärtigen Amtes vom 17.2.1945.
81 Ebd., S. 391, Geheime Reichssache für R. A. M. [Reichsaußenminister] vom 20.2.1945.
82 Ebd., S. 393 f., Bericht über Gespräch mit Tardini am 25.2.1945.
83 Ebd., S. 401, Geheime Reichssache für R. A. M., Nr. 55, vom 1.3.1945.
84 Ebd., S. 402 f., Telegramm vom 19.4.1945.

Verurteilt in Nürnberg

1 Ernst von Weizsäcker: *Erinnerungen,* aaO., S. 377.
2 Ebd., S. 378.
3 Ebd.
4 Ebd.

5 Ebd.
6 Ebd., S. 382.
7 Ebd., S. 382 f.
8 Ebd., S. 383.
9 Ebd.
10 Ebd.
11 Leonidas Hill: *Die Weizsäcker-Papiere 1933–1950*, aaO., S. 405, Brief an die Mutter vom 20.9.1945.
12 Ernst von Weizsäcker: aaO., S. 384.
13 Ebd., S. 385. Es war die »Mozacher Halde« in dem oberhalb von Lindau gelegenen Dorf Reutin. Dorthin war die Mutter nach dem Tod der Schwester Paula gezogen, und dort trafen nach dem Kriegsende die Mitglieder der Familie Weizsäcker wieder zusammen.
14 Ebd.
15 Ebd.
16 Ebd., S. 386.
17 Ebd.
18 Ebd.
19 Ebd.
20 Ebd.
21 Ebd., S. 387.
22 Ebd.
23 Ebd.
24 Ebd., S. 387 f.
25 Leonidas Hill: aaO., S. 411.
26 Ebd.
27 Ernst von Weizsäcker: aaO., S. 388.
28 Ebd.
29 Ebd.
30 Leonidas Hill: aaO., S. 413.
31 Ebd., S. 417 f.
32 Ernst von Weizsäcker: aaO., S. 389.
33 Leonidas Hill: aaO., S. 424.
34 Ebd., S. 435.
35 Ebd.
36 Ebd., S. 437 und 438, Notizen vom 2.7.1948 und 20.7.1948.
37 Ebd., S. 434, undatierte Notiz.
38 Ebd., S. 437, Notiz vom 20.7.1948.

39 Ebd., S. 442 f.
40 Ebd., S. 445, Bemerkungen aus dem Dezember 1948.
41 Ebd., S. 452, Brief an Margret Bovari vom 21.4.1949.
42 Ebd., S. 452, Brief an seine Frau vom 14.4.1949.
43 Rolf Lindner: *Freiherr Ernst Heinrich von Weizsäcker*, aaO., S. 408.
44 Ernst von Weizsäcker: *Aus seinen Gefängnisbriefen 1947–1950*, Stuttgart ohne Jahr, S. 62.
45 Ebd., S. 58.
46 Ebd., S. 30.
47 Leonidas Hill: aaO., S. 460.
48 Ernst von Weizsäcker: *Erinnerungen*, aaO., S. 391.

Teil II
Carl Friedrich von Weizsäcker

Prolog

1 *Operation Epsilon. Die Farm-Hall-Protokolle oder Die Angst der Alliierten vor der deutschen Atombombe*, Berlin 1993, S. 81 ff.
2 Walther Gerlach löste im Januar 1944 Abraham Esau ab, der das Uranprojekt für den Reichsforschungsrat seit dem Frühsommer 1942 geleitet hatte.

Der Kernphysiker

1 Auszüge aus einem undatierten Fernsehinterview mit Carl Friedrich von Weizsäcker, in: Werner Filmer/Heribert Schwan (Hrsg.): *Richard von Weizsäcker. Profile eines Mannes*, Düsseldorf 1984, S. 250 f.
2 Ebd., S. 251.
3 Ludwig J. Pongratz (Hrsg.): *Philosophie in Selbstdarstellungen*, Bd. II, Hamburg 1975, S. 343 f.

4 Werner Filmer/Heribert Schwan: aaO., S. 252.
5 Ebd., S. 253.
6 Ludwig J. Pongratz: aaO., S. 344.
7 Ebd.
8 Martin Wein: *Die Weizsäckers. Geschichte einer deutschen Familie*, aaO., S. 416.
9 Werner Filmer/Heribert Schwan: aaO., S. 252.
10 *Atomwaffen und die Verantwortung des Naturwissenschaftlers. Ein Gespräch mit Carl Friedrich von Weizsäcker*, in: Michael Schaaf: *Carl Friedrich von Weizsäcker – Physiker und Philosoph im Schatten der Atombombe*, Hamburg 1996, S. 5.
11 Ludwig J. Pongratz: aaO., S. 342 f.
12 Ebd., S. 342.
13 Ebd., S. 343.
14 Ebd., S. 346.
15 Ebd., S. 344.
16 Ebd., S. 344 f.
17 Ebd., S. 345.
18 Carl Friedrich von Weizsäcker/Bartel Leendert van der Waerden: *Werner Heisenberg*, München 1977, S. 25.
19 Ludwig J. Pongratz: aaO., S. 345.
20 Ebd., S. 346.
21 Ebd., S. 345.
22 Martin Wein: aaO., S. 419.
23 Ludwig J. Pongratz: aaO., S. 347.
24 Ebd.
25 Carl Friedrich von Weizsäcker/Bartel Leendert van der Waerden: aaO., S. 31.
26 *Zeitschrift für Physik*, Band 70, Heft 1/2 vom 20.6.1931.
27 Ludwig J. Pongratz: aaO., S. 348.
28 Ebd., S. 348 f.
29 Martin Wein: aaO., S. 421.
30 Carl Friedrich von Weizsäcker: *Durchgang schneller Korpuskularstrahlen durch ein Ferromagnetikum*, in: *Annalen der Physik*, Folge 5, Band 17, Leipzig 1933.
31 Ludwig J. Pongratz: aaO., S. 357.
32 *Zeitschrift für Physik*, Band 102, Berlin 1936.
33 Carl Friedrich von Weizsäcker: *Atomwaffen und die Verantwor-*

tung des Naturwissenschaftlers, in: Michael Schaaf: *Carl Friedrich von Weizsäcker – Physiker und Philosoph im Schatten der Atombombe*, Hamburg 1996, S. 10.
34 Ebd.
35 Ebd.
36 Ebd.
37 Ebd.
38 Ebd.
39 Ebd.
40 Ebd.
41 Ebd.
42 Ebd.
43 Martin Wein: aaO., S. 422.
44 Ebd.
45 Siehe zum Folgenden: Ludwig J. Pongratz: aaO., S. 354 ff.

Keine Atombombe für Hitler

1 Otto Hahn: *Mein Leben*, München 1968, S. 151.
2 *Über den Nachweis und das Verhalten der bei der Bestrahlung des Urans mittels Neutronen entstehenden Erdalakalimetalle*, in: *Die Naturwissenschaften*, Jahrgang 27 (1939), 6.1.1939.
3 *Die Naturwissenschaften*, Jahrgang 27 (1939), S. 402–410, sowie, vom selben Autor: *Die Ausnutzungen der Atomenergie*, in: *Deutsche Allgemeine Zeitung*, 15.8.1939.
4 Als Dokument abgedruckt bei: Michael Schaaf: *Carl Friedrich von Weizsäcker – Physiker und Philosoph im Schatten der Atombombe*, Hamburg 1996, S. 24 f.
5 Carl Friedrich von Weizsäcker in einem Interview, in: *Der Spiegel*, 25.4.1991.
6 Carl Friedrich von Weizsäcker in einem Interview mit Thomas Powers am 16.5.1988, ausgewertet in: Thomas Powers: *Heisenbergs Krieg. Die Geheimgeschichte der deutschen Atombombe*, Hamburg 1993, S. 32.
7 Michael Schaaf: *Carl Friedrich von Weizsäcker – Physiker und Philosoph im Schatten der Atombombe. Ein Gespräch über*

Atomwaffen und die Verantwortung des Naturwissenschaftlers, Hamburg 1996, S. 9.
8   Ebd.
9   Als Dokument abgedruckt bei: Michael Schaaf: aaO., S. 26 ff. Tatsächlich entsteht das Element 94 (Plutonium), das die von Weizsäcker ermittelte Wirkweise hat. Deutsche und amerikanische Wissenschaftler kamen zeitgleich, aber unabhängig voneinander zu dieser ausschließlich theoretisch begründeten Auffassung.
10 Manfred von Ardenne in einem Interview mit Thomas Powers am 17.5.1989, ausgewertet in: Thomas Powers: aaO., S. 140.
11 Ebd., S. 141.
12 Robert Jungk: *Heller als tausend Sonnen*, Reinbek 1964, S. 96.
13 Mark Walker: *Die Uranmaschine*, Berlin 1990, S. 265.
14 Ebd., S. 266.
15 Ebd., S. 52 und S. 104.
16 Zitiert bei: Mark Walker: aaO., S. 65.
17 Werner Heisenberg: *Die theoretischen Grundlagen für die Energiegewinnung aus der Uranspaltung*, 26.2.1942, in: W. Blum/ H.-P. Dürr/H. Rechenberg (Hrsg.): *Gesammelte Werke*, Berlin/ München/New York 1984 ff., A II, S. 517 ff.
18 Joseph Goebbels: *Tagebücher aus den Jahren 1942–1943*, Zürich 1948, S. 136.
19 Albert Speer: *Erinnerungen*, Berlin 1969, S. 239 f.
20 Paul Lawrence Rose: *Heisenberg und das Atombombenprojekt der Nazis*, Zürich 2001, S. 209.
21 Albert Speer: aaO., S. 240.
22 Till Bastian: *Furchtbare Ärzte. Medizinische Verbrechen im Dritten Reich*, München 1995, S. 70 f.
23 Mark Walker: aaO., S. 86.
24 Brief Borger an Parteikanzlei, 17.11.1941, HA Wissenschaft, Weizsäcker, Institut für Zeitgeschichte München.
25 Brief Erxleben an Bechthold, 28.11.1941, HA Wissenschaft, Weizsäcker, Institut für Zeitgeschichte München.
26 Brief Borger an Parteikanzlei, 2.10.1942, HA Wissenschaft, Weizsäcker, Institut für Zeitgeschichte München.
27 Brief von Weizsäcker an Heisenberg, zitiert in: Thomas Powers: aaO., S. 456.

28 Werner Heisenberg: *Energiegewinnung aus der Atomkernspaltung*, in: W. Blum/H.-P. Dürr/H. Rechenberg: aaO.,. A II, S. 571.
29 Mark Walker: aaO., S. 195, sowie insgesamt Samuel Goudsmit: *Report Alsos Mission*, 7.12.1945, Goudsmit-Bestand in der Niels Bohr Library des American Institute of Physics in New York.
30 Albert Speer in: *Der Spiegel*, Nr. 28, 3.7.1967.
31 Werner Heisenberg: *Über die Arbeiten zur technischen Anwendung der Atomkernenergie in Deutschland*, in: Die Naturwissenschaften, Nr. 33, 1946, S. 329.

Von der Physik zur Philosophie

1 *Operation Epsilon. Die Farm-Hall-Protokolle oder Die Angst der Alliierten vor der deutschen Atombombe*, aaO., S. 172 f.
2 Carl Friedrich von Weizsäcker: *Der bedrohte Friede. Politische Aufsätze 1945–1981*, München 1981, S. 17.
3 Ebd., S. 18.
4 Ebd.
5 Ebd.
6 Ebd., S. 21.
7 Ebd., S. 22.
8 Ebd.
9 *Operation Epsilon*: aaO., S. 280.
10 Ebd.
11 Ebd., S. 357.
12 Ebd.
13 Ludwig J. Pongratz (Hrsg.): *Philosophie in Selbstdarstellungen*, aaO., S. 359.
14 Ebd., S. 360.
15 Ebd.
16 Ebd., S. 361.
17 Ebd.
18 Ebd.
19 Ebd. S. 362.
20 Ebd.
21 Ebd.
22 Ebd., S. 363.

23 Carl Friedrich von Weizsäcker: *Der bedrohte Friede*, aaO., S. 29 ff.
24 Carl Friedrich von Weizsäcker: *Die Verantwortung der Wissenschaft im Atomzeitalter*, Göttingen 1978, S. 39 f.
25 Ebd., S. 40.
26 Ebd., S. 16 ff. Auch die nachfolgenden Zitate sind diesem Buch entnommen.
27 Martin Wein: *Die Weizsäckers. Geschichte einer deutschen Familie*, aaO., S. 453.
28 Ludwig J. Pongratz: *Philosophie in Selbstdarstellungen*, aaO., S. 375.
29 Ebd., S. 374.
30 Vortrag vor dem Zentralausschuss des Weltrats der Kirchen in Nyborg am 23.8.1958, abgedruckt in: Carl Friedrich von Weizsäcker: *Der bedrohte Friede*, aaO., S. 88 ff.
31 Ebd., S. 93.
32 Ebd.
33 Carl Friedrich von Weizsäcker: *Atomzeitalter: Krieg und Frieden*, Witten-Berlin 1959, S. 226 ff.

Der Mahner aus Starnberg

1 Georg Picht: *Die Verantwortung des Geistes*, Stuttgart 1969, S. 411 ff. Auch die nachfolgenden Zitate sind diesem Buch entnommen.
2 Carl Friedrich von Weizsäcker: *Der weltpolitische Zyklus*, in: *Gedanken über unsere Zukunft*, Göttingen 1966, S. 41 ff.
3 Carl Friedrich von Weizsäcker: *Wiedervereinigung Deutschlands und Europas*, in: *Der bedrohte Friede*, aaO., S. 145 ff. Auch die nachfolgenden Zitate sind diesem Text entnommen.
4 Carl Friedrich von Weizsäcker: *Der ungesicherte Frieden*, Göttingen 1979, S. 32 ff.
5 Zum Folgenden: Carl-Friedrich von Weizsäcker: *Diagnosen zur Weltpolitik*, München 1979, S. 47 ff.
6 Ebd.
7 Ludwig J. Pongratz: *Philosophie in Selbstdarstellungen*, aaO., S. 366.

8 Ebd., S. 367.
9 Carl Friedrich von Weizsäcker: *Fragen zur Weltpolitik*, München 1976, S. 149 ff. Auch die folgenden Zitate sind hier zu finden.
10 Ludwig J. Pongratz: aaO., S. 365.
11 Ebd. Auch die folgenden Zitate sind hier zu finden.
12 Carl Friedrich von Weizsäcker: *Der bedrohte Friede*, aaO., S. 472.
13 Ludwig J. Pongratz: aaO., S. 388.
14 Carl Friedrich von Weizsäcker: *Der bedrohte Friede*, aaO., S.484 f.
15 Ebd., S. 601.
16 Ebd.
17 Ebd., S. 602.
18 Ebd., S. 603.
19 Michael Schaaf: *Carl Friedrich von Weizsäcker – Physiker und Philosoph im Schatten der Atombombe. Ein Gespräch über Atomwaffen und die Verantwortung des Naturwissenschaftlers*, aaO., S. 17.
20 Carl Friedrich von Weizsäcker: *Der bedrohte Friede*, aaO., S. 186.
21 Carl Friedrich von Weizsäcker: *Diagnosen zur Aktualität*, München 1979, S. 97 ff.
22 Carl Friedrich von Weizsäcker: *Der bedrohte Friede*, aaO., S. 204.
23 Ebd.

Teil III
Richard von Weizsäcker

Prolog

1 Mainhardt Graf von Nayhauss-Cormons: *Zwischen Gehorsam und Gewissen. Richard von Weizsäcker und das Infanterie-Regiment 9*, Bergisch Gladbach 1995, S. 403.
2 Wolfgang Paul: *Das Potsdamer Infanterie-Regiment 9 – 1918–1945. Preußische Tradition in Krieg und Frieden*, Osnabrück 1985, S. XIV f.
3 Ebd., S. 222.

Der Nachkömmling

1 Rudolf Schröck: *Richard von Weizsäcker*, München 1992, S. 36.
2 Richard von Weizsäcker: *Vier Zeiten. Erinnerungen*, Berlin 1997, S. 19.
3 Ebd., S. 20.
4 Ebd., S. 20 f.
5 Ebd., S. 38.
6 Ebd., S. 40.
7 Ebd., S. 38.
8 Ebd.
9 Ebd., S. 38 ff.
10 Ebd., S. 45.
11 Ebd., S. 40.
12 Ebd.
13 Ebd.
14 Ebd., S. 41.
15 Ebd.
16 Ebd., S. 42.
17 Ebd.
18 Ebd.
19 Martin Wein: *Die Weizsäckers. Geschichte einer deutschen Familie*, aaO., S. 476.
20 Richard von Weizsäcker: *Vier Zeiten. Erinnerungen*, aaO., S. 42.
21 Ebd., S. 43.
22 Ebd., S. 44.
23 Ebd.
24 Martin Wein: *Die Weizsäckers. Geschichte einer deutschen Familie*, aaO., S. 476, und Richard von Weizsäcker: *Vier Zeiten. Erinnerungen*, aaO., S. 40.
25 Richard von Weizsäcker: *Vier Zeiten. Erinnerungen*, aaO., S. 48.
26 Ebd.
27 Ebd., S. 50.
28 Ebd.
29 Ebd., S. 51.
30 Werner Filmer/Heribert Schwan (Hrsg.): *Richard von Weizsäcker. Profile eines Mannes*, Düsseldorf 1984, S. 26.
31 Ebd., S. 27.

32 Richard von Weizsäcker: *Vier Zeiten. Erinnerungen*, aaO., S. 69.
33 Ebd.
34 Ebd., S. 71.
35 Ebd., S. 72.
36 Ebd.
37 Ebd.
38 Ebd.
39 Ebd., S. 62.
40 Ebd., S. 63.
41 Ebd., S. 66.
42 Ebd.
43 Ebd.
44 Ebd., S. 63.
45 Ebd., S. 67.
46 Ebd.
47 Ebd.
48 Ebd., S. 74.
49 Ebd., S. 74 und S. 75.
50 Ebd., S. 76.
51 Ebd., S. 68.
52 Ebd.
53 Ebd.

Offizier im Zweiten Weltkrieg

1 Richard von Weizsäcker: *Vier Zeiten. Erinnerungen*, aaO., S. 78.
2 Mainhardt Graf von Nayhauss-Cormons: *Zwischen Gehorsam und Gewissen. Richard von Weizsäcker und das Infanterie-Regiment 9*, aaO., S. 117 f.
3 Ebd., S. 118.
4 Richard von Weizsäcker: aaO., S. 80.
5 Martin Wein: *Die Weizsäckers. Geschichte einer deutschen Familie*, aaO., S. 482.
6 Mainhardt Graf von Nayhauss-Cormons: aaO., S. 246.
7 Zitiert bei: Mainhardt Graf von Nayhauss-Cormons, aaO., S. 246.
8 Richard von Weizsäcker: aaO., S. 81 f.

9 Zitiert bei: Richard von Weizsäcker: aaO., S. 82.
10 Ebd., S. 83.
11 Zitiert bei: Mainhardt Graf von Nayhauss-Cormons: aaO., S. 265.
12 Richard von Weizsäcker: aaO., S. 88.
13 Ebd.
14 Ob Weizsäcker über das geplante Attentat informiert war, lässt er selbst offen. In seinen Lebenserinnerungen schreibt er (Richard von Weizsäcker: aaO., S. 90): »Im Regimentsstab organisierte ich für Bussche die technisch schwierige, getarnte Verständigung mit Stauffenberg und die Reisepapiere nach Berlin.« Mainhardt Graf von Nayhauss-Cormons, aaO., S. 314, der sich auf Gespräche mit Weizsäcker und Axel von dem Bussche stützt, hält dagegen fest: »Weizsäcker stellte ihm die notwendigen Papiere aus, ohne zu fragen. Es gab bestimmte Dinge, über die man auch unter Freunden nicht redete.« Angesichts der besonders engen Freundschaft der beiden ist es kaum vorstellbar, dass die dreiundzwanzig Jahre alten Männer über eine so weitreichende Entscheidung nicht miteinander gesprochen haben.
15 Zitiert bei: Mainhardt Graf von Nayhauss-Cormons: aaO., S. 323.
16 Werner Filmer/Heribert Schwan (Hrsg.): *Richard von Weizsäcker. Profile eines Mannes*, aaO., S. 46.
17 Richard von Weizsäcker: aaO., S. 41 f.
18 Ebd., S. 91.
19 Zitiert bei: Mainhardt Graf von Nayhauss-Cormons: aaO., S. 375.
20 Zitiert ebd., S. 376.
21 Richard von Weizsäcker: aaO., S. 90.
22 Ebd., S. 91.
23 Zitiert bei: Mainhardt Graf von Nayhauss-Cormons: aaO., S. 411.
24 Zitiert ebd., S. 395.
25 Zitiert ebd., S. 412.
26 Werner Filmer/Heribert Schwan: aaO., S. 50.
27 Richard von Weizsäcker: aaO., S. 91.
28 Als Dokument abgedruckt in: Wolfgang Paul: *Das Potsdamer Infanterie-Regiment 9 1918–1945. Preußische Tradition in Krieg und Frieden*, Dokumentenband, Osnabrück 1984, S. 221.

Verteidiger des Vaters

1 Richard von Weizsäcker: *Vier Zeiten. Erinnerungen*, aaO., S. 98.
2 Ebd.
3 Hartmut von Hentig: *Ein älterer Bruder*, in: Werner Filmer/Heribert Schwan (Hrsg.): *Richard von Weizsäcker. Profile eines Mannes*, aaO., S. 59 f.
4 Richard von Weizsäcker: aaO., S. 113 f.
5 Hellmut Becker: *Weizsäcker im Wilhelmstraßen-Prozess*, in: Werner Filmer/Heribert Schwan: aaO., S. 69.
6 Robert M. W. Kempner: *Von Nürnberg bis Bonn*, in: Werner Filmer/Heribert Schwan: aaO., S. 73.
7 Richard von Weizsäcker: aaO., S. 115.
8 Verhandlungsniederschrift, Seite 7644, zitiert bei: Telford Taylor: *Die Nürnberger Prozesse. Kriegsverbrechen und Völkerrecht*, Zürich 1951, S. 114.
9 Richard von Weizsäcker: aaO., S. 122.
10 Ebd.
11 Ebd., S. 121.
12 Ebd., S. 122.
13 Ebd.
14 Ebd., S. 116.
15 Ebd., S. 128.
16 Ebd., S. 129.
17 Ebd., S. 134.
18 Ebd., S. 135.
19 Ebd., S. 164 f.

Entscheidung für die Politik

1 Klaus von Bismarck: *Skizzen zur Person*, in: Werner Filmer/Heribert Schwan: aaO., S. 113.
2 Carola Wolf: *Der Kirchentagspräsident*, in: Werner Filmer/Heribert Schwan: aaO., S. 97.
3 Ebd.
4 Klaus von Bismarck: aaO., S. 113.
5 Ebd., S. 115.

6 Ebd.
7 Eduard Lohse: *In der Verantwortung für den Frieden*, in: Werner Filmer/Heribert Schwan: aaO., S. 126.
8 Ebd., S. 127.
9 Hans L. Merkle: *Erfahrungen*, in: Werner Filmer/Heribert Schwan: aaO., S. 132.
10 Ebd., S. 135.
11 Erwin Wilkens: *Zeugnis geben*, in: Werner Filmer/Heribert Schwan: aaO., S. 101.
12 Ebd., S. 102.
13 Richard von Weizsäcker: *Vier Zeiten. Erinnerungen*, aaO., S. 179.
14 Ebd., S. 183.
15 Zitiert in: Carola Wolf: aaO., S. 98 f.
16 Richard von Weizsäcker: aaO., S. 147.
17 Ebd.
18 Zitiert in: Ulrich Harbecke: *Abenteuer Deutschland. Von der Teilung zur Einheit*, Bergisch Gladbach 1991, S. 227.
19 Richard von Weizsäcker: aaO., S. 197.
20 Interview mit der *Stuttgarter Zeitung*, 5.3.1969.
21 Regierungserklärung im Deutschen Bundestag, 28.10.1969.
22 Richard von Weizsäcker: aaO., S. 221.
23 Ebd., S. 220.
24 Ebd., S. 239.
25 Ebd., S. 239 f.
26 Ebd., S. 241 f.
27 Ebd., S. 242.
28 Ebd., S. 277 f.
29 Zitiert bei: Martin Wein: *Die Weizsäckers. Geschichte einer deutschen Familie*, aaO., S. 518.
30 Richard von Weizsäcker: aaO., S. 268.

Der Präsident der Einheit

1 Interview mit Richard von Weizsäcker in: *Die Zeit*, 22.9.1978.
2 Richard von Weizsäcker: *Vier Zeiten. Erinnerungen*, aaO., S. 303 f.
3 Ebd., S. 307.

4 Ebd., S. 323.
5 Magazin *Stern*, 1/1986, S. 143.
6 Richard von Weizsäcker: aaO., S. 343.
7 Ebd., S. 346.
8 DDR-Niederschrift des Gesprächs vom 7.9.1987, Kopie im Archiv des Autors.
9 *Frankfurter Allgemeine Zeitung*, 8.9.1987.
10 Richard von Weizsäcker: aaO., S. 350.
11 Daniel Küchenmeister (Hrsg.): *Honecker – Gorbatschow. Vieraugengespräche*, Berlin 1993, S. 252.
12 Richard von Weizsäcker: aaO., S. 364.
13 Ebd., S. 394.
14 Ebd., S. 366.
15 Ebd., S. 397.
16 Helmut Kohl: *Ich wollte Deutschlands Einheit*. Dargestellt von Kai Diekmann und Ralf Georg Reuth, Berlin 1996, S. 425 f. und S. 435.
17 Richard von Weizsäcker: aaO., S. 369.
18 Ebd., S. 405.
19 Ebd.
20 Ebd., S. 406.
21 Ebd., S. 408.
22 Ebd.
23 Ebd., S. 409.
24 Ebd., S. 410.

Register

Abegg, Wilhelm 44 f.
Adalbert, Prinz von Preußen 66–70, 93, 100
Adenauer, Konrad 238, 268, 269, 271, 271, 277, 284, 304
Ardenne, Ekkehard von 337
Ardenne, Manfred von 247 f.
Arndt, Karl 203
Arnim, Max von 347, 354
Attolico, Bernardo 169, 173 f.
Auguste Viktoria, Kaiserin von Deutschland 85

Bachomenko, Ludmilla Iwanowna 320
Bagge, Erich 211, 215
Bahr, Egon 379
Barth, Karl 204
Barzel, Rainer 377, 380, 382
Batocky, Familie 330
Baur, Ferdinand Christian 24, 26
Beck, Ludwig 169, 178, 333 f., 353
Becker, Hellmut 203, 205, 207, 284, 351, 362
Beckmann, Joachim 284
Below-Rantzau, Karl Gustav von 33
Bergen, Carl-Ludwig von 185
Bethe, Hans 233
Bethmann Hollweg, Theobald von 84, 104

Bilfinger, Hermann von 59
Bismarck, Klaus von 284, 369 f.
Bismarck, Otto von 87
Bloch, Felix 231
Blomberg, Werner von 140, 145, 152, 161, 178, 333
Blos, Wilhelm 39 f.
Blüm, Norbert 385
Boehringer, Ernst 367 f., 376
Boehringer, Robert 367
Bohr, Niels 204, 226, 230, 232 f., 236, 248 f., 254, 257
Böll, Heinrich 275
Bormann, Martin 159
Born, Max 226, 269
Böters, Ernst 62
Bovari, Margret 206
Brandt, Willy 287 f., 303, 371, 377–382
Braun, Sigismund von 203
Braun, Wernher von 258
Breitling, Wilhelm August von 33
Broglie, Louis-Victor de 230
Brüning, Heinrich 137, 204
Bruns, Viktor 331
Bülow, Bernhard von 141, 159
Burckhardt, Carl-Jakob 204
Bush, George 399
Bussche, Axel Freiherr von dem 265, 341 ff., 345 ff., 349 f., 353, 358, 360 f.

440

Canaris, Wilhelm 50, 185, 188, 190
Capelle, Eduard von 101
Carstens, Karl 303, 382, 384, 388 f.
Chamberlain, Arthur Neville 168
Charlotte, Königin von Württemberg 33
Christianson, William C. 206, 363
Chruschtschow, Nikita Sergejewitsch 279
Churchill, Winston 181, 184
Clay, Lucius D. 204
Coulondre, Robert 171
Cuno, Wilhelm 125

Dahm, Sophie Auguste Christiane 25
Daladier, Edouard 169
Davignon, Jacques Graf 178
Dawes, Charles Gates 125
Debye, Peter 231, 234, 246
Delbrück, Max 234
Diebner, Kurt 211, 216, 245 f., 254 ff.
Dillmann, August 24
Doehring, Johannes 316
Dollfuß, Engelbert 160
Dönhoff, Marion Gräfin 361
Döpel, Robert 249
Dorsch, Ministerialrat 313
Dschingis Khan 184

Ebert, Friedrich 110, 114 ff., 122, 130
Egelhaaf, Gottlob 33
Ehmke, Horst 360
Eichmann, Adolf 43 ff., 47, 190
Einstein, Albert 226, 230
Eisendecker, von, Diplomat 82

Eliot, T. S. 365
Elisabeth, Zarin 195
Engels, Friedrich 89
Eppler, Erhard 374
Ernst August, König von Hannover 24
Erzberger, Matthias 114, 116
Esau, Abraham 255 f.
Eulenburg, Adelheid Gräfin zu siehe Weizsäcker, Adelheid von
Eulenburg, Botho-Ernst Graf zu 197, 339, 359
Eulenburg, Jonas Graf zu 339, 354 f.
Ewald, Heinrich 24

Fehrenbach, Konstantin 131
Fermi, Enrico 257
Fetscher, Iring 350
Filbinger, Hans 378
Fink, Ulf 385
Flügge, Siegfried 243
Franco, Francisco 156
François-Poncet, André 204
Frank, Hans 308, 341
Franz Ferdinand, Erzherzog von Österreich 36, 82, 84
Freud, Sigmund 294
Frick, Wilhelm 140
Friedeburg, Hans-Georg 196
Friedensohn, Hans 236
Friedrich der Große, König von Preußen 195
Friedrich von Württemberg, Kurfürst 22
Frießner, Johannes 353
Frisch, Otto 242
Fritsch, Werner von 161, 169, 178, 182 f., 333

Garski, Dietrich 385
Gehrke, Nachschubführer 310, 313
Geißeler, Günter 366
Genscher, Hans-Dietrich 303, 402
Gerlach, Walther 211, 218, 256, 269
Gerstenmaier, Eugen 302
Geyer, Hermann 107, 117
Gilsa, Werner Albrecht Freiherr von und zu 341
Gneist, Auswärtiges Amt 131
Goebbels, Joseph 146, 150, 169, 195, 251, 263, 348, 397
Gogarten, Friedrich 360
Gollwitzer, Helmut 275, 283
Gorbatschow, Michail 397, 399, 402
Göring, Hermann 140, 145 f., 151, 169, 188, 255 f., 263, 349, 361
Gottberg, Helmut von 349
Goudsmit, Samuel 249, 256
Graevenitz, Friedrich von 77, 83, 323
Graevenitz, Karl von 107
Graevenitz, Marianne von 76
Graevenitz, Richard von 107
Grey, Sir Edward 84, 90
Groener, Wilhelm 115
Großcurth, Helmuth 340
Groth, Wilhelm 243
Guillaume, Günter 382
Gurran, Paul 350
Gustloff, Wilhelm 154

Habermas, Jürgen 299
Hacha, Emil 171
Haeften, Werner von 352
Hahn, Otto 211–218, 234, 242, 244 ff., 256, 264, 269, 360
Haldane, Richard Burton 79

Halder, Franz 178
Halifax, Edward Frederick Lord 204
Handloser, Siegfried 202
Harteck, Paul 211, 215 f., 218, 243
Hartmann, Nicolai 360
Hassell, Ulrich von 135
Hauff, Wilhelm 144
Haushofer, Albrecht 153
Haushofer, Karl 153
Heck, Bruno 377 f.
Hegler, Alfred 27
Heimpel, Hermann 360
Heinemann, Gustav 303, 378
Heisenberg, Werner 211–217, 226–236, 244 ff., 248–256, 258 f., 264, 269, 276, 284, 360
Hellmich, Heinz 322
Henderson, Sir Neville 91, 168, 171
Hentig, Hartmut von 360
Hertling, Georg Graf 114
Herzog, Chaim 393
Heß, Rudolf 153, 159, 361
Heusinger, Adolf 271
Heuss, Theodor 204, 390
Heydrich, Reinhard 146, 188, 190
Himmler, Heinrich 151, 164, 168, 253, 263, 336, 349
Hindenburg, Paul von 103, 108, 137, 139 f., 152 f., 337
Hirt, August 253
Hitler, Adolf 48 f., 51, 53, 91, 139–143, 145 f., 152 f., 157–163, 165 f., 168 ff., 173–178, 180–188, 194 ff., 200 f., 204 f., 212, 234 ff., 239, 242 ff., 257, 260 ff., 285, 307 f., 310, 333 f., 337, 339, 355, 364, 392, 394

– Attentat 192, 297, 311, 344–354
– Putsch 127, 207, 235
Höcker, Karl-Heinz 250
Hoepner, Erich 309
Hoffmann, Dieter 264
Holtzendorff, Henning von 67, 74 ff., 79, 99 ff., 103
Honecker, Erich 386, 397 ff.
Horn, Gyula 399
Hoßbach, Friedrich 161
Houtermans, Friedrich 247 f., 258
Howe, Günter 283 f.
Hugenberg, Alfred 140
Hund, Friedrich 231
Hupka, Herbert 379, 393

Ingenohl, Friedrich von 67, 70, 91
Iwand, Hans-Joachim 360
Iwanow, Dimitri Dimitrijewitsch 318
Iwanowna, Alla 314

Jackson, Robert H. 199
Jacob, Berthold 153 f.
Janssen, Karl 283
Jegorowa, Olga 314
Jellicoe, John 102
Jenisch, von, Diplomat 82
Jesus 223
Jodl, Alfred 196
Joliot-Curie, Frédéric 257
Jungk, Robert 248

Kahr, Gustav von 152
Kant, Immanuel 267, 300
Kapitsa, Peter 247
Kapp, Wolfgang 126, 130
Keil, Wilhelm 34, 38
Keitel, Wilhelm 196

Kempner, Robert M. W. 363 f.
Kennan, George F. 116
Kessel, von, Diplomat 50
Kesselring, Albert 351
Kewenig, Wilhelm 385
Kienbaum, Gerhard 380
Kiesinger, Kurt Georg 377
Klasen, Paul 356
Klausing, Friedrich-Karl 347, 352
Kleist, Ewald Heinrich von 347, 353
Klingenfuß, Kurt Otto 45 f.
Kluge, Hans Günther von 339
Koch, Erich 188
Köcher, Otto 133
Kohl, Helmut 376 f., 384, 388–394, 396 ff., 401 f.
Koldwin, Pawel Jerimowitsch 316
Konrad II., Kaiser 21
Korsching, Horst 211, 216
Kosmodenjanska, Solja 319
Köster, Adolf 129
Kraske, Konrad 360
Kraske, Peter 360
Krauel, Diplomat 50
Krenz, Egon 399
Kretschmann, Marianne Margarete von *siehe* Weizsäcker, Marianne Margarete von
Kühlmann-Stumm, Knut von 380
Kusniezowa, Nina Wladimirowna 321 f.

Ladenburg, Rudolf 249
Latschina, Jekaterina Stepanowna 321
Laue, Max von 211, 213, 247, 264, 269, 360
Laurien, Hanna-Renate 385
Leiber, Robert 193

Lenin, Wladimir Iljitsch 116
Leonhardi, Max 105
Liebknecht, Karl 113, 115, 121 f.
Lipski, Jozef 175, 175
Lohse, Eduard 370
Lorenz, Peter 384
Lübke, Heinrich 303, 377
Ludendorff, Erich 104, 107 f., 114
Lummer, Heinrich 385
Luther, Martin 294, 387
Luther, Martin (NSDAP) 43 ff.
Lüttwitz, Walther Freiherr von 126
Luxemburg, Rosa 113, 122

Macdonald, Ramsay 137
Mackensen, Hans Georg von 159
Maguire, Robert F. 206
Maier-Leibnitz, Heinz 269
Matthäus, Evangelist 223
Matzky, Gerhard 344
Max von Baden, Prinz 114 f., 117
McCloy, John 207
Meibom, Fritze-Louise von 60
Meibom, Viktorie Wilhelmine Sophie Pauline von 31, 55
Meitner, Lise 234, 242
Mende, Erich 377
Merkle, Hans 370
Mock, Alois 399
Mohl, Hans von 72 ff.
Moltke, Helmuth James Graf von 88, 345
Mommsen, Theodor 31
Müller, Adolf 147
Müller, Georg Alexander von 81, 98, 100, 105
Müller, Hermann 123, 129, 131
Müller, Paul 250
Mussolini, Benito 169, 222, 334, 348

Nadolny, Rudolf 137
Napoleon I., Kaiser von Frankreich 22, 86, 313
Neurath, Konstantin von 132, 140 f., 145, 155–159, 161, 169, 199, 333
Niemöller, Martin 275, 336
Nikolaus II., Zar 85
Noelle-Neumann, Elisabeth 391
Noske, Gustav 122, 130
Nostitz, von, Diplomat 50
Nostitz-Wallwitz, Generalmajor 355
Nürnberger, Richard 283

Oberländer, Theodor 274
Oertzen, Hans Ulrich von 349, 353
Oertzen, Peter von 360 f.
Ohnesorge, Reichspostminister 178
Olbricht, Friedrich 349, 352
Oppenheimer, Robert 257
Ossietzky, Carl von 153 f.

Papen, Franz von 139 f.
Papst, Waldemar 122
Pash, Boris 256
Paul, Wolfgang 308
Pauli, Wolfgang 226 f.
Paulus, Eduard 34
Payer, von, Vizekanzler 107
Peierls, Rudolf 231
Peter III., Zar 195
Pflugk-Hartung, Horst von 122
Picht, Georg 244, 283 f.
Pieroth, Elmar 385
Pius XII., Papst 185, 193 ff.
Planck, Max 227, 230, 264
Platon 300
Pohl, Hugo von 75, 100 f.
Pohle, Wolfgang 366, 376

Popper, Sir Karl R. 300
Powers, Leon W. 206
Preyss, Egon von 357
Priebe, Hermann 354
Probst, Kuno 56
Prüfer, Auswärtiges Amt 159
Quadt, Constantin von 347
Quirnheim, Albrecht Ritter Mertz von 352
Rad, Gerhard von 360
Rademacher, Franz 43 f.
Raeder, Erich 199
Raiser, Ludwig 284, 373
Ranke, Leopold von 151
Reagan, Ronald 392
Reichenau, Walter von 319
Reitlinger, Gerald 190
Renger, Annemarie 303, 384
Reston, James 376
Restorff, von, Kapitän 105
Rheinbaben, von, Oberleutnant 67
Ribbentrop, Joachim von 50 ff., 157, 160 ff., 166 ff., 171, 173, 175, 177, 180 f., 183 ff., 187, 191, 193 ff., 247, 333 f., 337, 363
Rinser, Luise 389
Ritter, Klaus 283, 360
Rittner, T. H. 211 ff., 263
Röhm, Ernst 152, 234
Roosevelt, Franklin D. 195
Rosen, Friedrich von 127 f.
Rosenberg, Alfred 145 f., 254
Rössle, Sophie 22
Rümelin, Gustav von 26
Rust, Bernhard 215

Sajaz, Stepan Andrejewitsch 315 f.
Schabowski, Günter 400
Schaumann, Karl 91, 96
Scheel, Walter 303, 377 ff., 382
Scheer, Reinhard 98, 101 ff., 109
Scheidemann, Philipp 114 f.
Schellendorff, Hans Albrecht Bronsart von 347
Scheuner, Ulrich 283
Schleicher, Kurt von 139, 152
Schlieffen, Alfred Graf von 87
Schlink, Edmund 283
Schlösser, Maria Katharina 22
Schmid, Christian Friedrich 24
Schmidt, Helmut 382, 390 f.
Schöffler, Herbert 360
Scholl, Schüler 57
Scholz, Rupert 385
Schröder, Gerhard 378
Schroedinger, Erwin 227
Schulenburg, Fritz-Dietlof Graf von der 311, 341, 347, 349, 352
Schüler, Edmund 119, 128
Schumacher, Kurt 304
Schumann, Erich 250
Schuschnigg, Kurt 160, 163
Schütz, Wilhelm-Wolfgang 283
Schweinitz, Victor von 347
Schwerin von Krosigk, Johann Ludwig Graf 140
Seebohm, Hans Christoph 274
Seeckt, Hans von 131
Seldte, Franz 140
Smend, Rudolf 360
Sophie, Königin von Griechenland 82
Souchon, Herrmann 122
Speer, Albert 251 f., 258
Speidel, Hans 271
Stahel, Rainer 351

Stalin, Jossif Wissarionowitsch 172 f., 181, 184, 186, 314, 355
Stauffenberg, Claus Schenk Graf von 192, 344, 348 ff., 352 f.
Steengracht von Moyland, Gustav Adolf Baron 191
Stobbe, Dietrich 385
Strassmann, Friedrich 242, 247, 269
Strauß, Franz Josef 268 f., 271, 275, 371 f., 378, 384, 389 f.
Stresemann, Gustav 134
Stülpnagel, Carl-Heinrich von 188
Stumpf, Hans-Jürgen 196
Szillard, Leo 257

Tardieu, André 137
Tardini, Domenico 194
Teller, Edward 231, 233, 236, 278
Thadden-Trieglaff, Reinold von 368, 374
Tirpitz, Alfred von 58, 78, 83, 100, 102
Treitschke, August 31
Tresckow, Henning von 349, 353
Trittel, Rudolf 355
Trotha, Adolf von 81, 83, 91, 98 f., 327
Trotha, Thilo von 66
Truman, Harry S. 195
Tucholsky, Kurt 153 f.

Utsch, Ernst 346

Vernier, Ernest 330
Vogel, Hans-Jochen 385

Wadsacker, Johann 21
Wadsacker, Maria Katharina (geb. Schlösser) 22

Wadsacker, Niclaus 21
Wadsacker, Wolfgang Friedrich 21
Waerden, Bartel van der 231, 249
Weddigen, Otto 95
Wehner, Herbert 390
Wein, Martin 26 f., 33, 328, 343
Weisskopf, Victor 236, 257
Weizsäcker, Adelheid Marianne von 77, 103, 220, 323, 327, 330, 339, 358
Weizsäcker, Andreas von 367
Weizsäcker, Berta Elisabeth von 234
Weizsäcker, Carl Christian von 234
Weizsäcker, Carl Friedrich von 77, 103, 197, 201, 211–217, 219–240, 243–251, 253 ff., 258–262, 264–269, 271–284, 287–304, 323, 326 ff., 330, 351, 358, 360, 362, 371, 381
Weizsäcker, Carl Heinrich 23–29
Weizsäcker, Carl Victor 31, 37, 55, 57 f., 91 f., 119, 128 f., 165
Weizsäcker, Christian Ludwig Friedrich 22 f.
Weizsäcker, Ernst Heinrich von 31 f., 44–77, 79–85, 89–111, 116–123, 126–137, 139–195, 197–208, 219, 225, 228, 232, 234, 239, 247, 323, 326, 329 ff., 333 f., 337, 343, 351, 358, 362 ff., 367, 372, 393
Weizsäcker, Ernst Ulrich von 234
Weizsäcker, Ernst Viktor 219
Weizsäcker, Fritz Eckhart von 360, 367
Weizsäcker, Gottlieb Jacob 22
Weizsäcker, Gundalena (geb. Wille) 233

446

Weizsäcker, Heinrich Viktor von 77, 103, 176, 197, 208, 220, 247, 308, 323, 327, 330, 336, 339 f.
Weizsäcker, Heinrich Wolfgang von 234
Weizsäcker, Hugo 23
Weizsäcker, Julius 25
Weizsäcker, Karl Hugo von 29–40, 55, 60, 77, 83
Weizsäcker, Klaus Robert von 367
Weizsäcker, Marianne Beatrice von 367
Weizsäcker, Marianne Margarete von (geb. von Kretschmann) 367
Weizsäcker, Marianne von (geb. von Graevenitz) 76, 90, 120 f., 147, 208, 226, 323 f., 336
Weizsäcker, Marie Auguste 29, 40
Weizsäcker, Olympia von 358
Weizsäcker, Paula (geb. von Meibom †1947) 40
Weizsäcker, Paula (1893–1933) 31, 55, 62
Weizsäcker, Richard Karl von 77, 187, 197, 203, 220, 265, 308 f., 324–337, 339–356, 358–362, 364–386, 388–404
Weizsäcker, Sophie (geb. Rössle) 22
Weizsäcker, Sophie Auguste 29

Weizsäcker, Viktor von 31, 55, 358
Weizsäcker, Viktorie Wilhelmine Sophie Pauline von (geb. von Meibom) 31, 55
Wels, Otto 142
Wentzel, Gregor 231
Wieacker, Franz 360
Wilhelm I., Kaiser von Deutschland 30
Wilhelm I., König von Württemberg 25 ff.
Wilhelm II., Kaiser von Deutschland 36 f., 58 f., 64 f., 70, 75, 80 ff., 85, 87 f., 93, 100 f., 110, 113, 115 ff.
Wilhelm II., König von Württemberg 37 ff.
Wilhelm, Kronprinz 83 f., 110
Wilkens, Erwin 371 f.
Wille, Gundalena 233
Wilson, Woodrow 108
Windaus, Adolf 360
Wirth, Josef 127
Wirtz, Karl 211, 215, 217 f., 254, 256, 269
Woermann, Ernst 44, 46
Wolf, Carola 370
Wurm, Theophil 204

Young, Owen D. 126

447

Bildnachweis

S. I © Landesmedienzentrum Baden-Württemberg
S. II © Landesmedienzentrum Baden-Württemberg
S. III © Landesmedienzentrum Baden-Württemberg
S. IV und V© Privatbesitz Cora Penselin
S. VI *oben:* © Bundesbildstelle, Berlin
S. VI *unten:* © ullstein – ullstein bild
S. VII © ullstein – ullstein bild
S. VIII *oben:* © ullstein bild – SV-Bilderdienst
S. VIII *unten:* © ullstein – ullstein bild
S. IX *oben:* © ullstein bild – dpa (85)
S. IX *unten:* © ullstein – ullstein bild
S. X *oben:* © ullstein bild – Poly-Press
S. X *unten:* © ullstein – ullstein bild
S. XI *oben links:* © ullstein – ullstein bild
S. XI *oben rechts:* © ullstein bild – Interfoto Rauch
S. XI *unten:* © Bundesbildstelle Berlin
S. XII *oben:* © ullstein bild – AP
S. XII *unten:* © ullstein bild – Ingrid von Kruse